À Nana,
com quem aprendi que o paraíso são os outros.

SUMÁRIO

CONSIDERAÇÕES INICIAS 4
1 ASPECTOS E TRAJETOS METODOLÓGICOS 12
1.1 A PROPOSTA DE PESQUISA SOBRE A POLÍTICA PÚBLICA BRASILEIRA DE JUSTIÇA COMUNITÁRIA 12
1.2 JUSTIÇA COMUNITÁRIA: GÊNERO E ESPÉCIES 20
1.3 DO PROGRAMA JUSTIÇA COMUNITÁRIA DO DISTRITO FEDERAL À CRIAÇÃO DA POLÍTICA PÚBLICA BRASILEIRA 25
1.4 A MUDANÇA DE OBJETO DE PESQUISA: ANALISANDO O PROGRAMA CONJUNTO DA ONU *SEGURANÇA COM CIDADANIA* 35
2 O PROGRAMA CONJUNTO *SEGURANÇA COM CIDADANIA* NA REGIÃO DO NACIONAL, EM CONTAGEM – MG 51
2.1 CONTAGEM – MG E REGIÃO DO NACIONAL: CARACTERIZAÇÃO DO TERRITÓRIO ANTES DO PROGRAMA *SEGURANÇA COM CIDADANIA* 74
2.2 A REGIÃO DO NACIONAL DURANTE O PROGRAMA *SEGURANÇA COM CIDADANIA* ... 83
2.2.1 ARTICULAÇÃO COMUNITÁRIA E COESÃO SOCIAL 85
2.2.2 CONSTRUÇÃO DE VÍNCULOS DE PERTENCIMENTO E SIGNIFICADO 91
2.2.3 EFICÁCIA DA POLÍCIA, COMPREENSÃO DE JUSTIÇA E CONSTRUÇÃO DE ESPAÇOS SEGUROS 95
2.3 A REGIÃO DO NACIONAL APÓS O PROGRAMA *SEGURANÇA COM CIDADANIA* 98
2.4 O QUE FICOU DE *SEGURANÇA COM CIDADANIA* NO NACIONAL? 103
3 ESTAR *OUTRAMENTE*: COMUNIDADE E DIVERSIDADE NO ESTADO DEMOCRÁTICO DE DIREITO 115
3.1 ESTADO DE DIREITO, DIREITOS HUMANOS E *PILHAGEM* 119
3.1.1 HOMOGENEIDADE, HEGEMONIA E COMUNIDADES: COMUM O QUÊ? 122
3.1.2 IDENTIDADE E VIOLÊNCIA ILEGÍTIMA NO ESTADO DE DIREITO OU O PODER DE COMEÇAR A HISTÓRIA PELO QUE ACONTECEU EM SEGUNDO LUGAR: A NARRATIVA DA ESCOLA MUNICIPAL ANNE FRANK 125
3.2 REGULAÇÃO E EMANCIPAÇÃO ENQUANTO ESTADOS DO ESTADO: O PARADIGMA DA MODERNIDADE 131
3.2.1 O RESGATE DA COMUNIDADE PERDIDA? 133
3.2.2 CONSTRUIR COMUNIDADE *NA TORA* 136
3.3 DECOLONIALISMO E DIVERSIDADE: UM ESTADO CONSTITUÍDO *OUTRAMENTE* .. 140
3.3.1 A OPORTUNIDADE DRIBLA A CARÊNCIA: TIME RECANTO DA PAMPULHA, INCLUSÃO DA ALTERIDADE NEGADA E RESPONSABILIZAÇÃO 147
3.3.2 PROCESSUALIDADE DEMOCRÁTICA E JURISDIÇÃO: PODE O SUBALTERNO FALAR? ... 155
3.3.3 SEGURANÇA COM CIDADANIA E DIÁLOGOS NÃO-VIOLENTOS NO NACIONAL: A FALA E A ESCUTA DO SUJEITO SUBALTERNO NA PALAVRA DA POLÍCIA 162
3.4 ESTADO PLURINACIONAL E SISTEMA JURÍDICO COMUNITÁRIO: A EXPERIÊNCIA DA BOLÍVIA 168
3.5 UMA NAÇÃO ONDE O VICE VERSA: E O BRASIL ATUAL NISSO TUDO? 172
4 CONFLITOS E(M) COMUNIDADE 175
4.1 CONFLITOS ÀS MARGENS DA JUSTIÇA, TERRITÓRIO MARGINAL DO ESTADO 187
4.2 DO CONFLITO À *IMAGINAÇÃO MORAL*: TRANSFORMAÇÃO SOCIAL E VIOLÊNCIA NA, PELA E CONTRA A COMUNIDADE 194

4.3 JUSTIÇA RESTAURATIVA: *TROCANDO AS LENTES* SOBRE A JUSTIÇA A SER ACESSADA **204**
4.3.1 PROCESSOS CIRCULARES E NARRATIVAS DE PRÁTICAS RESTAURATIVAS NO NACIONAL..213
4.3.2 JUSTIÇA RESTAURATIVA E JUSTIÇA COMUNITÁRIA: PONTOS DE CONTATO E SINGULARIDADES 231
4.4 A EXPERIÊNCIA DO *NEIGHBORHOOD JUSTICE SYSTEM* EM SÃO FRANCISCO **234**
5 TRANSFORMAÇÃO COMUNITÁRIA **250**
5.1 CONFERÊNCIAS PARA TRANSFORMAÇÃO COMUNITÁRIA **266**
5.2 PROTAGONISMO E TRANSFORMAÇÃO COMUNITÁRIA NOS QUADRINHOS DA ESCOLA MUNICIPAL ANNE FRANK **282**
CONSIDERAÇÕES FINAIS..................**292**
REFERÊNCIAS **305**

CONSIDERAÇÕES INICIAS

> "Assim era no princípio
> Metáfora pura
> Suspensa no ar
> Assim era no princípio
> Só bocas abertas
> Ainda balbuciantes
> Querendo cantar
> Por isso que sempre no início
> A gente não sabe como começar
> Começa porque sem começo
> Sem esse pedaço não dá pra avançar
> [...]
> Depois todo aquele receio
> Partindo do meio, podia evitar
> Até para as crianças nascerem
> Nascendo no meio, não iam chorar
> Diria, sem muito rodeio
> No princípio era o meio
> E o meio era bom
> Depois é que veio o verbo
> Um pouco mais lerdo
> Que tornou tudo bem mais difícil
> Criou o real, criou o fictício
> Criou o natural, criou o artifício
> Criou o final, criou o início
> O início que agora deu nisso"
> Luiz Tatit, O Meio

Como começa uma tese? Ela principia na cabeça da pesquisadora ou antes desponta do fluxo de tudo o que vive[1]? Se escolhas não são neutras, perguntas aparentemente singelas como estas trazem à superfície evidências que comunicam sobre pressupostos e paradigmas que têm norteado o percurso.

Como será observado no decorrer do texto, esta tese, tal como existe hoje, foi fruto do que pude apreender no meu contato com os sujeitos e a comunidade pesquisada. Antes de entrar em contato com eles, tinha ideias, crenças e perguntas sobre como práticas de justiça comunitária poderiam ocorrer no Brasil. Tinha interesse em pesquisar sua efetividade e me entusiasmava poder analisar e propor algo novo sobre sua dimensão e alcance.

Curiosidade e interesse foram os elos entre os primeiros projetos e as práticas de pesquisa nos últimos quatro anos. O percurso foi outro. A mudança caracterizou não só o recorte do problema, como ressaltado no Capítulo 1. Ela também repercutiu na pesquisa que eu supunha ser capaz de fazer, na tese que acreditava e intencionava

---

[1] Referência à frase célebre de Heráclito de Éfeso sobre a fluidez de tudo o que vive.

construir. Os sujeitos pesquisados me mostraram o caminho, com suas certezas e dúvidas, com sua humanidade. Foi preciso paciência e abertura existencial para o que a comunidade estava disponível a oferecer, assim como para tudo aquilo que ela não queria dar ou receber.

Com o propósito de compreender justiça de base comunitária, experimentei o contato com lideranças locais, usuários e executores do Programa Conjunto *Segurança com Cidadania: prevenindo a violência e fortalecendo a cidadania com foco em crianças, adolescentes e jovens em condições vulneráveis em comunidades brasileiras* na região administrativa do Nacional, município de Contagem, estado de Minas Gerais.

O *Segurança com Cidadania* nasceu da ação conjunta de diferentes agências da Organização das Nações Unidas (ONU) em parceria com comunidades brasileiras e administração pública municipal. Com o propósito de prevenir violência e de construir e fortalecer práticas de cidadania, o Programa voltava-se a crianças, adolescentes e jovens em situação de vulnerabilidade. No Brasil, o *Segurança com Cidadania* se estendeu durante os anos de 2010 a 2013, abrangendo os municípios de Contagem, em Minas Gerais, Lauro de Freitas, na Bahia, e Vitória, no Espírito Santo. A pesquisa, contudo, cingiu-se à análise de efetividade em Contagem, especificamente no Nacional, região administrativa periférica na qual as ações do Programa foram concentradas.

Com marco teórico em Clifford Geertz[2], a pesquisa foi estruturada segundo a compreensão de que todo Direito é *saber local*, não só no que tange ao seu espaço, tempo e categorias; mas também em virtude das construções mentais de que parte ao normatizar o que é possível – permitido, facultado ou proibido. Como *saber local*, pauta-se em racionalidades e *sensibilidades jurídicas* próprias de determinada cultura, de modo a reforçar alguns padrões estéticos e comportamentais ou mesmo certos *status* sociais[3].

O Estado Democrático de Direito, contudo, demanda ampliação da jurisdição[4], de forma a contemplar diversas manifestações de juridicidades emergentes, dentre as quais aquelas advindas de práticas que ocorrem na, para e pela comunidade.

---

[2] Cf. GEERTZ, Clifford. **O saber local:** novos ensaios em antropologia interpretativa. Petrópolis: Vozes, 2014.
[3] Cf. BOURDIEU, Pierre. **O poder simbólico.** Rio de Janeiro: Bertrand Brasil, 2012.; CARVALHO, José Murilo de. **Cidadania no Brasil:** o longo caminho. Rio de Janeiro: Civilização Brasileira, 2002.; SOUZA, Jessé. **A construção da subcidadania no Brasil:** para uma sociologia política da modernidade periférica. Belo Horizonte: Editora UFMG, 2012.
[4] Cf. NUNES, Dierle José Coelho; TEIXEIRA, Ludmila. **Acesso à justiça democrático.** Brasília: Gazeta Jurídica, 2013.; VASCONCELOS, Antônio Gomes de. **Pressupostos Filosóficos e Político-Constitucionais do Sistema Núcleo Intersindical de Conciliação Trabalhista:** teoria e prática da razão

Para a justiça comunitária, comunidade é todo agrupamento humano pautado em vínculos de pertencimento e significado[5]. Se analisada enquanto opção política e ética emancipatória[6], mesmo com consciência quanto ao seu passado e às possibilidades de futuro, a comunidade é definida no presente, fruto dos diálogos contínuos e provisórios estabelecidos entre seus membros. Nessa perspectiva, a narrativa comunitária deve contemplar sua diversidade, reavaliando constantemente se as histórias dominantes têm correspondido àquelas desejadas.

A justiça comunitária propõe tratamento adequado aos conflitos, sejam eles violentos ou não, considerando as diversas maneiras de se compreender juridicamente a realidade. Seu propósito consiste em produzir prevenção[7], solução, transformação e gestão de conflitos no interior da comunidade, por meio da ação dos seus próprios membros, de forma a estabelecer um estado de paz enquanto estrutura-processo[8] capaz de garantir pertencimento, participação e conexão entre os atores comunitários.

É, portanto, forma de democratização da produção jurídica. Neste caso, pautada pelos costumes, meios e linguagem da comunidade, sendo possivelmente mais acessível e compreensível aos seus membros. Além disso, provavelmente sua prática será mais sensível e familiarizada às particularidades do grupo do que seriam aquelas baseadas em abstrações do "homem médio" do Direito estatal monista.

Com essas considerações e informada do resultado de que, durante o *Segurança com Cidadania*, o Nacional passou mais de um ano sem qualquer homicídio de pessoas entre 10 e 24 anos, parti da hipótese de que o Programa Conjunto havia sido efetivo por pautar a construção da justiça como prática de cidadania amparada em conexões comunitárias.

Além de analisar a efetividade do Programa segundo a perspectiva de seus usuários e executores, tive a preocupação de identificar os impactos e transformações que continuavam em curso no território após o ano de 2013, quando foram finalizadas

---

dialógica e do pensamento complexo na organização e na administração da justiça: democracia e ética de responsabilidade social. São Paulo: Livraria dos Tribunais, 2014.
[5] Cf. FAGUNDES, Lucas Machado. **Pluralismo jurídico e justiça comunitária na América Latina:** perspectivas de emancipação social. 2011. 218 f. Dissertação (Mestrado) - Universidade Federal de Santa Catarina, Florianópolis, 2011. Disponível em: . Acesso em: 01 mar. 2013.
[6] CARRILLO, Alfonso Torres. **El retorno a la comunidad**: problemas, debates y desafíos de vivir juntos. Bogotá: Fundación Centro Internacional de Educación y Desarrollo Humano, 2017.
[7] Como os conflitos são naturais e inevitáveis na vida humana, a prevenção diz respeito exclusivamente aos conflitos violentos, estes sim evitáveis.
[8] Cf. LEDERACH, John Paul. **Transformação de conflitos.** São Paulo: Palas Athena, 2012.

as suas atividades no Nacional. Para tanto, realizei pesquisa documental, bibliográfica e de campo, sendo esta última a prioritária para o acesso e construção de dados.

A proposta inicial restringia-se à realização de entrevistas semi-estruturadas do tipo narrativo; com o contato com a comunidade, a intenção de realizar estudo de caso também passou por modificações e o campo converteu-se em pesquisa-ação. Esse percurso está relatado no Capítulo 1, voltado aos aspectos e trajetos metodológicos.

No Capítulo 2, caracterizo o território e o Programa Conjunto *Segurança com Cidadania* na Região do Nacional, em Contagem, Minas Gerais. Ao oferecer elementos centrais tanto do Nacional, quanto da prática, dos princípios e dos propósitos do Programa, objetivo oferecer um panorama da execução do *Segurança com Cidadania* na Região quanto a: articulação comunitária e coesão social; construção de vínculos de pertencimento e significado; e eficácia da polícia, compreensão de justiça e construção de espaços seguros.

Como qualquer relação reflexiva entre duas instâncias, o Programa Conjunto modificou o Nacional, assim como a comunidade impactou no *Segurança com Cidadania*. No decorrer do Capítulo 2, procuro abordar essas relações considerando a continuidade do movimento dos envolvidos. O foco, contudo, volta-se às transformações e permanências operadas no Nacional, o que decorre da opção pela pesquisa de campo direcionada prioritariamente aos usuários e executores locais do Programa.

No Capítulo 3, abordo pressupostos teóricos relacionados à ética de alteridade, ao direito à diversidade, ao uso de violência em narratividades dominantes e à compreensão ampliada de jurisdição. As teorias apresentadas são confrontadas com a prática da pesquisa de campo e contextualizadas com condições políticas, econômicas e sociais brasileiras que influíam no Nacional.

Nesse espaço, abordo algumas práticas comunitárias do Nacional envolvendo educação transformadora; materialização de direitos humanos através de esporte e lazer; segurança e relacionamento com a Polícia Militar; e expressão artística como prevenção de violência e construção identitária.

Ao final do Capítulo 3, apresento alguns aspectos da justiça comunitária da Bolívia que podem ser úteis à compreensão e fortalecimento da experiência de justiça no Nacional. A escolha pela experiência do Estado Plurinacional da Bolívia tem amparo na previsão constitucional expressa e na consequente institucionalidade da justiça comunitária na jurisdição oficial do Estado boliviano.

No Capítulo 4, trato das relações entre comunidade e conflitos, considerando o acesso e a satisfação da prática tradicional da jurisdição estatal no território marginal da pesquisa de campo. Para isso, relaciono violência e transformação social numa construção processual de paz[9]. Também analiso a experiência do Nacional no *Segurança com Cidadania* enquanto prática restaurativa de justiça comunitária, apresentando as singularidades e semelhanças de cada um desses paradigmas de justiça.

A exemplo do que foi feito no capítulo anterior, finalizo o Capítulo 4 com experiência externa de justiça de base comunitária. Nesse caso, analiso o *Neighborhood Justice System* das *San Francisco Community Boards*, na California. O interesse pela prática estadunidense adveio da vasta produção e publicidade de dados sobre a sua execução, o que permitiu comparar elementos das práticas de maneira útil ao aprofundamento da justiça comunitária no Nacional.

Segundo os relatos e entrevistas da pesquisa de campo, o grande destaque do *Segurança com Cidadania* foi a utilização da metodologia do Programa das Nações Unidas para o Desenvolvimento (PNUD), que considerava os recursos e potencialidades locais e envolvia os agentes comunitários em todo o processo decisório e executório de projetos, programas, serviços e políticas públicas. Pautou-se em policentrismo decisório[10], em práticas restaurativas e na participação e influência da comunidade nas decisões e administração de questões que lhe diziam respeito. A utilização da metodologia do PNUD no Nacional demonstrou a reflexividade entre métodos de tratamento de conflitos e cultura[11].

No Capítulo 5, abordo algumas práticas possíveis para fortalecer a transformação comunitária no Nacional atualmente. Para tanto, considero os impactos e a trajetória construída na execução da metodologia do PNUD no território, assim como experiências comunitárias posteriores ao *Segurança com Cidadania*.

Aposto em metodologias sistêmicas e abordo mais detidamente *Conferências para Transformação Comunitária* (CTC); *Estratégias para Conscientização de Trauma e Construção de Resiliência* (STAR); e práticas fundamentadas em *estética do oprimido*. Finalizo o capítulo com uma prática que aconteceu no interior da

---

[9] Cf. LEDERACH, John Paul. **Transformação de conflitos.** São Paulo: Palas Athena, 2012.
[10] Sobre policentrismo decisório, cf. NUNES, Dierle. **Processo jurisdicional democrático:** uma análise crítica das reformas processuais. Curitiba: Juruá, 2012.; HABERMAS, Jürgen. **Direito e democracia:** entre faticidade e validade. Rio de Janeiro: Tempo brasileiro, 2012. v. 1. 2. ed.
[11] Cf. CHASE, Oscar. **Direito, cultura e ritual:** sistemas de resolução de conflitos no contexto da cultura comparada. São Paulo: Marcial Pons, 2014.

comunidade, na Escola Municipal Anne Frank, localizada no bairro do Confisco, entre os municípios de Belo Horizonte e Contagem.

Antes de principiar o meio, gostaria de convidá-lo a ler "Mineirinho", de Clarice Lispector [12] [13], que reproduzo a seguir[14]. O convite vem acompanhado de um pedido: que o conto guie tuas racionalidades e sensibilidades ao entrar em contato com o campo de pesquisa desta tese. "Mineirinho" me sinaliza que, embora Minas sejam muitas, os Gerais são o terreno.

É, suponho que é em mim, como um dos representantes de nós, que devo procurar por que está doendo a morte de um facínora. E por que é que mais me adianta contar os treze tiros que mataram Mineirinho do que os seus crimes.
Perguntei a minha cozinheira o que pensava sobre o assunto. Vi no seu rosto a pequena convulsão de um conflito, o mal-estar de não entender o que se sente, o de precisar trair sensações contraditórias por não saber como harmonizá-las. Fatos irredutíveis, mas revolta irredutível também, a violenta compaixão da revolta. Sentir-se dividido na própria perplexidade diante de não poder esquecer que Mineirinho era perigoso e já matara demais; e no entanto nós o queríamos vivo.
A cozinheira se fechou um pouco, vendo-me talvez como a justiça que se vinga. Com alguma raiva de mim, que estava mexendo na sua alma, respondeu fria: "O que eu sinto não serve para se dizer. Quem não sabe que Mineirinho era criminoso? Mas tenho certeza de que ele se salvou e já entrou no céu". Respondi-lhe que "mais do que muita gente que não matou". Por que? No entanto a primeira lei, a que protege corpo e vida insubstituíveis, é a de que não matarás. Ela é a minha maior garantia: assim não me matam, porque eu não quero morrer, e assim não me deixam matar, porque ter matado será a escuridão para mim.
Esta é a lei. Mas há alguma coisa que, se me faz ouvir o primeiro e o segundo tiro com um alívio de segurança, no terceiro me deixa alerta, no quarto desassossegada, o quinto e o sexto me cobrem de vergonha, o sétimo e o oitavo eu ouço com o coração

---

[12] LISPECTOR, Clarice. Mineirinho. In.: _____. **Todos os contos**. Rio de Janeiro: Rocco, 2016. p. 386-390.
[13] O conto foi publicado originalmente em 1962, um mês após o homicídio de José Miranda Rosa, o Mineirinho. O rapaz, nascido em Minas Gerais, foi condenado a 104 anos de prisão por assaltos violentos, mas havia fugido do Manicômio Judiciário. No dia 1º de maio de 1962, os jornais cariocas noticiaram que seu corpo fora encontrado sem vida à margem da Estrada Grajaú-Jacarepaguá, no Rio de Janeiro. O corpo do mineiro estava crivado de 13 balas de calibre 45mm, usadas em metralhadoras "Thompson" e "Ina". Os jornais informaram que a morte foi à queima roupa, em confronto com a Polícia. Também comentaram que não havia qualquer marca de sangue ou evidência de tiroteio no Sítio da Serra, onde o corpo da vítima foi encontrado. Dezenas de pessoas pobres compareceram ao local contrariadas com o homicídio que, sugestivamente, havia ganhado publicidade no dia do trabalho. Várias delas consideravam Mineirinho uma espécie de Robin Hood carioca, conforme periódicos da época. Clarice Lispector foi convidada a escrever o conto pela revista Senhor, que o publicou em abril de 1962. Em 1969, foi convertido em crônica.
Cf. ROSENBAUM, Yudith. A ética na literatura: leitura de "Mineirinho", de Clarice Lispector. **Estudos Avançados,** vol. 24, n. 69, São Paulo, 2010. Disponível em: <http://www.scielo.br/scielo.php?script=sci_arttext&pid=S0103-40142010000200011>. Acesso em 10 maio 2018.
[14] Para distinguir o conto de Clarice Lispector do meu texto, optei pelo uso de itálico e espaçamento simples.

batendo de horror, no nono e no décimo minha boca está trêmula, no décimo primeiro digo em espanto o nome de Deus, no décimo segundo chamo meu irmão. O décimo terceiro tiro-me assassina — porque eu sou o outro. Porque eu quero ser o outro.
Essa justiça que vela meu sono, eu a repudio, humilhada por precisar dela. Enquanto isso durmo e falsamente me salvo. Nós, os sonsos essenciais.
Para que minha casa funcione, exijo de mim como primeiro dever que eu seja sonsa, que eu não exerça a minha revolta e o meu amor, guardados. Se eu não for sonsa, minha casa estremece. Eu devo ter esquecido que embaixo da casa está o terreno, o chão onde nova casa poderia ser erguida. Enquanto isso dormimos e falsamente nos salvamos.
Até que treze tiros nos acordam, e com horror digo tarde demais — vinte e oito anos depois que Mineirinho nasceu – que ao homem acuado, que a esse não nos matem. Porque sei que ele é o meu erro. E de uma vida inteira, por Deus, o que se salva às vezes é apenas o erro, e eu sei que não nos salvaremos enquanto nosso erro não nos for precioso. Meu erro é o meu espelho, onde vejo o que em silêncio eu fiz de um homem. Meu erro é o modo como vi a vida se abrir na sua carne e me espantei, e vi a matéria de vida, placenta e sangue, a lama viva.
Em Mineirinho se rebentou o meu modo de viver. Como não amá-lo, se ele viveu até o décimo-terceiro tiro o que eu dormia? Sua assustada violência. Sua violência inocente — não nas conseqüências, mas em si inocente como a de um filho de quem o pai não tomou conta.
Tudo o que nele foi violência é em nós furtivo, e um evita o olhar do outro para não corrermos o risco de nos entendermos. Para que a casa não estremeça.
A violência rebentada em Mineirinho que só outra mão de homem, a mão da esperança, pousando sobre sua cabeça aturdida e doente, poderia aplacar e fazer com que seus olhos surpreendidos se erguessem e enfim se enchessem de lágrimas. Só depois que um homem é encontrado inerte no chão, sem o gorro e sem os sapatos, vejo que esqueci de lhe ter dito: também eu.
Eu não quero esta casa. Quero uma justiça que tivesse dado chance a uma coisa pura e cheia de desamparo em Mineirinho — essa coisa que move montanhas e é a mesma que o fez gostar "feito doido" de uma mulher, e a mesma que o levou a passar por porta tão estreita que dilacera a nudez; é uma coisa que em nós é tão intensa e límpida como uma grama perigosa de radium, essa coisa é um grão de vida que se for pisado se transforma em algo ameaçador — em amor pisado; essa coisa, que em Mineirinho se tornou punhal, é a mesma que em mim faz com que eu dê água a outro homem, não porque eu tenha água, mas porque, também eu, sei o que é sede; e também eu, que não me perdi, experimentei a perdição.
A justiça prévia, essa não me envergonharia. Já era tempo de, com ironia ou não, sermos mais divinos; se adivinhamos o que seria a bondade de Deus é porque adivinhamos em nós a bondade, aquela que vê o homem antes de ele ser um doente do crime. Continuo, porém, esperando que Deus seja o pai, quando sei que um homem pode ser o pai de outro homem.
E continuo a morar na casa fraca. Essa casa, cuja porta protetora eu tranco tão bem, essa casa não resistirá à primeira ventania que fará voar pelos ares uma porta trancada. Mas ela está de pé, e Mineirinho viveu por mim a raiva, enquanto eu tive calma.
Foi fuzilado na sua força desorientada, enquanto um deus fabricado no último instante abençoa às pressas a minha maldade organizada e a minha justiça estupidificada: o que sustenta as paredes de minha casa é a certeza de que sempre me justificarei, meus amigos não me justificarão, mas meus inimigos que são os meus cúmplices, esses me

cumprimentarão; o que me sustenta é saber que sempre fabricarei um deus à imagem do que eu precisar para dormir tranqüila e que outros furtivamente fingirão que estamos todos certos e que nada há a fazer.
Tudo isso, sim, pois somos os sonsos essenciais, baluartes de alguma coisa. E sobretudo procurar não entender.
Porque quem entende desorganiza. Há alguma coisa em nós que desorganizaria tudo — uma coisa que entende. Essa coisa que fica muda diante do homem sem o gorro e sem os sapatos, e para tê-los ele roubou e matou; e fica muda diante do São Jorge de ouro e diamantes. Essa alguma coisa muito séria em mim fica ainda mais séria diante do homem metralhado. Essa alguma coisa é o assassino em mim? Não, é desespero em nós. Feito doidos, nós o conhecemos, a esse homem morto onde a grama de radium se incendiara. Mas só feito doidos, e não como sonsos, o conhecemos.
É como doido que entro pela vida que tantas vezes não tem porta, e como doido compreendo o que é perigoso compreender, e só como doido é que sinto o amor profundo, aquele que se confirma quando vejo que o radium se irradiará de qualquer modo, se não for pela confiança, pela esperança e pelo amor, então miseravelmente pela doente coragem de destruição. Se eu não fosse doido, eu seria oitocentos policiais com oitocentas metralhadoras, e esta seria a minha honorabilidade.
Até que viesse uma justiça um pouco mais doida. Uma que levasse em conta que todos temos que falar por um homem que se desesperou porque neste a fala humana já falhou, ele já é tão mudo que só o bruto grito desarticulado serve de sinalização.
Uma justiça prévia que se lembrasse de que nossa grande luta é a do medo, e que um homem que mata muito é porque teve muito medo. Sobretudo uma justiça que se olhasse a si própria, e que visse que nós todos, lama viva, somos escuros, e por isso nem mesmo a maldade de um homem pode ser entregue à maldade de outro homem: para que este não possa cometer livre e aprovadamente um crime de fuzilamento.
Uma justiça que não se esqueça de que nós todos somos perigosos, e que na hora em que o justiceiro mata, ele não está mais nos protegendo nem querendo eliminar um criminoso, ele está cometendo o seu crime particular, um longamente guardado. Na hora de matar um criminoso – nesse instante está sendo morto um inocente. Não, não é que eu queira o sublime, nem as coisas que foram se tornando as palavras que me fazem dormir tranqüila, mistura de perdão, de caridade vaga, nós que nos refugiamos no abstrato.
O que eu quero é muito mais áspero e mais difícil: quero o terreno.

1 ASPECTOS E TRAJETOS METODOLÓGICOS

> "Estou sentado à beira da estrada,
> O condutor muda a roda.
> Não me agrada o lugar de onde venho,
> Não me agrada o lugar para onde vou.
> Por que olho a troca da roda
> Com impaciência?"
> Bertolt Brecht[15], A troca da roda

A construção[16] dos dados foi idealizada por meio de duas etapas: pesquisa documental e entrevistas. A primeira tinha o propósito de identificar e caracterizar a extensão, o conteúdo e o *modus operandi* e de acessar alguns resultados da justiça comunitária brasileira. Para tanto, foram analisados relatórios de atuação, cartilhas informativas e documentos oficiais produzidos para guiar a operacionalização de política pública federal em justiça comunitária.

As entrevistas foram pensadas como meio para investigar a execução da justiça comunitária quanto aos resultados e impactos para os seus usuários, individualmente e enquanto comunidade, bem como para as pessoas envolvidas com a sua formulação e aplicação no território. A proposta não distinguia o público alvo das entrevistas quanto a representatividade na comunidade ou posição de liderança.

Embora o cerne da pesquisa tenha sido o resgate da memória e a posterior análise dos impactos do Programa Conjunto *Segurança com Cidadania*, desenvolvido em parceria entre diferentes agências da Organização das Nações Unidas (ONU), poder público municipal de Contagem e comunidade; o projeto preliminar tinha objeto diferente, analisando a política pública brasileira de justiça comunitária a partir da experiência dos Núcleos de Justiça Comunitária nas regiões do Nacional e da Ressaca, também no Município de Contagem, em Minas Gerais.

A mudança do tema-problema de pesquisa adveio não de preferências pessoais, mas do campo de pesquisa; e traz dados relevantes sobre ela. Por isso, esse capítulo abordará a trajetória entre o projeto proposto e o realizado.

---

[15] BRECHT, Bertolt. **Antologia poética de Bertolt Brecht.** Rio de Janeiro: Elo, 1982, p.55.
[16] Por tratar-se de pesquisa qualitativa, o termo "coleta de dados" parece inadequado. Os dados não estavam disponíveis à espera da pesquisadora, ao contrário: a maneira como acesso a informação pode transformar o dado. Uma entrevista, por exemplo, trabalha com um agir artificial tanto da pessoa entrevistada, quanto do entrevistando, não sendo fiel ao cotidiano. A informação é construída, inclusive pela presença da pesquisadora. Assim, os interlocutores são tanto o sujeito pesquisador, quanto o entrevistado.

1.1 A proposta de pesquisa sobre a política pública brasileira de justiça comunitária

> "Estranhem o que não for estranho.
> Tomem por inexplicável o habitual.
> Sintam-se perplexos ante o cotidiano.
> Tratem de achar um remédio para o abuso.
> Mas não se esqueçam
> De que o abuso é sempre a regra"
> Bertolt Brecht[17], A exceção e a regra

Ao falar de dentro de uma Faculdade de Direito, mais ainda, de uma linha de pesquisa em "Direitos humanos e Estado Democrático de Direito: fundamentação, participação e efetividade", com área de concentração em "Fundamentos do novo Processo Civil brasileiro", o projeto de pesquisa partia de uma compreensão extensa de jurisdição, particular ao Estado Democrático de Direito e à busca de concretização de direitos humanos e fundamentais.

Com isso, tinha em mente que

> a origem do problema da ineficiência do processo reside justamente no fato de que as estruturas processuais ainda vigentes são oriundas de um contexto sócio-histórico-político totalmente diverso da realidade contemporânea. Por esse motivo, reveste-se de crucial importância uma revisão dos conceitos de jurisdição e processo, de forma a viabilizar a construção de um modelo de solução de conflitos no qual os operadores do Direito se libertem definitivamente do estigma de meros oráculos do poder soberano, superando-se, assim, o distanciamento histórico do Direito com a realidade social[18]. [grifos acrescidos]

Nessa compreensão, a justiça comunitária desponta como possibilidade para a virada democrática da jurisdição, uma vez que propõe tratamento adequado para os conflitos pautado em racionalidades e *sensibilidades jurídicas*[19] particulares a cada comunidade. Isto é, partindo da consideração de diversas maneiras de se compreender juridicamente a realidade, sejam elas coincidentes ou não com o Direito estatal monista.

---

[17] BRECHT, Bertolt. **Antologia poética de Bertolt Brecht.** Rio de Janeiro: Elo, 1982, p. 15.
[18] WERMUTH, Maiquel Ângelo Dezordi. A teoria da tradução como condição de possibilidade para a construção de um novo modelo de processo civil: uma análise a partir da trajetória de Kaspar Hauser. **Revista da Seção Judiciária do Rio de Janeiro.** Rio de Janeiro, v. 18, n. 31, p. 37-58, ago. 2011. p. 56.
[19] Conceito apresentado por Clifford Geertz (2014) e também desenvolvido por Roberto Kant de Lima (2010), em contraposição à compreensão etnocentrada do direito monista. O direito monista é apresentado como uma forma específica, local e incompleta para compreender a realidade, existindo outras formas de vida jurídica.

> O direito [...] é saber local; local não só com respeito ao lugar, à época e à categoria e variedade de seus temas, mas também com relação a sua nota característica – **caracterizações vernáculas do que acontece ligadas a suposições vernáculas sobre o que é possível**. É a esse complexo de caracterizações e suposições, estórias sobre ocorrências reais, apresentadas através de imagens relacionadas a princípios abstratos, que venho dando nome de sensibilidade jurídica[20]. [grifos acrescidos]

A justiça comunitária é fruto da expansão da jurisdição, de modo a abranger não só os meios oficiais do Estado, baseados prioritariamente em direitos postos, mas também atuações extrajudiciais, amparadas no pluralismo jurídico e desempenhadas na, pela e para a comunidade a que se destina.

Por essa razão, parte da expansão do universo jurídico e da compreensão do Direito como *saber local* que reflete e repercute em realidades culturais. Sua proposta consiste em produzir prevenção, transformação, solução e gestão de conflitos no espaço interno da comunidade, por meio da ação de seus próprios agentes, para o estabelecimento de um estado de paz pautado em pertencimento, participação e conexão de seus membros.

Em virtude da compreensão ora apresentada, defini a justiça comunitária como tema de doutorado, com o intuito de trabalhar com a democratização da produção jurídica; neste caso, feita de forma direta pelos meios, linguagem e costumes da comunidade.

Como marco teórico, parti da conclusão de Oscar Chase[21] sobre a reflexividade da relação entre os meios oficiais de resolução de conflitos e a cultura na qual estão inseridos. Segundo o autor[22],

> Na hipótese do processo estar em um *pas de deux* com a cultura, devendo seguir as diretrizes desta parceria, como ele poderia impor um passo que divergisse do que está coreografado? A resposta para esse paradoxo é encontrada quando recordamos que em **nenhuma sociedade a cultura é eterna ou rigorosamente uniforme**, sofrendo questionamentos contínuos e estando sujeita a modificações. [grifos acrescidos]

Nesse passo, Oscar Chase[23] reconhece que os modos de resolução de litígios não são neutros quanto a grupos sociais concorrentes, mesmo quando se propõe a adotar

---

[20] GEERTZ, Clifford. **O saber local**: novos ensaios em antropologia interpretativa. Petrópolis: Vozes, 2014, p. 218.
[21] CHASE, Oscar. **Direito, cultura e ritual**: sistemas de resolução de conflitos no contexto da cultura comparada. São Paulo: Marcial Pons, 2014.
[22] CHASE, Oscar. **Direito, cultura e ritual**: sistemas de resolução de conflitos no contexto da cultura comparada. São Paulo: Marcial Pons, 2014. p. 187-188.

imparcialidade em relação aos indivíduos em litígio. Isso ocorre prioritariamente em razão da seleção do decisor e dos mecanismos de decisão, que acaba por privilegiar ou prejudicar setores distintos de uma sociedade plural[24].

O autor defende que, para garantir legitimidade a escolhas prévias não neutras, procura-se despersonalizar a decisão, o que ocorre com auxílio do ritual – o procedimento – e da fundamentação em algo que pareça exceder a subjetividade decisória – o Direito[25]. Desse modo, o procedimento tanto mantém, quanto influencia as condições de desenvolvimento de dada cultura[26].

Por essa razão, parti do suposto de que a política pública em justiça comunitária tinha potencial de colaborar para a emancipação de sujeitos e grupos marginalizados, ao estimular sua condição de agentes ativos na administração, resolução e transformação de conflitos cotidianos, ao invés de aguardar deslindes burocráticos de respostas vindas exclusivamente do Judiciário.

No Brasil, a prática da justiça comunitária teve início institucional por intermédio de iniciativa do Tribunal de Justiça do Distrito Federal e Territórios (TJDFT), posteriormente convertida em política pública federal. Embora não seja impossível materializar a justiça comunitária através de ações do Estado; é, contudo, improvável, que se produza justiça real por meio de um sistema injusto[27] ou mesmo que se desperte diversidade por iniciativa de um sistema monista. Sobre esse aspecto, restava a questão: assumindo a possibilidade de sua condução intraestatal, seria a justiça comunitária forte o bastante para cooptar seus controladores?

A origem da justiça comunitária brasileira remonta a uma experiência com Juizado itinerante, em que o acesso à justiça era identificado com obtenção de informações sobre o direito estatal e realização de audiências em ônibus do Tribunal, que se deslocavam até comunidades periféricas.

---

[23] CHASE, Oscar. **Direito, cultura e ritual:** sistemas de resolução de conflitos no contexto da cultura comparada. São Paulo: Marcial Pons, 2014. p. 23.
[24] ALFONSIN, Jacques Távora. Dos nós de uma lei e de um mercado que prendem e excluem aos nós de uma justiça que liberta. In.: _____. (Org.). **Cadernos RENAP:** Advocacia Popular Caderno Especial – 1995-2005/10 anos. 6 ed. S. l.: Gráfica e Editora Peres, 2005, p. 83-103.
[25] CHASE, Oscar. **Direito, cultura e ritual:** sistemas de resolução de conflitos no contexto da cultura comparada. São Paulo: Marcial Pons, 2014. p. 58 ss.
[26] CHASE, Oscar. **Direito, cultura e ritual:** sistemas de resolução de conflitos no contexto da cultura comparada. São Paulo: Marcial Pons, 2014. p. 169.
[27] Cf. SCHIFF, Mara. Institutionalizing restorative justice: paradoxes of power, restoration and rights. In.: GRAVIELIDES, Theo; ARTINOPOULOU, Vasso. **Reconstructing restorative justice philosophy.** Surrey: Ashgate Publishing Limited, 2013.

Mesmo reconhecendo a importância de práticas que garantam esse viés do acesso à justiça, é importante ter em mente o propósito da justiça comunitária distingue-se do de outras vertentes para a reforma e gestão do Judiciário. Seus fins específicos, portanto, exigem também métodos próprios para consecução.

A pesquisa foi proposta com o objetivo de demonstrar se a execução da política pública brasileira de justiça comunitária estava concretizando seus objetivos e se vinha correspondendo às demandas e às necessidades de seus usuários.

Como a política pública federal era materializada por meio de projetos executados a nível municipal, a adesão dos entes federativos costumava ser inconstante, variando conforme interesse de gestão, organização dos dados requeridos e adequação ao edital. Embora o município esteja mais próximo da realidade local, numa federação centrípeta, a delegação da consecução da política pública ao município pode levar a insegurança e falta de padrão quanto aos seus elementos estruturantes.

O município ficava encarregado de, anualmente, enviar relatórios e, caso tivesse interesse, requerer a prorrogação da justiça comunitária, que não se renovava automaticamente. Dessa maneira, a relação de entes federados que aderiram à política pública variava ano a ano.

Isto é, por mais que se tratasse, em nível federal, de política pública - o que presume continuidade e certa projeção para o futuro -, no âmbito municipal, consistia em projeto, sendo, portanto, inconstante e demandando periódica renovação.

Por ser conduzida no Programa de Pós-graduação em Direito da Universidade Federal de Minas Gerais, o recorte da análise de efetividade da pesquisa seria em um dos municípios deste estado. A fim de identificar os municípios mineiros aderentes, recorri ao *website*[28] do Ministério da Justiça (MJ), entidade competente para a administração da política pública, sem, contudo, localizar a informação.

Acontece que não só o *website* não tinha linearidade quanto às informações apresentadas, como sequer dispunha de conteúdos básicos sobre a execução da política pública nos municípios, ou mesmo de uma lista atualizada com a relação das entidades federadas que aderiram à justiça comunitária.

Sobre esse ponto, é relevante fazer algumas observações. Embora o projeto piloto de Justiça Comunitária do Distrito Federal tenha sido iniciativa do TJDFT, o

---

[28] Cf. BRASIL. MINISTÉRIO DA JUSTIÇA E SEGURANÇA PÚBLICA. **Ministério da Justiça apresenta o programa justiça comunitária.** Disponível em: <http://www.justica.gov.br/noticias/ministerio-da-justica-apresenta-o-programa-justica-comunitaria>. Acesso em 11 mar. 2015.

Ministério da Justiça deixava a cargo de cada município escolher e informar qual a entidade incumbida de sua execução. Essa opção já poderia sinalizar para mudanças substanciais na concepção, planejamento e materialização da justiça comunitária. Por isso, informar qual a entidade responsável em cada município seria um dado sensível a ser disponibilizado. No entanto, essa informação também não foi disponibilizada no *site* do MJ.

Como o Ministério da Justiça não estabeleceu um critério uniforme quanto a entidade, órgão ou instituição a quem caberia a execução da política pública no âmbito municipal, ainda que fosse requisitar individualmente a informação referente a cada um dos 853 municípios mineiros, teria que fazê-lo para um sem-número de instituições em cada um desses entes federados.

Contudo, como cada município tinha de apresentar relatório anual ao Ministério da Justiça, supus que as informações chegavam ao Ministério, e que não estavam sendo repassadas no *website*. Por essa razão, fiz uso do portal da transparência, instituído pela Lei de Acesso à Informação (Lei n. 12.527/2011), para garantir o direito constitucional de acesso às informações públicas.

Nesse ponto, uma nova surpresa: mesmo após o esgotamento dos recursos administrativos, o MJ não respondeu especificamente a todas as perguntas formuladas na consulta ao portal da transparência, materializada no processo 08850001352201659.

Aqui, é importante frisar alguns acontecimentos ocorridos na política nacional durante a requisição dos dados de pesquisa. Foi a então Secretaria de Reforma do Judiciário (SRJ/MJ), vinculada à época ao Ministério da Justiça, quem, em 2008, converteu o Projeto Justiça Comunitária do Distrito Federal em política pública federal.

Criada em 2003, no primeiro governo do ex-presidente Luíz Inácio Lula da Silva, por iniciativa do então Ministro da Justiça, Márcio Thomas Bastos, a Secretaria de Reforma do Judiciário se propunha a discutir e incentivar práticas para o aprimoramento do sistema de justiça brasileiro.

A SRJ/MJ contemplava políticas públicas de acesso à justiça e redução de litigiosidade. Teve relevante participação na aprovação da Emenda Constitucional n. 45 que, dentre outras novidades para a reforma do Judiciário, instituiu o Conselho Nacional de Justiça (CNJ) e a autonomia das Defensorias Públicas.

Ocorre que, junto a uma sequência de rupturas de direitos fundamentais no país, a Secretaria de Reforma do Judiciário foi extinta em 2015 sob justificativa de que a medida contribuiria para o "equilíbrio fiscal". Suas funções, em tese, foram absorvidas por outros órgãos, como o próprio CNJ e a Secretaria Nacional de Justiça e Cidadania (SNJ), nos termos do Decreto n. 8.689/2016. Todavia, a extinção sinaliza um menor comprometimento com a construção de um modelo de justiça mais democrático no país[29].

Conforme exposto, extinta a SRJ/MJ, procurei localizar mais informações sobre a condução da política pública de promoção da justiça comunitária no Brasil, o que foi feito por intermédio do portal da transparência. Contudo, as respostas obtidas foram insuficientes e desatualizadas, limitando-se a mencionar resultados genéricos de execução do projeto nos anos de 2008 e 2010, sem sequer indicar listagem atualizada dos municípios mineiros adeptos à justiça comunitária.

A Coordenação de Assuntos Judiciários do Ministério da Justiça e Segurança Pública, por meio do Despacho no 118/2016/CGAJUD/DPJUS/SNJ, informou que

> [...] 2 - a relação dos municípios que implantaram o Programa Justiça Comunitária (**podendo possuir ou não atualmente o Programa**) são os seguintes: [...]
> iii. O ano de implementação do Projeto, de praxe é sempre o posterior ao da celebração, por exemplo, 795046/2013, ano "2014";
> iv. **Em Minas Gerais temos um núcleo em Contagem/MG, com implementação a partir de 2012**; [...]. [grifos acrescidos]

A relação disponibilizada pelo MJ indicava apenas 30 municípios brasileiros que haviam aderido à política pública. Contudo, não informava em quais deles a execução da justiça comunitária era contemporânea à informação prestada, é o que fica evidenciado pela ressalva "podendo possuir ou não atualmente o Programa".

Dos municípios convenentes informados, 10 eram da Região Sul, oito da Sudeste, quatro da Nordeste, um da Norte e um da Centro-Oeste, foram eles: no Rio Grande do Sul, Canoas, Passo Fundo, São Leopoldo, Bagé, Novo Hamburgo, Cachoeirinha, Esteio, Alvorada, Porto Alegre e Canoas; no Paraná, São José dos Pinhais e Pinhais; no Rio de Janeiro, Rio de Janeiro, Teresópolis e Petrópolis; no Espírito Santo, Vitória e Cariacica; em São Paulo, Santo André e São Bernardo do Campo; no Rio Grande do Norte, Guamaré e Extremoz; em Santa Catarina, Lages; em Minas Gerais, Contagem; em Alagoas, Arapiraca; no Maranhão, Imperatriz; no Pará, Itaituba; em Goiás, Goiás Velho.

---

[29] Sobre o fim da SRJ, cf. RENAULT, Sérgio; BOTTINI, Pierpaolo Cruz; SADEK, Maria Tereza. **Fim da Secretaria de Reforma do Judiciário é uma perda importante.** Disponível em: <http://www.conjur.com.br/2016-mar-30/fim-secretaria-reforma-judiciario-perda-importante>. Acesso em: 12 abril 2016.

As informações prestadas pelo Ministério da Justiça noticiavam que apenas um município mineiro havia aderido à justiça comunitária, o que havia sido feito por meio da Prefeitura Municipal de Contagem. A proximidade entre Contagem e Belo Horizonte, todavia, sinalizava a viabilidade de fazer o recorte da pesquisa de campo no Município.

Pela maneira como dispôs a mensagem, usando o verbo "ter" conjugado no presente do indicativo, o Despacho no 118/2016/CGAJUD/DPJUS/SNJ dava a entender que a adesão de Contagem era contemporânea à requisição, que aconteceu no ano de 2016.

Em pesquisa na internet, localizei uma publicação municipal que noticiava a atuação de dois Núcleos de Justiça Comunitária (NJC) em Contagem, um na região do Nacional, no bairro São Mateus, e outro na região da Ressaca, no Jardim Laguna[30]. A notícia, publicada no Diário Oficial Eletrônico (DOe) de Contagem, em 2015, mencionava a atuação contemporânea desses dois Núcleos, informando endereço, telefone e *e-mail* de contato de cada uma das unidades.

No decorrer do campo de pesquisa, tomei conhecimento de que a implantação dos Núcleos de Justiça Comunitária no Município ocorreu exclusivamente em 2015, o que contrariava a informação prestada pelo Ministério da Justiça, que dizia que Contagem havia implantado NJC a partir de 2012.

Por dispor de informações ora equivocadas, ora imprecisas quanto ao período de implantação e à contemporaneidade das atividades dos Núcleos de Justiça Comunitária em Contagem, tentei reiteradamente contato com os dois Núcleos para conseguir informações mais seguras. Passaram-se meses de consecutivas mensagens de *e-mail* e constantes ligações telefônicas em diferentes dias e horários da semana. Sem nunca ter uma ligação atendida ou *e-mail* respondido, passei a desconfiar de que a atuação dos Núcleos havia sido interrompida, o que só foi confirmado com a pesquisa de campo.

Tratando-se de comunidades periféricas, em que não tinha qualquer contato ou vínculo comunitário, e sabendo do histórico de toques de recolher e crimes violentos nos territórios, optei por não fazer visita aos locais informados sem autorização ou convite prévio.

---

[30] PREFEITURA DE CONTAGEM. _____. Núcleos de Justiça Comunitária atendem regiões do Nacional e da Ressaca. **Diário Oficial Eletrônico de Contagem.** Ano 24, Ed. 3606, Contagem, 17 abr. 2015. Disponível em: <http://www.contagem.mg.gov.br/arquivos/doc/3606doc-e.pdf>. Acesso em: 12 maio 2016.

Desse modo, passei a tentar o contato com a Prefeitura de Contagem. Como 2016 foi ano eleitoral para o Executivo municipal, tive dificuldade de acessar informações via Prefeitura. No início de 2017, contudo, o contato com agentes da Prefeitura foi efetivado. Nessa oportunidade, fui informada de que o projeto não havia sido renovado, tendo-se adstrito ao ano de 2015.

Não obstante tenha sido realizado termo aditivo ao convênio, este referia-se exclusivamente à demanda municipal para dilação do prazo final para a prestação de contas ao Governo Federal. A informação surpreendia, uma vez que, nos termos da publicação veiculada no DOe, havia demanda comunitária capaz de justificar a permanência dos Núcleos de Justiça Comunitária.

> Contagem investe na prestação de serviços de conciliação às comunidades. A prefeitura, por meio da Secretaria de Defesa Social, administra duas unidades do Núcleo de Justiça Comunitária. Os núcleos situam-se nas regiões da Ressaca e do Nacional. Em torno de 28 agentes comunitários trabalham para promover os atendimentos à população na mediação de conflitos, orientação dos direitos, encaminhamentos de casos mais complexos e palestras.
> Cada núcleo realiza, em média, 30 a 35 atendimentos por mês. As demandas mais frequentes são relacionadas ao Direito de Família (divórcio, pensão, guarda de filhos, DNA), Direito do Consumidor, Direito de Vizinhança e Direito Trabalhista[31].

Foi marcada reunião com Jacqueline Cabral de Souza[32], assistente social apontada na publicação do Diário Oficial como coordenadora dos Núcleos de Justiça Comunitária. Em razão da mudança de gestão municipal, ela estava em fase de transição, sendo desligada da Secretaria de Defesa Social (SEDS) e voltando a trabalhar na assistência social de Contagem. Em sua última semana na SEDS, Jacqueline deu entrevista para a pesquisa.

Nessa ocasião, entrevistei outros dois servidores da SEDS: Wellington Eustaquio Ribeiro, psicólogo que também acompanhou a implementação dos NJC em 2015; e Mônica Aparecida Alves da Silva, recém-chegada à SEDS, que participou prioritariamente na condição de ouvinte, com alguns comentários sobre a continuidade da proposta. Foi apenas nesse momento que tive acesso às primeiras informações concretas sobre a execução da política pública em Contagem.

---

[31] PREFEITURA DE CONTAGEM. _____. Núcleos de Justiça Comunitária atendem regiões do Nacional e da Ressaca. **Diário Oficial Eletrônico de Contagem.** Ano 24, Ed. 3606, Contagem, 17 abr. 2015. Disponível em: <http://www.contagem.mg.gov.br/arquivos/doc/3606doc-e.pdf>. Acesso em: 12 maio 2016.
[32] Como será exposto posteriormente, a identificação dos entrevistados ocorreu mediante autorização expressa.

O encontro com esses três servidores foi fundamental para que pudesse ter uma estrutura mental básica sobre o desenho da política pública em Contagem e conduzisse a preparação da investigação preliminar do campo de pesquisa.

Nessa oportunidade, confirmei que nenhum dos Núcleos de Justiça Comunitária estava atuando em Contagem no momento. Também fui informada que, embora tenham funcionado apenas em 2015, a implementação dos Núcleos decorria de um conjunto de outras práticas para pacificação de conflitos violentos que tiveram origem em 2010, em razão do crescimento vertiginoso da criminalidade no território e da subsequente implantação do Programa Conjunto (PC) da ONU *Segurança com Cidadania: prevenindo a violência e fortalecendo a cidadania com foco em crianças, adolescentes e jovens em condições vulneráveis em comunidades brasileiras*.

1.2 Justiça comunitária: gênero e espécies

> "A palavra que é dita reivindica o corpo presente"
> Jurema Werneck[33]

A justiça comunitária costuma ser definida mais pelos seus propósitos do que por uma especificação pré-estabelecida de elementos e limites caracterizadores. Se essa compreensão permite sua fluidez e adaptabilidade às necessidades de tantas comunidades quantas existirem, também leva a indefinições sobre seu conteúdo. Como saber se uma prática específica constitui modalidade de justiça comunitária? Como ampliar seu espectro de atuação sem uma noção densa sobre os componentes do conceito de justiça comunitária?

Se é verdade que categorias de linguagem limitam e conformam nosso pensar, é também verdadeiro que o ser humano pensa por meio da linguagem[34] e que a compreensão do conteúdo e do uso das palavras auxilia aberturas epistemológicas. A compreensão desse conteúdo é indissociável até mesmo de processos de rompimentos e transcendências.

Por essa razão, é fundamental entender os elementos da justiça comunitária, sua principiologia e construir um mapeamento de suas materializações. Com isso, a

---
[33] WERNECK, Jurema. Introdução. In.: EVARISTO, Conceição. **Olhos D'Água**. Rio de Janeiro: Pallas, 2016.
[34] Cf. VIGOTSKI, Lev Semenovich; LURIA, Alexander Romanovich; LEONTIEV, Alexis. **Linguagem, desenvolvimento e aprendizagem**. São Paulo: Ícone, 2006.

definição de seus contornos torna-se mais compreensível, sem que se converta em definição enrijecida.

Como dito, a opção brasileira pela justiça comunitária apresenta estreito inter-relacionamento com os esforços de democratização da jurisdição e de tratamento adequado dos conflitos violentos. Contudo, ela não surge, nem é produto dos movimentos de acesso à justiça; ao contrário: desponta como retorno à comunidade, como resgate de ancestralidades.

Nesse sentido, a expressão *retorno à comunidade* pode soar contraditória, como se houvesse um modo específico de constituir-se nesse coletivo a que chamamos comunidade. O que se pretende ressaltar aqui não é a ideia fixa de um coletivo perdido ou de que se foi mais coeso num passado – sempre idealizado, distante e inalcançável –, mas tratar a comunidade enquanto opção política e ética emancipatória, definida no presente.

Isso acontece por que as comunidades não podem ser definidas aprioristicamente, com a inflexibilidade de uma *comunidade imaginada*[35], sendo antes um processo e, enquanto tal, uma criação aberta. Da mesma forma, os sujeitos comunitários não constituem seu ponto de partida, mas seu devir. Não sem razão, Alfonso Torres Carrillo[36] ressalta que

> **A comunidade não é uma subjetividade resultado da soma de subjetividades individuais previamente constituídas, mas uma inter-subjetividade gestada a partir do *ser-com* outros**.
> Em uma comunidade, cada integrante é *alter*, é o outro, que nos surpreende, seduz ou lacera, mas com o qual coabitamos irrevogavelmente; é diferença e outreidade[37]: **o sujeito da comunidade não é em "si mesmo", mas**

---

[35] Cf. ANDERSON, Benedict. **Comunidades imaginadas**: reflexiones sobre el orígen y la difusión del nacionalismo. Ciudad de Mexico: Cultura Libre, 1993.
[36] CARRILLO, Alfonso Torres. **El retorno a la comunidad**: problemas, debates y desafíos de vivir juntos. Bogotá: Fundación Centro Internacional de Edicación y Desarrollo Humano, 2017. p. 213-214.
[37] O termo no original era *otredad*, traduzido em neologismo por desconhecer um termo na língua portuguesa que seja suficiente para traduzir as ideias de alteridade e oposição simultaneamente compreendidas no termo espanhol. O mesmo ocorre ao usar-se o advérbio *outramente* em alguns momentos dessa tese. Com *outreidade*, pretende-se referir a esse misto, ao outro enquanto aquele que nunca fomos, somos ou seremos e, ainda, aquele que não queremos ser. Nesse sentido, mesmo quando disposto no singular, o outro são muitos: tantos quantos não sou eu. O singular aqui é que eu não seja o outro. Não só, o conteúdo do outro é variável segundo a perspectiva que se enxerga: da mesma maneira que alguém é meu outro, sou o outro de alguém. O conceito é, por isso, relacional e variável.
Talvez o leitor se pergunte por que não se optou simplesmente na tradução pelo termo "alteridade", capaz de compreender essas dimensões. Ocorre que as palavras se transformam em razão do uso que atribuímos a ela e, se é verdade que alteridade diz respeito ao meu agir ético perante o outro *diferente de mim* (SEGATO, 2006; SEGATO, 2003; LEVINAS, 2014; SAVATER, 2000), é também verdadeiro que o uso corrente do termo no Brasil pode remeter a um modo de agir *com os meus iguais*. A acomodação cotidiana do uso da linguagem camufla a banalidade do mal e contradições inerentes à limitação seletiva de seu conteúdo. Esta tese foi escrita em momento de profunda polarização política e social no Brasil,

necessariamente um "outro", uma cadeia de alterações que nunca se fixa em uma nova identidade. **A comunidade supõe uma heterogeneidade irredutível dos sujeitos que a conformam e que se conformam nela.** [tradução livre[38]] [grifos acrescidos]

O sujeito da comunidade não se reduz ao indivíduo moderno, assim como não se transmuta em con-fusão com a comunidade em si. A comunidade é aberta a sua intimidade, sendo-lhe "externa no mais profundo de si[39]".

Por isso, a compreensão de comunidade como opção política e ética emancipatória é também uma opção de *constituição processual*[40], isto é, de diálogos provisórios construídos constatemente no coletivo.

A opção pela justiça comunitária se insere na tensão entre regulação e emancipação[41] de modo mais propenso à esta do que àquela. Embora se identifique a importância de não confundir o impossível e o improvável[42], tem-se que manifestar que a justiça comunitária opta pela atuação não-burocrática como a maneira prioritária de exercício da autonomia cidadã. Por isso, a atuação extrajudicial seria genericamente preferível à opção pela jurisdição exercida pelo Estado, por exemplo.

Sobre o Direito, há o reconhecimento de experiências e criações jurídicas que ultrapassam o sistema de direitos posto ou pressuposto na figura do Estado. O território é elemento de grande importância, já que o desempenhar da justiça comunitária ocorre em seu espaço, pelos seus membros e voltado a eles. Todavia, a compreensão de território é menos de contiguidade geográfico-espacial do que de construção identitária.

Com a justiça comunitária, objetiva-se alcançar um estado de paz com voz, de paz participada. Isto é, tem por propósito prevenir, transformar, gerir, tratar e solucionar

---

sinto-me na responsabilidade de evidenciar o contexto de seu texto nesse mundo, assim como de aproximar a textura do mundo do seu texto.

[38] No original: "La comunidad no es una subjetividad resultado de la suma de unas subjetividades individuales previamente constituidas, sino una inter-subjetividad que se gesta a partir del ser-con outros. En una comunidad, cada integrante es alter, es el otro, que nos sorprende, seduce o lacera, pero con el cual, cohabitamos irrevocablemente; es diferencia y otredad: el sujeto de la comunidad no es el 'sí mismo, sino necesariamente un 'otro', una cadena de alteraciones que nunca se fija en una nueva identidad. La comunidad supone una heterogeneidad irreductible de los sujetos que la conforman y que se conforman en ella".

[39] CARRILLO, Alfonso Torres. **El retorno a la comunidad**: problemas, debates y desafíos de vivir juntos. Bogotá: Fundación Centro Internacional de Edicación y Desarrollo Humano, 2017. p. 214.

[40] Cf. CARVALHO, Mayara de; CRUZ, Gabriel Soares. Constituição processual: ética de alteridade, democracia e diversidade nas conversações constitucionais. **Revista da AGU**, Brasília-DF, v. 16, n. 01, p. 261-302, jan./abr. 2017.

[41] Cf. SANTOS, Boaventura de Sousa. **A crítica da razão indolente**: contra o desperdício da experiência. Para um novo senso comum: a ciência, o direito e a política na transição paradgmática. 8. ed. São Paulo: Cortez, 2011a. vol. 1.

[42] Esse alerta é mencionado por Geremia de Geremei, personagem principal do filme *Lámico di Famiglia* (2006), dirigido por Paolo Sorrentino.

conflitos violentos que ocorrem na comunidade ou que nela interferem. Esse permanente estado de paz seria reforçado e reestabelecido pela flexibilidade e dinamismo de consensos comunitários provisórios construídos por intermédio de seus próprios membros, segundo os meios, linguagem e costumes de que dispõem e que são capazes de compreender, aceitar e respeitar. Nessa dimensão, a própria paz é uma construção processual.

A atuação é estreitamente vinculada às particularidades dos grupos, situações e contextos dessa mesma comunidade, sendo acessível e compreensível para os seus membros. Com isso, pretende reforçar as percepções singulares de pertencimento, conexão e participação, ao mesmo tempo em que reflete esse estado de paz individual num sentimento de totalidade: o ser se encontra ao se expandir.

A justiça comunitária, assim como o Direito monista, é uma estrutura de ideias, uma forma de ver o mundo; mas nela, diferente daquele, o gerenciamento de disputas não é imposto por um sistema simbólico composto por procedimentos pré-estabelecidos. Tal qual o Direito posto, pauta-se em *saber local* – particularidade – amparado em princípios supostos e abstratos, a *sensibilidade jurídica*[43].

Em certa medida, o Direito monista também atribui importância a e persegue, de maneira manifesta, um estado de paz, conexão e pertencimento. A grande distinção entre um e outra diz respeito ao modo desse fazer. Mas, se o *modus operandi* poderia soar um mero pormenor no alcance da finalidade declarada comum, consiste em verdadeira mudança paradigmática que determina não só a forma como se enxerga os problemas, mas também o que se é capaz de enxergar.

É o que se pode aferir da colocação de Chase[44], quando apresenta

> [...] dois argumentos centrais a respeito dos meios institucionais de resolução de conflitos e da sociedade: o primeiro é o fato de esse processo resolutivo refletir a cultura em que está inserido – seus valores, seu arranjo social, sua metafísica e os símbolos através dos quais estes elementos são exteriorizados; o segundo é que esta relação é reflexiva – ou seja, a forma de resolução de conflitos será, também um componente deste movimento contínuo de manutenção e construção da cultura em que está imerso. Caso estas ponderações sejam válidas, minha teoria a respeito do processo terá utilidade tanto em uma perspectiva de previsão quanto em um aspecto normativo: ela servirá para prever que quando a cultura passa por mudanças significativas, quaisquer que sejam seus motivos, o processo possivelmente irá se adequar à nova roupagem. A recíproca é verdadeira: modificações no

---

[43] GEERTZ, Clifford. **O saber local:** novos ensaios em antropologia interpretativa. Petrópolis: Vozes, 2014.
[44] CHASE, Oscar. **Direito, cultura e ritual:** sistemas de resolução de conflitos no contexto da cultura comparada. São Paulo: Marcial Pons, 2014, p. 187.

processo apresentarão impacto mais amplo. Já no prisma normativo, esta análise adverte os legisladores quanto à necessidade de, ao adaptarem o processo, terem em mente o impacto cultural potencial que é inerente a tal opção. Não há, assim, reforma processual que possa ser pensada somente sob a redoma da técnica jurídica.

Para se valer de métodos adequados, o convite a trocar o olhar é substancial, uma vez que a escolha das lentes com as quais se observa influi na composição e conteúdo da imagem, bem como nos relacionamentos e proporções dos elementos que a compõe[45]. Assim, os entendimentos sobre o que é possível e impossível em cada situação são pautados nas construções de realidade que se é capaz de fazer.

Além disso, não é demais ressaltar que "entre uma decisão 'justa', tomada autoritariamente, e uma decisão 'justa', construída democraticamente, não pode deixar de haver diferença, quando se crê que a dignidade humana se realiza através da liberdade[46]".

Para fins desta tese, também é importante firmar que a compreensão apresentada trata da justiça comunitária enquanto gênero que pode ser materializado por práticas diversas, conformadas à diversidade presente nas comunidades e às condições materiais de execução em dado contexto. Por essa razão, entende-se que a política pública brasileira de justiça comunitária não deve ser confundida com a justiça comunitária brasileira – gênero –, mas como uma de suas manifestações – espécie.

A relevância dessa ressalva, além de evitar a confusão metonímica da parte com o todo, é de implicar em outro argumento essencial para a pesquisa: o de que o Programa Conjunto *Segurança com Cidadania* também é uma manifestação da justiça comunitária brasileira, como se verá adiante. Desse modo, a mudança de objeto de pesquisa disse respeito à espécie analisada, sem interferir no estudo do gênero justiça comunitária.

Outra observação sobre as espécies de justiça comunitária é que elas podem satisfazer em maior ou menor grau a totalidade dos princípios e valores do gênero justiça comunitária.

---

[45] ZEHR, Howard. **Changing lenses:** restorative justice for our times. Harrisonburg: Herald Press, 2015. Twenty-fifth anniversary edition.
[46] GONÇALVES, Aroldo Plínio. **Técnica processual e teoria do processo.** Belo Horizonte: Del Rey, 2012, p. 152.

1.3 Do Programa Justiça Comunitária do Distrito Federal à criação da política pública brasileira

> "Mas o ser humano é tão apaixonado pelo sistema e pela conclusão abstrata, que é capaz de fazer-se de cego e surdo somente para justificar sua lógica"
> Dostoiévski[47], Notas do subsolo

O Programa Justiça Comunitária do Distrito Federal teve origem na experiência do Juizado Especial Cível Itinerante do Tribunal de Justiça do Distrito Federal e Território (TJDFT) que, desde 1999, tem levado seus servidores para comunidades periféricas com a finalidade contribuir para a promoção de acesso à justiça.

No ônibus do tribunal, as pessoas têm acesso à informação de seus direitos e, quando neccessário, são realizadas audiências. No decorrer dessa experiência, foi identificado que a informalidade das relações dificultava a produção probatória e que, em parte significativa dos casos, os cidadãos desconhecem seus direitos[48].

> Um fato, porém, revelava o êxito da experiência. **Aproximadamente 80% da demanda do Juizado Itinerante resultavam em acordo. Esse dado confirmou que a iniciativa do ônibus efetivamente rompeu obstáculos de acesso à justiça, tanto de ordem material quanto simbólica**. A ruptura com a "liturgia forense" e a horizontalidade com a qual as audiências eram realizadas, ajudaram a criar um ambiente de confiança favorável ao alto índice de acordos constatado.
> Contudo, apesar dos acordos não resultarem de nenhum tipo de coerção, o que se verificava, à época, era que **nem sempre os seus conteúdos correspondiam ao sentimento de justeza trazido por cada parte ao processo**. Como a produção probatória era difícil, **os acordos pareciam resultar de uma razão meramente instrumental que levava à renúncia parcial do direito, a fim de se evitar os riscos de uma sucumbência total**. Esse 'consenso da resignação', pois, parecia contrariar todo o esforço de se buscar a democratização do acesso à justiça formal[49] [grifos acrescidos]

Embora não se concorde com a correlação entre existência de acordo e satisfação dos usuários ou, como dito, "êxito" da experiência[50], a narrativa descrita é um marco importante para esta tese, uma vez que foi o incômodo com o "consenso da

---

[47] DOSTOIÉVSKI, Fiódor. **Notas do subsolo.** Porto Alegre: L&PM, 2013, p. 33.
[48] Cf. BRASIL. MINISTÉRIO DA JUSTIÇA E CIDADANIA. **Justiça Comunitária:** uma experiência. Brasília: Secretaria de Reforma do Judiciário, 2010.
[49] BRASIL. MINISTÉRIO DA JUSTIÇA E CIDADANIA. **Justiça Comunitária:** uma experiência. Brasília: Secretaria de Reforma do Judiciário, 2010. p. 23.
[50] Cf. KRIESBERG, Louis; DAYTON, Bruce. **Constructive conflicts:** from escalation to resolution. Lanham: Rowman & Littlefield, 2017.

resignação" que impulsionou a adoção de outra abordagem que não a informação sobre direitos postos.

Para responder a este problema surgido na prática do Juizado itinerante, formulou-se a hipótese de que acordos meramente instrumentais poderiam ser superados se fossem desenvolvidos, na comunidade,

> [...] espaços nos quais fossem possíveis a democratização do acesso à informação e o diálogo visando **consensos justos do ponto de vista dos seus protagonistas.** Para tanto, **o clássico 'operador do Direito' deveria ceder lugar a pessoas comuns que partilhassem o código de valores e a linguagem comunitária** e, desta forma, pudessem fazer as necessárias traduções. Delineava-se, assim, o primeiro esboço do Projeto Justiça Comunitária[51] [grifos acrescidos].

Aqui, como pode-se observar, há uma mudança substancial da forma de se compreender o acesso à justiça, antes mais tendente à regulação, agora mais próximo à emancipação social. Nessa abordagem, o acesso passa a ser pautado a partir da experiência concreta de satisfação, apostando-se na autonomia dos sujeitos.

Se é certo que não existe plena autonomia quando não se tem reais possibilidades de escolha[52], nem por isso se torna dispensável ouvir e considerar as experiências dos cidadãos, o que é ainda mais relevante frente a sujeitos historicamente silenciados[53]. Sendo o povo o titular do poder constituinte, é imprescindível compreender as margens do Estado como espaços vivos, isto é, com um movimento que transcende à administração do estatal.

Nas palavras de Veena Das e Deborah Poole[54],

> **Quando se imagina a interação entre o Estado e a população governada como uma relação em que o Estado encarna a soberania independentemente da população, autoriza-se o Estado a, através de suas práticas administrativas, manter certos espaços e populações como margens. Ao contrário, compreender o Estado como aquele a quem se delega o poder, ao invés de aliená-lo dos cidadãos, permitiria que o próprio Estado fosse imaginado nas margens do corpo dos cidadãos.** A questão não é mostrar que o Estado tem um caráter fetichista, mas expor que o entendimento da soberania pode mudar a posição relativa de centro e periferia: as margens se movem, pois, dentro e fora do Estado. Está claro que este movimento é feito pelas margens, tão centrais à interpretação do Estado. A indeterminação das margens não só possibilita formas de resistência, como

---

[51] BRASIL. MINISTÉRIO DA JUSTIÇA E CIDADANIA. **Justiça Comunitária:** uma experiência. Brasília: Secretaria de Reforma do Judiciário, 2010. p. 24.
[52] Cf. SEN, Amartya. **Desenvolvimento como liberdade.** São Paulo: Companhia das Letras, 2000.
[53] Cf. SPIVAK, Gayatri Chakravorty. **Pode o Subalterno falar?** Belo Horizonte: Editora UFMG, 2014.
[54] DAS, Veena; POOLE, Deborah. El estado y sus márgenes. Etnografías comparadas. **Revista Académica de Relaciones Internacionales**, n. 8, jun. 2008, GERI-UAM, p. 33-34.

também, o que é ainda mais importante, permite estratégias para alcançar o Estado como uma espécie de margem ao corpo dos cidadãos. [tradução livre[55]] [grifos acrescidos]

Embora não se ignore a vulnerabilidade existente nas margens, é relevante ter em mente que experiências e compreensões até então relegadas às margens podem reconfigurar o Estado para que seja concebido como uma margem do corpo dos cidadãos, e não o contrário[56].

Nessa perspectiva, as representações oficiais de justiça e das leis são apenas algumas das diversas experiências de justiça e Direito da população. Da mesma forma que a exceção é fundamental para compreender a regra, essa pluralidade é essencial ao exercício estatal[57]. Assim, a nação não é um elemento do Estado, como supôs a Modernidade; quando muito, é este quem faz parte das diversas nações contempladas na população.

Com fundamento declarado[58] no pluralismo jurídico insurgente[59], o Programa Justiça Comunitária foi instalado pelo TJDFT nas regiões administrativas de Ceilândia e Taguatinga, no Distrito Federal. O programa partiu da ação de agentes comunitários selecionados, capacitados e assessorados por uma equipe multidisciplinar composta por

---

[55] No original: "Cuando se imagina la relación entre el estado y la población que es gobernada como una relación en la que el estado encarna la soberanía independientemente de la población, se autoriza al estado a que, a través de sus prácticas administrativas, mantenga ciertos espacios y poblaciones como márgenes. A la inversa, imaginar al estado como aquello a lo se delega el poder, en lugar de ser alienado de los ciudadanos, permitiría que el propio estado fuese imaginado en los márgenes del cuerpo de ciudadanos. La cuestión no es mostrar que el estado tiene un carácter fetichista, sino mostrar más bien que la imaginación de la soberanía puede cambiar la posición relativa del centro y de la periferia: los márgenes se mueven, pues, dentro y fuera del estado. Claro está que este movimiento es el que hace a los márgenes tan centrales a la interpretación del estado. La indeterminación de los márgenes no sólo permite formas de resistencia sino que, de forma más importante, permite estrategias para entrar en estado como un tipo de margen al cuerpo de los ciudadanos".
[56] DAS, Veena; POOLE, Deborah. El estado y sus márgenes. Etnografías comparadas. **Revista Académica de Relaciones Internacionales**, n. 8, jun. 2008, GERI-UAM, p. 34.
[57] DAS, Veena; POOLE, Deborah. El estado y sus márgenes. Etnografías comparadas. **Revista Académica de Relaciones Internacionales**, n. 8, jun. 2008, GERI-UAM, p. 23.
[58] BRASIL. MINISTÉRIO DA JUSTIÇA E CIDADANIA. **Justiça Comunitária:** uma experiência. Brasília: Secretaria de Reforma do Judiciário, 2010. p. 19.
[59] A expressão "pluralismo insurgente" contrapõe-se a outra forma de pluralismo jurídico também reconhecida no Brasil, a originada da complexificação econômica e da especificação dos nichos do mercado, e que desde a década de 90 do século passado tem conduzido a regulamentações autônomas, assim como a prevalência de decisões arbitrais (FARIA, 2009, pp. 57-59). O pluralismo jurídico insurgente, por sua vez, reconhece a existência de múltiplas realidades e a diversidade de manifestações culturais e sociais, valorizando suas particularidades essenciais. Para tanto, parte de alguns princípios valorativos que podem ser sucintamente indicados a partir do prestígio atribuído à autonomia dos grupos, distinguindo seu poder da regulação central do Estado; à descentralização decisória, de modo a valorizar as esferas locais; à participação de grupos culturalmente distintos no processo decisório; ao privilégio de localismos frente à regulamentação genérica; à diversidade como maneira mais satisfatória de caracterização popular; e à tolerância entre grupos culturalmente distintos (WOLKMER, 2001, pp. 171-172).

advogados, psicólogos, assistentes sociais, artistas, servidores de apoio administrativo, estagiários e uma juíza[60].

A atuação dos agentes compreendia três diferentes eixos: educação para os direitos, mediação comunitária e animação de redes sociais. O primeiro centrava-se na disseminação da informação sobre direitos postos; o segundo tinha por objetivo a participação direta dos envolvidos em dado conflito na construção de uma solução consensual; enquanto a terceira focava na mobilização popular para criação de redes solidárias e transformação de conflitos estruturais e contextualizados[61].

Para tanto, o TJDFT partiu de uma definição geográfica de comunidade, pautada na identidade territorial[62]. Essa noção está contida, mas é mais limitada do que a defendida por Wolkmer[63], por exemplo, para quem comunidade abrange aglomerados sociais capazes de distinguir-se por interesses comuns, identidade própria e características singulares, unidos em virtude do compartilhamento de carências materiais, território e ideologia.

É, inclusive, uma visão de conteúdo mais simplista do que o reconhecido pelo Estado brasileiro em outras oportunidades, como no âmbito do Sistema Único de Saúde (SUS). Isso porque, no caso do Programa de Justiça Comunitária, a compreensão do território abrange uma contiguidade espacial, enquanto a territorialização na saúde, por exemplo, perpassa uma compreensão do território como instrumento de análise que conjuga materialidade e imaterialidade[64].

O elemento central da compreensão de território, portanto, é o poder exercido sobre um dado espaço; ele pode ser político e administrativo, mas não necessariamente o será, podendo abranger também identidade e pertencimento[65].

Conforme Milton Santos[66],

---

[60] BRASIL. MINISTÉRIO DA JUSTIÇA E CIDADANIA. **Justiça Comunitária:** uma experiência. Brasília: Secretaria de Reforma do Judiciário, 2010. p. 25.
[61] BRASIL. MINISTÉRIO DA JUSTIÇA E CIDADANIA. **Justiça Comunitária:** uma experiência. Brasília: Secretaria de Reforma do Judiciário, 2010. p. 25-26.
[62] BRASIL. MINISTÉRIO DA JUSTIÇA E CIDADANIA. **Justiça Comunitária:** uma experiência. Brasília: Secretaria de Reforma do Judiciário, 2010. p. 28.
[63] WOLKMER, Antônio Carlos. **Pluralismo jurídico:** fundamentos de uma nova cultura no Direito. São Paulo: Editora Alfa Ômega, 2001. p. 250.
[64] Cf. MORAES, Denise Espíndola; CANÔAS, Sílvia Swain. O conceito de "território" e seu significado no campo da atenção primária a saúde. **Revista Desenvolvimento Social**, n. 9, v. 1, 2013, pp. 49-57.
[65] SANTOS, Milton. **Por uma outra globalização:** do pensamento único à consciência universal. Rio de Janeiro: Record, 2003, p. 47.
[66] SANTOS, Milton. **Por uma outra globalização:** do pensamento único à consciência universal. Rio de Janeiro: Record, 2003, p. 54.

> [...] **uma sociedade e um território estão sempre à busca de um sentido e exercem, por isso, uma vida reflexiva**. Neste caso, o território não é apenas o lugar de uma ação pragmática e **seu exercício comporta, também, um aporte da vida, uma parcela de emoção, que permite aos valores representar um papel**. O território se metamorfoseia em algo mais do que um simples recurso e, para utilizar uma expressão, que é também de Jean Gottmann, **constitui um abrigo**. [grifos acrescidos]

O TJDFT não parece desconhecer a relevância da coesão social para a compreensão de comunidade. Inclusive, também reconhece que a localização geográfica não é necessariamente um critério suficiente para garantir identidade compartilhada. Ainda assim, mantém a contiguidade espacial como caracterizadora do conceito de comunidade. É o que se observa em:

> Neste trabalho, a denominação comunidade será atribuída àqueles **agrupamentos humanos que vivem na mesma localização geográfica e que, nesta condição, tendem a partilhar os mesmos serviços (ou da ausência deles), problemas, códigos de conduta, linguagem e valores.**
> **A partilha territorial, entretanto, não leva necessariamente à construção de uma comunidade coesa socialmente.** Essa característica vai depender do grau de conexão entre seus membros e de sua capacidade de promover desenvolvimento local, ou seja, de seu capital social[67] [grifos acrescidos].

Dessa maneira, o compartilhamento de valores, identificação, carências e serviços, embora presente tanto no conceito do Ministério da Justiça, quanto no apresentado por Wolkmer, aparece como prioritário neste e secundário na compreensão de comunidade daquele.

Assim, como possível reflexo da incerteza proporcionada pela confusão com os objetivos e as formas de consecução do Juizado itinerante, no Brasil, a implementação da justiça comunitária tem permanecido restrita a grupos marginalizados que partilham espaços geográficos específicos. Ainda que não retire do público alvo a condição de comunidade, a política pública brasileira não vinha sendo suficiente para atingir os núcleos comunitários que condensam todos os elementos de caracterização e que, por isso, necessitam de forma mais sensível de intervenções relacionadas ao pluralismo jurídico.

Embora seja compreensível que, diante de recursos limitados, a prática tenha início em espaços que precisem dela com maior urgência e relevância, o foco exclusivo em territórios periféricos pode indicar privatização da jurisdição tradicional do Estado. Ao destinar métodos diferenciados a um público vulnerável, é importante ter o cuidado

---

[67] BRASIL. MINISTÉRIO DA JUSTIÇA E CIDADANIA. **Justiça Comunitária:** uma experiência. Brasília: Secretaria de Reforma do Judiciário, 2010. p. 28.

de não identificar um com o outro. Métodos adequados para o tratamento de conflitos não são, nem devem ser vistos como periféricos ao exercício jurisdicional do Direito monista. Assim como este não é superior ou voltado a um público que goza de *status* ou distinção.

Mesmo o conceito adotado por Wolkmer é limitado a uma compreensão pouco complexa do que seria essa comunidade. Na comunidade real, segundo uma perspectiva da opção política e ética emancipatória[68],

> Em primeiro lugar, é muito importante a produção de narrativas e simbolismos que alimentam os sentidos de pertencimento, identificações presentes e visões do futuro, pois **só haverá comunidade onde houver um imaginário instituinte compartilhado, uma subjetividade constituinte de um nós que diferencia dos "outros", mas que não subsume a singularidade dos sujeitos comunitários** (Sánchez, 2001: 97).
> Assim, ainda que, nas comunidades tradicionais, o fortalecimento da memória comunitária ocupe um papel muito importante e um sentido comum acumulado; **nas comunidades emocionais, de pensamento e intencionais, as narrativas e simbolismos devem apontar e afirmar as identificações emergentes, os sentidos e sentimentos instituintes, assim como as visões de futuro**. [grifos acrescidos] [tradução livre[69]]

Ao contrário do que vem ocorrendo no Brasil, a Constituição boliviana de 2009, ao instituir a justiça comunitária como componente jurisdicional do Estado Plurinacional de Bolívia, tem dado primazia a materializá-la com grupos de minorias identitárias, que tendem a concentrar todos os aspectos essenciais do conteúdo de comunidade defendido por Wolkmer.

Enquanto projeto externo à comunidade, a iniciativa do TJDFT principiou pelo mapeamento e identificação de organizações sociais que atuavam no território. Com isso, deu início à construção de uma cartografia social nos territórios, atividade desenvolvida em caráter permanente que possibilita a conscientização sobre os problemas, necessidades, talentos e potencialidades comunitárias[70].

---

[68] CARRILLO, Alfonso Torres. **El retorno a la comunidad**: problemas, debates y desafíos de vivir juntos. Bogotá: Fundación Centro Internacional de Edicación y Desarrollo Humano, 2017. p. 220-221.
[69] No original: "En primer lugar, la producción de narrativas y simbolismos que alimenten los sentidos de pertenecía, identificaciones presentes y visiones de futuro es muy importante, pues solo hay comunidad allí donde hay un imaginario instituyente compartido, una subjetividad constituyente de un nosostros que diferencia de 'los otros', pero a la vez no subsume la singularidad de los sujetos comunitarios (Sánchez, 2001: 97).
Así, mientras que en las comunidades tradicionales, juegan un papel muy importante el fortalecimiento de la memoria comunitaria y el sentido común acumulado, en las comunidades emocionales, de pensamiento e intencionales, las narraciones y simbolismos deben apuntar a afirmar las identificaciones emergentes, los sentidos y sentimientos instituyentes, así como las visiones de futuro".
[70] Cf. NEUMANN, Lycia Tramujas Vasconcellos; NEUMANN, Rogerio Arns. **Desenvolvimento comunitário baseado em talentos e recursos locais – ABCD**. São Paulo: Global; Instituto para o Desenvolvimento de Investimento Social, 2004a.

O mapeamento deve ser contínuo, sendo seus resultados o espelho da realidade de um dado momento da comunidade. Por essa razão, demanda periodicidade, de modo a construir um banco de dados permanente para identificar iniciativas, fortalecer relações e criar parcerias. O mapeamento parte do reconhecimento de que a transformação das situações ocorre com o envolvimento de uma rede de atores.

O mapeamento é ainda mais sensível em virtude de a justiça comunitária advir, nesse caso, de uma iniciativa externa à comunidade. Sobre esse ponto, vale a pena endossar a ressalva de Zellerer[71], dirigida às práticas restaurativas e pertinente à justiça comunitária.

> Se a justiça restaurativa for estandarizada, prescrita e regulada pelo Estado, vamos perder a oportunidade de realizar seu potencial pleno. Nós nos submeteremos ao sistema corrente mais do que criaremos reais alternativas. **Os participantes precisam de liberdade para serem inovadores, criativos e promoverem justiça restaurativa de uma maneira adequada a cada situação e contexto cultural**. "**Se os governos estão realmente comprometidos em promover a justiça restaurativa, então eles precisam trabalhar mais próximo das comunidades** que criam os diversos modelos a partir dos quais deriva essa noção guarda-chuva abstrata de justiça restaurativa ... tentar moldar e delimitar parâmetros para a justiça restaurativa e a todos os seus ganhos é McDonaldização. Sua diversidade ... criatividade e inovação vão acabar". [grifos acrescidos] [tradução livre[72]]

Com objetivo declarado de "democratizar a realização da justiça, restituindo aos cidadãos e à comunidade a capacidade de gerir seus próprios conflitos com autonomia[73]", a política pública de justiça comunitária se apresentou como mecanismo complementar de acesso e experiência de ordem jurídica justa.

Mesmo com o tempo de atuação e o caráter de permanência conferido pela conversão em política pública, a definição sobre os objetivos da justiça comunitária não foi suficiente para evitar confusão com as metas e prioridades do Juizado itinerante, projeto a partir do qual teve origem no país.

---

[71] ZELLERER, Evelyn. Realizing the potential of restorative justice. In.: GRAVIELIDES, Theo; ARTINOPOULOU, Vasso. **Reconstructing restorative justice philosophy**. Surrey: Ashgate Publishing Limited, 2013.
[72] No original: "If restorative justice becomes standardized, prescribed and state regulated, we will miss the opportunity for realizing its full potential. We will become subsumed by current systems rather than creating true alternatives. Practitioners need the freedom to be innovative, creative and responsive to each situation and cultural context. 'If governments are truly committed to promoting restorative justice, then they need to work closer with communities that create the various models through which this abstract umbrella notion of restorative justice is delivered…
Try to mould and standardize restorative justice and all you will achieve is its McDonaldisation. Its diversiy … creativity and innovation will die out'".
[73] BRASIL. MINISTÉRIO DA JUSTIÇA E CIDADANIA. **Justiça Comunitária:** uma experiência. Brasília: Secretaria de Reforma do Judiciário, 2010. p. 9.

É o que se pode conferir no Prólogo da publicação "Justiça Comunitária: uma experiência", que afirma: "Esse é o baluarte do Programa Justiça Comunitária: a possibilidade de levar ao conhecimento dos cidadãos os deveres que os regem e os direitos que os amparam, de conferir-lhes os instrumentos necessários para o pleno exercício da cidadania[74]". Ao agir desse modo, o Estado duvida da autonomia dos agentes da comunidade, tratando-os como tutelados, por meio de um reconhecimento que desautoriza o sujeito a agir livremente[75].

Pautada em diversidade cultural, emancipação social e tendo em consideração o marco normativo brasileiro, em 2008, a justiça comunitária deixou de ser uma experiência local, passando a constituir política pública federal. Segundo a proposta, a justiça comunitária brasileira deveria atuar em três eixos: informação jurídica, mediação comunitária e animação de redes sociais.

Primeiro eixo de atuação da política pública brasileira, a educação para os direitos pretendia expandir o acesso à informação jurídica, seja prevenindo conflitos que ocorreriam por ausência ou parcialidade de sua compreensão, seja contribuindo para a paridade de armas no acesso à jurisdição.

Vinculada ao Direito monista, pressupõe o monopólio estatal na produção do Direito posto. É essa a frente de atuação que mais se vincula aos objetivos do Juizado itinerante e menos aos propósitos específicos da justiça comunitária.

> Contudo, após uma análise das estatísticas dos atendimentos que, à época [até agosto de 2006], demonstraram excessiva centralidade na atividade de orientação jurídica pós-conflito ao lado do baixo número de mediações realizadas, o Programa decidiu restringir a atividade de orientação jurídica ao encaminhamento sócio-jurídico. A uma, porque em razão de sua especialidade, a tarefa de orientação jurídica exige intensa presença dos profissionais do direito (advogados, defensores públicos) na condução da atividade, o que afasta o protagonismo dos Agentes Comunitários. A duas, porque na medida em que há entidades públicas e privadas constituídas para esse fim, o Programa de Justiça Comunitária pode concentrar seus esforços em outras atividades para as quais não há possibilidade de substituição, otimizando assim seus recursos[76].

---

[74] GONÇALVES, Nívio Geraldo. Prólogo. In.: BRASIL. MINISTÉRIO DA JUSTIÇA E CIDADANIA. **Justiça Comunitária:** uma experiência. Brasília: Secretaria de Reforma do Judiciário, 2010. p. 16.
[75] Sobre o tema, cf. LIMA, Antonio Carlos Souza. O exercício da tutela sobre os povos indígenas: considerações para o entendimento das políticas indigenistas no Brasil contemporâneo. "Dossiê Fazendo Estado", **Revista de Antropologia**, USP, vol 55(2), julho-dezembro de 2012, São Paulo.
[76] BRASIL. MINISTÉRIO DA JUSTIÇA E CIDADANIA. **Justiça Comunitária:** uma experiência. Brasília: Secretaria de Reforma do Judiciário, 2010. p. 56.

A partir de agosto de 2006, a atenção dos Agentes Comunitários passou a ser conduzida prioritariamente à mediação dos conflitos, conforme uma compreensão construtiva[77] dos conflitos interpessoais. Segundo o Ministério da Justiça[78], isso foi feito em contraposição ao modelo tradicional de resolução de conflitos conduzido pelo Judiciário, que atribui culpa, identifica ganhadores e perdedores e pressupõe noções dicotômicas de certo e errado.

Procurou-se evitar a produção de acordos instrumentais, amparados em renúncia parcial de direitos ou gestão de risco. Ao contrário, a mediação comunitária foi proposta como via para transformação[79] de conflitos, em razão de operar pela, para e na comunidade, partindo do caso como uma oportunidade para modificar relações estruturais e contextuais.

Os mediadores integravam a comunidade, facilitando a identificação de valores relevantes para a construção de respostas possíveis aos problemas. Além disso, deveriam partir de uma perspectiva local para oferecer respostas às situações e relações da própria comunidade. Independente de acordo, pautava-se em uma experiência que proporcionava diálogo e reforçava o protagonismo local.

Conforme relato, o início da experiência do projeto piloto no Distrito Federal ficou adstrito, na maior parte dos casos, a conflitos interpessoais envolvendo questões familiares. Identificado isto, procurou-se desenvolver técnicas adequadas a "conflitos de maior impacto social", levando a elaboração de fluxograma, formulários e roteiro para nortear o mediador[80].

> Uma das medidas adotadas foi introduzir a **possibilidade de os participantes diretamente envolvidos no conflito convidarem, mediante mútua anuência, terceiros – membros da rede pessoal e social das partes – para atuarem como suportes das partes do conflito e como colaboradores na construção de uma solução pacífica voltada para o futuro**. Essa é uma técnica simples, mas com vocação para atuar sistemicamente, eis que proporciona maior envolvimento e consequente compromisso entre todos aqueles que direta ou indiretamente são afetados pelo conflito.
> Sem prejuízo da consolidação desta nova metodologia, que favorece a mediação de conflitos com maior impacto social, o Programa manteve o atendimento às mediações familiares, seja pela relevância social desta demanda, seja porque **o fato de a mediação ser familiar não**

---

[77] KRIESBERG, Louis; DAYTON, Bruce. **Constructive conflicts:** from escalation to resolution. Lanham: Rowman & Littlefield, 2017.
[78] BRASIL. MINISTÉRIO DA JUSTIÇA E CIDADANIA. **Justiça Comunitária:** uma experiência. Brasília: Secretaria de Reforma do Judiciário, 2010. p. 57
[79] Cf. LEDERACH, John Paul. **Transformação de conflitos.** São Paulo: Palas Athena, 2012.
[80] BRASIL. MINISTÉRIO DA JUSTIÇA E CIDADANIA. **Justiça Comunitária:** uma experiência. Brasília: Secretaria de Reforma do Judiciário, 2010. p. 60.

descaracteriza, necessariamente, a sua natureza comunitária[81]. [grifos acrescidos]

A terceira frente de atuação, a animação de redes sociais, buscava integração e sustentabilidade do desenvolvimento comunitário. Focada na comunicação e na dinamização das informações, pretendia identificar e mobilizar talentos e recursos locais[82] para que se atingisse a autodeterminação da comunidade e uma condição de desenvolvimento local multifacetado[83].

Para tanto, inseriu o Agente Comunitário como articulador de uma rede de cidadania em comunhão com representantes dos movimentos sociais e lideranças comunitárias. Em reuniões frequentes na comunidade, os Agentes Comunitários e a equipe técnica se propuseram a reforçar vínculos; mapear a rede de serviços e atores disponível; identificar os problemas e necessidades comunitários; captar demandas para mediação comunitária; manter diálogo com as lideranças locais; divulgar objetivos e funcionamento da justiça comunitária; conhecer os espaços disponíveis para as sessões de mediação comunitária; criar vínculos de mútua assistência e avaliar constantemente o impacto da atuação da justiça comunitária[84].

> É interessante observar que esse processo não é unilateral. Enquanto age, na qualidade de 'tecelão' desta trama social, o Agente Comunitário é envolvido em um emaranhado de transformações em sua esfera subjetiva relacional. **É na alteridade, nas relações concretas advindas de sua atuação transformadora, na reflexão coletiva dos problemas comunitários, nas discussões sobre os Direitos Humanos e sobre o respeito às diferenças, nas reflexões sobre subjetividades, dentre outros, que o Agente Comunitário pode experimentar a exata dimensão da construção democrática da solidariedade e da paz**[85] [grifos acrescidos]

Nesse aspecto, é importante frisar que as redes partem de uma radicalização da democracia e são pautadas na construção coletiva do saber e na horizontalidade das relações, sendo central à emancipação. A animação de redes sociais, por sua vez, contribui para a promoção de capital social por meio do fortalecimento de sentimento de

---

[81] BRASIL. MINISTÉRIO DA JUSTIÇA E CIDADANIA. **Justiça Comunitária:** uma experiência. Brasília: Secretaria de Reforma do Judiciário, 2010. p. 61.
[82] Cf. NEUMANN, Lycia Tramujas Vasconcellos; NEUMANN, Rogerio Arns. **Desenvolvimento comunitário baseado em talentos e recursos locais – ABCD.** São Paulo: Global; Instituto para o Desenvolvimento de Investimento Social, 2004a.
[83] BRASIL. MINISTÉRIO DA JUSTIÇA E CIDADANIA. **Justiça Comunitária:** uma experiência. Brasília: Secretaria de Reforma do Judiciário, 2010. p. 62.
[84] BRASIL. MINISTÉRIO DA JUSTIÇA E CIDADANIA. **Justiça Comunitária:** uma experiência. Brasília: Secretaria de Reforma do Judiciário, 2010. p. 62-63.
[85] BRASIL. MINISTÉRIO DA JUSTIÇA E CIDADANIA. **Justiça Comunitária:** uma experiência. Brasília: Secretaria de Reforma do Judiciário, 2010. p. 62.

pertencimento, reciprocidade, alteridade, cooperação, confiança, proposta de respostas locais para os problemas e emergência de um projeto comum[86].

1.4 A mudança de objeto de pesquisa: analisando o Programa Conjunto da ONU *Segurança com Cidadania*

> "De repente, naquele minúsculo espaço coube o mundo"
> Conceição Evaristo[87], Ana Davenga

Em 2011, sob administração da então Prefeita Marília Aparecida Campos (Partido dos Trabalhadores - PT), o Município de Contagem-MG apresentou projeto para inscrição na política pública federal de justiça comunitária.

Quando o recurso financeiro foi efetivamente disponibilizado, todavia, o Município estava sob a gestão do Prefeito Carlin Moura (Partido Comunista do Brasil - PC do B) que, coligado ao Partido da Social Democracia Brasileira (PSDB), fez oposição ao candidato indicado pela gestora que propôs o projeto.

Se os princípios da Administração Pública fossem respeitados, seria indiferente a mudança na gestão municipal; acontece que, a gestão de Marília Campos, Prefeita de 2005 a 2012, propôs o projeto como continuidade das práticas e resultados alcançados pelo Programa Conjunto (PC) da Organização das Nações Unidas (ONU), o *Segurança com Cidadania*, executado de 2010 a 2013 no Nacional, Região que pouco antes havia passado por vasta cobertura midiática em razão de toque de recolher, violência e homicídios de crianças e adolescentes.

Durante a execução do Programa, a Região ficou um ano sem que houvesse homicídio de qualquer de seus jovens[88]. A repercussão do ocorrido foi amplamente noticiada com visibilidade da Prefeita[89].

---

[86] BRASIL. MINISTÉRIO DA JUSTIÇA E CIDADANIA. **Justiça Comunitária:** uma experiência. Brasília: Secretaria de Reforma do Judiciário, 2010. p. 37.
[87] EVARISTO, Conceição. **Olhos D'Água.** Rio de Janeiro: Pallas, 2016.
[88] Conforme alertado por Juliana Castro, Ezequiel Fagundes e Franco Adailton (2013), a Secretaria de Estado de Defesa Social (SEDS) não divulga a quantidade de assassinatos registrados em cada localidade por "razoes estratégicas de segurança". Todavia, tanto a reportagem, quanto diversas entrevistas realizadas durante a pesquisa de campo indicaram que, em 2012, nenhuma pessoa entre dez e 24 anos foi vítima de homicídio na região Nacional. Essa informação foi repetida nas entrevistas de Claudia Ocelli (Ponto Focal da Prefeitura de Contagem no Programa Conjunto da ONU), Jacqueline Cabral (agente da Prefeitura de Contagem que acompanhou a execução do *Segurança com Cidadania*), Wellington Ribeiro (agente da Prefeitura de Contagem que acompanhou a execução do *Segurança com Cidadania*) e Davidson Tavares (à época Tenente do 18º Batalhão da Polícia Militar de Minas Gerais, com atuação direta na comunidade).
[89] Esse fato foi apontado em várias entrevistas realizadas na pesquisa de campo, entre elas nas dos agentes

Conforme relatos da pesquisa de campo, na gestão seguinte, a cargo da oposição, o Programa Conjunto da ONU e o Projeto de *Justiça Comunitária* foram conduzidos sem a mesma energia. Este último, inclusive, sequer foi renovado após o primeiro ano de execução. Com a mesma sina de parcela significativa dos moradores da região, o Projeto morreu jovem.

Se é verdade que uma das formas de violência consiste em começar a contar uma história a partir do que aconteceu em segundo lugar, esta pesquisa procura não cair no perigo da história única[90]. Afinal, "uma história muda de sentido, dependendo do ponto a partir do qual se comece a contá-la[91]".

Embora extrapole a delimitação pensada inicialmente, a pesquisa de campo demonstrou que, para entender a justiça comunitária em Contagem, era importante acompanhar a saga dessa morte e vida severina[92], compreendendo também o que lhe antecedeu e gestou: o *Programa Segurança com Cidadania*.

> Somos muitos Severinos iguais em tudo na vida: na mesma cabeça grande que a custo é que se equilibra, no mesmo ventre crescido sobre as mesmas pernas finas, e iguais também porque o sangue que usamos tem pouca tinta. E **se somos mesmo Severinos iguais em tudo na vida, morremos de morte igual, mesma morte severina: que é a morte de que se morre de velhice antes dos trinta, de emboscada antes dos vinte, de fome um pouco por dia** (de fraqueza e de doença é que a morte severina ataca em qualquer idade e até gente não nascida)[93]. [grifos acrescidos]

---

da Prefeitura.
[90] Sobre o tema, cf.: ADICHIE, Chimamanda Ngozi. **O perigo da história única.** Disponível em: <https://www.youtube.com/watch?v=EC-bh1YARsc>. Acesso em: 12 jul. 2016.
[91] SOARES, Luiz Eduardo. **Justiça:** pensando alto sobre violência, crime e castigo. Rio de Janeiro: Nova Fronteira, 2011. p. 17.
[92] Aqui, faz-se alusão ao livro Morte e Vida Severina, do regionalista Joao Cabral de Mello Neto (2010), que narra a trajetória de um nordestino que atravessa territórios em busca de uma vida menos dura. No livro, Severino caminha na "fuga da morte" até chegar ao "encontro da vida". Assim como as crianças e adolescentes brutalmente assassinados no bairro do Nacional, a narrativa de Severino se confunde com a de tantos outros subalternos (SPIVAK, 2014) que ainda não encontraram espaço legítimo para terem suas falas ativamente escutadas na dialogicidade da democracia brasileira. Sendo assim, Severino precisa explicar quem é e a que vai, razão pela qual logo se justifica:
"O meu nome é Severino,
não tenho outro de pia.
Como há muitos Severinos,
que é santo de romaria,
deram então de me chamar
Severino de Maria,
como há muitos Severinos,
com mães chamadas Maria,
fiquei sendo o da Maria
do finado Zacarias"
Cf. MELLO NETO, João Cabral. **Morte e Vida Severina.** Recife: Fundação Joaquim Nabuco, 2010, p. 9.
[93] MELLO NETO, João Cabral. **Morte e Vida Severina.** Recife: Fundação Joaquim Nabuco, 2010, p. 10.

Não estando em execução, a proposta inicial de realizar entrevistas com usuários da política pública restou parcialmente comprometida: ainda era possível entrevista-los, mas, para tanto, seria necessário acessar documentos que os identificassem. Mesmo a entrevista com agentes e lideranças comunitárias ficou mais difícil: antes, seria necessário recuperar o histórico da atuação e envolvimento dos membros comunitários na política pública.

A opção pelas entrevistas teve fundamento na sua pertinência para a análise de efetividade: a entrevista parte da experiência individual do sujeito e considera a contribuição de sua narratividade na compreensão de outras experiências e situações. Com isso, evita a mera reprodução de dados ou conhecimentos pré-existentes, almejando entender a interação do sujeito participante e o tema-problema de pesquisa[94].

O projeto pensado inicialmente tinha como objetivo identificar se a prática da justiça comunitária em Contagem estava dando consecução aos objetivos previstos para atuação da política pública e se correspondia às demandas da população e às suas necessidades. Segundo o Ministério da Justiça, o objetivo da política pública brasileira de justiça comunitária consistia em "democratizar a realização da justiça, restituindo aos cidadãos e à comunidade a capacidade de gerir seus próprios conflitos com autonomia[95]", constituindo mecanismo complementar de acesso e experiência de ordem jurídica justa.

Diante da interrupção da política pública, a pesquisa seguiu outro rumo, optando por reconstruir a memória da justiça comunitária no Município, a começar pelo Programa Conjunto da ONU; analisar seus impactos na comunidade e a satisfação de seus destinatários. Para isso, foram feitas entrevistas semi-estruturadas com pessoas mobilizadas diretamente na execução do Programa.

A análise de conteúdo[96] também passou a contemplar relatórios, publicações e documentos produzidos pelo Município e pela Organização das Nações Unidas, assim como registros feitos pela própria comunidade.

Foram objetivos específicos da pesquisa: contextualizar a justiça comunitária no Estado Democrático de Direito brasileiro; resgatar a memória das práticas de justiça comunitária em Contagem; realizar estudo de caso em Contagem – MG para análise de

---

[94] FLICK, Uwe. **El diseño de investigación cualitativa.** Madrid: Ediciones Morata, 2015, p. 111.
[95] BRASIL. MINISTÉRIO DA JUSTIÇA E CIDADANIA. **Justiça Comunitária:** uma experiência. Brasília: Secretaria de Reforma do Judiciário, 2010.
[96] Cf. GUSTIN, Miracy B. S.; DIAS, Maria Tereza Fonseca. **(Re)Pensando a pesquisa jurídica.** Belo Horizonte: Del Rey, 2014.

efetividade do Programa Conjunto; identificar o conteúdo e a extensão do *Segurança com Cidadania*; entrevistar usuários, sujeitos e profissionais envolvidos com o *Segurança com Cidadania* em Contagem, quanto à satisfação e aos impactos da execução do Programa; analisar os dados presentes nos relatórios oferecidos ao Ministério da Justiça referentes ao Núcleo de Justiça Restaurativa que sucedeu o *Segurança com Cidadania* no Nacional, em Contagem; propor processos e práticas que podem ser úteis ao aperfeiçoamento da implementação da justiça comunitária em Contagem.

Como o Programa *Segurança com Cidadania* teve abrangência exclusivamente ao Nacional, a análise da implantação da justiça comunitária restou limitada a essa região administrativa de Contagem. Esse recorte na extensão da pesquisa de campo justificou-se também em virtude das informações construídas nas entrevistas com pessoas que participaram da execução e formulação do projeto de justiça comunitária do Município.

Segundo Cintia Yoshihara, à época consultora do Programa das Nações Unidas para o Desenvolvimento (PNUD) no *Segurança com Cidadania*, a inclusão do Núcleo de Justiça Comunitária na Região da Ressaca se deu por uma escolha meramente política, desacompanhada de estudo de viabilidade ou mesmo de interesse da comunidade; razão pela qual, mesmo durante o ano de execução, o NJC da Ressaca teve baixa inserção comunitária.

Conforme relata,

> houve um impasse com o estado de Minas Gerais nesse período. Na implementação de Núcleos de Prevenção à Violência, o estado desconsiderou o programa em curso no Nacional e optou por criar o Núcleo no Ressaca, pautado em questões políticas. Ao mesmo tempo, o município se inscreveu no projeto do Ministério da Justiça e conseguiu financiamento federal para implementação do Núcleo de Justiça Comunitária em Contagem. Só que a demora no repasse do dinheiro, junto da mudança de gestão municipal, levou ao desacompanhamento do projeto.

Nesse primeiro momento, foram identificadas, a partir das informações fornecidas no primeiro contato com os três servidores municipais supraditos, as seguintes pessoas como potenciais entrevistados para a pesquisa de campo:

Albaniza Pereira Wada, liderança comunitária que representava os católicos da comunidade na gestão conjunta do *Segurança com Cidadania* (membro do Comitê Local);

Cintia Yoshihara, consultora do Programa das Nações Unidas para o Desenvolvimento (PNUD) no *Segurança com Cidadania*, de 2010 a 2013;

Claudia Ocelli Costa, Ponto Focal da Prefeitura de Contagem no Programa Conjunto da ONU;

Davidson Junio Gonçalves Tavares, Major, à época Tenente do 18º Batalhão da Polícia Militar de Minas Gerais, com atuação direta na comunidade durante o toque de recolher de 2010 e na execução do Programa *Segurança com Cidadania* (membro do Comitê Local);

Francis de Oliveira Rabelo Coutinho, Defensora Pública de Minas Gerais, que implementou projeto de Mediação de Conflitos no Ambiente Escolar (MESC) em escolas da comunidade;

Ilton dos Santos, o "Café", liderança comunitária com atuação tanto na propositura conjunta das atividades do *Segurança com Cidadania*, quanto na sua implementação no território;

Juliano Carneiro Veiga, que atualmente é Juiz de Direito, mas que à época capacitou membros da comunidade e da Prefeitura em mediação comunitária;

Laura Melo, representante da juventude no Comitê Local do Programa Conjunto da ONU;

Luzia Duarte[97], agente da Prefeitura de Contagem que acompanhou a execução do *Segurança com Cidadania*;

Marcos Ramalho, liderança comunitária vinculada ao programa *Mérito Juvenil* que atual junto à juventude na implementação do *Segurança com Cidadania*;

São Mateus[98], agente da Prefeitura de Contagem que acompanhou a execução do *Segurança com Cidadania*;

Pastor Terrinha, líder comunitário vinculado à Igreja Batista, com atuação tanto na propositura conjunta das atividades do *Segurança com Cidadania*, quanto na sua implementação no território (membro do Comitê Local);

Paulo Henrique Mendes Terrinha, filho do Pastor Terrinha, membro do Comitê Local do Programa Conjunto da ONU, enquanto representante da juventude. É membro do Projeto *Oasis* e da Organização Não-governamental *Na Tora*;

---

[97] Nome fictício atribuído pela pessoa entrevistada para preservar sua identificação.
[98] Nome fictício atribuído pela pessoa entrevistada para preservar sua identificação.

José Antônio M. Souza, o "Tony Lanche", liderança comunitária membro do Comitê Local, que representava os comerciantes da comunidade na gestão conjunta do *Segurança com Cidadania*;

José Ferreira de Souza, o "Zé Gordo", liderança comunitária com atuação tanto na propositura conjunta das atividades do *Segurança com Cidadania*, quanto na sua implementação no território.

Como critério de inclusão dos participantes da pesquisa, considerou-se as pessoas informadas em notícias e documentos oficiais como protagonistas no *Segurança com Cidadania* e, posteriormente, as pessoas centrais que eram recorrentemente mencionadas nas narrativas dos entrevistados.

O acesso aos entrevistados foi feito por meio de contato telefônico ou redes sociais. Após conseguir alguns contatos por intermédio dos três servidores da Secretaria de Defesa Social (SEDS), os próprios entrevistados iam indicando os contatos de outros membros determinantes na formulação e execução do plano participativo do *Segurança com Cidadania*, em *snowball sampling*[99].

Optei pela realização de entrevistas predominantemente do tipo narrativo, em que os entrevistados são convidados a contar uma história, sendo episódicos os momentos de pergunta e resposta. As entrevistas foram realizadas presencialmente, sendo utilizado contato telefônico apenas em um caso em que a atual residência do sujeito entrevistado inviabilizava o encontro presencial por estar a 600km de distância de Belo Horizonte. Algumas informações adicionais foram fornecidas por *WhatsApp*, *Facebook*, *Instagram* e *e-mail*.

É importante frisar que as pessoas entrevistadas nesta tese pertencem a grupos heterogêneos, variando de adolescentes a idosos; de membros comunitários dos mais diversos segmentos sociais a agentes públicos e consultores da ONU; de pessoas analfabetas a pós-doutores.

Embora o texto reproduzido seja fiel ao conteúdo falado por cada um deles, em decisão conjunta com o professor orientador, foi feita a opção por adequar as palavras à flexão padrão da língua portuguesa quanto a número. Além disso, palavras faladas com alguma letra trocada ou omitida foram também adaptadas.

---

[99] Cf. STATISTICS HOW TO. **Snowball Sampling: Definition, Advantages and Disdvantages**. Disponível em: <https://www.statisticshowto.datasciencecentral.com/snowball-sampling/>. Acesso em: 12 out. 2016.

A opção por essa adequação às regras formais da língua portuguesa foi feita não para desmerecer o *pretoguês*[100], como se convencionou chamar essa variante do idioma, mas para evitar exposições que pudessem levar a eventual julgamento depreciativo do conteúdo das falas ou dos próprios falantes. Em alguns casos, presumo que essa adaptação facilitará a compreensão da própria mensagem dita, ao menos para o público que costuma acessar uma tese.

Outra consideração a ser feita, dessa vez sobre meu próprio texto, é a opção pela alternância aleatória da flexão de gênero no plural sempre que o coletivo refletir expressão de diversidade quanto a esse aspecto. Ao reconhecer que pensamos por intermédio de palavras e que um só homem no grupo tem bastado para camuflar um sem-número de mulheres na ortodoxa flexão de gênero no plural da língua portuguesa, entendo ser um posicionamento político não repetir certas convenções que sustentam invisibilidades.

Quanto ao desenho de investigação, optei pelo modelo flexível, pautado pela contínua interação com os entrevistados. Nas palavras de Uwe Flick[101],

> O desenho flexível significa que os pesquisadores adaptam sua seleção de entrevistados e até mesmo algumas das perguntas realizadas ao progresso do estudo e ao que consideram que é acessível e interessante no campo. O desenho interativo significa que é possível mudar o plano de amostragem e o enfoque da entrevista individual várias vezes e em diferentes etapas, por exemplo, direcionando o foco (da amostragem, das perguntas ou de ambas) ao longo de todo o processo de investigação. [tradução livre[102]]

No decorrer da pesquisa de campo, a proposta passou por outra transformação: diante da relação construída com os entrevistados e a comunidade, passei a intervir diretamente no território com a finalidade de resgatar e aprofundar conquistas alcançadas pelo Programa, mas que haviam sido interrompidas ou desencorajadas.

Ocorre que o só fato de realizar as entrevistas fez com que os sujeitos participantes da pesquisa rememorassem as conquistas e as conexões construídas com a

---

[100] Cf. GONZALEZ, Lélia. Racismo e sexismo na cultura brasileira. **Revista Ciências Sociais Hoje**, Anpocs, 1984, p. 223-244.
[101] FLICK, Uwe. **El diseño de investigación cualitativa.** Madrid: Ediciones Morata, 2015. p. 110.
[102] No original: "Diseño flexible significa que usted adapta su selección de entrevistados y quizá incluso algunas de las preguntas al progreso del estudio y a lo que considera que es accesible y interesante en el campo. Diseño iterativo significa que cambia el plan de muestreo y el enfoque de la entrevista individual varias veces y en varias etapas, por ejemplo estrechando el foco (del muestreo, de las preguntas o de ambas cosas). Diseño continuo significa rediseñar (para adaptar y mejorar el diseño) a lo largo de todo el proceso de investigación.".

execução do Programa, retomando também certa frustração pela maneira brusca e não dialogada com que se deu seu encerramento.

Nas palavras de São Mateus,

> a comunidade lamentou a descontinuidade e a retirada do projeto foi traumática. **A mudança de gestão municipal foi o maior entrave à continuidade do projeto. Por causa disso, muita coisa feita pelos Núcleos se perdeu após o término da atuação**. O fato de os projetos contarem com início, meio e fim previamente delimitados traumatizam a comunidade. [...] **As pessoas não olham com desconfiança quando o Estado cria um posto de saúde por saberem que, ainda que o serviço seja demorado ou mal prestado, estará disponível para atender a comunidade. Isso não acontece com os projetos por que não são duradouros. Se não é serviço, não tem consistência, na visão do usuário**. Diz muito que, **quando falamos em segurança e violência, os serviços têm se voltado à repressão, enquanto os projetos procuram atuar preventivamente e garantir direitos de comunidades vulneráveis**. A continuidade e permanência da atuação do estado tem se estabelecido para reprimir, com Polícia e Guarda Municipal. O campo de política pública de redução de violência é mais discursivo e simbólico. [...] **Ao se encerrar o projeto de justiça comunitária bruscamente, as pessoas não têm como sentir que ele pertencia ao território, nem que o território o compõe**. [ênfase acrescida]

Luzia Duarte relatou que

> uma pessoa do CRAS do Nacional comentou comigo que a comunidade continua procurando o Núcleo de Justiça [Comunitária]. Houve uma falsa promessa, pela gestão municipal, de que o projeto seria renovado. Por causa disso, a informação do encerramento das atividades soou brusca pra todo mundo que estava envolvido. **Os objetos e os profissionais foram retirados da comunidade de uma hora para outra, de uma maneira pouco respeitosa com a comunidade. Os equipamentos e materiais de consumo adquiridos com os recursos do projeto foram recolhidos da comunidade e armazenados na Prefeitura. Como que a comunidade e as instituições que cederam espaço pra atuação dos Núcleos não se sentiriam usados desse jeito?** Não houve qualquer contrapartida da Prefeitura. Os objetos eram deles. Me dói saber que **foram recolhidos e que nem sequer estão sendo usados**. [...] **Eu fiquei muito mal quando [o projeto encerrou] e [da forma] como encerrou**. [ênfase acrescida]

Ao mesmo tempo, o compartilhamento de narrativas e impressões sobre o Programa Conjunto trouxe à superfície a experiência dos entrevistados junto ao *Segurança com Cidadania*. Essa memória resgatou o interesse dos participantes da pesquisa em retomar algumas das ações do período.

Nesse sentido, foi marcante o entusiasmo despertado na ocasião das entrevistas, sendo estabelecido vínculo de confiança e suporte entre eles e eu. Em vários momentos, os entrevistados demonstraram satisfação diante do interesse e do espaço de fala e me convidaram para que me unisse a eles na recuperação das ações do Programa no território.

Nas palavras de Marcos Ramalho,

> Aí às vezes a gente não entende, sinceramente, o poder público, por que não abraçar uma causa como essa. Nós éramos apenas voluntários... às vezes nós parávamos nosso serviço, nossas responsabilidades. Nós não recebíamos para isso, nós fazíamos e fazíamos por amor. Então, quando a gente fala do Zé Gordo, do Paulo Terrinha, do [Pastor] Terrinha, do Tony Lanche, do Café, da Raquel [...], dos comerciantes... a gente tinha uma esperança, sinceramente. Eu creio que Deus está permitindo você voltar aqui. A gente nunca imaginaria que uma pessoa viesse de tão distante[103] pra procurar a gente. **A gente jamais imaginaria que um dia a gente poderia falar de um projeto que a gente ajudou a salvar vida**, que nosso maior esforço aqui é que a gente tinha um índice muito alto de violência, considerado, eu acho, o terceiro município mais violento do Brasil [...] **mas tudo aquilo que nós construímos com muito sofrimento, que nós construímos com muita força de vontade, foi deixado pelo caminho**. Não por que nós queríamos isso, **a gente queria que a Prefeitura estivesse atuando com a gente e que a gente pudesse levantar essa bandeira e que, hoje, como o mundo conheceu a gente no ano de 2011, que o mundo pudesse falar que hoje existe na região do Nacional um grupo de pessoas que luta pela paz**. Só de falar a gente começa a chorar, dá revolta... [...] Pra gente se doar desse jeito, a gente realmente conhece a realidade, a gente conhece as coisas na pele. **Nós vimos muito sangue ser derramado**... para a gente se doar tanto... e a gente doou, doou, doou [...] a gente até faz um pedido a você, eu acredito que você não está vindo aqui por acaso, tudo é um plano, Deus tem um plano na vida, um plano divino. **Eu acredito, sinceramente, que a sua voz, que a sua força de vontade, de vir nos conhecer... isso pra nós é uma honra**. Nosso desejo era que realmente desse certo aqui em Contagem. [ênfase acrescida]

Com a interação com a comunidade, no decorrer da pesquisa de campo, tomei conhecimento da Escola Municipal Anne Frank (EMAF), que também havia sido afetada pela escalada de violência que atingiu a região do Nacional, assim como pelo *Segurança com Cidadania*.

A EMAF é uma das 18 escolas brasileiras a conquistar o selo de escola transformadora, conferido por uma organização global de empreendedores sociais de diferentes países, a Ashoka[104]. Segundo a Ashoka,

> [...] o programa enxerga a escola como espaço privilegiado para proporcionar experiências capazes de formar sujeitos com senso de responsabilidade pelo

---
[103] Marcos faz alusão ao fato da pesquisadora ser potiguar e de ter saído do Nordeste para pesquisar o Programa que aconteceu em Contagem, em Minas Gerais.
[104] Desde 2009, 280 instituições de ensino compõe a rede de escolas pautadas no poder transformador de cada participante da sociedade. Atualmente, há 18 escolas transformadoras no Brasil, a maioria delas da rede privada de ensino. Belo Horizonte conta com duas escolas transformadoras, ambas da rede pública municipal.Cf. ASHOKA BRASIL; ALANA. **Escolas transformadoras: Sobre.** Disponível em: <http://escolastransformadoras.com.br/o-programa/sobre/>. Acesso em: 10 set. 2017.

> mundo: crianças e jovens aptos a assumir papel ativo diante das mudanças necessárias, em diferentes realidades sociais e amparados por valores e ferramentas como a empatia, o trabalho em equipe, a criatividade e o protagonismo[105].

O programa de escolas transformadoras vincula-se ao direito à socioeducação, isto é, ao conjunto harmônico de práticas educativas, demandas sociais e direitos humanos que se propõe a garantir as condições de fortalecimento das potencialidades humanas, do protagonismo e dos princípios condutores da vida social respeitosa e tolerante[106]. Ele o faz à medida em que relaciona estudantes e comunidade ativadora, que compreende a criança e o adolescente segundo

> uma perspectiva integral do desenvolvimento, em que corpo, emoção e razão não se separam e todos são essenciais para a constituição de pessoas livres, independentes e capazes de se relacionar e agir sobre o mundo de maneira mais empática. As experiências e trajetórias das escolas e dos demais integrantes da comunidade do programa Escolas Transformadoras inspiram e ajudam a ampliar a demanda social por esse tipo de educação[107].

O primeiro contato com a instituição de ensino ocorreu em razão de convite para oferecer uma oficina sobre *Comunicação Não-Violenta*[108] para educadores, estudantes, pais de alunos e membros da comunidade. Desse primeiro vínculo, outros tantos surgiram, como facilitação de procedimento restaurativo envolvendo membros da comunidade escolar e acompanhamento de oficinas de mediação escolar para adolescentes que exercem papel de liderança. Este último, junto à Defensoria Pública do Estado de Minas Gerais, por intermédio da defensora Francis Coutinho, que atua no território desde o *Segurança com Cidadania*.

Ao perceber a articulação da Escola Municipal Anne Frank na comunidade, inclusive no tocante a empoderamento e redução de violência, a então diretora Sandra Mara Oliveira foi adicionada às pessoas a serem entrevistadas para a pesquisa. Assim como ela, inclui no rol de sujeitos a serem entrevistados a Regina Rikiêr[109], uma antiga estudante de duas das três principais escolas afetadas pelo toque de recolher de 2010,

---

[105] ASHOKA BRASIL; ALANA. **Escolas transformadoras: Sobre**. Disponível em: <http://escolastransformadoras.com.br/o-programa/sobre/>. Acesso em: 10 set. 2017.
[106] Cf. BISINOTO, Cynthia. et al. Socioeducação: origem, significado e implicações para o atendimento socioeducativo. **Psicologia em Estudo**, Maringá, v. 20, n. 4, p. 575-585, out./dez. 2015.
[107] ASHOKA BRASIL; ALANA. **Escolas transformadoras: Sobre**. Disponível em: <http://escolastransformadoras.com.br/o-programa/sobre/>. Acesso em: 10 set. 2017.
[108] ROSENBERG, Marshall. **Nonviolent Comunication:** A Language of Life. 3. ed. Encinitas: Puddle Dancer Press, 2015.
[109] Nome fictício atribuído pela pessoa entrevistada para preservar sua identificação.

envolvida desde então com mediação escolar, como colaboradora da defensora Francis Coutinho no território.

Também em virtude dos vínculos formados em razão da pesquisa de campo, fui convidada pela Secretaria de Defesa Social (SEDS) para oferecer minicursos de "*Comunicação Não-Violenta* e Prevenção da Violência" para profissionais da assistência social, saúde, educação e segurança pública de Contagem. Em 2017, foram oferecidos gratuitamente minicursos teórico-práticos para 260 profissionais do município, distribuídos em oito diferentes turmas. Para isso, contei com o suporte e ajuda dos membros do Projeto Ciranda de Justiça Restaurativa[110].

Desse modo, a pesquisa de campo ultrapassou o estudo de caso e passou a abranger também intervenção na realidade apresentada, sendo desenvolvida de forma coordenada com ações e soluções de problemas da comunidade. Nas palavras de Miracy Gustin e Maria Tereza Dias[111], a pesquisa-ação

> [...] realiza uma pesquisa a partir de vários procedimentos, não só os participantes, e sua ação não é realizada a partir do interior da situação, mas numa troca permanente entre internalidades/externalidades. O pesquisador investiga dentro de seu campo de conhecimento e atua segundo seu próprio saber – e é isso que os participantes esperam deles -, apesar de as diretrizes e escolhas das ações serem feitas em conjunto.
> A pesquisa-ação favorece a resolução de problemas coletivos, transformação de realidades emergentes e a produção de conhecimento. Sua diferença das demais é que: a) a resolução do problema coletivo em foco é feita solidária e cooperativamente; b) a emergência de novas comunidades, grupos, instituições etc., por intermédio da pesquisa-ação, é duplamente auxiliada: a pesquisa lhes permite conhecimento dos resultados das investigações no campo jurídico e das ações dos pesquisadores, ao mesmo tempo, autoconhecimento de suas condições, possibilitando sua própria autocrítica; a ação (ou atuação) complementa os dados da pesquisa e permite o acesso a conhecimentos necessários à sua própria estruturação e à sua prática. O conhecimento produzido é revertido em benefício não só da equipe pesquisadora, mas também da equipe de participante da situação investigada.

As atividades do campo foram desenvolvidas diretamente por mim, embora tenha contado com apoio e suporte do Projeto Ciranda de Justiça Restaurativa no

---

[110] O Ciranda é um projeto de extensão e pesquisa vinculado à Faculdade de Direito da Universidade Federal de Minas Gerais. Teve início em 2015, à época apenas como projeto de extensão, sob coordenação conjunta do Professor Doutor Fernando Gonzaga Jayme e minha. Registrado no Sistema de Informação da Extensão (SIEX-UFMG) como "Justiça Restaurativa: Paz Social, Prevenção à Violência e Promoção de Direitos da Juventude" (Projeto 402467), o Ciranda expandiu sua atuação em abril de 2017 e passou a ser também grupo de pesquisa. A pesquisa-ação contou com a colaboração de Aline Ferreira, Elisa Tamanti, Fernanda Valladares e Flavia Resende.
[111] GUSTIN, Miracy B. S.; DIAS, Maria Tereza Fonseca. **(Re)Pensando a pesquisa jurídica.** Belo Horizonte: Del Rey, 2014. p. 89.

oferecimento de oficinas aos agentes públicos municipais. Os dados de pesquisa foram construídos exclusiva e diretamente por mim.

Foi utilizado Termo de Consentimento Livre Esclarecido (TCLE). As entrevistas foram gravadas em áudio exclusivamente mediante expresso consentimento, assinado o Termo de Autorização de Gravação de Voz (TAGV). Nos demais casos, o conteúdo das falas foi sendo transcrito à medida em que se ouvia os entrevistados. Os documentos foram lidos antes do início da entrevista e foram assinados em duas vias, ficando uma comigo e outra com a pessoa entrevistada.

Em alguns casos, ao apresentar informações básicas sobre a caracterização do sujeito entrevistado no Programa, o dado conduziria a sua identificação. Nessas situações, por razões éticas, minha proposta consistia em priorizar o sigilo quanto à identidade, ainda que precisasse omitir informação fundamental para uma compreensão mais completa do contexto ou da situação abordada nesta tese.

O impasse foi dissolvido nos casos em que os próprios entrevistados consentiram ou requereram expressamente a divulgação de sua identidade. Nessas situações, embora o habitual seja a não identificação dos participantes da pesquisa, a indicação dos seus nomes e funções no Programa foram explicitados após ratificarem o Termo de Autorização para Identificação em Pesquisa (TAIP).

No TAIP, o participante concorda não só em participar, mas também com a explicitação de sua identidade na pesquisa. Nesse caso, firmei compromisso de que disponibilizarei ao entrevistado, a qualquer tempo, o acesso a todas as partes do texto que se refiram diretamente a ele; assim como a enviar a versão final das partes do texto que o mencione antes do depósito da versão final desta tese de doutorado. Em quaisquer dos casos, o entrevistado pode desistir da anuência à divulgação de qualquer informação que possa identificá-lo.

Os dados da pesquisa documental e das entrevistas foram relacionados enquanto objetos de análise, com a finalidade de compreender o conteúdo, a extensão, a incidência e a qualidade de cada informação.

A organização e apresentação dos conteúdos foram direcionadas considerando os referenciais teóricos adotados, em especial a compreensão do Direito enquanto saber local[112] que deve ser constituído a partir de toda a abrangência do Estado, o que inclui as suas margens[113]. Além disso, a eleição dos tópicos e temas da análise qualitativa

---

[112] Cf. GEERTZ, Clifford. **O saber local:** novos ensaios em antropologia interpretativa. Petrópolis: Vozes, 2014.

considerou a verbalização dos sujeitos entrevistados. Foi o campo quem constituiu a estruturação da pesquisa, não o contrário.

Para a análise de dados construídos em entrevistas, pautei-me no problema e nos objetivos da pesquisa; no marco teórico adotado; e nas interações com os entrevistados, respeitando o que decidiam evidenciar ou abordar de forma mais consistente[114].

A sistematização dos dados foi realizada de forma constante e multidirecional, envolvendo o inter-relacionamento do tema-problema de pesquisa com a realidade pesquisada; das entrevistas e dos dados da pesquisa documental; da literatura consultada e dos dados obtidos. O entrecruzamento dos dados foi feito até que fosse possível obter um "desenho significativo de um quadro" passível de compreensão[115].

Nesse ponto, é importante fazer uma ressalva: no tocante às entrevistas, a sistematização dos dados procurou atender ao objetivo central de identificar e traduzir em linguagem e formato compreensíveis a fala autônoma dos entrevistados.

Isto é, não me proponho a substituir o sujeito entrevistado, falando em seu lugar; mas a oferecer espaços onde sua fala seja ouvida, considerando que a posição discursiva exige interação entre falantes e ouvintes[116].

Dessa maneira, considero a autonomia do sujeito, irredutível na sua heterogeneidade, que, capaz de falar por si, não deve ser generalizado ou invizibilizado na voz intelectual[117]. Nesse ponto, reconheço a autoantropologia como parte de um gênero do conhecimento: o conhecimento como organização[118].

Esse cuidado tem amparo em Spivak que, ao questionar se pode o *subalterno* falar, trata da importância não só de recuperar culturas e identidades silenciadas, mas

---

[113] Cf. DAS, Veena; POOLE, Deborah. State and its Margins: Comparative Ethnographies. In.: _____. (Ed.). **Anthropology in the Margins of the State.** Santa Fe: School of American Research Press, 1991. p. 3-34.
[114] Cf. ALVES, Zélia Mana Mendes Biasoli; SILVA, Maria Helena G. F. Dias da. Análise qualitativa de dados de entrevista: uma proposta. **Paidéia (Ribeirão Preto)**, n. 2, Ribeirão Preto, Feb./Jul. 1992. Disponível em: < http://www.scielo.br/scielo.php?script=sci_arttext&pid=S0103-863X1992000200007>. Acesso em: 10 mar 2016.
[115] ALVES, Zélia Mana Mendes Biasoli; SILVA, Maria Helena G. F. Dias da. Análise qualitativa de dados de entrevista: uma proposta. **Paidéia (Ribeirão Preto)**, n. 2, Ribeirão Preto, Feb./Jul. 1992. Disponível em: < http://www.scielo.br/scielo.php?script=sci_arttext&pid=S0103-863X1992000200007>. Acesso em: 10 mar 2016.
[116] Cf. ALMEIDA, Sandra Regina Goulart. Prefácio: apresentando Spivak. In.: SPIVAK, Gayatri Chakravorty. **Pode o Subalterno falar?** Belo Horizonte: Editora UFMG, 2014. p. 7-22.
[117] SPIVAK, Gayatri Chakravorty. **Pode o Subalterno falar?** Belo Horizonte: Editora UFMG, 2014.
[118] STRATHERN, Ann Marilyn. Os limites da autoantropologia. In.: _____. **O efeito etnográfico e outros ensaios.** São Paulo: Cosac Naify, 2014. p. 155.

também de se questionar a legitimidade da posição de fala do intelectual que, ainda que desafie os discursos hegemônicos, fala pelo subalterno.

Para Spivak[119], *subalternos* são os sujeitos que compõe as camadas mais baixas da sociedade, que estão à margem do mercado e da representação política e jurídica hegemônica. Nessa compreensão, o sujeito *subalterno* tem poucas chances de efetivamente reverter a situação de dominação. Um dos motivos centrais para isso é justamente o agenciamento de sua fala ou a negação de espaços de escuta, o que afeta diretamente sua autonomia.

Conforme Almeida[120],

> Aqui Spivak refere-se ao fato de a fala do subalterno e do colonizado ser sempre intermediada pela voz de outrem, que se coloca em posição de reivindicar algo em nome de um(a) outro(a). Esse argumento destaca, acima de tudo, **a ilusão da cumplicidade do intelectual que crê poder falar por esse outro(a). Segundo Spivak, a tarefa do intelectual pós-colonial deve ser a de criar espaços por meio dos quais o sujeito subalterno possa falar para que, quando ele ou ela o faça, possa ser ouvido(a). Para ela, não se pode falar pelo subalterno, mas pode-se trabalhar 'contra' a subalternidade**, criando espaços nos quais o subalterno possa se articular e, como consequência, possa também ser ouvido. [grifos acrescidos]

Nesse ponto, é necessário reconhecer a conivência da produção científica ocidental com o encobrimento do outro a partir da defesa de universalismos e racionalidades aparentemente neutros[121]. Mesmo teorias voltadas a valorização da experiência do *subalterno* não costumam avaliar criticamente o papel histórico assumido pelo intelectual[122].

Para tanto, passa a ser mais importante aprender a falar ao sujeito historicamente *subalterno* do que falar em nome dele. Assim, o intelectual não se propõe a substituir o emudecido, mas a desconstruir seu próprio discurso racional a partir da fala oriunda e dirigida ao outro *subalterno* da Modernidade[123]. Desse modo, é imprescindível da *Trans-Modernidade* de Dussel[124], isto é, da consideração da

---

[119] SPIVAK, Gayatri Chakravorty. **Pode o Subalterno falar?** Belo Horizonte: Editora UFMG, 2014.
[120] ALMEIDA, Sandra Regina Goulart. Prefácio: apresentando Spivak. In.: SPIVAK, Gayatri Chakravorty. **Pode o Subalterno falar?** Belo Horizonte: Editora UFMG, 2014. p. 14.
[121] SOUZA, Jessé. **A modernização seletiva:** uma reinterpretação do dilema brasileiro. Brasília: Editora UnB, 2000. p. 41-42
[122] SPIVAK, Gayatri Chakravorty. **Pode o Subalterno falar?** Belo Horizonte: Editora UFMG, 2014. p. 58-60.
[123] SPIVAK, Gayatri Chakravorty. **Pode o Subalterno falar?** Belo Horizonte: Editora UFMG, 2014. p. 114
[124] DUSSEL, Enrique. **1492: El encubrimiento del Otro:** Hacia el origen del "Mito de la modernidad". La Paz: Biblioteca Indígena, 2008. p. 69.

alteridade negada por meio do respeito à dignidade e à identidade das culturas encobertas.

Embora tenha iniciado a escrita de um modo mais tradicional, usando o sujeito impessoal típico da voz passiva, intencionalmente alterei a conjunção verbal para a primeira pessoa, ora do singular, ora do plural, conforme o caso. Ao longo da escrita percebi que a tese continha a voz direta de vários sujeitos entrevistados – o que me agradava -, mas não a minha.

Decidi que minha voz também estaria presente neste texto por três razões principais: se a ciência não for capaz de contemplar os viventes, é ela quem deve passar por profunda transformação; não há produção científica neutra, evidenciar quem sou enquanto pesquisadora é também apresentar mais um elemento para crítica e compreensão das limitações e caminhos desta tese; eu não sou menos, nem mais importante do que os sujeitos entrevistados e, enquanto participante ativa da minha própria pesquisa, devo ter a voz evidenciada neste texto.

Para além da apresentação descritiva das informações, esta pesquisa busca relacionar os dados obtidos na pesquisa documental e nas entrevistas, com vista a problematizar o fenômeno estudado, tendo por base os seguintes pressupostos: os pluralismos cultural e jurídico e sua projeção num Estado Democrático de Direito[125]; o direito à diversidade[126] frente à tensão entre regulação e emancipação na atuação estatal[127]; o decolonialismo[128] e as *pilhagens* cometidas sob o manto de legalidade do Estado de Direito[129]; a justiça comunitária como um dos métodos adequado para tratamento de

---

[125] Cf. VÉRAS NETO, Francisco Quintanilha. Pluralismo jurídico-comunitário participativo, emancipatório, libertador como projeto de combate ao monismo jurídico neoliberal na América Latina. **Espaço Jurídico Journal of Law.** Joaçaba, v. 11, n. 1, p. 149-186. jan./jun. 2010.
[126] Cf. CASTILHO, Eka Wiecko Volkmer de. **Diversidade cultura esquecida da justiça.** 2014. Disponível em: <http://arquivo.geledes.org.br/em-debate/ colunistas/23771-diversidade-cultural-esquecida-da-justica-por-ela-wiecko-v- de-castilho>. Acesso em: 11 jun. 2014.; MAGALHÃES, José Luiz Quadros de. O novo constitucionalismo latino-americano 2: rupturas – diversidade. **Revista Eletrônica de Direito do Centro Universitário Newton Paiva**, Belo Horizonte, n. 28, p. 10-19, jan./abr. 2016.
[127] Cf. SANTOS, Boaventura de Sousa. **A gramática do tempo:** para uma nova cultura política: para um novo senso comum: a ciência, o direito e a política na transição paradigmática. São Paulo: Cortez, 2006.
[128] Cf. DUSSEL, Enrique. Europa, modernidad y eurocentrismo. In.: LANDER, Edgardo. (Comp). **La colonialidad del saber:** Eurocentrismo y ciencias sociales. Perspectivas Latinoamericanas. Buenos Aires: Consejo Latinoamericano de Ciencias Sociales, 2000. Disponível em: <enriquedussel.com/txt/1993-236a.pdf>. Acesso em: 16 de jun. 2015.; MIGNOLO, Walter. Os esplendores e as misérias da 'ciência': Colonialidade, geopolítica do conhecimento e pluri-versalidade epistêmica. In SANTOS, Boaventura de Sousa (org.). **Conhecimento prudente para uma vida decente:** Um discurso sobre as ciências' revisitado. Porto: Edições Afrontamento, 2003.; QUIJANO, Aníbal. **Colonialidade do poder, eurocentrismo e América Latina.** Disponível em: <http://biblioteca.clacso.edu.ar/clacso/sur-sur/20100624103322/12_Quijano.pdf>. Acesso em: 12 mar. 2015.; CÉSAIRE, AIMÉ. **Discours sur le colonialisme.** Paris: Présence Africaine, 1955.
[129] Cf. MATEI, Ugo. NADER, Laura. **Pilhagem**: quando o Estado de Direito é ilegal. São Paulo: Martins

conflitos violentos[130]; o mapeamento[131] e transformação[132] dos conflitos na construção de uma paz flexível, verdadeira *estrutura*-processo[133]; a jurisdição e o processo democrático frente à *constituição processual*[134]; a comunidade enquanto espaço de pertencimento e significado[135]; a autonomia cidadã e o protagonismo individual e comunitário[136].

Para tanto, são apresentadas interlocuções entre teoria e os dados da pesquisa, trabalhando as aproximações e distanciamentos e as novidades entre os dois conteúdos. "Vim lhes falar sobre violência. Mas pretendo fazê-lo explicando por que o sentido de uma história depende do ponto a partir do qual começamos a relatá-la[137]".

Fontes, 2013.; NADER, Laura. The ADR Explosion: the implications of rhetoric in legal reform, **Windsor Yearbook of Access to Justice**, Ontario, v. 8, 1988, p. 269-291.
[130] Cf. BRASIL. MINISTÉRIO DA JUSTIÇA E CIDADANIA. **Justiça Comunitária:** uma experiência. Brasília: Secretaria de Reforma do Judiciário, 2010.; LEAL, Jackson da Silva; FAGUNDES, Lucas Machado. Pluralismo jurídico e justiça comunitária: contribuindo para a juridicidade alternativa. **Espaço Jurídico Journal of Law**. Joaçaba, v. 12, n. 1, p. 113-136. jan./jun. 2011.; SHONHOLTZ, Raymond. Justice from Another Perspective: The Ideology and Developmental History od the Community Boards Program. In.: MERRY, Sally Engle; MILNER, Neal. (Ed.). **The possibility of popular justice:** a case study of Community Mediation in the United States. Michigan: The University of Michigan Press, 1993, p. 201-238.
[131] Cf. CALVO SOLER, Raúl. **Mapeo de conflictos:** técnica para la exploración de los conflictos. Barcelona: Gedisa, 2014.
[132] Cf. LEDERACH, John Paul. **Transformação de conflitos.** São Paulo: Palas Athena, 2012.
[133] Cf. LEDERACH, John Paul. **The moral imagination:** the art and soul of building peace. Oxford: Oxford University Press, 2005.
[134] Cf. CARVALHO, Mayara de; CRUZ, Gabriel Soares. Constituição processual: ética de alteridade, democracia e diversidade nas conversações constitucionais. **Revista da AGU**, Brasília-DF, v. 16, n. 01, p. 261-302, jan./abr. 2017.
[135] Cf. HALABY, Mona Hajja. **Belonging:** creating community in the classroom. Cambridge: Brookline Books, 2000. HOPKINS, Belinda. **Práticas restaurativas em sala de aula.** Disponível em: < http://www.europeancircleofrestorativeeducators.com/sites/default/files/pdf/Portuguese%20version%20PR%C3%81TICAS%20RESTAURATIVAS%20EM%20SALA%20DE%20AULA.pdf>. Acesso em: 03 fev 2017.; HOPKINS, Belinda. (Ed.). Ten different ways to approach a restorative encounter. In.: _____. **Restorative theory in practice:** Insights into what works and why. London: Jessica Kingsley Publishers, 2016.
[136] Cf. NEUMANN, Lycia Tramujas Vasconcellos; NEUMANN, Rogerio Arns. **Desenvolvimento comunitário baseado em talentos e recursos locais – ABCD.** São Paulo: Global; Instituto para o Desenvolvimento de Investimento Social, 2004a.; NEUMANN, Lycia Tramujas Vasconcellos; NEUMANN, Rogerio Arns. **Repensando o investimento social: a importância do protagonismo comunitário.** São Paulo: Global; Instituto para o Desenvolvimento de Investimento Social, 2004b.
[137] SOARES, Luiz Eduardo. **Justiça:** pensando alto sobre violência, crime e castigo. Rio de Janeiro: Nova Fronteira, 2011. p. 18.

2 O PROGRAMA CONJUNTO *SEGURANÇA COM CIDADANIA* NA REGIÃO DO NACIONAL, EM CONTAGEM – MG

> "Democracia não virá
> Hoje, este ano
> Jamais
> Pelo compromisso e o medo.
> Tenho tanto direito
> Quanto qualquer sujeito
> De ficar
> Sobre meus dois pés
> E ser dono da terra
> Estou cheio de ouvir,
> Deixe as coisas tomarem seu curso,
> Amanhã é outro dia.
> Não preciso da minha liberdade, morto.
> Não consigo viver com o pão prometido.
> Liberdade
> É uma semente forte
> Plantada
> Com extrema necessidade.
> Vivo aqui, também
> Quero liberdade
> Assim como você"
> Langston Hugues[138], Democracy[139]

O Programa Conjunto da Organização das Nações Unidas *Segurança com Cidadania: prevenindo a violência e fortalecendo a cidadania com foco em crianças, adolescentes e jovens em condições vulneráveis em comunidades brasileiras* tinha por finalidade a redução de violências contra pessoas entre 10 e 24 anos.

Para tanto, sua agenda procurava alcançar o cumprimento voluntário de regras, autorregulação comunitária de comportamentos e promoção de mecanismos de controle social; a mobilização, capacitação e empoderamento de atores do território para que as ações fossem implementadas de maneira participada e com plena convivência cidadã; o fortalecimento das condições de governança local, capazes de assegurar a sustentabilidade das ações; e a construção de um plano de segurança[140].

---

[138] HUGHES, Langston. Democracy. In.: _____. **Selected poems of Langston Hughes.** New York: Vintage Classics Edition, 1990.
[139] Tradução livre. No original: "Democracy will not come/ Today, this year/ Nor ever/ Through compromise and fear./ I have as much right/ As the other fellow has/ To stand/ On my two feet/ And own the land./ I tire so of hearing people say/ Let things take their course./ Tomorrow is another day./ I do not need may freedom when I'm dead./ I cannot live on tomorrow's bread./ Freedom/ Is a strong seed/ Planted/ In a great need./ I live here, too./ I want freedom/ Just as you".
[140] ORGANIZAÇÃO DAS NAÇÕES UNIDAS. PROGRAMA DAS NAÇÕES UNIDAS PARA O DESENVOLVIMENTO et al. **Caderno Municipal do Programa Conjunto da ONU "Segurança com Cidadania" em Contagem, Minas Gerais-MG.** Brasília: PNUD, UNESCO, UNICEF, OIT, UNODC, ONU Habitat, Ministério da Justiça, 2013. p. 8.

O Programa Conjunto (PC) entende governança democrática como elemento do desenvolvimento humano, focado na participação política, com o intuito de criar condições de isonomia e fortalecimento da capacidade de escolha e participação dos cidadãos. Por essa razão, pressupõe a interação dialógica entre Estado, sociedade civil, setor privado, grupos e lideranças comunitárias para que sejam feitos planejamento, implementação e acompanhamento coletivo de serviços e políticas públicas. Nesse sentido, relaciona-se com a construção de cidadania, já que esta pressupõe práticas emancipatórias e de controle social democrático, baseadas no empoderamento e no fortalecimento de atores locais[141].

Desse modo, sua compreensão de comunidade está mais relacionada à opção política e ética emancipatória já apresentada[142], para a qual

> **Também deve promover-se encontros, ações e formas associativas que afirmem os sentidos compartilhados e os vínculos interpessoais e sociais que sustentam o sentido de comunidade. Sem mobilização, atividades conjuntas permanentes e processos organizativos, é muito difícil que o sentido de comunidade** – que Alberto Melucci (1999) denomina "identidade" - **possa manter-se**. Em todo caso, ações e formas associativas (sociais, culturais, educativas) que são geradas em uma perspectiva comunitária devem alimentar esse sentido imanente de comunidade[143]. [grifos acrescidos]

O *Segurança com Cidadania* mobilizou seis Agências do Sistema das Nações Unidas no Brasil, a saber: Programa das Nações Unidas para o Desenvolvimento (PNUD); Escritório das Nações Unidas sobre Drogas e Crime (UNODC); Fundo das Nações Unidas para a Infância (UNICEF); Organização das Nações Unidas para a Educação, a Ciência e a Cultura (UNESCO); Programa das Nações Unidas para Assentamentos Humanos (ONU-HABITAT); e Organização Internacional do Trabalho (OIT).

---

[141] ORGANIZAÇÃO DAS NAÇÕES UNIDAS. PROGRAMA DAS NAÇÕES UNIDAS PARA O DESENVOLVIMENTO et al. **Caderno Municipal do Programa Conjunto da ONU "Segurança com Cidadania" em Contagem, Minas Gerais-MG.** Brasília: PNUD, UNESCO, UNICEF, OIT, UNODC, ONU Habitat, Ministério da Justiça, 2013. p. 15.
[142] CARRILLO, Alfonso Torres. **El retorno a la comunidad**: problemas, debates y desafíos de vivir juntos. Bogotá: Fundación Centro Internacional de Educación y Desarrollo Humano, 2017, p. 221.
[143] No original: "También deben promoverse encuentros, acciones y formas asociativas que afirmen los sentidos compartidos y los vínculos interpersonales y sociales que sostienen el sentido de comunidad – que Alberto Melucci (1999) denomina "identidad" – pueda mantenerse. En todo caso, las acciones y formas asociativas (sociales, culturales, educativas) que se generen en una persepctiva comunitaria deben alimentar ese sentido inmanente de comunidad".

Com isso, objetivou fortalecer políticas públicas voltadas à prevenção da criminalidade por meio do compartilhamento de conhecimento e experiência de cada uma das seis agências indicadas, garantindo a multidisciplinariedade das ações.

O edital, lançado no Brasil em abril de 2010, selecionou três municípios – Contagem-MG, Lauro de Freitas-BA e Vitória-ES – para desenvolverem ações visando a redução da violência e a construção de cultura de paz entre os anos de 2010 e 2012. Posteriormente, sua vigência foi prorrogada até junho de 2013.

A escolha dos municípios contemplados foi feita por processo seletivo, com equipe de avaliadores composta por representantes de cada uma das seis Agências da ONU e do Ministério da Justiça. Foram critérios eliminatórios para seleção o pertencimento a uma das regiões metropolitanas oficiais do país; e a elevada taxa de homicídios no território.

Os critérios classificatórios foram: o Índice de Desenvolvimento da Educação Básica (IDEB); o Índice de Desenvolvimento Humano (IDH); o Índice de Responsabilidade Fiscal, Social e de Gestão (IRFS); a indicação, com justificativa, de um território do município para receber o projeto; o fato do município desenvolver ou ter desenvolvido iniciativas com alguma Agência da ONU; o nível de compromisso do governo local para apoiar o Programa Conjunto com recursos financeiros e humanos de gestão[144].

O *Segurança com Cidadania* foi financiado com recursos do Governo Espanhol, por meio do Fundo para o Alcance dos Objetivos de Desenvolvimento do Milênio (FODM), e contou com participação do Ministério da Justiça (MJ) e das Prefeituras dos municípios selecionados. Além disso, a implementação do Programa foi possível graças à colaboração de diversas organizações da sociedade civil, especialistas, lideranças comunitárias e grupos dos territórios.

> O público alvo foram crianças, adolescentes e jovens entre 10 e 24 anos, que são particularmente vulneráveis porque são excluídos do sistema educativo; vítimas de violência doméstica ou intergeracional; envolvidos em atividades relacionadas com drogas, tais como o tráfico, ou pertencentes a uma comunidade afetada pela presença de capital social perverso ou prejudicial. O Programa e seus componentes foram estabelecidos dando especial atenção aos diferentes papéis, comportamentos, aspirações e necessidades das

---

[144] ORGANIZAÇÃO DAS NAÇÕES UNIDAS. PROGRAMA DAS NAÇÕES UNIDAS PARA O DESENVOLVIMENTO et al. **Caderno Municipal do Programa Conjunto da ONU "Segurança com Cidadania" em Contagem, Minas Gerais-MG**. Brasília: PNUD, UNESCO, UNICEF, OIT, UNODC, ONU Habitat, Ministério da Justiça, 2013. p. 18-19.

crianças, adolescentes, homens e mulheres jovens em situações vulneráveis, ou em risco de se tornarem vítimas ou agentes da violência[145].

O recorte do público alvo se justifica em razão das pessoas entre 10 e 24 anos serem as mais afetadas por mortes violentas, baixa escolaridade e desemprego[146]. Também tem fundamento na proteção integral e na garantia de prioridade absoluta dos direitos das crianças e adolescentes (Declaração de Genebra sobre os Direitos da Criança, de 1924; Declaração sobre os Direitos da Criança de 1959; Declaração Universal dos Direitos Humanos; arts. 23 e 24, Pacto Internacional de Direitos Civis e Políticos; art. 10, Pacto Internacional de Direitos Econômicos, Sociais e Culturais; Convenção sobre os Direitos da Criança, de 1989; art. 227, CRFB/1988; arts. 1º, 3º, 100, Lei 8.069/1990).

No Brasil, há ainda o fundamento pautado no direito à socioeducação reconhecido às pessoas de até 18 anos em virtude de sua especial condição de sujeito de direito em desenvolvimento. Não se confundindo com o sistema socioeducativo, um de seus elementos constituintes, a socioeducação é composta pelo

> [...] conjunto articulado de programas, serviços e ações desenvolvidos a partir da inter-relação entre práticas educativas, demandas sociais e direitos humanos, com os objetivos de promover o desenvolvimento de potencialidades humanas, da autonomia e da emancipação, bem como fortalecer princípios da vida social[147].

Segundo o Índice de Homicídios na Adolescência (IHA) referente ao ano de 2014, nos 300 municípios com população acima de 100 mil habitantes, a cada 1.000 adolescentes que completaram 12 anos, 3,65 morrem vítimas de homicídio antes de completarem os 19 anos[148]. Numa sociedade sem guerra, esse número deve ser inferior a um.

---

[145] ORGANIZAÇÃO DAS NAÇÕES UNIDAS. PROGRAMA DAS NAÇÕES UNIDAS PARA O DESENVOLVIMENTO et al. **Caderno Municipal do Programa Conjunto da ONU "Segurança com Cidadania" em Contagem, Minas Gerais-MG.** Brasília: PNUD, UNESCO, UNICEF, OIT, UNODC, ONU Habitat, Ministério da Justiça, 2013. p. 8.
[146] ORGANIZAÇÃO DAS NAÇÕES UNIDAS. PROGRAMA DAS NAÇÕES UNIDAS PARA O DESENVOLVIMENTO et al. **Caderno Municipal do Programa Conjunto da ONU "Segurança com Cidadania" em Contagem, Minas Gerais-MG.** Brasília: PNUD, UNESCO, UNICEF, OIT, UNODC, ONU Habitat, Ministério da Justiça, 2013. p. 9.
[147] BISINOTO, Cynthia. et al. Socioeducação: origem, significado e implicações para o atendimento socioeducativo. **Psicologia em Estudo,** Maringá, v. 20, n. 4, p. 575-585, out./dez. 2015, p. 584.
[148] OBSERVATÓRIO DAS FAVELAS. PROGRAMA DE REDUÇÃO DA VIOLÊNCIA LETAL. **Homicídios na Adolescência no Brasil: IHA 2014.** Rio de Janeiro: Observatório de Favelas, 2017. Organizadores Doriam Borges e Ignácio Cano. p. 13.

Conforme o estudo, a distribuição da violência não é homogênea. A Região Nordeste tem apresentado um crescimento quase constante do IHA desde 2005, enquanto observou-se algumas reduções na Região Sudeste entre os anos de 2005 e 2011. Dos cinco estados com maior IHA, quatro são nordestinos (Ceará, Alagoas, Bahia e Rio Grande do Norte) e um é do Sudeste (Espírito Santo).

Ao analisar o impacto de dimensões como sexo, cor de pele e idade, observou-se que meninos têm um risco 13,52 vezes maior de serem vítimas de homicídio em relação às meninas. No critério cor, os negros foram vítimas de homicídio 2,88 vezes mais do que os brancos.

A violência contra adolescentes tem se agravado tanto em números absolutos, quanto em termos relativos. De maneira ainda mais preocupante, o Índice de Homicídios na Adolescência (IHA) de 2014 foi o maior desde 2005, quando foi dado início ao monitoramento. Se essa situação não for revertida, entre 2015 e 2021, cerca de 43.000 adolescentes serão vítimas de homicídio nos municípios brasileiros com mais de 100.000 habitantes[149].

Dos municípios contemplados com o *Segurança com Cidadania*, apenas Contagem não pertencia a um dos cinco estados com maior IHA do país. Todavia, o índice de Contagem era superior à média Nacional. No ano de 2012, quando o Programa estava sendo executado na região do Nacional, o IHA de Contagem era considerado médio-alto frente ao já elevado índice brasileiro, tendo uma média de cinco adolescentes mortos por homicídio a cada 1.000. A situação dos adolescentes de sexo masculino era ainda mais sensível: a chance de um desses garotos serem vítimas de homicídio era 20 vezes superior à de uma adolescente do sexo feminino[150].

Embora não tenha o dado específico do Índice de Homicídios na Adolescência (IHA) do Nacional, a carência econômica da região administrativa e o grau de vulnerabilidade de suas crianças e adolescentes são indicativos de que a situação não é mais amena nesse território. Parte considerável dos habitantes do Nacional são negros, critério determinante para que estejam entre as vítimas mais frequentes dos homicídios no país[151].

---

[149] OBSERVATÓRIO DAS FAVELAS. PROGRAMA DE REDUÇÃO DA VIOLÊNCIA LETAL. **Homicídios na Adolescência no Brasil: IHA 2014.** Rio de Janeiro: Observatório de Favelas, 2017. Organizadores Doriam Borges e Ignácio Cano. p. 13.
[150] OBSERVATÓRIO DAS FAVELAS. PROGRAMA DE REDUÇÃO DA VIOLÊNCIA LETAL. **Homicídios na Adolescência no Brasil: IHA 2012.** Rio de Janeiro: Observatório de Favelas, 2014. Organizadores Doriam Luis Borges de Melo e Ignácio Cano. p. 47.
[151] Cf. OBSERVATÓRIO DAS FAVELAS. PROGRAMA DE REDUÇÃO DA VIOLÊNCIA LETAL. **Homicídios na Adolescência no Brasil: IHA 2014.** Rio de Janeiro: Observatório de Favelas, 2017.

Nesse contexto de violência, entre 2010 e 2013, o Programa desenvolveu atividades com o intuito de promover convivência; fortalecer as capacidades de atores locais; reduzir fatores de risco relacionados à violência; aprimorar as condições de governança; promover a resolução pacífica de conflitos; garantir condições de sustentabilidade; e acesso à justiça[152].

As práticas e os conhecimentos apreendidos eram compartilhados entre as Agências do Sistema ONU e os três municípios selecionados, possibilitando a construção coletiva das ações e a multiplicação das experiências, respeitadas as especificidades de cada território.

O princípio condutor do *Segurança com Cidadania* foi a construção colaborativa entre os territórios, as Agências da ONU e os governos municipal e federal. Desse modo, foram feitas articulações dos saberes e experiências locais com as propostas que o Programa pretendia desenvolver no município[153]. Com isso, foram consideradas as potencialidades, as necessidades e as especificidades da comunidade, ao invés de focar em deficiências próprias do sistema social.

O Programa Conjunto (PC) atuou prioritariamente em quatro áreas estratégicas: desenvolvimento de capacidades; fortalecimento institucional; geração de conhecimento e evidências; e mobilização social e *advocacy*[154]. A estimativa é de que, apenas em Contagem, cerca de 10.000 pessoas foram atendidas pelas ações promovidas[155].

Organizadores Doriam Borges e Ignácio Cano.; ORGANIZAÇÃO DAS NAÇÕES UNIDAS. PROGRAMA DAS NAÇÕES UNIDAS PARA O DESENVOLVIMENTO et al. **Caderno Municipal do Programa Conjunto da ONU "Segurança com Cidadania" em Contagem, Minas Gerais-MG.** Brasília: PNUD, UNESCO, UNICEF, OIT, UNODC, ONU Habitat, Ministério da Justiça, 2013.; WACQUANT, Loïc. **Marginalidade, etnicidade e penalidade na cidade neoliberal:** uma cartografia analítica, Tempo Social, v. 26, n. 2, p. 139-164.
[152] ORGANIZAÇÃO DAS NAÇÕES UNIDAS. PROGRAMA DAS NAÇÕES UNIDAS PARA O DESENVOLVIMENTO et al. **Caderno Municipal do Programa Conjunto da ONU "Segurança com Cidadania" em Contagem, Minas Gerais-MG.** Brasília: PNUD, UNESCO, UNICEF, OIT, UNODC, ONU Habitat, Ministério da Justiça, 2013. p. 10.
[153] ORGANIZAÇÃO DAS NAÇÕES UNIDAS. PROGRAMA DAS NAÇÕES UNIDAS PARA O DESENVOLVIMENTO et al. **Caderno Municipal do Programa Conjunto da ONU "Segurança com Cidadania" em Contagem, Minas Gerais-MG.** Brasília: PNUD, UNESCO, UNICEF, OIT, UNODC, ONU Habitat, Ministério da Justiça, 2013. p. 18.
[154] Cf. ORGANIZAÇÃO DAS NAÇÕES UNIDAS. PROGRAMA DAS NAÇÕES UNIDAS PARA O DESENVOLVIMENTO et al. **Caderno Municipal do Programa Conjunto da ONU "Segurança com Cidadania" em Contagem, Minas Gerais-MG.** Brasília: PNUD, UNESCO, UNICEF, OIT, UNODC, ONU Habitat, Ministério da Justiça, 2013. p. 10.
[155] ORGANIZAÇÃO DAS NAÇÕES UNIDAS. PROGRAMA DAS NAÇÕES UNIDAS PARA O DESENVOLVIMENTO et al. **Caderno Municipal do Programa Conjunto da ONU "Segurança com Cidadania" em Contagem, Minas Gerais-MG.** Brasília: PNUD, UNESCO, UNICEF, OIT, UNODC, ONU Habitat, Ministério da Justiça, 2013. p. 10.

Com isso, o Programa Conjunto (PC) pretendeu contribuir para a segurança cidadã que, nas palavras de Cintia Yoshihara, consultora PNUD no Programa, de 2010 a 2013,

> inclui a segurança econômica, alimentar, ambiental, pessoal, comunitária e política. Nesse contexto, **fatores individuais, domésticos ou sociais que têm efeito cumulativo e colocam as pessoas em condições e situações vulneráveis – aumentando o risco de se tornarem vítimas ou agentes da violência – são alvo de propostas construídas em conjunto pela comunidade e pelo poder público a fim de reverter o quadro de insegurança local**[156] [grifos acrescidos].

A vulnerabilidade das pessoas de 10 a 24 anos foi considerada, portanto, sob uma perspectiva sistêmica, como produtora e produto de violências em diferentes escalas e contextos. Para enfrentar essas violências e reverter as condições de vulnerabilidades, é importante formar uma compreensão panorâmica desses fatores, que não só não podem ser isolados, como também devem ser analisados pela maneira como se relacionam e se acumulam na vida dos sujeitos.

Como produto da execução do Programa Conjunto nos três municípios brasileiros, o PNUD também produziu a Coletânea Convivência e Segurança Cidadã, composta por um encarte[157] e sete Guias, são eles: Curso de Convivência e Segurança Cidadã[158]; Preparação em Convivência e Segurança Cidadã[159]; Diagnóstico Integral e Participativo em Convivência e Segurança Cidadã[160]; Monitoramento e Avaliação do Plano Integral em Convivência e Segurança Cidadã[161]; Comunicação e Mobilização Social em Convivência e Segurança Cidadã[162]; Guia de Intercâmbio de Experiências em Convivência e Segurança Cidadã[163]; Plano Integral e Participativo em Convivência e

---

[156] ORGANIZAÇÃO DAS NAÇÕES UNIDAS. PROGRAMA DAS NAÇÕES UNIDAS PARA O DESENVOLVIMENTO et al. **Caderno Municipal do Programa Conjunto da ONU "Segurança com Cidadania" em Contagem, Minas Gerais-MG.** Brasília: PNUD, UNESCO, UNICEF, OIT, UNODC, ONU Habitat, Ministério da Justiça, 2013. p. 14.
[157] ORGANIZAÇÃO DAS NAÇÕES UNIDAS. PROGRAMA DAS NAÇÕES UNIDAS PARA O DESENVOLVIMENTO. **Apresentação.** Brasília: PNUD, 2013a.
[158] ORGANIZAÇÃO DAS NAÇÕES UNIDAS. PROGRAMA DAS NAÇÕES UNIDAS PARA O DESENVOLVIMENTO. **Curso de Convivência e Segurança Cidadã.** Brasília: PNUD, 2013c.
[159] ORGANIZAÇÃO DAS NAÇÕES UNIDAS. PROGRAMA DAS NAÇÕES UNIDAS PARA O DESENVOLVIMENTO. **Preparação em Convivência e Segurança Cidadã.** Brasília: PNUD, 2013h.
[160] ORGANIZAÇÃO DAS NAÇÕES UNIDAS. PROGRAMA DAS NAÇÕES UNIDAS PARA O DESENVOLVIMENTO. **Diagnóstico Integral e Participativo em Convivência e Segurança Cidadã.** Brasília: PNUD, 2013d.
[161] ORGANIZAÇÃO DAS NAÇÕES UNIDAS. PROGRAMA DAS NAÇÕES UNIDAS PARA O DESENVOLVIMENTO. **Monitoramento e Avaliação do Plano Integral em Convivência e Segurança Cidadã.** Brasília: PNUD, 2013f.
[162] ORGANIZAÇÃO DAS NAÇÕES UNIDAS. PROGRAMA DAS NAÇÕES UNIDAS PARA O DESENVOLVIMENTO. **Comunicação e Mobilização Social em Convivência e Segurança Cidadã.** Brasília: PNUD, 2013b.

Segurança Cidadã[164]; e o Jogo Fica Seguro, que trabalha de forma lúdica as etapas de implementação de um projeto de convivência e segurança cidadã.

Um dos grandes diferenciais do *Segurança com Cidadania* consistiu no planejamento e gestão das ações de forma participativa, focada na convivência e na contribuição dos mais diversos atores comunitários. Nesse ponto, um dos objetivos centrais era justamente o de evitar a criação de um vínculo de dependência entre o território e a presença da ONU, de modo a garantir a continuidade das ações mesmo após – e independentemente de – o fim do Programa.

Todavia, como indicou a pesquisa de campo, esse esforço não foi suficiente para garantir a manutenção de parte considerável das ações desenvolvidas no período. Esse tópico será desenvolvido de modo mais detalhado em outro momento da tese, especialmente nos itens 2.3 e 2.4, mas já aqui gostaria de pontuar falas de alguns dos entrevistados da pesquisa.

Segundo Paulinho Terrinha,

> Quando o Programa da ONU veio, **trouxe pra a gente diálogo, diálogo com a Prefeitura, diálogo com o poder. Até então, eles vomitavam tudo por cima da gente, não perguntavam o que a comunidade queria**. Eu lembro que tinha um projeto de pista de skate na comunidade e eu fui com os meninos na Secretaria de Obras e a gente disse como queria por que a que tinha antes aqui não dava pra andar. E hoje a gente tem uma pista de skate aqui em cima que foi, inclusive, a galera do Zé Gordo que construiu. Quando estavam construindo os meninos foram lá e disseram, "olha, vocês podiam fazer assim" e alteraram lá, deu certo. [ênfase acrescida]

O Major Davidson pontuou, todavia, o seguinte:

> Eu acredito que a comunidade, com essas pessoas que ficaram lá, tinha condições de dar seguimento... mas aí vem a questão, sabe? A questão que eu acho que afeta um pouco, é a questão de governo. **Muda o governo, mudam as prioridades, mudam as pessoas [na gestão e execução dos serviços]**. A continuidade daquilo... eu acho, **a comunidade mesmo já tendo sido capacitada, sozinha, ainda não estava madura o suficiente para dar sequência.** O governo tinha que continuar, a presença do governo lá, através da Prefeitura de Contagem, com Ponto Focal, inclusive; com reuniões de Comitê Local; e a Polícia Militar. Quem fosse sucedendo... a gente se mantivesse lá como membro sucessor. Eu não sei se teve essa entrega [especificamente por parte da Polícia Militar], do jeito que era, não só com o

---

[163] ORGANIZAÇÃO DAS NAÇÕES UNIDAS. PROGRAMA DAS NAÇÕES UNIDAS PARA O DESENVOLVIMENTO. **Guia de Intercâmbio de Experiências em Convivência e Segurança Cidadã.** Brasília: PNUD, 2013e.
[164] ORGANIZAÇÃO DAS NAÇÕES UNIDAS. PROGRAMA DAS NAÇÕES UNIDAS PARA O DESENVOLVIMENTO. **Plano Integral e Participativo em Convivência e Segurança Cidadã.** Brasília: PNUD, 2013g.

prazer [que tínhamos], mas entendendo que a Corporação também queria isso, que era uma ação institucional. [ênfase acrescida]

Com vistas ao empoderamento comunitário e à sustentabilidade, era fundamental que o desenvolvimento que pautava o Programa tivesse por base o protagonismo comunitário, sendo um reflexo dos talentos e recursos locais[165].

Com esse fundamento, em 11 de agosto de 2010, as Agências da ONU apresentaram ao Município o cronograma das ações que cada uma delas desenvolveria no Programa Conjunto e deram as instruções para a formação do Comitê Local (CL), que deveria ser um grupo paritário, composto por representantes da comunidade e da gestão municipal, com a finalidade de acompanhar as ações do *Segurança com Cidadania*[166].

Foram definidos o Ponto Focal do município (Claudia Ocelli), e as secretarias municipais participantes, a saber: Defesa Social, Desenvolvimento Social, Obras, Planejamento e Governo, esta representada pela Regional Nacional.

Enquanto Ponto Focal da Prefeitura, cabia a Claudia Ocelli acompanhar todas as etapas do Programa no Município; representar e articular o *Segurança com Cidadania* na gestão municipal; atuar diretamente com os Pontos Focais de cada uma das Agências participantes do Programa, assim como com as instituições que participavam de sua execução e com o Coordenador do Programa Conjunto; articular, mobilizar e apoiar as ações promovidas pelas Agências envolvidas; e facilitar a implementação das propostas do Comitê Local (CL).

As lideranças comunitárias que compuseram o Comitê Local foram definidas após três reuniões no território. Nelas, foi explicado no que consistia e qual a proposta do Programa Conjunto.

Na primeira, não houve consenso para definir os critérios e havia poucos presentes. Na segunda, que aconteceu no Educarte (equipamento da área da Educação)**, os presentes conseguiram definir os critérios: territorialidade, ser liderança reconhecida, representatividade religiosa, disponibilidade**

---

[165] NEUMANN, Lycia Tramujas Vasconcellos; NEUMANN, Rogerio Arns. **Desenvolvimento comunitário baseado em talentos e recursos locais – ABCD.** São Paulo: Global; Instituto para o Desenvolvimento de Investimento Social, 2004a.; NEUMANN, Lycia Tramujas Vasconcellos; NEUMANN, Rogerio Arns. **Repensando o investimento social:** a importância do protagonismo comunitário. São Paulo: Global; Instituto para o Desenvolvimento de Investimento Social, 2004b.
[166] ORGANIZAÇÃO DAS NAÇÕES UNIDAS. PROGRAMA DAS NAÇÕES UNIDAS PARA O DESENVOLVIMENTO et al. **Caderno Municipal do Programa Conjunto da ONU "Segurança com Cidadania" em Contagem, Minas Gerais-MG.** Brasília: PNUD, UNESCO, UNICEF, OIT, UNODC, ONU Habitat, Ministério da Justiça, 2013. p. 28.

> de tempo, paridade de gênero, ter representantes da juventude (dentro da idade que é o público alvo do Programa Conjunto).
> Na terceira reunião, que aconteceu na Escola Municipal Wancleber Pacheco, **as pessoas presentes se apresentaram e diziam o porquê deveriam ser escolhidas, a escolha foi consensual, não houve necessidade de votação.** Os membros da comunidade indicados para o Comitê Local foram: Albaiza Pereira WadaWada (bairro Tijuca e da Igreja Católica), Pastor Terrinha (bairro Estrela Dalva e da Igreja Evangélica), Zenor Soares (Vila Francisco Mariano) e José Antônimo M. Souza, o Tony (Vila Sapolândia e representante dos comerciantes). Em relação à juventude, houve consenso que deveria ter um de cada gênero e o representante seria o Paulinho Terrinha e a outra representante seria escolhida pela diretoria da Escola Municipal Wancleber Pacheco. Na mesma reunião, os presentes pontuaram a necessidade de convidar um membro da Polícia Militar[167]. [grifos acrescidos]

É relevante pontuar que não só foram os membros da comunidade que indicaram seus representantes; como também foram eles os encarregados de definir os critérios que deveriam nortear a escolha desses sujeitos. O envolvimento comunitário, portanto, antecede a decisão sobre os representantes, para abranger também a eleição dos requisitos fundamentais a serem contemplados nessa seleção. Há, desse modo, a construção participada, ainda que implícita, dos valores fundantes que seus membros acreditam ser indispensáveis para a representatividade.

Dos critérios elencados, fica evidenciada a importância atribuída à representatividade e à diversidade. Ao apontar a necessidade da seleção refletir a abrangência geográfica dos diferentes bairros e vilas do Nacional, de compreender a diversidade religiosa e de contar com paridade de gênero, os membros da comunidade reconheceram a necessidade de heterogeneidade dos seus representantes.

Por sua vez, atributos como o de reconhecida liderança falam da relevância dada à representatividade construída e legitimada antes da instalação do Programa Conjunto. Além disso, o fato de demandarem a indicação de representantes do público alvo do PC, isto é, de pessoas de 10 a 24 anos, sinaliza a importância da construção participada das ações não só pela presença da comunidade do Nacional em sentido lato, como também pela participação direta e específica dos sujeitos a quem o Programa se destina.

Sobre esse último aspecto, é importante notar que os espaços em que ocorreram as reuniões eram de instituições voltadas à educação. Esse foi outro ponto definidor do Programa, o que parece ter ocorrido principalmente por: a compreensão

---

[167] ORGANIZAÇÃO DAS NAÇÕES UNIDAS. PROGRAMA DAS NAÇÕES UNIDAS PARA O DESENVOLVIMENTO et al. **Caderno Municipal do Programa Conjunto da ONU "Segurança com Cidadania" em Contagem, Minas Gerais-MG.** Brasília: PNUD, UNESCO, UNICEF, OIT, UNODC, ONU Habitat, Ministério da Justiça, 2013. p. 29-30.

cultural da escola como a segunda comunidade mais relevante da nossa sociedade, onde crianças e adolescentes – público alvo do Programa Conjunto – costumam passar ao menos um terço do dia; o papel do ensino na socioeducação; a atuação prévia de Cláudia Ocelli como Secretária Adjunta de Educação de Contagem e na presidência da Fundação de Ensino, que lhe garantia facilidade para transitar, mobilizar e articular políticas e instituições na área.

Salta aos olhos, ainda, que numa região marcada por violências e com histórico recente de toque de recolher, os membros do Comitê Local tenham decidido convidar um membro da Polícia Militar (PM) para compor o coletivo. Sobre o fato, o indicado, Major Davidson Tavares, aponta que

> [a confiança da indicação pro Comitê Local veio por que] houve um lapso temporal entre a chegada desse projeto da ONU e o trabalho que já havíamos começado lá [no Nacional]. **Eu ficava o dia todo no território, praticamente não ficava no Quartel.** [...] A gente parava a viatura e não ficava só na repressão, no ficar fazendo abordagem e vendo quem está com droga e quem não está. **Ali, a gente parava a viatura na praça, ia no comercio andando a pé; conversava com um comerciante, conversava com outro; ia em posto de saúde, conversava. O pessoal começou a cumprimentar a gente, saber quem a gente é. Sabia assim 'aquela pessoa é o comandante, que é quem está cuidando daqui' e sabia que a gente estava voltado mesmo pra promover a segurança no local, e não preocupado só com a repressão.** [Estávamos] preocupados com a segurança de forma geral: se tivesse que ocorrer [repressão], ia ocorrer; a princípio era aquilo, gerar sensação de segurança pra eles com a nossa presença, que a gente ia reverter essa situação toda. No dia a dia mesmo, se fosse acontecer uma festa, a gente estava presente; na reunião, estava presente. [Mesmo] reunião que não era atinente à segurança pública, se era algo que eles achavam importante, a gente comparecia também. Então, teve esse tempo pra que eles sentissem que a gente estava realmente com uma forma diferenciada de trabalhar. [ênfase acrescida]

Durante entrevista para a pesquisa de campo, Cintia Yoshihara, consultora do PNUD para o Programa Conjunto (PC), contou que as relações entre a comunidade e a Polícia tiveram sensível melhora durante a execução do programa. Ela relata que, no início, os participantes eram reativos à polícia e que tinham uma versão única sobre a história da atuação da PM na comunidade. Essa situação começou a mudar quando o, à época Tenente, Davidson Tavares, ao participar de uma das reuniões do Comitê, falou à comunidade sobre as difíceis condições de trabalho da Polícia no território.

Segundo Cintia, conhecer a narrativa do Tenente fez com que os membros do Comitê passassem a reivindicar que não houvessem reuniões sem a presença dele. Em 2011, o Comitê foi recebido na Cidade Administrativa e seus membros relataram aos gestores estaduais as dificuldades da Polícia e a importância da presença da instituição no Nacional, exigindo melhores condições de trabalho para os policiais. Conforme conta, as reivindicações foram atendidas e a Polícia recebeu mais recursos.

Outra questão relevante diz respeito à forma como foi feita a seleção das representantes: após as interessadas elencarem as razões pelas quais deveriam ser escolhidas, conforme os critérios previamente definidos de forma coletiva, as pessoas presentes na reunião definiram as representantes de maneira dialógica, até alcançarem um consenso, dispensando eleição. Dessa maneira, a legitimidade e a sustentação coletiva das escolhas restaram evidenciadas.

A forma como se constituiu e a atuação do Comitê Local foram definidoras para a sustentabilidade após o PC. Nas palavras de Claudia Ocelli,

> **O maior impacto desse programa foi ter partido do desenho de uma política que não foi construída em Gabinete, mas sim na articulação com o próprio território e [com] as lideranças locais**. Essa foi a condicionalidade para a metodologia do desenho, tanto que o desenho territorial com lastro na juventude ficou mesmo após o encerramento do Programa. **Foi o desenho de justiça no espaço do território.** [ênfase acrescida]

Segundo Claudia Ocelli, essa metodologia foi determinante para a adesão e confiança da comunidade em relação ao Programa. Ela conta que, de início, havia o receio de que a ONU levasse a Polícia para o território, de modo a aumentar a repressão. Todavia, essa resistência inicial foi rompida quando a própria Claudia se encarregou de dialogar com membros do tráfico de drogas, explicando que justiça e polícia não se confundem, que "**a justiça se volta a corrigir exclusões**" [ênfase acrescida].

Segundo Claudia Ocelli, esse contato transformou não só a visão da comunidade em relação à Polícia, mas também a dos Oficiais da Polícia frente aos moradores da região. Ela conta que,

> Antes do Programa, o Tenente Davidson se referia aos meninos como "**meliante**". [...] Quando foi implementado policiamento comunitário, eles fizeram formação com o Beto, do Papo de Responsa, no Rio de Janeiro. **O Tenente mudou tanto que, numa das reuniões do Comitê Local, começou sua fala super triste, dizendo que havia feito o B.O. do 'filho do meu grande amigo' e que não havia conseguido fazer algo para que essa situação se revertesse, que havia sabido na semana anterior de que havia sido jurado de morte.** [ênfase acrescida]

A reunião de posse do CL ocorreu em 14 de fevereiro de 2011, no Centro Municipal de Ensino Infantil Mundo Maior – CEMEI. A composição final do Comitê Local (CL) foi a seguinte: Cláudia Ocelli, Ponto Focal do Município; Eugênia Bossi, da Secretária Municipal de Planejamento; Maurício Rangel, Secretário Municipal de Desenvolvimento Social; Leonardo Castro, Secretário Municipal de Obras e Administração Regional Nacional; um representante do Gabinete de Gestão Integrada do Município; Capitão Davidson Junio Gonçalves Tavares, da 39ª Companhia da Polícia Militar; Albaniza Pereira Wada, representante do bairro Tijuca e da Igreja Católica; Pastor Terrinha, representante do bairro Estrela Dalva e da Igreja Evangélica; Zenor Soares, representante da Vila Francisco Mariano; "Tony" Lanche, representante da Vila Sapolândia e dos comerciantes; "Paulinho" Terrinha e Laura Melo, representantes da juventude; e um representante do Conselho Municipal da Criança e Adolescente[168].

A composição do CL variou durante a execução do Programa, seja para abranger mais pessoas da comunidade, seja como reflexo da mudança na gestão municipal.

> O processo de participação do Comitê Local ao longo do desenvolvimento do Programa Conjunto foi dinâmico e, como tal, vários atores participaram em diversos momentos, alguns de forma mais constante do que outros. Em 2012, os participantes do Comitê Local decidiram que o grupo deveria incluir mais pessoas com o intuito de se fortalecer e por isso foram convidados os suplentes, que na verdade seriam participantes tais como os participantes originais com os mesmos direitos e deveres. Ao mesmo tempo, pessoas que participavam de outras reuniões do Comitê Local e atividades do Programa Conjunto foram convidadas também a participar e se criou, então, o comitê ampliado do PC.
> Em 2013, com a mudança na gestão municipal, o Comitê Local se modificou novamente. Participaram, seja como suplente ou membro do comitê ampliado ou como novos ou antigos participantes: James Rizo, Jacqueline Cabral de Souza Oliveira, Edvane Maria da Silva Freitas, Luiz Cláudio de Almeida Teodoro, Márcia Regina Fernandes Amorim, Márcio Luiz Guglielmoni, Mara Lúcia Martins, Carlos Eduardo de Oliveira, Ilton dos Santos (Café), Cristina Gouveia de Figueiredo, Juliana Diniz, Gilene Reis, Petrúcia Andrade, Daniela Conceição dos Santos, Ronan França, Tonia Kelley Sousa Botas, Anderson Cunha Santos, Renata Felicíssimo, Janaína Almeida Patente, Mariana Machado Barbosa Cangussu, Edimar Agostinho Silva, Dioran de Oliveira Passos, Emerson da Silva Lopes, Deusemir Ferreira Júnior, Daniel Fernandes, Vera Lúcia Oliveira, Rosilene Gomes Santana Pereira, Loester Carlos Costa, José Candido Neto, Exupery Jean de O. Santos, Erica do Carmo, Luciana Miranda e Adalete Paxeco[169].

---

[168] ORGANIZAÇÃO DAS NAÇÕES UNIDAS. PROGRAMA DAS NAÇÕES UNIDAS PARA O DESENVOLVIMENTO et al. **Caderno Municipal do Programa Conjunto da ONU "Segurança com Cidadania" em Contagem, Minas Gerais-MG.** Brasília: PNUD, UNESCO, UNICEF, OIT, UNODC, ONU Habitat, Ministério da Justiça, 2013. p. 30.
[169] ORGANIZAÇÃO DAS NAÇÕES UNIDAS. PROGRAMA DAS NAÇÕES UNIDAS PARA O

Para guiar as ações do *Segurança com Cidadania*, o PNUD realizou o Diagnóstico Integral e Participativo de Convivência e Segurança Cidadã (DIP). Seu objetivo era conhecer e retratar da forma mais dinâmica possível, os aspectos situacionais e institucionais do território e das pessoas naturais e jurídicas que o habitam ou que transitam no local[170]. O documento uniu dados demográficos, estatísticos e mapeamentos quantitativos e qualitativos para apresentar os principais problemas, desafios, capacidades e potencialidades do Nacional.

Essa ação foi fundamental para compreender quais as violências que recaiam sob o território e quais delas eram percebidas de maneira mais ou menos sensível pelos seus residentes e transeuntes. Sem essa consciência, não seria possível compreender propriamente as medidas para combater e reverter as violências.

A identificação e nomeação[171] do que se fala ao se referir à violência, evidencia também as construções sociais, sistemas de valores, classificações e construções de códigos comuns de condutas que amparam, justificam, tangenciam, contrapõe-se ou conformam-se a essas violências.

Além disso, essa ação é um passo de ruptura frente ao silenciamento com que certas violências costumam ser tratadas na comunidade e, aqui, remete-se não só às físicas, mas também às simbólicas e estruturais.

Nas palavras de Paulo Terrinha,

> Morria muita gente... morria muita gente! E, assim, muitas coisas nem eram relatadas. **Havia algumas atrocidades que aconteciam e ficavam por isso mesmo. Vejo que o Programa ajudou muito nisso, coletou o dado real de quantas são as vítimas.** Por que quando foram pesquisar, chegaram à conclusão de que... um cara tomava um tiro aqui, ne, mas aí a polícia botava na viatura e ele morria no hospital. Então, não era daqui, entende? Mas não saía como um dado daqui. Até isso foi constatado. Então, **nós tivemos acesso ao real, ao que acontecia, e, com isso, nós conseguimos ver a realidade se transformar.** [ênfase acrescida]

DESENVOLVIMENTO et al. **Caderno Municipal do Programa Conjunto da ONU "Segurança com Cidadania" em Contagem, Minas Gerais-MG.** Brasília: PNUD, UNESCO, UNICEF, OIT, UNODC, ONU Habitat, Ministério da Justiça, 2013. p. 30-31.
[170] ORGANIZAÇÃO DAS NAÇÕES UNIDAS. PROGRAMA DAS NAÇÕES UNIDAS PARA O DESENVOLVIMENTO. **Guia de Intercâmbio de Experiências em Convivência e Segurança Cidadã.** Brasília: PNUD, 2013e, p. 10.
[171] Aplicado ao contexto escolar, cf. GALVÃO, Afonso et. al. Violências escolares: implicações para a gestão e o currículo. **Ensaio: aval. pol. públ. Educ.**, Rio de Janeiro, v. 18, n. 68, p. 425-442, jul./set. 2010, pp. 425-442.; MELO, Bendita Portugal e. **(Re)pensar a violência escolar à luz das estratégias de intervenção em territórios educativos de intervenção prioritária.** Disponível em: < http://repositorio.ul.pt/bitstream/10451/11003/1/repensar%20a%20violencia%20escolar.pdf>. Acesso em: 01 jul. 2018.

Outrossim, com o rompimento do silenciamento das violências, de suas causas e resultados, há a possibilidade de emergir espaços de escuta para essas vozes que passam a soar na comunidade, levando, quem sabe, a uma gestão compartilhada sobre o tema. É também uma maneira para compreender sentimentos de auto-ódio e desvalorização que possam estar acompanhados de histórica negação de violências.

Com o mapeamento, o agir estratégico e a tomada de decisões a respeito das ações do *Segurança com Cidadania* tinham mais chance de satisfazer as demandas e necessidades da comunidade para a prevenção e a redução das violências. Para a sua produção, o PNUD contou com a participação tanto de atores da comunidade, quanto de técnicos, gestores e agentes públicos e privados que já atuavam no território, sendo, portanto, fruto de um trabalho em rede. A produção desse material demandou nove meses de cooperação, estendendo-se de fevereiro a novembro de 2011[172].

Cintia Yoshihara relata que "num primeiro momento, foram feitas entrevistas junto a Polícia, Justiça, Secretarias Municipais e com as instituições que se relacionavam com a comunidade". No entanto, "mesmo depois de vários convites, o Judiciário se envolveu muito pouco no Programa". Ainda segundo a consultora do PNUD, "a elaboração do Diagnóstico do Nacional não foi tão participativa quanto poderia, mas houve uma mudança em seguida na metodologia do PNUD, que passou a ser mais dialogada".

O Diagnóstico Integral e Participativo de Convivência e Segurança Cidadã (DIP) se propunha a estabelecer as áreas de atuação que norteariam as formas concretas de prevenção e enfrentamento dos problemas e ameaças relacionados à violência no território. As ações do Programa Conjunto partiram de uma compreensão multicausal da violência e, por isso, foram conduzidas em seis diferentes eixos que compunham um conjunto dialógico e interconectado. Partindo de um eixo transversal de Capacidade Institucional, os seis eixos de trabalho foram: a) Fortalecimento da coesão social; b) Revitalizar os espaços públicos; c) Fortalecimento da Justiça e da Polícia na relação comunitária; d) Prevenção e controle de delitos; e) Prevenir fatores de risco/violência juvenil; f) Prevenção da violência contra a mulher, a criança e o adolescente[173].

---

[172] ORGANIZAÇÃO DAS NAÇÕES UNIDAS. PROGRAMA DAS NAÇÕES UNIDAS PARA O DESENVOLVIMENTO et al. **Caderno Municipal do Programa Conjunto da ONU "Segurança com Cidadania" em Contagem, Minas Gerais-MG.** Brasília: PNUD, UNESCO, UNICEF, OIT, UNODC, ONU Habitat, Ministério da Justiça, 2013. p. 32.
[173] ORGANIZAÇÃO DAS NAÇÕES UNIDAS. PROGRAMA DAS NAÇÕES UNIDAS PARA O DESENVOLVIMENTO et al. **Caderno Municipal do Programa Conjunto da ONU "Segurança com**

Produzido o DIP, em mãos do desenho institucional e situacional do território, o passo seguinte seria o delineamento e a especificação das estratégias para solução dos desafios de violência e criminalidade, por meio de um Plano Integral e Participativo em Convivência e Segurança Cidadã (PIP).

Figura 1: Violência, um fenômeno multicausal

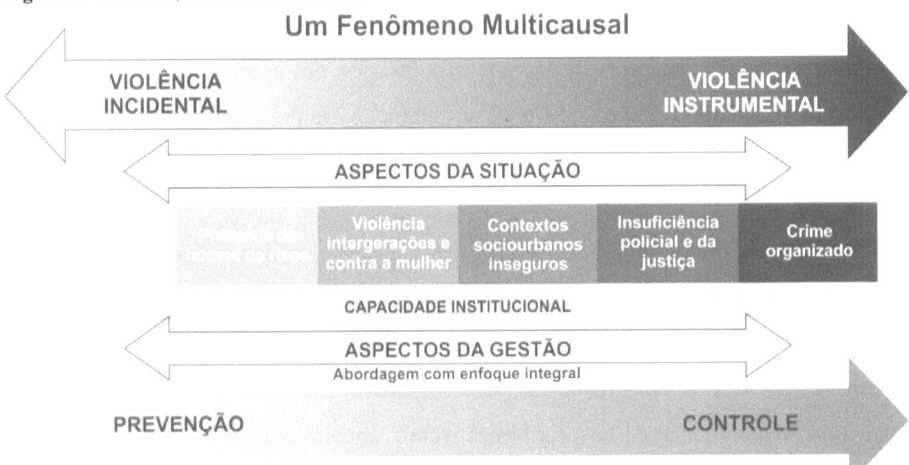

Fonte: MDC ACHIEVEMENT FUND. Balanço do Programa Conjunto Segurança com Cidadania. 2013.

Segundo a metodologia do PNUD, a formulação do PIP também deve ser feita sob a perspectiva da governança democrática, partindo do permanente diálogo entre os atores sociais, da transparência das ações e do incentivo à participação de membros comunitários. Constitui, assim, ferramenta de gestão local com definição de ações, metas e diretrizes para combater e prevenir a violência no território, construída de forma participada, integrada e cooperativa[174].

A mobilização dos atores comunitários é feita de forma a realçar suas corresponsabilidades no problema, na solução e na transformação da violência.

> Afinal, a abordagem da Convivência e Segurança Cidadã tem como particularidade o **trabalho local na formulação e implementação de ações proativas, estratégia que potencializa uma atuação integrada entre poder**

Cidadania" em Contagem, Minas Gerais-MG. Brasília: PNUD, UNESCO, UNICEF, OIT, UNODC, ONU Habitat, Ministério da Justiça, 2013.
[174] ORGANIZAÇÃO DAS NAÇÕES UNIDAS. PROGRAMA DAS NAÇÕES UNIDAS PARA O DESENVOLVIMENTO. **Plano Integral e Participativo em Convivência e Segurança Cidadã.** Brasília: PNUD, 2013g. p. 10.

público, comunidade e sociedade civil organizada, uma vez que **as pessoas envolvidas conseguem se perceber como parte do problema e da solução**[175].
[grifos acrescidos]

O Plano Integral e Participativo em Convivência e Segurança Cidadã (PIP) deve ser construído orientado pelas potencialidades da própria comunidade, considerando os talentos e recursos locais[176]. A opção metodológica pela construção participativa do Diagnóstico Integral e Participativo de Convivência e Segurança Cidadã (DIP) e do PIP foi essencial para o sucesso da proposta do *Segurança com Cidadania* enquanto Programa que, ainda que inserido em comunidades vulneráveis, trabalhava suas potencialidades, de forma sustentável, visando a continuidade das ações de prevenção e enfrentamento de violência, especificamente aquela contra pessoas de 10 a 24 anos.

O envolvimento plural na identificação do DIP e o policentrismo decisório do PIP proporcionam não só que as ações propostas fossem mais adequadas às realidades e às necessidades do território, o que repercutiu em sua eficácia, acesso e eficiência; como também garantiram a construção de uma narrativa mais completa do problema, evitando-se partir de uma história única sobre aquela realidade, considerando a heterogeneidade da comunidade e a pluralidade de atores no território.

Cíntia Yoshihara relatou que "a elaboração do Plano de Ação do Nacional contou com 40 reuniões com lideranças, Prefeitura, ONGs e comunidade. As reuniões eram temáticas, estruturadas de acordo com os seis eixos fundamentais do Programa".

Ao mobilizar lideranças comunitárias; sociedade civil organizada; academia; e os governos municipal, estadual e federal, o *Segurança com Cidadania* estimulou propostas transdisciplinares e intersetoriais, ao mesmo tempo em que pautou a temática da segurança cidadã na agenda pública e identificou as potencialidades de projetos e iniciativas presentes no território.

Esse mapeamento foi importante para o planejamento otimizado dos recursos e esforços e contribuiu para que se definisse com mais nitidez as ações que seriam prioritariamente adotadas. Colaborou também para a definição dos movimentos que caberiam a cada instituição ou membro da comunidade. Ao distribuir competências,

---

[175] ORGANIZAÇÃO DAS NAÇÕES UNIDAS. PROGRAMA DAS NAÇÕES UNIDAS PARA O DESENVOLVIMENTO. **Plano Integral e Participativo em Convivência e Segurança Cidadã.** Brasília: PNUD, 2013g. p. 10.
[176] Cf. NEUMANN, Lycia Tramujas Vasconcellos; NEUMANN, Rogerio Arns. **Desenvolvimento comunitário baseado em talentos e recursos locais – ABCD.** São Paulo: Global; Instituto para o Desenvolvimento de Investimento Social, 2004a.

tinha maior compreensão sobre a contribuição de cada um e estimulava o empoderamento dos sujeitos, individual e coletivamente considerados.

O ato de enxergar-se capaz de influir de forma construtiva para a redução e prevenção das violências em seu território pode recuperar e fortalecer o senso de autonomia dos sujeitos, assim como sua autoestima[177]. Ao terem suas impressões, demandas e sugestões consideradas na produção do DIP e no PIP, os membros da comunidade puderam reconhecer e compreender o sentido das propostas e, por isso, tiveram mais facilidade em conduzir seus comportamentos de acordo com elas.

A percepção de que a segurança cidadã é construída na, para e pela comunidade foi fundamental para a legitimidade e sustentabilidade do Programa. A diversidade das contribuições garantiu a efetividade da ação e intensificou a coesão dos vínculos comunitários: uma pluralidade de agentes passou a conectar-se visando uma causa comum.

Segundo Cintia Yoshihara, a metodologia participada do Programa não se limitou à gestão, estendendo-se ao acompanhamento comunitário. Conforme narra, a opção metodológica foi definidora no empoderamento e fortalecimento de vínculos e do pertencimento à comunidade. "Isso diferenciou o Programa das ações que normalmente são executadas pela Administração Pública brasileira".

A produção dos dois documentos guiou a comunidade para uma percepção mais nítida da situação, sendo capaz de identificar as necessidades envolvidas e perceber como a violência vinha afetando seus membros. Nesse ponto, é relevante ter em vista que as causas e soluções da violência não só têm particularidades locais, como também afetam o cotidiano da comunidade.

Assim, são indispensáveis a formulação de pedidos positivos e a adequação das ações planejadas e executadas, não só às necessidades, mas também aos talentos e recursos locais. Desse modo, é possível construir uma experiência de justiça amparada na satisfação dos sujeitos.

Essa metodologia vai ao encontro da compreensão de acesso à ordem jurídica justa enquanto experiência satisfativa. Isso é, da impossibilidade de defesa de um acesso genérico e abstrato à justiça, assim como à democracia[178], que só podem ser

---

[177] Cf. NEUMANN, Lycia Tramujas Vasconcellos; NEUMANN, Rogerio Arns. **Desenvolvimento comunitário baseado em talentos e recursos locais – ABCD.** São Paulo: Global; Instituto para o Desenvolvimento de Investimento Social, 2004a.

[178] MATURANA, Humberto R.; VERDEN-ZOLLER, Gerda. **Amar e brincar:** fundamentos esquecidos do humano: do patriarcado à democracia. São Paulo: Palas Athena, 2004.

experimentadas. Esse paradigma está de acordo com a compreensão satisfativa de acesso que, ao centrar-se no sujeito, humaniza a justiça, como é o caso da justiça restaurativa[179].

Não sem razão, quando questionada sobre o principal impacto do Programa, Claudia Ocelli referiu-se à

> [...] experiência de fazer política territorial. **A disputa política de poder e visibilidade entre secretários e prefeitos se distancia completamente de como a comunidade gerencia a dinâmica das próprias relações de poder.** As conexões entre esses dois âmbitos de poder foram o mais impactante, mostra que é possível fazer política pública de uma outra maneira. O [histórico] deslocamento dos formuladores [das políticas públicas] da realidade territorial, **o desenho [tradicional] das políticas comunitárias não conhece as estratégias comunitárias de desenho. Esse deslocamento inviabiliza a execução, os editais são higienizados em relação a esses sujeitos**. [ênfase acrescida]

Pela metodologia do PNUD, a produção do Plano Integral e Participativo em Convivência e Segurança Cidadã (PIP) é acompanhada pelo Comitê Gestor Local e estruturada em Grupos de Trabalho temáticos (GTs). Os GTs devem corresponder às áreas priorizadas para a atuação e devem ser compostos por membros do Comitê Local (CL) e convidados. Os participantes dos GTs são escolhidos pelo Comitê e pelo Ponto Focal e devem ter conhecimento prático ou teórico no tema.

Os Grupos de Trabalho têm autonomia de decisão dentro de sua área. É importante que sua composição seja a mais heterogênea possível, compreendendo gestão pública, academia, CL, lideranças comunitárias e sociedade civil organizada. Sem isso, provavelmente haverá discussão sobre a legitimidade de suas decisões.

Para garantir a publicidade dos trabalhos, recomenda-se garantir a presença de um representante da Comissão de Comunicação e Mobilização Social em cada GT. Além disso, é importante que cada GT tenha um coordenador encarregado de convidar e lembrar os participantes dos encontros. O coordenador deve atuar em colaboração com

---

[179] Cf. CARVALHO, Mayara de; SILVA, Juliana Coelho Tavares da. Autocomposição judicial: o meio mais rápido e barato para a *MacDonaldização* das decisões? Análise segundo o CPC *que ama muito tudo isso*. In.: FARIA, Juliana Cordeiro de; REZENDE, Ester Camila Gomes Norato; NETO, Edgard Audomar Marx. (Orgs.). **Novas tendências:** diálogos entre direito material e processo: estudos em homenagem ao professor Humberto Theodoro Júnior. Belo Horizonte: D'Plácido, 2018.; CARVALHO, Mayara de; SILVA, Lucas Jerônimo Ribeiro da. Noção de outro e a subalternidade na Justiça Juvenil Restaurativa: pode o subalterno falar? In: ORSINI, Adriana Goulart de Sena; MAILLART, Adriana Silva; SANTOS, Nivaldo do. (Coord.). **Formas consensuais de solução de conflitos.**1 ed. Florianópolis : CONPEDI, 2015, p. 339--356.

a Equipe Técnica, composta pelos profissionais responsáveis pela implementação das iniciativas no território.

Sugere-se que os Grupos tenham até 10 pessoas, além do coordenador e do membro da Comissão de Comunicação[180]. Outrossim, é recomendada a participação do Ponto Focal em todos os GTs para que tenha uma visão global do Plano Integral e Participativo em Convivência e Segurança Cidadã (PIP).

Em simultâneo à elaboração do PIP, deve ser garantida a capacitação dos membros do Comitê Gestor em captação, mobilização de recursos, avaliação e monitoramento de resultados[181].

O primeiro encontro dos GTs tem finalidade explicativa; nele, os convidados podem compreender melhor o conceito de violência e a abordagem da convivência e segurança cidadã, é apresentado o resumo do Diagnóstico Integral Participativo, com foco na área tema do GT.

Nos encontros seguintes, o foco deve ser a elaboração de projetos na área temática específica. Num primeiro momento, espera-se que os projetos propostos pelos GTs apresentem: objetivo geral da ação; produtos que serão entregues para alcançar o objetivo; indicadores que determinem a diferença entre a realidade atual e a desejada; metas que quantifiquem o resultado objetivado; indicação de um líder do projeto, responsável pelo seu desenvolvimento e acompanhamento; parceiros que participarão direta ou indiretamente do planejamento, da materialização e da avaliação da ação; custos estimados para a execução das atividades[182].

O quadro a seguir foi disponibilizado como exemplo pelo PNUD Brasil:

Quadro 1: Modelo do PNUD para elaboração de projetos por eixos dos Grupos de Trabalho

---

[180] ORGANIZAÇÃO DAS NAÇÕES UNIDAS. PROGRAMA DAS NAÇÕES UNIDAS PARA O DESENVOLVIMENTO. **Plano Integral e Participativo em Convivência e Segurança Cidadã.** Brasília: PNUD, 2013g. p. 16.
[181] ORGANIZAÇÃO DAS NAÇÕES UNIDAS. PROGRAMA DAS NAÇÕES UNIDAS PARA O DESENVOLVIMENTO. **Plano Integral e Participativo em Convivência e Segurança Cidadã.** Brasília: PNUD, 2013g. p. 13.
[182] ORGANIZAÇÃO DAS NAÇÕES UNIDAS. PROGRAMA DAS NAÇÕES UNIDAS PARA O DESENVOLVIMENTO. **Plano Integral e Participativo em Convivência e Segurança Cidadã.** Brasília: PNUD, 2013g. p. 17-18.

EIXO: PREVENÇÃO E ENFRETAMENTO DE FATORES DE RISCO

PROBLEMA: Ociosidade da juventude no território
CAUSAS: Falta de atividades atrativas para a juventude
OBJETIVO GERAL: Aumentar a oferta de atividades atrativas para a juventude

PRODUTOS	INDICADORES	METAS	LÍDER	PARCEIROS
Pesquisa sobre atividades de lazer, de esporte e culturais de interesse da juventude	Lista de atividades novas solicitadas em comparação às atividades ofertadas	Pesquisa realizada em um mês	Secretaria Municipal de Educação	Secretaria Municipal de Esportes e de Cultura
Plano de readequação de atividades de lazer, esporte e cultura para o território	Número de participantes e nível de satisfação dos jovens	Dez novas atividades implantadas no território em um período de 12 meses	Secretaria Municipal de Educação	Secretaria Municipal de Esportes e de Cultura

Fonte: ORGANIZAÇÃO DAS NAÇÕES UNIDAS. PROGRAMA DAS NAÇÕES UNIDAS PARA O DESENVOLVIMENTO. **Plano Integral e Participativo em Convivência e Segurança Cidadã.** Brasília: PNUD, 2013g. p. 19.

Segundo o PNUD Brasil[8],

> Após a finalização do Diagnóstico, foram propostas algumas diretrizes para sanar os problemas encontrados na região do Nacional, em Contagem (MG) - município integrante do Programa Conjunto da ONU "Segurança com Cidadania". Assim começaram os trabalhos para a construção do Plano Integral e Participativo. Foram formados sete Grupos de Trabalho, cada qual responsável por um eixo temático. Desde o primeiro momento, os grupos se mostraram dispostos à participação coletiva, sendo formados por diversos atores da sociedade e buscando fortalecer a proposta de iniciativa em rede e colaborativa. Cláudia Ocelli, Ponto Focal do Programa no período de 2010 a 2012, explica que "os atores reconheceram as principais ações, afinal, a grande maioria partia deles, as escolhas da comunidade tiveram peso. Todas as vezes que houve ações do Programa, a comunidade auxiliou na mobilização. Ela assumiu o conceito de Segurança Cidadã, pois levou em conta que a questão da segurança não é só da polícia". A proposta de metodologia participativa teve reflexos na formação humana daqueles que integraram as ações. Houve casos de pessoas que retornaram aos estudos e passaram a se ver como verdadeiros cidadãos. "Antes eu achava que era inviável. Depois da

---
[8] ORGANIZAÇÃO DAS NAÇÕES UNIDAS. PROGRAMA DAS NAÇÕES UNIDAS PARA O DESENVOLVIMENTO. **Plano Integral e Participativo em Convivência e Segurança Cidadã.** Brasília: PNUD, 2013g. p. 20.

> participação nas ações do Plano, percebi que todos temos espaço. Aprendi a ser cidadã. Comecei a me ver como um diamante sendo lapidado", constatou Albaniza Pereira Wada, integrante do Comitê Gestor Local mineiro. [grifos acrescidos]

Após o segundo ou terceiro encontro dos GTs, a metodologia do PNUD prima pela realização de Intercâmbio de Experiências de Convivência e Segurança Cidadã (IntEx) como uma maneira de ampliar as compreensões sobre as possibilidades de atuação e transformação das dificuldades encontradas pelo GT na elaboração do Plano Integral e Participativo em Convivência e Segurança Cidadã (PIP).

Nesse ponto, a proposta não é a reprodução de ideias desconsiderando as especificidades de cada experiência, mas a compreensão da essência da prática para a possível aplicação no território.

Nas entrevistas da pesquisa de campo, os impactos do IntEx foram reiteradamente pontuados. Ao comentar da visita a Casa de Justicia de Bogotá, por exemplo, Cláudia Ocelli relatou que

> Eu [Ponto Focal], um representante do Comitê Gestor e um representante do Poder Público fomos a Bogotá para conhecer experiência de justiça restaurativa. **A gente ficou impressionado por que lá tinha dado certo e era uma comunidade violenta, numa região maior do que o Nacional**. [...] A Casa de Justicia de Bogotá atuava com mediação de conflitos de vizinhança e crimes de menor potencial ofensivo. **Só ia pro Judiciário aquilo que a comunidade não dava conta de resolver**. Quando os representantes retornaram de Bogotá, apresentaram a experiência para a comunidade, que comprou a ideia. **Foi feito planejamento estratégico situacional durante seis meses e foram construídos vários projetos, sendo um deles – o prioritário – para implementar mediação na comunidade**. É interessante que a comunidade já tinha experiência com mediação, do Mulheres da Paz, ligado ao Governo Federal: mulheres, Polícia e jovens realizaram mediação no território. **Mas [a comunidade] não comprava a ideia, via o Mulheres da Paz como X9**. [...] Foram várias confluências. A UNESCO apresentou proposta de formação em cultura de paz pela Palas Athena, em São Paulo, e lá a comunidade teve contato de novo com justiça restaurativa. Deram uma formação de 40h para representantes da Educação, Segurança, Guarda Municipal, lideranças, jovens e Assistência. **O envolvimento dos formandos movimentou a comunidade toda. [...] Fez toda a diferença eles terem visto com os próprios olhos o desenho territorial da política e planejado conjuntamente o detalhamento e a profundidade da política no território**. [...] Nesse período, conheceram [a Defensora Pública] Francis [de Oliveira Rabelo Coutinho], que concordou em fazer o desenho no Nacional, a começar pela Escola Maria Salles [uma das escolas afetadas pelo toque de recolher de 2010]. [...] Membros do Comitê Gestor do projeto também fizeram formação com a Francis.

Finalizados os trabalhos do GT, a Equipe Técnica e o Ponto Focal elaboram o documento preliminar. A metodologia também propõe que seja realizado um encontro ampliado, reunindo todos os participantes dos diferentes GTs para apresentação, divulgação e pactuação do resultado.

Após a produção do PIP, sugere-se a realização de apresentações em espaços de referência, audiências públicas, elaboração de cartilhas e realização de eventos para divulgá-lo. Em seguida, deve-se selecionar ao menos quatro projetos prioritários a serem descritos de forma mais especificada. Sugere-se que esses projetos sejam executados, monitorados e avaliados a cada ano.

Na escolha dos projetos prioritários, deve-se primar pela intersetorialidade; visibilidade dos resultados alcançados; exequibilidade frente aos talentos e recursos locais; ter alguma atividade já implementada ou em fase de implementação[184]. Com a opção por projetos prioritários, evita-se que a morosidade para descrição detalhada e execução de todos os projetos impacte em descrédito e desmobilização dos atores sociais envolvidos.

As pessoas encarregadas diretamente da sua implementação devem passar por um curso de Elaboração de Projetos para que sejam capazes de identificar o projeto; descrever o problema e a justificativa; explicar o objetivo geral e os objetivos específicos; apontar os indicadores e as metas a alcançar; descrever as atividades e os beneficiários diretos e indiretos; explicar o método do trabalho; desenvolver o cronograma do projeto; identificar condições de sustentabilidade do projeto; descrever estratégias, públicos, ações e instrumentos do plano de comunicação; realizar o monitoramento e a avaliação; fazer o orçamento; identificar condições internas e externas de risco e apoio para a realização do projeto; indicar referências teóricas; descrever o projeto resumidamente; produzir anexos com fotos, mapas e infográficos, por exemplo, capazes de ampliar a compreensão do projeto[185].

O Programa também ofereceu capacitação em captação ou mobilização de recursos para que os envolvidos pudessem ter compreensão de conceitos fundamentais; identificassem onde e como buscar recursos e em quais fontes de financiamento; aprendessem como captar potenciais financiadores e formas diferentes de se conseguir financiamento; e tivessem informações sobre onde encontrar e como participar de editais para financiamento[186].

---

[184] ORGANIZAÇÃO DAS NAÇÕES UNIDAS. PROGRAMA DAS NAÇÕES UNIDAS PARA O DESENVOLVIMENTO. **Plano Integral e Participativo em Convivência e Segurança Cidadã.** Brasília: PNUD, 2013g. p. 25.
[185] ORGANIZAÇÃO DAS NAÇÕES UNIDAS. PROGRAMA DAS NAÇÕES UNIDAS PARA O DESENVOLVIMENTO. **Plano Integral e Participativo em Convivência e Segurança Cidadã.** Brasília: PNUD, 2013g. p. 25-28.

Essas capacitações pretendiam garantir a sustentabilidade da comunidade após o encerramento do Programa. Nas palavras de Cláudia Ocelli, "era a comunidade quem deveria ser o principal ator para construção da paz no território, cabendo a ONU apenas dar formação".

A metodologia do PNUD pensa a sustentabilidade de maneira transversal, construída ao longo de cada uma das etapas de elaboração do Plano Integral, ao estimular a participação dos mais diversos atores sociais em todo o processo de comunicação e captação de recursos.

Para o PNUD, o Pano Integral e Participativo (PIP) deve idealmente considerar cada um dos eixos temáticos em todas as categorias e contextos de transversalidade e de capacidade institucional.

Embora a execução do Programa tenha, em tese, ocorrido até o ano de 2013, a mudança na gestão municipal foi um ponto sensível já nesse momento. Segundo São Mateus, agente da Prefeitura,

> [...] O Programa da ONU, efetivamente... efetivamente, ele funcionou até o final de 2012. Em 2013, o Programa tinha uma continuidade prevista, mas nada foi executado. Tinha Ponto Focal, ele participou de algumas reuniões na comunidade; mas nada foi executado verdadeiramente em 2013... nem daí em diante.

Esse relato é confirmado por Cláudia Ocelli, Ponto Focal do município entre 2010 e 2012, ao narrar que

> Quando houve transição da gestão municipal, foi feita transição de dinheiro e obras, sem que envolvesse a política [pública]. Não foi para a mesa de transição... não foi pauta da Marília, nem do Carlim. Me propus a sentar na mesa de transição e a repassar tudo, mas nunca fui chamada por nenhum dos dois. Faltou continuidade, foi o território quem continuou bancando, principalmente os jovens, a ONG do Paulinho Terrinha, Na Tora. Embora religiosa, ela não é moralista, ele deixa a parte da religião pra igreja, isso agrada os jovens.

Esse dado chega a ser irônico frente ao primeiro dos lembretes finais constantes no guia elaborado pelo PNUD para o desenvolvimento do Plano Integral e Participativo, que ressalta a importância da vontade política do chefe do Executivo local na convivência e segurança cidadã, uma vez que esta presume integração e

---

[186] ORGANIZAÇÃO DAS NAÇÕES UNIDAS. PROGRAMA DAS NAÇÕES UNIDAS PARA O DESENVOLVIMENTO. **Plano Integral e Participativo em Convivência e Segurança Cidadã.** Brasília: PNUD, 2013g. p. 28.

intersetorialidade dos trabalhos, afastando-se do isolamento com que tradicionalmente são tratadas as políticas públicas[187].

2.1 Contagem – MG e região do Nacional: caracterização do território antes do Programa *Segurança com Cidadania*

> "O mundo social e judiciário oprimia seu peito como um pesadelo"
> Honoré de Balzac[188], Coronel Chabert

Pertencente à Região Central de Minas Gerais e à Região Metropolitana de Belo Horizonte, Contagem é o segundo município mais populoso de Minas Gerais e o terceiro Produto Interno Bruto (PIB) estadual. Segundo o Instituto Brasileiro de Geografia e Estatística (IBGE), a população estimada do município em 2017 era de 658.580 pessoas[189]. No último censo, referente ao ano de 2010, a população era de 603.442 pessoas; destas, aproximadamente 27% tinham entre de 14 e 24 anos e cerca de 24% tinham entre 5 e 14 anos[190].

Com Índice de Desenvolvimento Humano (IDH) de 0,789, o município é considerado de médio desenvolvimento humano, sendo a educação o seu melhor sub-índice, com indicador 0,901[191]. Segundo o Atlas Brasil de 2013[192], no ano de 2010, 86,10% de sua população entre seis e 17 anos estava cursando o ensino regular com até dois anos de defasagem ente a idade e a série correspondente. Quando analisada a

---

[187] ORGANIZAÇÃO DAS NAÇÕES UNIDAS. PROGRAMA DAS NAÇÕES UNIDAS PARA O DESENVOLVIMENTO. **Plano Integral e Participativo em Convivência e Segurança Cidadã.** Brasília: PNUD, 2013g. p. 39.
[188] BALZAC, Honoré de. **O Coronel Chabert.** São Paulo: Companhia das Letras, 2013, p. 47.
[189] Cf. INSTITUTO BRASILEIRO DE GEOGRAFIA E ESTATÍSTICA. **Brasil em Síntese: Contagem – Minas Gerais**. Disponível em: <https://cidades.ibge.gov.br/brasil/mg/contagem/panorama>. Acesso em: 01 set. 2017.
[190] ORGANIZAÇÃO DAS NAÇÕES UNIDAS. PROGRAMA DAS NAÇÕES UNIDAS PARA O DESENVOLVIMENTO et al. **Caderno Municipal do Programa Conjunto da ONU "Segurança com Cidadania" em Contagem, Minas Gerais-MG.** Brasília: PNUD, UNESCO, UNICEF, OIT, UNODC, ONU Habitat, Ministério da Justiça, 2013. p. 20.
[191] Cf. INSTITUTO BRASILEIRO DE GEOGRAFIA E ESTATÍSTICA. **Brasil em Síntese: Contagem – Minas Gerais**. Disponível em: <https://cidades.ibge.gov.br/brasil/mg/contagem/panorama>. Acesso em: 01 set. 2017.
[192] Cf. PROGRAMA DAS NAÇÕES UNIDAS PARA O DESENVOLVIMENTO; FUNDAÇÃO JOÃO PINHEIRO; INSTITUTO DE PESQUISA ECONÔMICA APLICADA. **Atlas do Desenvolvimento Humano no Brasil:** Contagem – MG. Disponível em: <http://www.atlasbrasil.org.br/2013/pt/perfil_m/5164>. Acesso em: 12 out. 2017.

população de jovens adultos de 18 a 24 anos, 15,96% estava cursando o ensino superior no mesmo ano.

Em 2010, o fluxo escolar em Contagem era superior às médias nacional e mineira para todas as faixas etárias. Além disso, também houve melhoria nos índices de educação no município nas últimas três décadas[193].

Apesar disso,

> Em 2015, os alunos dos anos iniciais da rede pública da cidade tiveram nota média de 5.9 no IDEB. Para os alunos dos anos finais, essa nota foi de 4.4. Na comparação com cidades do mesmo estado, a nota dos alunos dos anos iniciais colocava esta cidade na posição 497 de 853. Considerando a nota dos alunos dos anos finais, a posição passava a 517 de 853. A taxa de escolarização (para pessoas de 6 a 14 anos) foi de 97.4 em 2010. Isso posicionava o município na posição 493 de 853 dentre as cidades do estado e na posição 3079 de 5570 dentre as cidades do Brasil[194].

O acesso à educação no Município é também marcado por desigualdades, principalmente pelo critério cor de pele. Segundo dados de 2010, mais de 60% da população adulta negra do município não tinha completado o Ensino Médio. Quase 50% dos negros de Contagem não tinha sequer concluído o Ensino Fundamental. Considerando o mesmo ano base, quase 50% dos residentes brancos haviam chegado ao Ensino Superior. Com referência em 2010, a desigualdade no acesso à educação não era tão forte quando considerada isoladamente sua distribuição entre homens e mulheres. A combinação dessas duas variáveis ou a especificação de identidade de gênero não binária ou trans talvez trouxessem elementos que aprofundassem as desigualdades já expostas[195].

Na década de 40 do século passado, foi criado um parque industrial no município. Em decorrência do crescimento abrupto e sem planejamento urbano e social, a cidade, fornecedora de mão de obra, contou com imigrações, explosão demográfica e aumento de criminalidade[196].

---

[193] PROGRAMA DAS NAÇÕES UNIDAS PARA O DESENVOLVIMENTO; FUNDAÇÃO JOÃO PINHEIRO; INSTITUTO DE PESQUISA ECONÔMICA APLICADA. **Atlas do Desenvolvimento Humano no Brasil:** Contagem – MG. Disponível em: <http://www.atlasbrasil.org.br/2013/pt/perfil_m/5164>. Acesso em: 12 out. 2017.
[194] Cf. ISTITUTO BRASILEIRO DE GEOGRAFIA E ESTATÍSTICA. **Brasil em Síntese: Contagem – Minas Gerais.** Disponível em: <https://cidades.ibge.gov.br/brasil/mg/contagem/panorama>. Acesso em: 01 set. 2017.
[195] PROGRAMA DAS NAÇÕES UNIDAS PARA O DESENVOLVIMENTO; FUNDAÇÃO JOÃO PINHEIRO; INSTITUTO DE PESQUISA ECONÔMICA APLICADA. **Atlas do Desenvolvimento Humano no Brasil:** Contagem – MG. Disponível em: <http://www.atlasbrasil.org.br/2013/pt/perfil_m/5164>. Acesso em: 12 out. 2017.
[196] ORGANIZAÇÃO DAS NAÇÕES UNIDAS. PROGRAMA DAS NAÇÕES UNIDAS PARA O

Com crescimento de 102,84% nas últimas duas décadas, a melhoria da renda *per capita* média da população de Contagem teve baixa repercussão na evolução da desigualdade de renda. Apesar do crescimento descrito ter implicado na redução proporcional da população pobre e miserável no município, o Índice de Gini de Contagem em 2010 era 0,48, exatamente o mesmo de 1991[197].

Conforme dados do Programa Bolsa Família, referentes ao ano de 2011, 42.417 famílias de Contagem estavam cadastradas no perfil CadÚnico, totalizando 157.742 pessoas assistidas. Dessas, 21.343 famílias receberam o benefício naquele ano, o que corresponde a 9% da população municipal. A Prefeitura estima que 25% da população se encontrava em condição de vulnerabilidade social no período[198].

Em 2010, 71,95% da população economicamente ativa de contagem estava ocupada, frente a 6,95% desocupada e 21,1% inativa[199]. Na Tabela 3, é possível conferir a distribuição da ocupação da população economicamente ativa do município, bem como os níveis educacionais e de rendimento médio dos ocupados nos anos de 2000 e 2010.

A transformação de Contagem em cidade industrial não foi acompanhada de infraestrutura capaz de garantir os direitos fundamentais à população crescente.

> A população jovem, que é a maioria, é vitimizada com mais frequência. **O Índice de Homicídios na Adolescência (IHA) é um dos mais altos da Região Metropolitana de Belo Horizonte e também está entre os 20 mais altos do Brasil**, ou seja, a cada 1000 jovens, 5,3 são assassinados. **A taxa de vitimização juvenil é uma das mais altas do país:** Contagem *está* em 26° lugar - 48.2% das vítimas de homicídio entre 2004 e 2006 foram jovens. Na faixa etária entre 15 a 24 anos, a taxa de homicídios por 100.000 habitantes, em 2006, foi de 134,5, ou seja, mais alta do que a média em Belo Horizonte (129,9), mas mais baixa do que Betim (174,2). No que se refere ao uso de arma de fogo, **Contagem é um dos 200 municípios do Brasil com maior número de óbitos por arma de fogo, estando especificamente em 21° lugar**, deixando para trás municípios como Ribeirão das Neves (40° lugar), também na região metropolitana de Belo Horizonte–MG, e Vitória-ES (26° lugar - Instituto Sangari, 2008). O número de óbitos por arma de fogo é

DESENVOLVIMENTO et al. **Caderno Municipal do Programa Conjunto da ONU "Segurança com Cidadania" em Contagem, Minas Gerais-MG.** Brasília: PNUD, UNESCO, UNICEF, OIT, UNODC, ONU Habitat, Ministério da Justiça, 2013. p. 21.

[197] Cf. PROGRAMA DAS NAÇÕES UNIDAS PARA O DESENVOLVIMENTO; FUNDAÇÃO JOÃO PINHEIRO; INSTITUTO DE PESQUISA ECONÔMICA APLICADA. **Atlas do Desenvolvimento Humano no Brasil:** Contagem – MG. Disponível em: <http://www.atlasbrasil.org.br/2013/pt/perfil_m/5164>. Acesso em: 12 out. 2017.

[198] Dados retirados do Termo de Referência da Prefeitura de Contagem para estruturação de Núcleo de Justiça Comunitária.

[199] Cf. PROGRAMA DAS NAÇÕES UNIDAS PARA O DESENVOLVIMENTO; FUNDAÇÃO JOÃO PINHEIRO; INSTITUTO DE PESQUISA ECONÔMICA APLICADA. **Atlas do Desenvolvimento Humano no Brasil:** Contagem – MG. Disponível em: <http://www.atlasbrasil.org.br/2013/pt/perfil_m/5164>. Acesso em: 12 out. 2017.

também um dos indicadores do poder de fogo da população, ou seja, da quantidade de armas de fogo em circulação naquela sociedade[200]. [grifos acrescidos]

A criminalidade violenta é apontada como ponto sensível no município. Segundo o Termo de Referência da Prefeitura de Contagem para estruturação de Núcleo de Justiça Comunitária[201], entre os anos de 2008 e 2009, por exemplo, enquanto a média mineira de crimes violentos foi de 323,45 por 100.000 habitantes, os números de Contagem atingiram 1.232,45 crimes violentos para cada 100.000 habitantes, sendo quase quatro vezes superior ao valor de referência do Estado.

Embora a taxa de crimes violentos em Contagem tenha decrescido no triênio 2008-2009, saindo de uma taxa mensal de 88,9 ocorrências por 100.000 habitantes para uma de 67,10, os números referentes a homicídios cresceram 9,7% no biênio 2009-2010. No biênio anterior, de 2008 a 2009, a taxa de homicídios em Contagem havia decrescido em 19,96%[202].

De acordo com o Termo de Referência da Prefeitura de Contagem para estruturação de Núcleo de Justiça Comunitária,

> [...] Notadamente ligados a conflitos pessoais, esses crimes [crimes violentos contra a pessoa] também apresentaram incidência focalizada em determinadas áreas. Estas, por sua vez, coincidem com áreas de alto índice de vulnerabilidade social. Políticas públicas de controle e prevenção desses delitos devem, portanto, perpassar esferas de mediação das tensões sociais, bem como investimentos visando o incremento da qualidade de vida nessas localidades. Conforme verificado nos dados, os delitos de ameaça, seguidos de lesão corporal, correspondem a maior parte das ocorrências de crimes contra a pessoa, demonstrando a importância de medidas preventivas para que conflitos e desavenças não se traduzam em violência.
> Mais do que a simples detecção dos padrões de incidência espacial das ocorrências de crimes, a análise espacial permite que algumas hipóteses sobre as causas da criminalidade sejam testadas. **No município de Contagem, por exemplo, há uma clara coincidência entre a distribuição espacial das ocorrências de tentativas de homicídios e áreas de vulnerabilidade social**, como já demonstrado para outras regiões do estado, como Belo Horizonte, por exemplo. Assim, **características de comunidades são fatores**

---

[200] ORGANIZAÇÃO DAS NAÇÕES UNIDAS. PROGRAMA DAS NAÇÕES UNIDAS PARA O DESENVOLVIMENTO et al. **Caderno Municipal do Programa Conjunto da ONU "Segurança com Cidadania" em Contagem, Minas Gerais-MG.** Brasília: PNUD, UNESCO, UNICEF, OIT, UNODC, ONU Habitat, Ministério da Justiça, 2013. p. 21-22.
[201] O documento foi produzido com base nas ocorrências policiais registradas no município de Contagem, assim como em dados oficiais de criminalidade violenta, fornecidos pelos sistemas de informação das polícias Civil e Militar, registros mantidos pelo Sistema de Informação de Mortalidade (SIM) do Ministério da Saúde, presentes no Diagnóstico da Violência Criminal, bem como relatório de pesquisa de Vitimização e Medo realizados pelo Centro de Estudos de Criminalidade e Segurança Pública - CRISP, no município de Contagem.
[202] FUNDAÇÃO JOÃO PINHEIRO. **Anuário de Informações Criminais de Minas Gerais 2010.** Belo Horizonte: Fundação João Pinheiro, 201-. p. 25.

> importantes para determinar a ocorrência de crimes. Tentativas de homicídios, deste modo, ocorrem de forma geograficamente concentrada em áreas caracterizadas por fortes indicadores de exclusão social.
> [...]
> Entre janeiro de 2008 e dezembro de 2010, a maior parte dos registros de homicídios consumados em Contagem se deram nos bairros Industrial, Nova Contagem, Cidade Industrial, Eldorado, região do Ressaca (Jardim Laguna, Novo Boa Vista e Novo Progresso, Nacional). Constata-se grande convergência entre as áreas de incidência de homicídios tentados e consumados no município. [grifos acrescidos]

Além disso, como reconhecido no Termo de Referência da Prefeitura de Contagem para estruturação do Núcleo de Justiça Restaurativa,

> Os homicídios são problemas muito específicos no município de Contagem. As iniciativas de controle, portanto, devem ocorrer de forma focalizada. A literatura especializada aponta que **crimes violentos, incluindo homicídios, não ocorrem ao acaso, de forma imprevisível ou inevitável. Pelo contrário, são bem identificadas e descritas as condições que favorecem a emergência de cenários susceptíveis ao surgimento de crimes violentos. Reconhecer estas variáveis é fundamental para o enfrentamento do problema.**
> Experiências internacionais apontam que a eficácia de programas de prevenção depende do conhecimento dos fatores que aumentam ou diminuem o risco do evento específico que se quer evitar. Estes fatores podem estar relacionados a atitudes e comportamentos de agressores e vítimas ou ao contexto ambiental e institucional onde os crimes ocorrem. A literatura aponta ainda que programas compreensivos, ou seja, programas que levam em conta os vários fatores de risco e de proteção presentes no cenário sob intervenção tendem a ser mais bem sucedidos. Supostamente, tais programas são capazes de fortalecer os elementos que potencializam a resiliência de famílias, indivíduos e comunidades diante da violência e neutralizam ou eliminam os fatores de vulnerabilidade destas mesmas famílias, grupos e indivíduos. [grifos acrescidos]

Contagem tem apresentando Índice de Homicídio na Adolescência (IHA) superior à média nacional. Em 2005, quando foi feito o primeiro monitoramento, o IHA do município era de 5,32. Ele passou para 6,23, em 2006; 5,24, em 2007; 5,37, em 2008; baixou para 3,94, em 2009; subiu para 4,92, no primeiro ano da implementação do Programa Conjunto; teve seu melhor resultado em 2011, quando atingiu 3,11; voltou a subir em 2012, atingindo 4,88; foi de 4,48 em 2013; e 4,89, em 2014[203].

O IHA é interessante por que, ao mesmo tempo que oferece uma projeção de mortes violentas de adolescentes em cidades com mais de 100.000 habitantes, apresenta o dado de uma maneira não fatalista: ainda há tempo para reverter a situação.

---

[203] OBSERVATÓRIO DAS FAVELAS. PROGRAMA DE REDUÇÃO DA VIOLÊNCIA LETAL. **Homicídios na Adolescência no Brasil: IHA 2014.** Rio de Janeiro: Observatório de Favelas, 2017. Organizadores Doriam Borges e Ignácio Cano. p. 99.

A projeção do IHA de Contagem referente ao ano de 2009 era de que 460 adolescentes seriam assassinados até 2013 caso a realidade permanecesse a mesma. Em virtude disso, o Grupo de Trabalho da Proteção da Criança e do Adolescente, vinculado à Câmara de Políticas Sociais de Contagem[204], propôs-se a buscar maneiras de interferir positivamente na situação. Foi nessa ocasião que um de seus membros descobriu o edital do *Segurança com Cidadania*[205].

Como o Programa Conjunto estabelecia a necessidade de especificação de um território para recebê-lo, o Grupo de Trabalho indicou o Nacional, tendo em vista a quantidade de pessoas vulneráveis, de crimes violentos e de assentamentos precários da região. A escolha também foi influenciada pela urgência de se garantir direitos fundamentais no território, que havia contado com quatro bairros e duas vilas afetados por toque de recolher durante 10 dias. O toque de recolher se estendeu pelos bairros Estrela Dalva, Confisco, Tijuca, São Mateus e nas vilas Francisco Mariano e Nossa Senhora Aparecida[206].

Especificamente sobre o bairro Estrela Dalva, o Termo de Referência da Prefeitura de Contagem para estruturação de Núcleo de Justiça Comunitária ressalta que

> O bairro Estrela Dalva tem uma população de aproximadamente 3410 habitantes e a exemplo do bairro Jardim Laguna, no Diagnóstico da Violência Criminal 2011, realizado no município, **aparece como uma região com altos índices de crimes contra a pessoa, entre os quais se destacam as tentativas de homicídios e os homicídios consumados**, com freqüências de 15 e 12 ocorrências, respectivamente, entre os anos de 2008, 2009 e 2010. **A região também coincide com uma área de grande vulnerabilidade social**, na qual 1895 famílias recebem o benefício Bolsa Família. Destes, 77,6 % apresentam renda per capta inferior a 120 reais. Apenas 5,7% dos que possuem Carteira de Trabalho, 2,4% são aposentados e pensionistas e 74% não trabalham. **Do ponto de vista do acesso ao conhecimento, observa-se que 19,5% são analfabetos, 64,8% não concluíram o ensino fundamental e apenas 5,1% concluíram o ensino médio.**

---

[204] A Câmara de Políticas Sociais de Contagem foi instituída no segundo mandato da Prefeita Marília Campos, em fevereiro de 2009. Apresentava duas frentes de trabalho, sendo uma delas voltada a reuniões entre os secretários de cada uma das pastas e outro composta por Grupos de Trabalho sobre pontos de convergência, a saber: Educação Integrada, Proteção da Criança e do Adolescente, Juventude e Segurança Alimentar. Faziam parte dos Grupos de Trabalhos, técnicos, gestores e diretores das secretarias de Educação; Saúde; Direitos e Cidadania; e Defesa Social. A criação da Câmara adveio da necessidade de mapear as políticas públicas municipais para interliga-las e pensa-las de maneira transdisciplinar.
[205] ORGANIZAÇÃO DAS NAÇÕES UNIDAS. PROGRAMA DAS NAÇÕES UNIDAS PARA O DESENVOLVIMENTO et al. **Caderno Municipal do Programa Conjunto da ONU "Segurança com Cidadania" em Contagem, Minas Gerais-MG**. Brasília: PNUD, UNESCO, UNICEF, OIT, UNODC, ONU Habitat, Ministério da Justiça, 2013. p. 23.
[206] ORGANIZAÇÃO DAS NAÇÕES UNIDAS. PROGRAMA DAS NAÇÕES UNIDAS PARA O DESENVOLVIMENTO et al. **Caderno Municipal do Programa Conjunto da ONU "Segurança com Cidadania" em Contagem, Minas Gerais-MG**. Brasília: PNUD, UNESCO, UNICEF, OIT, UNODC, ONU Habitat, Ministério da Justiça, 2013.

Segundo o Programa das Nações Unidas para o Desenvolvimento (PNUD)[207], o Nacional não havia sido beneficiado com melhorias significativas durante o primeiro mandato da Prefeita Marília Campos (2005-2008).

O toque de recolher de 2010 teve início com o incêndio de um ônibus no bairro São Mateus, supostamente como resposta ao assassinato de dois jovens, um de 22 e outro de 26 anos. Na manhã seguinte, foi dado o recado de que o comércio local deveria permanecer fechado em sinal de luto às vítimas dos homicídios. Um posto de saúde e três escolas também foram fechados; o serviço público de transporte só circulou na região até às 18h. Cerca de mil crianças foram afetadas pela paralisação forçada das aulas[208].

Em entrevista da pesquisa de campo, o Major Davidson comentou o ocorrido

> A gente achou que ia ser uma coisa de um dia só. Os corpos apareceram num sábado de manhã, o toque de recolher foi determinado já depois de meio dia. Pessoal fechado. Aí acharam que iam reverter aumentando número de viaturas. No domingo, permaneceu o toque de recolher. Aí [pensaram] 'na segunda-feira, vai dar certo e tal', [mas o] pessoal [da comunidade permaneceu com] tudo fechado, consultório, creche, escolas... ônibus incendiados. Então, **chegou todo tipo de reforço que você possa imaginar: cavalarias, viaturas especializadas, de tático operacional... e nada conseguiu reverter o medo dessa população pra que eles retomassem as atividades.** Foi passando segunda, terça, quarta, quinta... depois eles mesmos [os traficantes], infelizmente, eles mesmos ditaram quando essa comunidade ia poder voltar. E o medo, o pavor das pessoas... assim... eles até conversavam com a gente quando estavam fechados, mas **o pavor deles em arriscar abrir o comercio, abrir o consultório, alguma coisa, era muito grande. Era como se ele assinasse a própria sentença [de morte], era uma certeza muito plena mesmo [de que iria morrer].**
> [...]
> Esse toque de recolher, até hoje, que eu me lembre, na minha carreira, foi o maior já registrado, pelo menos em Minas Gerais. Com isto, foi determinado que um Oficial da Polícia Militar de Minas comandasse aquele território e ali desenvolvesse um trabalho mais próximo da comunidade. Eu já tinha algumas habilidades nesse trabalho comunitário, policiamento comunitário. Já tinha feito um curso de promotor de polícia comunitária. **Então, a gente**

---

[207] PROGRAMA DAS NAÇÕES UNIDAS PARA O DESENVOLVIMENTO; FUNDAÇÃO JOÃO PINHEIRO; INSTITUTO DE PESQUISA ECONÔMICA APLICADA. **Atlas do Desenvolvimento Humano no Brasil:** Contagem – MG. Disponível em: <http://www.atlasbrasil.org.br/2013/pt/perfil_m/5164>. Acesso em: 12 out. 2017. p. 24.

[208] Cf. SOARES, Kenia. Traficantes impõem "toque de recolher" em Contagem. **O Tempo.** Belo Horizonte, 05 abr. 2010. Disponível em: <http://www.otempo.com.br/cidades/traficantes-impõem-toque-de-recolher-em-contagem-1.243287>. Acesso em: 10 set. 2017.; KATTAH, Eduardo. Bairro de Contagem-MG vive 5º dia de toque de recolher. **Estadão.** São Paulo, 08 abr. 2010. Disponível em: <http://www.estadao.com.br/noticias/geral,bairro-de-contagem-mg-vive-5-dia-de-toque-de-recolher,535743>. Acesso em: 10 set. 2017. BRAGON, Rayder. Apesar de forte presença policial, toque de recolher completa 5 dias em Contagem (MG). **Uol Notícias.** Contagem, 08 abr. 2010. Disponível em: < https://noticias.uol.com.br/cotidiano/ultimas-noticias/2010/04/08/apesar-de-forte-presencia-policial-toque-de-recolher-completa-5-dias-em-contagem-mg.htm>. Acesso em: 10 set. 2017.

> passou a, pós-toque de recolher, trabalhar a aproximação da policia militar com a comunidade, até por que o descrédito ficou muito grande com qualquer tipo de aparelho de segurança pública, né? Não tinha confiança de denunciar, de conversar, tinham muito medo de participar das coisas. Então foi iniciado esse trabalho desde os registros simples de todos os comerciantes de lá, do nome deles, do tipo de comércio, horário de funcionamento... [a gente tentava mostrar] que aquilo ali era pra dar apoio pra eles, pra estreitar relacionamento; convida-los pra reunião, assim como foi feito, reunião com os comerciantes, depois reunião com diretores de escolas, com segmentos sociais e religiosos de lá. Aos poucos, a comunidade sentiu que a gente estava ali pra fazer um trabalho, de fato, diferenciado, tanto que passou a participar das reuniões, nos pedir apoio em determinadas situações. [ênfase acrescida]

Em 18 de abril de 2010, uma marcha articulada pela própria comunidade mobilizou cerca de 2000 moradores do Nacional, que seguiram pelas ruas da região pedindo paz. A Marcha pela Paz percorreu os bairros de São Mateus, Recanto da Pampulha, Vila Mariano, Urca, Tijuca e Confisco. A iniciativa evidenciou o potencial de sustentabilidade da comunidade, o que também sinalizava como um importante indicativo para a sua seleção para o Programa Conjunto da ONU.

> A caminhada começou com o Hino Nacional, tocado pela banda da Polícia Militar. Em seguida, uma multidão tomou conta das ruas do bairro Estrela D'Alva, em Contagem. **Era gente de todas as idades, de todas as crenças, unidas pelo fim da violência.** Nem o forte calor atrapalhou a caminhada que avançou a bairros vizinhos. No caminho, flores foram entregues as mulheres que acompanhavam a caminhada[209].

Em diferentes oportunidades, durante as entrevistas da pesquisa de campo desta tese, os participantes da pesquisa opinaram sobre os motivos que acreditavam terem sido determinantes para que Contagem fosse selecionada pelo Programa Conjunto.

Jacqueline Cabral de Souza Oliveira, ex-Coordenadora do Centro de Referência e Assistência Social (CRAS) do Nacional e uma das servidoras municipais encarregadas da execução conjunta do Programa, relatou que acredita que a escolha do Nacional pelo *Segurança com Cidadania* se deu quando, em visita ao campinho da Sapolândia, no bairro São Mateus, um dos representantes da ONU abordou um garoto que estava sentado perto de uma grade de gol. O garoto foi questionado sobre o que ele queria para a comunidade, para a rua e para a casa, mas respondeu a todas as perguntas

---

[209] GLOBO MINAS. Caminhada pela paz reúne 2 mil em bairro que sofreu toque de recolher em Contagem. **O Globo.** Belo Horizonte, 19 abr. 2010. Disponível em: < https://oglobo.globo.com/brasil/caminhada-pela-paz-reune-2-mil-em-bairro-que-sofreu-toque-de-recolher-em-contagem-3022121>. Acesso em: 10 set. 2017.

dizendo que não faltava nada. O menino estava no campo ao lado de um córrego malcheiroso e não conseguia visualizar nada que lhe faltasse.

No entanto, questionado sobre algo que o deixaria feliz, respondeu dizendo que gostaria de ter uma bola para não precisar esperar sentado até que alguém que a tivesse aparecesse para jogar. Conforme conta Jacqueline, diante de tamanha vulnerabilidade e a falta de perspectiva, as Agências da ONU decidiram instalar o *Segurança com Cidadania* na comunidade.

Claudia Ocelli Costa, Ponto Focal da Prefeitura para o Programa, indicou a co-responsabilização comunitária no combate e prevenção à violência como diferencial do território. Ela disse que, de início, havia o receio da própria comunidade de que, ao aderir ao Programa da ONU, acabasse levando a Polícia Militar para o território. Claudia relata que o temor se justificava em razão da atuação de milícias no Nacional.

A resistência inicial, contudo, foi superada quando a própria Claudia enfatizou para as lideranças a diferença entre justiça e polícia, pontuando que a justiça vinha para corrigir a exclusão, e não para criminalizar a pobreza. Feita essa intermediação, conta que as lideranças apostaram no *Segurança com Cidadania* e se articularam para possibilitar a construção conjunta de seu projeto, por meio de gestão territorial participada.

Cláudia citou a fala de uma das lideranças comunitárias, feita durante a visita técnica dos representantes da ONU aos territórios finalistas. Segundo conta, o líder comunitário afirmou que se cabia a ONU oferecer a formação dos agentes, era responsabilidade das próprias pessoas da comunidade garantir a paz no território.

Quanto a esse aspecto, é relevante ressaltar que três anos depois do toque de recolher de 2010, ainda durante a execução do Programa Conjunto, houve a tentativa de impor novas restrições aos direitos civis na região. Nessa ocasião, a articulação comunitária e a boa relação construída entre a comunidade e a Polícia Militar fez com que a tentativa falhasse[210].

Nas palavras do Major Davidson

> [Me orgulha] a capacidade que nós tivemos de reverter duas situações de toque de recolher que iam acontecer novamente, perdurar... que seriam tão graves quanto o primeiro. **Nós tivemos uma articulação boa com envolvimento de lideranças comunitárias e conseguimos reverter essa**

---

[210] Cf. MIRANDA, Bernardo. Projeto transforma o Nacional. **O Tempo.** Belo Horizonte, 13 maio 2013. Disponível em: < http://www.otempo.com.br/cidades/projeto-transforma-o-nacional-1.643876>. Acesso em: 10 set. 2017.

> situação. Se ela acontecesse, ia colocar em descredito um trabalho muito grande que nós fizemos. Eu tenho muita gratidão pelo Café, a Dona Glória, que hoje é vereadora, a Dona Penha, o Zé Gordo. **A gente conseguiu fazer isso e, o que a gente nem imaginava, ficar um ano, mais de um ano, sem ter morte de adolescente ali.** Era um desafio que a gente nunca pensava que ia dar conta, mas foi passando os meses, acontecendo as coisas, né? **Essa questão da comunidade ter condição de ter algum resgate de cidadania, eu não vi outro projeto que resgatasse cidadania de uma forma palpável como esse.** Eu acho que foi esse o trabalho. Com muitos anos que a gente lida com segurança pública... Tem muita coisa subjetiva, muito projeto que é muito grande, que é muito dispendioso pro Estado, mas que não é objetivo mesmo a ponto de, num sábado, um pessoal ir mexer numa praça e revitalizar um local que estava totalmente degradado, né, e a comunidade participar... [ênfase acrescida]

Segundo o PNUD[211], em 2010, a segurança no Município era executada de forma desarticulada com as demais políticas públicas, tanto quanto a sua formulação, quanto à execução. Tampouco havia diálogo entre as gestões municipal e estadual sobre esse aspecto. Assim, não havia interlocução entre a Polícia Militar, o Corpo de Bombeiros e o Gabinete de Gestão Integrada do Município. A segurança de Contagem era pensada sem integração com o acesso a serviços e direitos, de forma a isolá-la do contexto e das próprias políticas públicas municipais.

Em entrevista, o Major Davidson ressaltou que

> Tinha um menino lá [no Estrela Dalva] que dava um trabalho danado pra nós. O menino era atentado pra dar trabalho! Um menino de uns 12 anos... Aí [o Zé Gordo] deu pra ele um jogo de camisa e falou que ele ia ser o capitão do time, aí acabou o problema. Ele quem ia tomar de conta do campinho. Antes ele dava trabalho, já estava roubando, já estava envolvido com os caras [do crime], já andava armado, até gente da Prefeitura ele já tinha ameaçado... aí [o Zé] arrumou um jogo de camisa, uma bola, e ele quem ia agendar o jogo lá; aí acabou, acabou o problema desse menino. **A gente via as coisas acontecendo, era palpável mesmo.** Infelizmente até hoje reclamo na Prefeitura que a gente vê algumas coisas voltarem, mas... até já entrando em outro assunto, **você sabe desses Conselhos de Segurança, ne? A gente vê que tem gente capacitada, gente que trabalha, faz reuniões, mas ninguém vai no território pegar na massa e fazer a coisa acontecer, entendeu?** Não faz. Fica naquela teoria, 'ah, vamos colocar mais tal... vamos colocar mais ali, vamos colocar aqui', mas objetivamente, aquilo começar, engrenar e o resultado aparecer, a gente quase não vê. Lá a gente teve oportunidade de ver isso. **A gente viu que é difícil demais, é preciso de muita gente envolvida, de ter confiança recíproca... é difícil demais, mas, começando e acreditando, é possível, mesmo em comunidades muito complicadas, restabelecer a dignidade e a cidadania, desde que o foco não seja só criminalidade violenta, e sim os problemas sociais que afligem a comunidade ali.** [ênfase acrescida]

---

[211] PROGRAMA DAS NAÇÕES UNIDAS PARA O DESENVOLVIMENTO; FUNDAÇÃO JOÃO PINHEIRO; INSTITUTO DE PESQUISA ECONÔMICA APLICADA. **Atlas do Desenvolvimento Humano no Brasil:** Contagem – MG. Disponível em: <http://www.atlasbrasil.org.br/2013/pt/perfil_m/5164>. Acesso em: 12 out. 2017. p. 22-23.

2.2 A Região do Nacional durante o Programa *Segurança com Cidadania*

> "Há felicidades em que
> não acreditamos mais;
> elas caem como um raio,
> e nos fulminam".
> Honoré de Balzac[212], Coronel Chabert

Segundo conta Cláudia Ocelli, Ponto Focal do Município, "uma questão central para a ONU era a sustentabilidade da comunidade após o encerramento do Programa. [...] Era a comunidade quem devia ser o principal ator para construção da paz no território, cabendo a ONU apenas dar formação".

Sem a pretensão de construir novas obras de engenharia ou de fazer benfeitorias nos espaços existentes, o Programa *Segurança com Cidadania* contrastava de *per si* com a expectativa geral que os moradores tinham de uma atuação para melhoramento nas condições de cidadania.

Mesmo passados alguns anos da execução do Programa Conjunto (PC), o estranhamento continua bastante marcado no discurso de várias das lideranças comunitárias entrevistadas na pesquisa de campo. Essa também parece ter sido a percepção de Cintia Yoshihara, consultora do PNUD no PC, quando comentou que a execução do Programa passou por várias críticas na comunidade pelo fato de não construir quadras e ginásios, nem remunerar as lideranças pelo tempo dispendido no envolvimento das atividades.

No que pese o estranhamento da comunidade, é compreensível que não se tenha pretendido remunerar os envolvidos ou construir novas obras. Garantir a sustentabilidade e permanência das ações e resultados do Programa numa região periférica e marginal perpassa justamente pela sua não vinculação a recurso financeiro.

Sobre o tema, Ilton Café, liderança comunitária do bairro da Tijuca, relembra que

> Foi o primeiro ano que me envolvi com política, tanto política partidária, quanto política pública. Eu, particularmente, não entendia muito de política, não. Eu fui como liderança, indicado pelos outros. E, pra falar a verdade, quando eu me envolvi com política, fui mais por dinheiro do que por interesse mesmo. Mas, no final, a vida da gente dá umas guinadas tão legais,

---

[212] BALZAC, Honoré de. **O Coronel Chabert.** São Paulo: Companhia das Letras, 2013. p. 31.

cara. **Eu não me envolvia com política por que não entendia política**, mas eu era uma liderança, como eles diziam, nata. 'Ou, Café, por que você não mexe com isso, não mexe com aquilo?'. [...] quando saiu no jornal, achei até interessante, falou assim, 'a ONU vai investir dois milhões na região do Nacional'. Na primeira reunião foi tão interessante, que tinha mais ou menos, assim, sem exagero, umas duas ou três mil pessoas na escola [Professor] Wancleber [Pacheco], quando foi [dado] o anúncio disso tudo. Na época, eu conhecia uma pessoa que participou do Programa, que era do governo, que pra mim tinha uma importância muito grande, muito inteligente, muito competente e muito fiel, cara, ela é, assim, uma mulher que fez uma diferença aqui no território e que faz muita falta no governo[213]. [...] quando eu vi a escola naquele alvoroço, com todo mundo... **quando falou em dinheiro, todo mundo se interessou! Então foi todo mundo e eu também fui**. Eu via curiosidade. [...] mesmo pessoas que não eram lideranças foram também. **O dinheiro chama mesmo. [...] Mas, o que é que acontece, foi caindo [o número de pessoas na reunião por que] eles explicaram que esse dinheiro, ele seria investido em capacitação**, aí o pessoal começou a explicar 'nós vamos fazer um diagnóstico da comunidade'. **Pra falar a verdade, eu nem sabia que existia isso: diagnóstico da comunidade? Então, naquilo ali, dentro da minha falta de escolaridade - que eu não tenho nem o primeiro grau completo... mas o que é que acontece, o que eles falavam era tão novidade pra mim que eu passei a interessar por aquilo e eu achei gostoso. Uma coisa que você não sabe, pra mim foi novidade: "Consultor da ONU". O que é que é ONU? Eu só ouvia falar em televisão, de verdade, nunca tinha visto ninguém da ONU na minha vida, só tinha visto em negócio de terremoto no Japão, não sei o quê, tufão, catástrofe...** [ênfase acrescida]

A atuação do Programa Conjunto também foi diferenciada quanto a um outro paradigma: o de que política pública é pensada em Gabinete. Nesse ponto, Cintia Yoshihara ressalta que, durante a gestão da Marília Campos, a proximidade do contato e o apoio da Prefeitura ao Programa levaram a reflexões importantes nos agentes municipais envolvidos, que passaram a discutir e repensar as compreensões que tinham de segurança, trabalho intersetorial e gestão cooperativa.

A consultora do PNUD relatou que, a princípio, era bem evidente o pensamento utilitário, que buscava relacionar os impactos positivos do Programa às Secretarias envolvidas ou mesmo à imagem pessoal dos gestores.

Ela lamenta, inclusive, que essa mudança de perspectiva não tenha sido acompanhada com a troca de gestão municipal: os agentes foram substituídos e as ações conduzidas até então foram interrompidas, o que levou à desarticulação do Município com o Programa, descontinuando a coordenação e o alinhamento das atividades.

Esses dois paradigmas afetados pela atuação do PC marcam profundamente as falas dos entrevistados, voltando a aparecer no decorrer dos relatos e da análise dos dados, razão pela qual foram apenas sinalizados nesse momento.

---

[213] Provavelmente Café está se referindo a Claudia Ocelli, Ponto Focal do Município no PC.

A seguir, serão abordados alguns impactos do *Segurança com Cidadania* quanto a elementos centrais dos eixos norteadores do Programa, a saber: promoção da coesão social; articulação comunitária; construção de vínculos de pertencimento e significado; eficácia da polícia, compreensão de justiça e construção de espaços seguros.

2.2.1 Articulação comunitária e coesão social

> "Desconfiai do mais trivial,
> Na aparência singelo.
> E examinai, sobretudo, o que parece habitual.
> Suplicamos expressamente:
> Não aceiteis o que é de hábito
> Como coisa natural,
> Pois em tempo de desordem sangrenta,
> De confusão organizada,
> De arbitrariedade consciente,
> De humanidade desumanizada,
> Nada deve parecer natural,
> Nada deve parecer impossível de mudar"
> Bertolt Brecht[214], Nada é impossível de mudar

Um dos eixos norteadores da metodologia proposta pelo PNUD, a coesão social era elemento central para o estabelecimento e a continuidade dos resultados do Programa. Para o PNUD, coesão social relaciona-se com garantia de mecanismos de inclusão, tais como emprego, educação, proteção social, igualdade e bem-estar.

Também diz respeito aos comportamentos dos cidadãos quanto a confiança nas instituições, capital social, pertencimento, solidariedade, reconhecimento das normas de convivência e envolvimento nos espaços públicos deliberativos. Por essa razão, incentivava o estreitamento dos vínculos de redes sociais mistas, isto é, das articulações entre atores locais de representatividade e o poder público na transformação da realidade territorial[215].

O PNUD entende que os projetos que visam potencializar a coesão social devem aumentar o conhecimento e a obediência voluntárias das normas de convivência; capacitar pessoas para facilitarem a solução adequada de conflitos; fortalecer os centros

---

[214] BRECHT, Bertolt. **Antologia poética de Bertolt Brecht.** Rio de Janeiro: Elo, 1982, p. 45.
[215] ORGANIZAÇÃO DAS NAÇÕES UNIDAS. PROGRAMA DAS NAÇÕES UNIDAS PARA O DESENVOLVIMENTO. **Plano Integral e Participativo em Convivência e Segurança Cidadã.** Brasília: PNUD, 2013g. p. 32.

de resolução dos conflitos; disponibilizar atividades culturais, esportivas ou de lazer; estimular a participação em comitês comunitários que versem sobre segurança; e fomentar a participação dos agentes comunitários na elaboração e execução de projetos e programas do Plano Integral[216].

Além disso, o PNUD tem como suposto que o cenário local é o espaço mais adequado para formular e executar ações de convivência e segurança, de modo a refletir as particularidades locais e a aproximar as autoridades e a comunidade. Para tanto, é importante que haja representatividade e participação de atores de diversos setores da comunidade.

Para a Agência das Nações Unidas, o governo local deve atuar como catalisador da integração entre políticas públicas, sitema de justiça, segurança pública e os cidadãos do território. As condições de governabilidade devem ser asseguradas por intermédio do estímulo ao trabalho intersetorial; da criação e fortalecimento da rede social mista; do incentivo a agências locais de convivência e segurança cidadã; da capacitação de gestores e técnicos em temas correlatos à convivência e segurança cidadã; da criação de observatórios de convivência e segurança cidadã que realizem análises de dados e produzam propostas de redução dos problemas de violência e criminalidade; da garantia de participação dos cidadãos na formulação, execução e avaliação das ações relacionadas à convivência e segurança; da criação e ampliação de espaços de discussão democrática nos quais sejam deliberados assuntos sobre convivência, segurança e cidadania; do incentivo à participação dos Conselhos de Direitos municipais e estaduais nas discussões sobre convivência e segurança; e da criação e estímulo a espaços de integração entre as três esferas do executivo, as três funções do poder, as polícias militar e civil, os equipamentos públicos e o sistema de justiça[217].

Desse modo, pretende trabalhar o planejamento e a condução de políticas públicas de uma maneira que reflita as condições, as necessidades e os anseios dos sujeitos comunitários, exercitando a experiência de fazer política territorial e distanciando-se da disputa política de poder e visibilidade entre gestores.

---

[216] ORGANIZAÇÃO DAS NAÇÕES UNIDAS. PROGRAMA DAS NAÇÕES UNIDAS PARA O DESENVOLVIMENTO. **Plano Integral e Participativo em Convivência e Segurança Cidadã.** Brasília: PNUD, 2013g. p. 32.
[217] ORGANIZAÇÃO DAS NAÇÕES UNIDAS. PROGRAMA DAS NAÇÕES UNIDAS PARA O DESENVOLVIMENTO. **Plano Integral e Participativo em Convivência e Segurança Cidadã.** Brasília: PNUD, 2013g. p. 38.

Ao buscar compreender e influir respeitosamente na maneira como a comunidade gerencia as dinâmicas de suas relações de poder, abre-se às possibilidades de conexões positivas entre esses dois âmbitos de poder. Reconhece as estratégias comunitárias de desenho político, aproximando os formuladores de políticas públicas da realidade territorial, o que viabiliza sua execução.

No caso específico do Nacional, segundo conta Cláudia Ocelli, a entrada na comunidade foi propensa pela própria articulação presente na dinâmica do desenho da campanha da Marília, que havia sido feita "no chão das comunidades, correndo tudo num jipe".

A mesma facilidade foi observada pela atuação anterior de Jacqueline Cabral no território. A assistente social havia coordenado o Centro de Referência de Assistência Social (CRAS) do Nacional por três anos, o que garantiu conhecimento prévio da comunidade e convívio com lideranças locais.

Cláudia também aponta que um fator importante que demonstrou a propensão de coesão social na comunidade foi a caminhada da paz em que cerca de duas mil pessoas se uniram contra a violência evidenciada pelo toque de recolher. Nesse momento, a dinâmica da organização territorial ficou bem destacada, uma vez que, a despeito da forte liderança do Pastor Terrinha, houve união das igrejas Batista e Católica e do centro Espírita para apoiar a paz no Nacional.

Para Cintia Yoshihara, o resultado mais substancial do Programa consistiu na tomada de consciência sobre as possibilidades de articulação e envolvimento da comunidade, assim como a identificação de suas responsabilidades, necessidades e interesses no tocante à segurança com cidadania.

Segundo narra, era recorrente o discurso de que, antes da presença da ONU no território, as pessoas se viam limitadas a pedir e esperar que fossem atendidas, ignorando a possibilidade e necessidade de união e organização intracomunitária. Com o Programa, restou evidenciada a importância da coesão, inclusive para dar peso político às suas reivindicações.

Nesse processo, Cintia conta que foi marcante o fortalecimento de vínculos e de pertencimento, além do reforço de capital social. Ressalta a importância da institucionalização dos encontros das lideranças, uma vez que "a gente só dialoga com quem se encontra".

Da mesma forma, essa assunção de responsabilidade pelos membros da comunidade conduziu à compreensão de que eles mesmos precisavam agir para proteger seus adolescentes.

Por isso, Cíntia assumiu reforçar, em seu discurso, que havia sido a própria comunidade a responsável por prevenir e mobilizar-se para garantir a taxa zero de homicídios dos adolescentes durante o ano de 2012.

Paulo Terrinha comenta

> **Então, a comunidade tem força? Tem! Por que aqui dentro a gente tem de tudo, a gente tem pessoas aqui que fazem coisas maravilhosas, mas falta realmente essa organização.** Logo quando encerrou, houve uma tentativa da galera de continuar se encontrando, mas acaba que vai deixando a peteca cair. Mas se organizar, tem voz, tem poder e tem muita mão de obra. [...]
> Eu sempre gostei muito da comunidade... hoje que a gente tem a mídia que fala muito da questão de empoderamento e tal, de se aceitar. Mas há muito tempo atrás não tinha nada disso e eu já amava a questão da favela. "Ah, não pode falar favela, tem que falar comunidade". Eu sempre gostei e nem sempre eu morei aqui. Igual hoje eu moro no Castelo, mas eu vivo e cresci aqui. Mesmo quando eu fui pra lá, não deixei de viver aqui. Eu amo a comunidade, isso aí não tem nem o que falar, né? **O Programa veio pra somar nessa questão de ver a beleza [da comunidade]. Eu sempre gostei, mas gostava só por gostar, por que vivia. Mas depois você começa a olhar e diz "olha, aqui tem isso, tem aquilo"**, "oh, a galera que trabalha no Belvedere[218] é tudo de comunidade, então quem faz a comida, quem limpa o prédio é da comunidade. É a mesma coisa do caminhoneiro. No dia que o caminhoneiro parou, olha o que aconteceu[219]. **No dia que a comunidade parar, aí vai virar o caos. Esse é o poder que a comunidade tem e que infelizmente não consegue enxergar. Ou por que não consegue, ou por que não quer. Por que é muito mais fácil ficar do jeito que está, sobrevivendo de algumas migalhas que o Estado nos dá.** [ênfase acrescida]

Elemento central para a coesão social, os métodos autocompositivos de resolução de conflitos também foram incetivados no período. Contou-se com projetos de capacitação de estudantes em mediação escolar, conduzidos por iniciativa da Defensoria do Estado de Minas Gerais; e de líderes comunitários e agentes da Prefeitura em mediação comunitária, esta conduzida por Juliano Carneiro Veiga.

Em entrevista, Juliano Veiga afirmou que o curso oferecido havia sido desenhado e pensado especificamente na realidade do Nacional e que dispunha de

---

[218] Belvedere é um bairro de classe alta de Belo Horizonte.
[219] Paulo faz remissão à greve de caminhoneiros que havia acontecido no país no mês de maio de 2018, deixando os postos desabastecidos de combustível, repercutindo fortemente no estoque de itens básicos de consumo no mercado e nas condições de transporte da população. Nesse período, houve aumento significativo no valor da gasolina e de vários bens de consumo em todo o país, além de paralisação ou limitação no fornecimento de serviços básicos.

enfoque mais prático. O conteúdo teórico se reduzia ao mínimo necessário para que desenvolvessem competências para atuar como facilitadores. O curso contava com uma apostila que abordava os princípais tópicos, a exemplo da *ComunicaçãocNão-Violenta*[220] e de técnicas de negociação.

Sobre o curso de mediação escolar, Regina Rikiêr, uma das estudantes formadas no período e que, mesmo tendo concluído o Ensino Médio, continua atuando com mediação em escolas da comunidade, relata que os estudantes eram indicados pela Diretora da escola para fazer a formação pelo seu perfil de liderança.

Para ela, mediação demanda sabedoria e se afasta de autoritarismo, sendo uma maneira de aproveitar potenciais de liderança na juventude e desenvolvê-los de uma maneira positiva. No curso, aprendeu sobre empatia, respeito ao próximo e maneiras de trabalhar o diálogo para resolução de conflitos. Compreende que se trata de uma forma de entender o outro, de praticar "paz em ação" e de chegar a um resultado que traga satisfação aos envolvidos.

Regina conta que o primeiro caso em que atuou envolveu duas de suas amigas que haviam brigado por causa de um garoto. Outros estudantes da escola ficaram "colocando pilha" e a espiral do conflito foi acentuando a desavença. As meninas não só voltaram a conversar como, hoje, são melhores amigas. O projeto, contudo, não continuou na escola, segundo relata, por desinteresse da Diretora, a despeito do pedido dos estudantes.

Outro ponto central para a coesão social e a corresponsabilidade dos membros da comunidade foi a descentralização das decisões fundamentais a respeito de políticas de convivência, segurança e cidadania, assim como de enfrentamento de violências. O policentrismo decisório estimula a participação, a construção dialógica e o envolvimento dos interessados direta ou indiretamente e reconhece que paz, assim como violência no território é uma construção coletiva.

Para tanto, é imprescindível que se planeje, execute, avalie e monitore as diretrizes de comunicação e mobilização social, com foco não só na participação comunitária, como também na democratização das informações.

Conforme alerta o PNUD[221],

---

[220] ROSENBERG, Marshall. **Nonviolent Comunication:** A Language of Life. 3. ed. Encinitas: Puddle Dancer Press, 2015.
[221] ORGANIZAÇÃO DAS NAÇÕES UNIDAS. PROGRAMA DAS NAÇÕES UNIDAS PARA O DESENVOLVIMENTO. **Comunicação e Mobilização Social em Convivência e Segurança Cidadã.** Brasília: PNUD, 2013b, p. 10.

> Para se comunicar é preciso mobilização: mobilização de ideias, sentidos, diferenças, pessoas, lugares, interesses, processos. Mobilizar é movimentar, articular, envolver para multiplicar, ou, nas palavras do jovem capixaba Ernauro Feijó: "mobilizar é despertar o olhar de possibilidade no outro".
> Comunicação e Mobilização Social, portanto, são indissociáveis e complementares. É preciso mobilização para garantir uma comunicação efetiva e é necessária a comunicação para que a mobilização aconteça de forma estratégica e eficaz. Neste sentido, pode-se afirmar que as políticas e práticas de Comunicação e Mobilização Social desempenham papel fundamental no processo de fortalecimento da identidade social, à medida que contribuem para estimular atores sociais a exercerem o controle democrático e o desempenho de novos papéis nas comunidades onde vivem e atuam.

Com isso em vista, o PNUD[222] estabeleceu alguns alicerces norteadores para as atividades de comunicação e mobilização social em conformidade com os princípios de convivência e segurança cidadã, a saber: comunicação para o desenvolvimento[223]; comunicação para a mudança de comportamento social e individual; comunicação para a mudança social por meio de indivíduos que são capazes de encontrar soluções e romper com paradigmas existentes, promovendo mudanças sociais e diálogo entre público, privado e comunidade; *advocacy* capaz de resultar em mudanças em políticas, normas e comportamentos sociais; criação de um ambiente de comunicação inclusivo, acessível, transparente e responsável; e educomunicação, aplicada em espaços de educação formal e não formal para envolver e estimular as pessoas a se posicionarem criticamente e desenvolverem uma perspectiva mais densa sobre o contexto social do qual fazem parte.

Para isso, uma das ferramentas sugeridas pelo PNUD consiste em rodas de diálogo sobre convivência e segurança cidadã, consistindo em espaços qualificados de escuta direcionada promovidos para públicos diversos com o intuito de sensibilizar os participantes sobre a temática e construir compreensões coletivas sobre o tema.

Essas práticas circulares, com duração média de duas horas, estimulam não só a linguagem verbal, como partem também de imagens e fotografias que abordam distintas percepções de segurança atreladas à comunidade. Com a formulação do conceito coletivo, objetiva-se sistematizar as mais diversas falas, de modo que todos se

---

[222] ORGANIZAÇÃO DAS NAÇÕES UNIDAS. PROGRAMA DAS NAÇÕES UNIDAS PARA O DESENVOLVIMENTO. **Comunicação e Mobilização Social em Convivência e Segurança Cidadã**. Brasília: PNUD, 2013b, p. 12.

[223] O PNUD (2013b, p. 12) ressalva que fala de comunicação para o desenvolvimento enquanto conceito da Assembleia Geral da ONU, de 1996, segundo a qual, trata-se de "uma comunicação multidirecional que possibilite o diálogo e permita às comunidades manifestar-se, expressar as suas aspirações e preocupações e participar das decisões relacionadas com o seu desenvolvimento".

sintam contemplados na definição de convivência e segurança cidadã que o grupo construiu[224].

O PNUD também desenvolveu um jogo de tabuleiro - o Mandala - voltado à comunidade e ao poder público para que, juntos, pudessem mapear as causas das violências e pensar ações para a segurança cidadã no território. A proposta do jogo consistia em promover interação dos agentes públicos com a comunidade com o propósito de identificar as diversas variáveis que contribuem para violência no território.

Era estimulada a construção comunitária de gráficos e árvores que expressassem os problemas centrais do território e seus inter-relacionamentos. Nesse contato, haveria o compartilhamento de informações e monitoramento de alguns resultados. Em seguida, era estimulada a construção de planos de ações para uma cultura de paz.

Nas entrevistas, contou-se com poucos relatos quanto ao jogo, concentrando-se na fala de Claudia Ocelli e numa breve menção de Cintia Yoshihara. A pesquisadora também não conseguiu ter acesso ao Mandala, embora tenha encontrado notícias do período que o mencionavam[225].

2.2.2 Construção de vínculos de pertencimento e significado

> "E a moral disto é... 'cuide do sentido, que os sons cuidarão de si'".
> Duquesa para Alice, em Aventuras de Alice no País das Maravilhas[226]

---

[224] ORGANIZAÇÃO DAS NAÇÕES UNIDAS. PROGRAMA DAS NAÇÕES UNIDAS PARA O DESENVOLVIMENTO. **Comunicação e Mobilização Social em Convivência e Segurança Cidadã.** Brasília: PNUD, 2013b, p. 28.
[225] A título de exemplo, cf. ASSESSORIA DE COMUNICAÇÃO DA SECRETARIA DE SEGURANÇA DO ESTADO DO RIO DE JANEIRO. **UPPS do Rio participam de convivência e segurança cidadã das Nações Unidas:** metodologia das aulas defende atuação integrada de policiais, comunidade e gestores públicos focados na prevenção e no controle. Disponível em: <http://www.rj.gov.br/web/imprensa/exibeconteudo;jsessionid=4ADF0ED6AB4F6F6D96F727FB5F0F6DC9.lportal2?p_p_id=exibeconteudo_INSTANCE_2wXQ&p_p_lifecycle=0&p_p_state=pop_up&p_p_mode=view&p_p_col_id=column-4&p_p_col_count=1&_exibeconteudo_INSTANCE_2wXQ_struts_action=%2Fext%2Fexibeconteudo%2Fview&_exibeconteudo_INSTANCE_2wXQ_groupId=103138&_exibeconteudo_INSTANCE_2wXQ_articleId=2279374&_exibeconteudo_INSTANCE_2wXQ_viewMode=print>. Acesso em: 17 nov. 2017.
[226] CARROLL, Lewis. **Alice:** aventuras de Alice no País das Maravilhas e Através do Espelho. São Paulo: Zahar, 2010.

Segundo Cintia Yoshihara, antes do Programa, era visível o pouco sentimento de pertencimento no Nacional: tanto as pessoas não se sentiam pertencidas à comunidade, quanto não sentiam que a comunidade fazia parte delas.

Assim como a violência, o sentimento de não pertencimento pode ser multicausal, principalmente tratando-se de um território às margens do Estado, que muitas vezes não se enxerga, nem é enxergado no discurso público hegemônico. Isso decorre em grande parte de uma confusão sobre os efeitos da titularidade do poder constituinte que acaba levando à definição de segmentos dos cidadãos e território à margem do Estado, e não deste à margem dos cidadãos.

Nesse sentido, vale lembrar a fala de Veena Das e Deborah Poole[227] quando ressaltam que

> Em razão dessa abstração [que distingue a vida do Estado tanto dos governantes, quanto dos governados], o Estado pode alegar lealdade a ambos os lados. Quando a relação entre o Estado e a população governada é imaginada a partir do Estado corporificando a soberania independente da população, ela autoriza a manutenção de certos espaços e populações marginalizados das práticas administrativas. Em contrapartida, **uma imaginação do Estado pelo exercício delegado do poder, ao invés de alienado dos sujeitos, permitiria que o próprio Estado fosse imaginado às margens do corpo de cidadãos**. O ponto não é mostrar que o Estado é fetichista, mas mostrar que a imaginação da soberania pode mudar sua posição do centro para a periferia: as margens movem, então, dentro e fora do Estado. **É óbvio que esse movimento faz com que as margens sejam tão centrais na compreensão de Estado. A indeterminação das margens não só permite formas de resistência, como também assegura estratégias de engajamento do Estado enquanto uma espécie de margem do corpo dos cidadãos**. [grifos acrescidos] [tradução livre[228]]

Esse aspecto está fortemente presente na fala de Claudia Ocelli, quando traz a experiência de fazer política territorial, distante da tradicional disputa de poder e visibilidade entre agentes públicos, como característica marcante do Programa. A atenção às dinâmicas de poder da própria comunidade e a conexão entre esses diferentes

---

[227] DAS, Veena; POOLE, Deborah. State and its Margins: Comparative Ethnographies. In.: _____. (Ed.). Anthropology in the Margins of the State. Santa Fe: School of American Research Press, 1991. p. 30-31.

[228] No original: "Because of this abstraction, the state can claim allegiance from both sides. When the relation between the state and the population that is governed is imagined as one in which the state embodies sovereignty independently of the population, it becomes authorized to maintain certain spaces and populations as margins through its administrative practices. Conversely, an imagination of the state as that to would allow the state itself to be imagined as the margins of the citizen-body. The point is not to show that the state has a fetichist character but rather to show that the imagination of sovereignty can shift the relative position of the center and the periphery: margins move, then, both within and outside the state. Of course, this movement is what makes the margins so central to the understanding of the state. The indeterminacy of the margins not only allows forms of resistance but more importantly enables strategies of engaging the state as some kind of margin to the body of citizens".

âmbitos de poder aproximam a política comunitária da realidade territorial, viabilizando sua execução. Rompe, por isso, com a higienização dos editais em relação aos sujeitos que são usuários dessas políticas.

Ela narra que,

> certa vez, ao se ouvir falar em 'maçã podre' no discurso de uma das pessoas encaminhadas pela ONU, uma liderança do território[229] disse que não reconhecia aquilo que estava sendo chamado de 'maçã podre', que aquelas pessoas que ela chamava de 'maçã podre' eram seus vizinhos, seus filhos ou netos e que era assim que ele os reconhecia. [...] O assassinato interno vem de mando, por que a lógica do tráfico não é a mesma lógica da comunidade, não se pauta em proteção. **Na lógica da comunidade, o alegado 'outro' não é outro, é 'meu par', eu o vi nascer. Há uma lógica protetiva, ele não é um marginal. São os externos que enxergam com margens. Para a comunidade, 'ele não é margem, é meu, precisa ser cuidado, protegido'**. [ênfase acrescida]

Zé Gordo comenta o acontecido dizendo que

> veio uma senhora aqui que não conhecia a comunidade. Nós estávamos aqui, na praça na frente da Casa Amarela. Essa senhora veio aqui um dia, veio falar uma palavra mal falada... eu não queria que você anotasse isso, não; que eu não gosto desse tipo de coisa. Ela falou assim, 'os caras têm uma maçã podre no meio e isso atrapalha as outras'. E os meninos estavam tudo sentado, assim. Eu bati o pé nela e disse assim: "você tem que saber o que você fala, que depois você nem é daqui e o que é que vai acontecer?". [...] Quando ela disse 'maçã pobre', influenciou os meninos. Influía eles, jogava eles... como se fosse maçã podre. Acho [que é] uma palavra... que ela não foi bem-vinda com essa palavra, mas depois ela corrigiu. [...] sabe por quê? É pesado. **Você está num conflito e está pelejando pra trazer a paz, aí vem uma pessoa que não é da sua comunidade e não sabe onde é que a água empoça.** Porque no seu terreno você sabe onde é que a água empoça, mas no meu terreno você não sabe. Você tem que saber chegar, olhar o território e conversar. 'O que eu posso falar, o que eu não posso falar?' Mas ela chegou e abriu o livro e eu bati no tornozelo dela, aí ela corrigiu. Eu vi que os meninos chegaram a ficar piscando. A maioria jogava no meu campo. Eu não gosto de falar de droga, **não vou pichar um garoto daqui. Minha família vai crescendo, não sei se um dia um dos meus sobrinhos vai fazer isso... eu não posso falar isso** [de alguém daqui]. [ênfase acrescida]

Por isso, o grande mérito do Programa foi justamente o de trazer conhecimento para que a comunidade soubesse como se unir e proteger seus jovens, para que fosse capaz de visualizar formas de desenvolver pertencimento e de praticar a proteção de suas crianças e adolescentes.

Segundo Paulo Terrinha,

---

[229] A liderança a que se refere Claudia é Zé Gordo. O relato foi confirmado por outros entrevistados e pelo próprio Zé Gordo. Em todas as situações, remetiam a autoria dessa contraposição a ele.

> nessa época do *Trilhas da Paz,* o projeto [de *graffiti*] dentro do Programa Conjunto, a ideia era sinalizar espaços públicos educativos. **A gente fazia oficina com os meninos e depois a gente ia pra esses espaços sinalizando escola, praça, tudo o que tinha de bom a gente sinalizava.** Os meninos participavam disso, faziam stencil. O stencil é assim, você pega a folha, recorta o molde e a gente vinha batendo stencil. Muitos jovens foram alcançados por conta desse projeto. Muitos jovens continuaram nesse projeto. Outros não, mas a gente passa e eles vêm falar, querem saber como está. Esse projeto teve a supervisão da Cristina Gouveia, [...] uma guerreira. O apelido dela é negona, ela é clarinha assim da sua cor e o apelido dela é negona, mas justamente pela questão de força mesmo, de garra, de ir atrás, de correr atrás. [ênfase acrescida]

Nessa fala, Paulo trabalha com dois elementos essenciais para a conexão e o senso de pertencimento da comunidade, a saber: a valorização das potencialidades, do que havia de positivo no espaço físico do território; a vinculação identitária com elementos positivos, ao atribuir ao termo 'negona' o sentido de força, determinação e perseverança numa comunidade predominantemente constituída por essa minoria qualitativa.

Com isso, há oportunidade para desenvolvimento de significado entre os membros da comunidade tanto no sentido de que são significantes para aquele espaço, quanto no de que suas ações influem e são importantes para a realidade da comunidade.

Nesse ponto, o projeto de mediação comunitária também desempenhou um papel relevante. Juliano Veiga conta que preponderavam as simulações e exercícios práticos envolvendo casos típicos de conflitos intrafamiliares ou de vizinhança e que, num segundo momento, buscava-se sair das discussões entre os particulares para empoderar a comunidade por meio da utilização do espaço discursivo que a presença do poder público trazia. Propunha-se utilizar a esfera pública para garantir a participação daquelas pessoas na definição de necessidades e na constituição de políticas públicas.

Em outro momento, Paulo Terrinha comenta que

> Eu assisti um filme uma vez, não sei se você já viu... Eu não lembro direito o que é que era, se era um grão... mas era só um grão voando. Aí o filme começa só assim, um grão voando. Aí mostra que dentro daquele grão era tipo um mundo, um mundo com um monte de coisas. E dentro daquele grão com um mundo, tinha mais um mundo com um monte de coisas. Então, eu vejo que a **comunidade é isso, é um mundo dentro do mundo, com milhares de pessoas, de vivências e de saberes... e muitos desconhecidos, as pessoas passam umas pelas outras sem se relacionarem, então não sabem o que é que o outro faz.** [...] eu tenho dificuldade de sair pra comprar uma coisa, muitas vezes, por que demora uma hora. Você para aqui, para ali [para conversar com os conhecidos da comunidade]. **É isso que falta, muitas vezes, a gente se preocupar com o outro e saber de fato, né?** "ah, eu estou

> precisando fazer uma filmagem, precisando ir em tal lugar... não, aqui no bairro tem um menino que mexe com isso. Os meninos estão estampando aqui agora, tem fulano, tem ciclano". **Esse mundo dentro de outro mundo, de saberes, de vivências, de dor, de luta, de alegria... é tudo aqui dentro.** [ênfase acrescida]

Nesse aspecto, o Programa trouxe algo importante: uniu lideranças de bairros distintos do Nacional, fazendo com que elas deixassem de ignorar a existência uma das outras ou que passassem a conhecer-se melhor. Além disso, trouxe informações sobre as ações, experiências e potencialidades do território.

Essa visão panorâmica do Nacional e de seus agentes trazia uma compreensão mais completa e mais complexa sobre as potencialidades que poderiam ser estimuladas e as necessidades que precisavam ser trabalhadas. Ao conhecer novas lideranças e projetos que atuam no território, poderiam articular-se.

Ilton Café exemplifica contando:

> Eu, por exemplo, não falava com liderança lá do São Mateus, eu comecei a falar. Eu não falava com o Confisco, como a gente não fala mais... Nesse tempo a gente estava falando. Esse eu-aqui com o outro-lá-só. Esse outro-lá-só voltou. [...] então eu discutia o problema do Confisco, do São Mateus, do Francisco Mariano também. Eu sabia tudo o que estava acontecendo lá por que estava naquela discussão.

Outro aspecto importante de se conhecer as pessoas e práticas de outros bairros do território consiste em enxergar-se como integrante de uma rede maior e mais diversa do que se supunha. Isso é fundamental para compreender-se parte desse território, tendo por consciência de que ele é maior do que o *self*. Nesse sentido, a ideia de comunidade enquanto espaço de pertencimento e significado ganha materialidade.

2.2.3 Eficácia da polícia, compreensão de justiça e construção de espaços seguros

> "Aqui está tão a salvo como em qualquer outro lugar.
> Podes, portanto, ficar aqui!".
> Bertolt Brecht[230], Quatro convites a um homem que veio de distintos lugares em tempos distintos

---

[230] BRECHT, Bertolt. **Antologia poética de Bertolt Brecht**. Rio de Janeiro: Elo, 1982, p. 60.

Em entrevista, Claudia Ocelli ressaltou a distinção substancial entre as concepções de justiça da gestão política e da comunidade. Segundo conta, "o território não é justiceiro, não mata seus pares",

> a comunidade não nega o problema, apenas assume que se trata de 'problema meu'. [...] Enquanto isso, a nossa justiça é uma 'justiça do outro longe de mim, do outro que não me pertence', por isso posso empilhar num poste e chicotear[231]. [...] A justiça da comunidade não é uma proteção de passar a mão na cabeça, é uma proteção de pertencimento, que os enxerga como iguais e, por isso, os respeita e protege, que se vê como equipe... é uma outra justiça. Veja você mesmo, escute as pessoas de lá, fale com Zé Gordo, Café e [Paulo] Terrinha. A ONU não trouxe dinheiro, mas levou formação a gente que não sabia como agir. Por isso, a justiça comunitária se deu nas relações interpessoais... mas essa dimensão da política pública não se materializa em documentos, as pessoas e a ciência só lidam conceitualmente. E, neutralizando de que justiça essas pessoas estão falando, neutralizam a própria experiência de justiça. [ênfase acrescida]

O que está por trás de sua fala é justamente a maneira como a construção de identidade modifica a percepção de justiça. Por essa razão, falar genericamente em acesso a justiça pensado para um grupo específico e tendente a homogeneização não satisfaz compreensões que considerem o acesso à justiça enquanto satisfação. Ao contrário, qualquer pretensão de universalidade da concepção de justiça assume o risco de ser uma justiça seletiva, que satisfaz mais a certos grupos de indivíduos do que a outros.

Outro ponto sensível de sua fala trata dos efeitos da contraposição eu-outro na dimensão do que é justiça: em um caso, sinto-me segura ao proteger-me do outro; na situação seguinte, sinto-me segura ao proteger o outro. No primeiro caso, constata-se a compreensão do outro periférico que, segundo Dussel, é típica da visão tradicional da Modernidade, que funde etnocentrismo e pretensão abstrata de universalidade a uma mundialidade concreta[232].

Admitir e considerar concepções contra-hegemônicas de justiça, não só pressupõe a diversidade e adaptabilidade que o paradigma da satisfação demanda, como também alinha-se à ideia de alteridade enquanto um exercício voltado prioritariamente ao meu diferente[233]. Ainda que numa ideia de ética enquanto amor próprio[234], é o

---

[231] Cláudia remete a uma onda de violência que se tornou comum no país em que ditos 'cidadãos de bem' passaram a amarrar e chicotear ou linchar pessoas que identificavam como criminosos. As vítimas desses atos, segundo as notícias, eram predominantemente do sexo masculino, na faixa etária dos destinatários do Programa.
[232] DUSSEL, Enrique. **1492: El encubrimiento del Otro:** Hacia el origen del "Mito de la modernidad". La Paz: Biblioteca Indígena, 2008.

enxergar *outramente*[235] que garante que "ser exatamente aquilo que a gente é ainda vai nos levar além[236]".

Por essa razão, a justiça não pode ser defendida genericamente, sob pena de injustiça, devendo ser experimentada. É o que se depreende da parte final da fala de Claudia Ocelli: "neutralizando de que justiça essas pessoas estão falando, neutralizam a própria experiência de justiça".

Ao sentir-se pertencente e considerada nas ideias de justiça e segurança que pautam a atuação no território, a comunidade tem maior aptidão para se reconhecer enquanto corresponsável na garantia dessas mesmas justiça e segurança. Não sem razão, foi só após esse passo que a juventude identificou-se enquanto protagonista no território, passando a envolver-se nas ações de *graffiti* do coletivo *Na Tora*; no cuidado do espaço público por intermédio do vínculo com atividades esportivas; e na utilização do espaço físico e articulação com as escolas Maria de Salles Ferreira (estadual), Professor Wancleber Pacheco (municipal - Contagem) e Anne Frank (municipal – Belo Horizonte).

Outro elemento substancial, aqui, é que a concepção de justiça da comunidade reforça a consistência do vínculo entre arte, lazer e segurança. Esse ponto foi ressaltado nas entrevistas de Claudia Ocelli, Zé Gordo, Marquinhos Ramalho, Paulo Terrinha, Major Davidson e Wellington Ribeiro.

O Major relembra que

> [Diante da perpetuação do toque de recolher,] era propósito da Polícia Militar fazer um trabalho diferenciado [no Nacional], **tirar aquele estereótipo de comunidade violenta em que ninguém pode entrar,** de que ali é perigoso... como tirar aquilo dali? **Como voltar a sensação de segurança? Com essa aproximação, essa demonstração de atenção!** Mesmo com problemas mais simples, a gente dava atenção pra eles: problema na saída das escolas, aluno brigando, uma professora ameaçada, um posto de saúde quebrado, essas coisas... **a gente foi mexendo em tudo que não era só crime violento, em tudo o que perturbava a comunidade.** Então a gente foi ganhando essa confiança e sendo indicado por eles [para compor o Comitê Local]. [antes,] a comunidade não tinha diálogo, não conversava muito com a Polícia Militar. Era mais uma atuação repressiva [por parte da PM]. Às vezes, assim, gera até algum preconceito de um trabalho comunitário ser realizado numa área dominada pelo tráfico, dominada pelo medo. [...] Mudou minha visão da influência da liderança comunitária pra evitar problemas de segurança

---

[233] SEGATO, Rita Laura. Antropologia e direitos humanos: alteridade e ética no movimento de expansão dos direitos universais. **MANA**, 12(1): 207- 236, 2006.
[234] SAVATER, Fernando. **Ética como amor-próprio.** São Paulo: Martins Fontes, 2000.
[235] LEVINAS, Emmanuel. **Violência do rosto.** São Paulo: Loyola, 2014.
[236] LEMINSKI, Paulo. **Toda poesia.** São Paulo: Companhia das Letras, 2013.

pública. **Depois disso, a gente conseguiu evitar mais uns dois toques de recolher com apoio das lideranças comunitárias** [ênfase acrescida]

O Major apontou também que, durante o Programa Conjunto, violência e segurança caminharam juntos à proteção, que a eficácia do trabalho da Polícia na prevenção de fatores de risco e na potencialização de espaços urbanos seguros acontecia concomitante à consideração da ideia de justiça da comunidade.

Conforme relata,

> nossa primeira reunião foi na Casa Amarela[237] e ela era, assim, toda quebrada, toda destruída mesmo. Lá era ponto de usuário de drogas, [cheia de] fezes... assim, a Casa Amarela era uma coisa de louco, sabe? Foi sugerido que a Prefeitura ajudasse a mudar a Casa Amarela [e que] o Paulo [Terrinha] fizesse um trabalho lá, chamado *Trilhas da Paz,* no passeio, que eles iam desenhando umas mensagens bacanas. E quando a gente saiu de lá [a Casa Amarela] estava uma coisa tão bacana... que **as luminárias, os postes de 20 metros, [anteriores ao Programa Conjunto estavam todos] quebrados, e as luminárias que foram colocadas depois, há 2 metros de altura, permaneciam lá, ninguém mexia, respeitava.** O índice de ocorrência caiu bastante. Ficou um trabalho assim, bem focado mesmo, como se fosse uma.. **como se a comunidade sentisse que a gente estava ali junto com eles e eles junto com a gente. Então, era muito fácil um diálogo com eles**, com liderança comunitária, com comerciantes. [ênfase acrescida]

Desse modo, a construção de espaços seguros perpassou a compreensão de justiça da comunidade e garantiu a eficácia da atuação da Polícia. Ainda nas palavras do Major Davidson:

> Quando a gente acha essas figuras assim, [como] Zé Gordo, Café, Dona Penha, a gente vai aproximando e, graças a Deus, **tanto eu fui muito feliz com eles, como eles gostavam da gente... Justamente por que a gente chegava com a preocupação de ajudar.** No que a gente podia ajudar, a gente ajudava. Tanto que até festa junina de grande porte teve lá e nunca se falava em ter evento. Todo mundo tinha medo de evento lá. E nós não, eu mesmo ia comandar o evento. Podia até ter sido infeliz. Imagina se tivesse uma infelicidade de, Deus me livre e guarde, uma pessoa sacar uma arma... era como se o próprio padre fosse pego pecando. Mas no caso seria, mesmo em legítima defesa, difícil pra mim. Graças a Deus, até por causa dessas pessoas, isso ajudou a gente. [...] **eu quem comandei [o São Joao do Chic Chic, com 6 mil pessoas] com mais uns poucos policiais, uns 6 policiais só**, e um evento que, assim, se falar que vai fazer isso hoje, vou te falar, viu? [...] [me senti seguro pra fazer o evento por] **essas pessoas estarem lá também, sabe?** Essas pessoas ligadas a gente. **A gente teve uma reunião prévia, sabia que o combinado ia ser cumprido quanto a horário, cuidado...** a gente sabia disso. **A gente tanto se preocupava com a**

---

[237] CRAS localizado no bairro São Mateus. O Casa Amarela foi uma instituição de impacto durante todo o Programa, não só pela sua restauração ter sido um dos produtos do PC. No tocante à segurança no território, é importante mencionar que, no que pese a melhoria na sensação de segurança e cuidado do espaço público a que remete o Major, uma das lideranças comunitárias envolvidas no Programa, Dona Hilda, foi assassinada pelo companheiro em frente ao CRAS no ano de 2013.

segurança de quem também tá trabalhando lá, que são os policiais; como também da comunidade... mas também a gente cercava um pouco de evitar qualquer tipo de abuso, aquelas coisas que eles falavam que aconteciam e que tinham aversão àquilo. Chegar já chutando, já discriminando, como se fosse abordar já com o título de vagabundo mesmo. A gente conversava muito com os policiais pra a gente ir já revertendo essas coisas também, sabe? Quando a gente estava ali presente, na verdade a gente estava olhando isso também, **isso gerava segurança pra eles também, sabiam que o Tenente estava ali, que o Tenente estava de olho em uma coisa e de olho em outra**. [ênfase acrescida]

2.3 A Região do Nacional após o Programa *Segurança com Cidadania*

"Que terra mais pachorrenta!" comentou a Rainha. "Pois aqui, como vê, você tem de correr o mais que pode para continuar no mesmo lugar. Se quiser ir a alguma outra parte, tem de correr no mínimo duas vezes mais rápido!".
Rainha Vermelha para Alice, Através do Espelho e o que Alice encontrou por lá[238]

A insegurança no Nacional voltou a figurar nas notícias de jornais. Em 2013, uma das lideranças comunitárias envolvidas no Programa, Dona Hilda, foi assassinada pelo companheiro em frente ao CRAS Casa Amarela, revitalizado durante o Programa Conjunto (PC).

Em 2018, quando ainda fazia entrevistas de campo para esta pesquisa, a violência era fortemente presente no Nacional. Sobre isso, Café me alertou que tivesse cuidado:

Não sei se você ouviu falar que a gente tá numa guerra agora. Alguém falou com você isso? **A gente tá numa guerra aqui de facções de crime**, coisa que não tinha, então nós tivemos aí, a gente chegou... **o índice de homicídio tinha caído praticamente 100%, agora, nesses dias, nós tivemos seis homicídios de um mês e meio [pra cá], mais ou menos. Nós tivemos o começo de um toque de recolher aí agora. Abandono total, cara.** Querendo ou não, eu convivo aqui, estou aqui, eu sei o que eu tenho aqui de verdade, eu convivo com ele no dia a dia. [ênfase acrescida]

Mas antes que pareça que o Programa não trouxe resultado para a segurança no território, é importante considerar duas questões importantes. A primeira delas é que se tivesse sido suficiente para salvar a vida de um só menino entre 10 e 24 anos, a

---

[238] CARROLL, Lewis. **Alice:** aventuras de Alice no País das Maravilhas e Através do Espelho. São Paulo: Zahar, 2010.

intervenção da ONU na comunidade já teria produzido um resultado sublime: uma vida humana importa bastante!

E o *Segurança com Cidadania* fez mais do que isso: durante sua execução, decorreu-se um ano sem extermínios no Nacional! Além disso, os próprios moradores atribuem ao Programa o fato de parte desses meninos continuar vivo e ter mudado o destino que lhe parecia dado, de uma morte e vida severina[239]. É o que ressalta Paulo Terrinha quando afirma que

> mas eu fico feliz que daquela época mesmo, nós temos vários jovens, inclusive o Erom [que eu havia conhecido mais cedo, ao chegar na ONG], o Jeff, são meninos que estão na linha de frente [do *Na Tora*] comigo hoje e que vieram desse processo, entendeu? Jovens que, talvez... é, os dois mesmo tinham o perfil de que certamente ou iam estar mortos agora ou vendendo droga. Isso pra a gente é fantástico.

A outra consideração é que se a violência retornou com intensidade no Nacional, isso não se deve propriamente a uma inefetividade do Programa no decorrer do tempo. Isso por que existiram outras variáveis a influir diretamente na comunidade desde o encerramento do *Segurança com Cidadania*. Uma delas, recorrentemente apontada pelos entrevistados, foi um conjunto de atuações desarticuladas e descuidadas do poder público, mais precisamente da Prefeitura de Contagem. Em alguns casos, segundo relatos das entrevistas, chegou-se a prestar verdadeiro desserviço público.

Findo o *Segurança com Cidadania* e superada a ameaça de novo toque de recolher, houve um evento de encerramento com a presença de autoridades vinculadas à ONU. A prestação de contas ocorreu ainda sob a gestão de Marília Campos na Prefeitura de Contagem. Não se reelegendo, o sucessor, vinculado a coligação de oposição, não deu continuidade às ações desenvolvidas pelo PC por, segundo relatos das entrevistas, atribuí-los à gestão da Prefeita anterior.

O Programa, contudo, transformou bastante a visão dos agentes municipais envolvidos sobre como fazer política pública e isso garantiu que o entusiasmo deles permanecesse a despeito da mobilização direta do então Prefeito.

Ainda durante a gestão anterior, houve conhecimento de um edital de uma política pública federal em justiça comunitária para financiamento e execução enquanto projeto à nível municipal. Alguns agentes estiveram à frente do projeto e inscreveram o município na política pública.

---

[239] Cf. MELLO NETO, João Cabral. **Morte e Vida Severina.** Recife: Fundação Joaquim Nabuco, 2010.

Segundo Claudia Ocelli, tomou-se conhecimento do edital do Ministério da Justiça após pessoas envolvidas no Programa Conjunto terem passado por capacitação em justiça restaurativa, o que tinha despertado grande interesse nos capacitados. A confluência da cultura institucional advinda do PC com a oportunidade do edital federal trouxe esperança aos envolvidos.

Conforme conta, a comunidade percebeu-se interessada em justiça restaurativa nos conflitos de vizinhança e família justamente ao dar-se conta de que a ausência de métodos adequados para trabalhar os conflitos não só os acirrava, como levava a disputas violentas pelo espaço no território, levando a brigas, roubos e assassinatos.

Sobre isso, Claudia Ocelli relata que, embora os homicídios fossem descritos como atrelados ao tráfico de drogas, em sua maioria, aconteciam em decorrência do acirramento de conflitos por consumo de álcool, violência doméstica, violência contra mulheres e crianças, agressão física e abuso sexual.

> Foi percebido, inclusive, que a droga não era um dos fatores mais representativos na escalada da violência no território, sendo o álcool a grande substância tóxica que exponenciava os conflitos e levava a assassinatos. O baixo nível de escolaridade e o desemprego também foram identificados como grandes catalisadores da violência no Nacional.

Claudia Ocelli repassou para a pesquisadora alguns documentos que apresentavam resultados do Programa que confirmavam essa constatação. Parte considerável dos documentos repassados eram apresentações de *Power Point* ou arquivos de texto sem assinatura ou com evidências de que não refletiam uma versão finalizada, a exemplo de grifos amarelos ou partes escritas em letra vermelha.

Até onde tomei conhecimento, a nenhum deles foi dada publicidade pela Prefeitura de Contagem. Em parte, alega-se que isso tenha acontecido por desorganização quanto aos documentos.

Sobre isso, Marcos Ramalho ressaltou que

> você foi na Prefeitura e não encontrou o Programa, não encontrou documento nenhum. Na realidade, o que eles não têm... eu tenho essa documentação toda, toda, toda, toda. É só eles quererem começar... mas infelizmente a gente não teve ainda nenhuma resposta da Prefeitura de Contagem.

Cheguei a solicitar que pessoas vinculadas ao Mérito Juvenil[240] fornecessem cópias dos documentos mencionados, mas até o presente momento não consegui acessá-los, nem tive qualquer informação nova a respeito do seu conteúdo.

As cartilhas e publicações produzidas pela ONU trazem alguns dos resultados apresentados nessa tese, mas mesmo elas não detalham – nem se propõem a detalhar – os pontos levantados nas entrevistas.

De todo modo, é certo que a ambiência criada, com a atuação da ONU no território, sobre justiça restaurativa impulsionou os envolvidos a buscarem a justiça comunitária como uma via de continuidade do trabalho que vinha sendo desenvolvido no Nacional.

Sobre esse aspecto, é importante fazer uma ressalva. Até por se tratar de público não especializado, a confusão entre os termos mediação (gênero e espécie), justiça restaurativa e justiça comunitária (gênero e espécie) foram bem presentes nas falas dos entrevistados. Coube à pesquisadora identificar, pelas características apontadas e pelo contexto, a qual dos métodos os entrevistados estavam se referindo em cada momento.

A maioria deles tratava indistintamente por mediação qualquer atuação adequada para tratamento de conflitos que fosse conduzida na comunidade. Em parte considerável dos casos, todavia, tratavam de práticas restaurativas de base comunitária, o que ficou evidente pelas experiências mencionadas, como a formação oferecida pela Palas Athena, as práticas circulares das rodas de diálogo e do jogo Mandala e a imersão na Casa de Justicia de Bogotá.

Embora pleiteado ainda durante a execução do Programa, o recurso federal só foi efetivamente repassado ao município durante a gestão seguinte. Nesse interstício, houve pressão política do Estado de Minas Gerais para direcionamento da verba federal para a região da Ressaca, como relatou Cintia Yoshihara.

O tempo entre o edital e o repasse do recurso para criação dos Núcleos de Justiça Comunitária (NJC) no Nacional e no Ressaca foi marcado pela desarticulação das atividades do Programa. Com a mudança de gestão, houve "baixo envolvimento

---

[240] O Mérito Juvenil apareceu em algumas entrevistas da pesquisa de campo, principalmente nas falas de Marcos Ramalho, liderança comunitária vinculada a este programa. Trata-se de programa voltado ao desenvolvimento de atividades culturais, esportivas e recreativas por meio de práticas voluntárias e cooperativas envolvendo pessoas de 14 a 24 anos. Cf. A METODOLOGIA DO Mérito Juvenil/Prêmio Internacional para a Juventude. Disponível em: <http://www.contagem.mg.gov.br/arquivos/comunicacao/informacoes_merito_juvenil(2).pdf>. Acesso em: 27 nov. 2018.
Em dado momento, foi informado que membros do Mérito Juvenil tinham a posse de documentos referentes ao *Segurança com Cidadania*. Por essa razão, solicitei a algumas de suas lideranças que me fornecessem acesso aos dados para que pudesse usá-los na pesquisa.

financeiro e intersetorialidade dos gestores, deixando o Projeto isolado", como conta Luzia Duarte.

Outro dado que repercutiu na descontinuidade dos resultados do Programa Conjunto foi que, na execução dos NJC, a despeito da formação dos agentes comunitários, apenas os profissionais e estagiários atuavam como facilitadores, o que diferia tanto da proposta inicial do Projeto, quanto do objetivo declarado da política pública federal.

Questionada sobre a razão disso, Jacqueline afirmou que como eram os agentes que faziam os convites para que os moradores fossem aos NJC, e eles tinham envolvimento com a comunidade, temeu-se que as pessoas não se sentissem confortáveis para contar seus casos e acabassem omitindo informações essenciais. No entanto, em entrevista, ela disse lamentar que tenha ocorrido desse modo e afirmou acreditar que a atuação direta pelos agentes poderia ter deixado um resultado positivo e garantido autonomia para resolução dos conflitos na comunidade, mesmo após o encerramento do Projeto.

Nesse aspecto, a prática de Contagem divergiu dos resultados constatados pelo Tribunal de Justiça do Distrito Federal e Territórios (TJDFT) na experiência que embasou o estabelecimento da política pública brasileira de justiça comunitária. Conforme relatado no item 1.3 desta tese, o foco na mediação de conflitos contou com o protagonismo dos Agentes Comunitários, sendo realizada na, para e pela comunidade. Além disso, no Distrito Federal, foi incentivada ampliação dos participantes da mediação, abarcando pessoas indiretamente envolvidas no conflito, assim como contou-se com o fortalecimento e a formação de rede.

Segundo São Mateus,

> em relação à lacuna, findado o ano de 2012, ficamos 2013 e 2014 sem nenhum projeto. O recurso [financeiro do Ministério da Justiça e Cidadania] foi recebido em 2014, tem todo um processo de licitação e contratação... [...] A prestação de contas foi feita em 2016, mas o Projeto [de justiça comunitária] findou mesmo em dezembro de 2015. Inclusive, **uma coisa que deixou a gente muito chateado foi a forma com que os técnicos foram dispensados, no mês de dezembro, ainda.** Foi um negócio muito chato... E **nós [estávamos] tentando conseguir um aditivo e recurso pra continuidade do projeto** junto ao Governo Federal, fizemos um projeto pra apresentar pro Governo, **mas ele foi encerrado à revelia da nossa vontade. Recebemos materiais para discussão com a comunidade, mas o Município não desenvolveu nenhuma ação no território.** O Deusemi, novo Ponto Focal [do município], foi muito cobrado pela comunidade, mas não recebeu nenhum apoio da gestão, apesar de seus esforços. A atitude de encerrar o Projeto foi do próprio Governo Municipal. **Havia mais interesse**

> em oito ou 10 computadores, algumas mesas e cadeiras, do que [em] dar prosseguimento a um projeto que vinha se mostrando tão importante para as comunidades assistidas. Isso nos frustrou muito. [ênfase acrescida]

Com a descontinuidade de parte considerável das ações do Programa e ressentimento declarado entre a comunidade e o poder público municipal, a violência voltou a ser um dos grandes problemas do território. É o que relata Café, quando diz que

> [..] o que é que acontece, quando você organiza alguma coisa [...] Eu, por exemplo, não falava com liderança lá do São Mateus, eu comecei a falar. [...] [Com o Programa,] Eu sabia tudo o que estava acontecendo lá por que a gente estava naquela discussão. Ao mesmo tempo, **o crime também tomou proveito disso. Ele também se organizou, entendeu?** O pessoal daqui não falava com o de lá, aí eles começaram a falar também. E eles viram que **o homicídio, em qualquer comunidade, é prejuízo pro tráfico. Eles se organizaram e passaram a não cometer homicídio.** Isso aí até pra Polícia é prejuízo. **Agora desbandeirou de novo por que começou a envolver outras coisas, mas que a mim não convém falar, por que eu não tenho peito de aço.** [...] agora eu acho que quando a gente dá oportunidade pra esses meninos e fortalece a comunidade, [isso muda] [ênfase acrescida]

2.4 O que ficou de *Segurança com Cidadania* no Nacional?

> "Não sei o que você quer dizer com 'seu caminho'", disse a Rainha; "todos os caminhos aqui pertencem a mim... mas afinal, por que veio até aqui?" acrescentou num tom mais afável. "Enquanto pensa no que dizer, faça reverência, poupa tempo".
> Rainha Vermelha para Alice, Através do Espelho e o que Alice encontrou por lá[241]

Para Claudia Ocelli, o resultado de um ano sem homicídios no território demonstrou que era possível estabelecer uma cultura de cuidado territorial, em que a comunidade se anteveria ao problema. Ao saber de qualquer ameaça, a comunidade agia conjunta e imediatamente para proteger o menino, sendo desenvolvida a percepção de corresponsabilidade em relação à segurança e ao cuidado de suas crianças e adolescentes. Esse era um indício importante de continuidade e sustentabilidade do Programa. Foi esse o sinal dado também quando a comunidade conseguiu evitar o toque de recolher subsequente. Segundo conta,

---

[241] CARROLL, Lewis. **Alice:** aventuras de Alice no País das Maravilhas e Através do Espelho. São Paulo: Zahar, 2010.

> quando ia acabar a gestão da Marília, seria apresentado o resultado parcial do Programa, [...] mas houve ameaça de novo toque de recolher. Começaram com o encerramento [da circulação] dos ônibus [no território]. [...] o Tenente Davidson ligou para empresa de ônibus e disse que não fosse suspenso o transporte público. [...] Ele fez com que os ônibus circulassem e não teve toque de recolher. [...] Estava inflando o extermínio de meninos e o lugar de desova por causa das milícias, das drogas e da Polícia. [...] o Tenente segurou a onda da milícia e da Polícia. [...] o tráfico apoiou o programa de paz indiretamente, já que não atrapalhou [...] por que também era bom para os negócios, não disputava o território com milícias, nem perdia governo.

Não sem razão, Marcos Ramalho, liderança comunitária vinculada ao Mérito Juvenil, afirma que

> eu acho que falar das Agências da ONU e do Mérito Juvenil é falar de esperança, de dar a um jovem, a uma criança, a um adolescente a oportunidade da vida. Nós estávamos vivendo um momento muito difícil aqui, em 2010, quando veio pra cá esse projeto. **A gente tinha um sonho... que não só o projeto ia trazer pra cá uma qualidade de vida pra esses meninos, mas também uma oportunidade de vida.** [ênfase acrescida]

Todavia, um sem-número de rupturas e frustrações parecem ter afastado esse resultado previsto ao romper com os ideais de pertencimento e significado, tão caros a qualquer vínculo comunitário.

O Programa saiu sem deixar obras de engenharia no território. Em contrapartida, reduziu violências no período, capacitou membros da comunidade e trouxe consigo uma ideia diferente: a experiência trouxe a compreensão que é possível segurança com cidadania e que ela tem forte amparo em sentimentos de pertencimento e conexão comunitária, e não apenas em ações governamentais isoladas. Todavia, se encerrou suas atividades sem deixar elefantes brancos, não necessariamente sua saída passou ilesa do desconforto do elefante na sala.

O orçamento do Programa era destinado a oferecer cursos e treinamentos aos envolvidos, e não obras e remuneração a agentes. Cintia, consultora do PNUD, acredita que esse foi um ponto sensível para a transformação da compreensão da comunidade a respeito do seu papel e do que é possível ser feito de maneira autônoma e do que podem ou devem esperar desse tipo de iniciativa.

Em alguma medida, Ilton Café concorda com Cíntia nesse aspecto, quando afirma que

> A prefeita, que era Marilia Campos, me deu a responsabilidade de buscar [os palestrantes e consultores], e me deu um carro que ficou à disposição dos consultores. Eu buscava eles no aeroporto. **E quanto mais eu conversava com esse pessoal, mais eu gostava, cara. É a mesma coisa de você estar comendo uma coisa... quando você começa a descobrir que misturar mais um ingrediente fica mais gostoso ainda. E aquilo ali foi me dando sabores diferentes.** Eu fui conhecendo pessoas fantásticas e as pessoas foram se interessando por mim [...] Foi muito interessante, eu fui me envolvendo de uma forma e nisso... eu não tenho escolaridade, mas eu não sou burro. E as pessoas diziam assim 'nossa, Café, você pegou isso aqui dessa forma'. Eu ia tentando puxar deles como é que fazia, como é que era... fui gostando das coisas. [...] **Tem a visão focada e a visão ampliada. Por exemplo, eu não ouvia falar disso, eu não estudei isso, mas, pra mim, quando eu comecei a ampliar minha visão, eu vi que eu era alguém também. Por eu ser negro,** [...] **eu me via, assim, diferente das outras pessoas. Por não ter escolaridade também.** [...] Eu comecei a me envolver com pessoas superinteligentes. **Eu comecei a me interessar pelo saber. Eu pensei 'nossa, é tao legal a gente saber das coisas'. Então, aquilo me fortaleceu** e o programa veio fazendo formação, vinham palestrantes diferentes, com coisas diferentes, dinâmicas diferentes. [ênfase acrescida]

Todavia, o líder comunitário traz um contraponto importante:

> **Quando eu não sabia, eu não sabia. E depois que eu fiquei sabendo de um monte de coisa? Que é que eu fiz com meu saber depois disso?** Isso me entristeceu, você acredita? **O que me deixou mais triste foi porque me ensinaram tanta coisa, mas não me deram nada além de conhecimento, ferramenta nenhuma.** Por que você pode ter o conhecimento, mas se não tiver ferramenta pra replicar aquilo... **se não tiver um espaço, não tiver condições de fazer aquilo, aquilo fica morto, mas ao mesmo tempo fica te remoendo,** 'e aí? E agora?', tá entendendo? **E a política partidária, por que é que ela atrapalha tanto?** A ONU não deixava envolver a política partidária, mas por que é que é só a política partidária que fortalece as coisas até hoje? [...]

A fala de Café levanta dois questionamentos essenciais. O primeiro deles é: o conhecimento é ferramenta suficiente para manter o curso e aprofundar transformações substanciais na forma como se experimenta segurança e cidadania na comunidade?

Outra indagação possível é: a comunidade pode ter segurança e cidadania a despeito de omissões do poder público; mas o que fazer quando não é a omissão, mas a ação do Estado que contribui diretamente para a insegurança e *subcidadania*[242]? O

---

[242] O termo é utilizado aqui no sentido dado por Jessé Souza (2012, p. 28) ao falar da hierarquização velada entre cidadãos de primeira e segunda categoria. O autor atenta para o fato de que "só se pode pleitear uma análise da economia ou do direito como se eles fossem 'neutros', ou pensar nos indivíduos como última ratio da explicação sociológica na medida em que esse pano de fundo social e moral permanece não tematizado. [...] as fontes morais ou os 'bens constitutivos' de uma cultura precisam ser articulados de modo a poderem ser utilizados como motivação efetiva para o comportamento concreto". No caso de periferias como o Nacional, os subcidadãos se confundem com os *cidadãos excedentes*, aos quais remete Haroldo Abreu (2008) ao se referir àqueles que trabalham e produzem, mas não podem se apropriar da riqueza por eles produzida e que não governam sequer a si próprios.

conhecimento construído a partir das capacitações continua sendo suficiente nesses casos?

Num misto de gratidão e insubordinação, Zé Gordo, liderança comunitária ligada à juventude e aos esportes, ao comentar a destinação da verba do Programa, disse que

> Eu até pensei, eu até pensei... que [o dinheiro] foi mais pra pagar os professores que vieram aqui pra ensinar... mas eu pensei que aqui ia ter um grande ginásio. Aquele dinheiro, naquela época... era muito dinheiro! **O dinheiro não compra tudo na vida, mas compra alguma coisa.** Mas eu acho que podia comprar... **[o ginásio também poderia contribuir para garantir] várias profissões aqui pra ensinar aquela garotada.** "ah, esse garoto tem que aprender a parte elétrica", nós colocávamos ali dentro daquele ginásio. Ah, fulano sabe, vai ali [no ginásio] ensinar. Não só na teoria, mas na prática. Eu sei que esse dinheiro veio pra pagar aqueles professores que vieram de longe... aí, né, eu também acho que se [os professores] estudaram pra aquilo, eles têm o direito de ganhar, não iam também sair do país deles pra vir aqui dar uma aula de graça, né? **Eles vieram pra falar o bem. E a gente aprendeu.** Eu só tenho a agradecer essa comunidade que é Confisco, Estrela Dalva, São Mateus, Tijuca, Francisco Mariano, Pampulha, o Nacional. [ênfase acrescida]

Mas e quando a miséria é tamanha a ponto de as necessidades mais básicas não serem garantidas? Sem querer subestimar o papel do conhecimento, é importante ter em mente que ele só é útil para pessoas vivas. Muitas vezes, a situação em territórios como o Nacional, principalmente para garotos negros entre 10 e 24 anos, é questão de morte e vida.

E, retomando a alusão a João Cabral de Mello Neto[243], ainda são tantos os Severinos, que suspeitamos que o conhecimento e o envolvimento dos membros comunitários pode até ser suficiente num futuro próximo; mas, se atuar sozinho nesse percurso, provavelmente serão muitos os meninos assassinados, a morrerem iguais em tudo na vida, "que é a morte que se morre de velhice antes dos trinta, de emboscada antes do vinte, de fome um pouco por dia".

Se uma única vida humana é suficientemente importante e se esses meninos também são merecedores de segurança e cidadania, devemos ter em mente que conhecimento liberta e transforma, mas nem sempre basta. Nesse aspecto, considero importante frisar que, segundo relatado por várias pessoas entrevistadas, nem as Agências das Nações Unidas, nem a Prefeitura de Contagem contribuiu com qualquer tipo de acompanhamento dos resultados após o encerramento do Programa.

---

[243] MELLO NETO, João Cabral. **Morte e Vida Severina.** Recife: Fundação Joaquim Nabuco, 2010, p. 10.

Mais uma vez grato e não conformado, Zé Gordo comenta que

> ficou muita coisa bonita [do PC no Nacional], [...] mas eu achava que a gente que tinha que continuar... Não tinha como continuar, mas a gente não tem como criticar ninguém, a gente não sabe o que se passa. [Na época do Programa,] tinha brincadeira pra tudo o que era canto com a comunidade.

Sobre o não acompanhamento dos resultados do Programa pelas Agências da ONU, Ilton Café comenta metaforicamente que

> Eles afiaram, afiaram, afiaram a ferramenta, e deixaram lá... **mas e depois, e aí, o que acontece com a ferramenta? Encostaram ali, aí vem a chuva, vem o sol, vai enferrujar tudo de novo, entendeu? Então valeu de quê? Eu acho que valeu pra mim, mas eu não sou sozinho no mundo. Eu sou indivíduo, mas eu vivo em comunidade. E o que eu aprendi, como eu faço pra passar aquilo pra frente? Que espaço eles me deram?** Eles me deram condições de criar aquilo? Me deram sabedoria? Me deram entendimento, isso aí eu não nego! **São pessoas capacitadíssimas, e até por isso que eu fico triste de pensar que pessoas que pensam tanto, [...] que são tão capazes... e não enxergaram que isso não pode apagar.** E não são pessoas incapacitadas, são pessoas que têm... se eu, que sou eu, estou vendo isso. [ênfase acrescida]

Um balanceamento importante é apresentado na fala de Paulo Terrinha, liderança comunitária à frente do *Na Tora*, quando comenta que

> se a gente pode juntar um mutirão pra limpar uma praça, transformar uma rua, por que a gente não faz? Por que é papel da Prefeitura, então preciso deixar o troço ficar horroroso e deixar que a Prefeitura se lasque pra lá?! Eu estava até comentando com um menino ontem, a questão da chuva de pedra[244] que teve aí. **Isso foi só uma resposta da natureza a tudo aquilo que a gente não faz. Isso é só uma resposta. Então, talvez, a resposta que a gente tem na nossa comunidade é essa também: é o descaso por falta de organização.** O programa atuou dentro da comunidade e mostrou quem ali dentro sabia fazer o que. [...] **Eu vejo assim: a gente precisa de dinheiro, isso aí é fato. Querendo ou não, o fato de eu ser empregado aqui, dentro de uma instituição que me dá essa liberdade, deixou muito mais fácil.** Mas acho que é muito uma questão pessoal também. [...] se eu tive oportunidade de aprender, se a ONU proporcionou pra a gente tantas formações, se eu tive essas oportunidades... **eu também tive essa consciência de que eu não podia simplesmente fingir que nada aconteceu. Isso me trouxe um crescimento muito grande. Até essa questão da consciência, do que é que eu posso fazer. Por que quando a gente não conhece, tudo bem, a gente não faz por que não conhece. Mas quando a gente conhece, a gente sabe, e não faz, aí já é outro problema, ne?** [...] E isso é uma consequência positiva que o Programa Conjunto trouxe pra a gente, de continuar levando, continuar correndo atrás e de ver que existe possibilidade de mudança. **Por que o que ele trouxe pra a gente foi isso, foi**

---

[244] Dois dias antes da entrevista com Paulo Terrinha, havia chovido granizo em Belo Horizonte e Contagem.

mostrar que existe possibilidade de mudança. Se a gente correr atrás, a gente consegue. [ênfase acrescida]

Ao comentar a chuva de granizo que havia acontecido na antevéspera da entrevista, Paulo Terrinha afastou-se do pensamento mais comum, que atribui a situação climática à ação de poluir; mencionando que foi na omissão quando se podia agir de maneira diversa, e não simplesmente a ação humana, sua causadora. Por trás dessa afirmação, há a ideia filosófica, atribuída a Martin Luther King, de que é ainda mais preocupante o silêncio dos bons do que o grito dos maus.

Essa reflexão caminha ao encontro da consideração de Paulo Terrinha sobre a responsabilidade advinda do conhecimento, que permite que se perceba a *banalidade do mal*[245] e dela se afaste, assumindo corresponsabilidade sobre o que nos cerca.

É verdade que a proposta da ONU era mais voltada a ensinar a pescar do que a oferecer o peixe, mas a fala de Café não é isolada do mundo; ao contrário tem um sentido contextual próprio do mundo que o Café experimenta: ao nascer negro, pobre e em periferia brasileira algo já não lhe havia sido tirado desde o berço? Sem querer ser fatalista, lanço a dúvida se Café não se referia à possibilidade real de começar da estaca zero, de partir da linha de largada, ao invés de estar atrás, tentando sair da areia movediça para se juntar aos demais que já seguem seu curso.

A pergunta surge, aqui, desacompanhada de resposta. Afinal, assim como o coração do poeta, essa pesquisa é menor, "muito menor do que o mundo. [...] O mundo é grande[246]". Parece-me, no entanto, que apresentar a dúvida é importante e que a incerteza também tem lugar na ciência. Nesse caso, garantir o espaço da pergunta, ao invés de sinalizar para qualquer resposta pronta que não poderia, de maneira responsável, oferecer, parece-me um ato político, não-violento e honesto com o leitor. Afinal, violência também é começar uma história pelo que aconteceu em segundo lugar ou mesmo oferecer uma versão definitiva da história de outra pessoa[247].

Nesse sentido, a pergunta do Café deve ser lida de uma maneira contextualizada e não necessariamente incompatível com os objetivos declarados da proposta metodológica do PNUD.

---

[245] Cf. ARENDT, Hannah. **Eichmann em Jerusalém:** um relato sobre a banalidade do mal. São Paulo: Cia das Letras, 1999. Tradução de José Rubens Siqueira.
[246] DRUMMOND DE ANDRADE, Carlos. Mundo grande. In.: _____. **Sentimento do mundo.** São Paulo: Companhia das Letras, 2012. p. 69.
[247] ADICHIE, Chimamanda Ngozi. **O perigo da história única.** Disponível em: <https://www.youtube.com/watch?v=EC-bh1YARsc>. Acesso em: 12 jul. 2016.

Mas Café lança ainda outra pergunta, esta mais irônica: como profissionais tão capacitados e experientes não se deram conta que os resultados do Programa dificilmente permaneceriam e se multiplicariam sem algum acompanhamento?

Aqui, retornamos a incongruências do paradigma tradicional de ciência: a que serve a ciência se não à vida? Ora, se só há pesquisa científica por que há vida, é aquela que deve servir a esta, não o contrário. Pensemos nas unidades curriculares processo civil no curso de Direito, por exemplo. Estuda-se em vários semestres teoria geral, fase de cognição, decisão, meios de impugnação e procedimentos especiais sem que esse mesmo fôlego se repita na compreensão da execução. Não é de se estranhar que uma grande marca do processo judicial seja sua inefetividade ou, pelo menos, ineficiência.

Mas essa não é uma prerrogativa exclusiva das Faculdades de Direito e, em vários aspectos, tem se refletido no mundo do trabalho mesmo em situações em que o *homo faber*[248] é indiscutivelmente capacitado.

Mesmo diante do diferencial da metodologia do PNUD e da maneira humanizada e respeitosa com que se atuou na comunidade, ainda restou a lacuna grave do acompanhamento. Com isso, não se refere a exercício de tutela, dependência ou perpetuação indefinida da ONU no território. Remete-se, aqui, a algo mais básico: ao acompanhamento de resultados do Projeto, evitando desperdícios de experiência[249].

Em outro momento, o Café volta a falar sobre o assunto:

> Eu penso, com todo o respeito que eu tenho a ONU e ao que eles fizeram, que eles tinham ferramentas pra continuar. [...] **eles deveriam dizer assim: se a gente investiu tanto naquilo ali, nós também não podemos deixar aquilo morrer.** Como é que nós vamos fazer? Por que eles são mais capacitados que eu. **Como é que nós vamos fazer pra que o Café não se sinta perdido? Que o Tenente, que a Albaniza, que o Fulano não sinta que aquilo ali... que a luz apagou no fim do túnel? Uma vez por ano nós vamos lá fazer essa reunião no território? De seis em seis meses? Como que nós vamos fomentar isso?** Como é que nós vamos fazer que isso não fique só na memória? [...] Eles estiveram aqui só uma vez depois do lançamento e depois não vieram mais, não. Não vieram mais, não. Eu acho que isso podia partir também de dentro da própria ONU. [...] **Eles continuam aí, a ONU não morreu. Então por que é que lá dentro eles não arrumaram um recurso pequeno pra que duas pessoas – daquelas que vieram aqui [em] centenas – não pudessem acompanhar, mesmo que seja de longe, 'ou, fulano, e aí, como é que tá?', sabe?** Deixar sob uma representação partindo deles também. [ênfase acrescida]

---

[248] Cf. ARENDT, Hannah. **A condição humana.** 10 ed. Rio de Janeiro: Forense Universitária, 2007.
[249] Cf. SANTOS, Boaventura de Sousa. **A gramática do tempo:** para uma nova cultura política: para um novo senso comum: a ciência, o direito e a política na transição paradigmática. São Paulo: Cortez, 2006.

Sobre a outra pergunta advinda da fala do Café, isto é, se a comunidade pode ter segurança e cidadania quando a ação do Estado contribui diretamente para a insegurança e *subcidadania*, é importante ter em mente que não se deve confundir o improvável e o impossível.

Todavia também é essencial não desconsiderar que algumas ações de gestores, utilizando-se irregularmente do aparato de poder legítimo do Estado e de sua aparência de legalidade, assemelham-se bastante à *pilhagem*[250].

Segundo Luzia Duarte, agente da Prefeitura, houve a falsa promessa, por parte da gestão municipal, de que seria dada continuidade ao Programa Conjunto por meio da renovação do Projeto de Justiça Comunitária.

Paulo Terrinha, liderança comunitária, comenta que

> Na época era Marília, depois Carlinho e agora Alex [o Prefeito de Contagem]. Agora, então, [a região] está bem esquecida novamente. E, hoje, nessa questão, a grande dificuldade realmente é a dificuldade que você teve: de acesso à informação. **Por que troca a gestão e eles pegam tudo o que a gestão anterior fez de bom, colocam numa caixa e jogam fora. Isso, pra comunidade, é complicado.** Às vezes a gente tem, ali, um coordenador do CRAS que é um camarada bom, que faz um projeto bacana, além do que ele recebe pra fazer, por que às vezes a pessoa "não, meu trabalho é esse aqui, mas posso fazer algo melhor". Aí troca a gestão e tira o cara dali e não preocupa em trabalhar o que ele já fez, muito pelo contrário: tudo o que está ali, eles tiram. Nós tivemos essa dificuldade quando trocou a gestão. **Quando trocou a gestão tinha a promessa de que ia continuar, aí fizeram reuniões ainda, isso e aquilo... até por que ia acontecer a visita do embaixador da ONU. Prepararam tudo pra visita do embaixador e depois, acabou. Depois da visita não teve mais nada!** [...] Muita gente ficou muito revoltada, muito decepcionada com o que aconteceu, da forma que foi, pelo fato de ter acabado e pelo fato de simplesmente... acabou. Tipo assim, **a ONU fixou o prazo e todo mundo sabia, mas a questão é que houve uma promessa da gestão que entrou que iria dar continuidade.** Galera do Carlinho falou que ia dar continuidade ao projeto, tal, tal, tal, e acabou que aos poucos foi só cortando, só janelando, aí, encerrou. [ênfase acrescida]

Conforme relatos, mesmo os servidores municipais acreditaram e chegaram a se empenhar para que houvesse a continuidade. Assim como membros da comunidade, alguns servidores contaram nas entrevistas que foram surpreendidos pelo encerramento brusco do Projeto e que se sentiram traídos.

Além disso, Luzia Duarte contou que os objetos e profissionais foram retirados da comunidade "de uma hora para outra, de maneira pouco respeitosa com a comunidade". Ela narrou, inclusive, que

---

[250] Ugo Matei e Laura Nader (2013) usam o termo *pilhagem* para referir-se à atuação ilegal do Estado de Direito. A expressão remete originariamente ao esbulho possessório feito por grileiros.

> os equipamentos e materiais de consumo adquiridos com recursos do Projeto [de justiça comunitária] foram recolhidos da comunidade e armazenados na Prefeitura! [...] Estão todos jogados numa sala, sem uso algum. [...] É um absurdo! **Esses equipamentos pertenciam à comunidade, não à Prefeitura!** Tiraram de lá, mas nem estão usando. A comunidade ficou sem e está tudo amontoado numa sala, se perdendo. [...] [acho que] **a comunidade e as instituições que cederam espaço para atuação dos Núcleos [de Justiça Comunitária] sentiram-se usados**... não tiveram qualquer contrapartida da Prefeitura. [...] eu fiquei muito mal quando [o Projeto encerrou] e [da forma] como encerrou. [ênfase acrescida]

Em outro momento, essa informação foi confirmada por São Mateus, que apontou que esse agir estatal fez com que as pessoas da comunidade não sentissem que o Projeto pertencia efetivamente ao território, ou mesmo que o território o compunha.

Na entrevista com São Mateus, que também é servidor do município de Contagem, foi pontuado que

> as comunidades não olham com desconfiança quando o Estado cria um posto de saúde por saberem que, mesmo que o serviço seja demorado ou mal prestado, estará disponível para atender essa comunidade. Isso não acontece com os projetos e programas, já que não são duradouros. [...] [o que percebo é que] se não é serviço, não tem consistência, na visão do usuário. [...] **No tocante à segurança e à violência, uma questão muito séria é justamente que os serviços – que têm continuidade – têm sido voltados à repressão, enquanto os projetos – que acabam – procuram atuar preventivamente e garantir direitos de comunidades vulneráveis**. [...] isso leva à desconfiança da atuação do Estado [...] sendo assim, a continuidade e permanência da atuação estatal tem se estabelecido com repressão [...] o campo da política pública de redução de violência ainda fica mais no discurso, no simbólico. [ênfase acrescida]

Por essa razão, Cintia Yoshihara, consultora do PNUD para o Programa Conjunto, ressaltou que o Programa enfrentou menos resistência da comunidade justamente por não ser vinculado ao poder público, com quem eles têm uma relação de desconfiança. Ela relatou que, por ser originário da ONU, os membros da comunidade agiam com mais abertura, esforçando-se para compreender as propostas e para construir o Programa conjuntamente.

Ela acredita que caso a iniciativa partisse de alguma das esferas do Estado, haveria resistência na adesão da comunidade. Em seguida, a entrevistada contextuou sua fala exemplificando com o que ocorreu na fase de elaboração da proposta do Projeto de Justiça Restaurativa pelo município de Contagem para concorrer ao financiamento federal.

Segundo conta, houve um impasse entre os governos da Prefeitura e do Estado de Minas Gerais.

> O Estado desconsiderou o Programa em curso no Nacional e optou por criar o Núcleo no Ressaca pautado em questões políticas. [...] Mas o Município se inscreveu no Projeto do Ministério da Justiça e conseguiu o financiamento federal para implementação do Núcleo no Nacional. [...] Acabou não adiantando, já que a demora no repasse da verba e a mudança na gestão municipal levaram ao desacompanhamento do projeto

A marca da desconfiança e do sentimento de desamparo em relação ao poder público veio marcada por lágrimas em algumas das entrevistas realizadas na pesquisa de campo. Foi o caso de Marcos Ramalho, liderança comunitária, quando contava

> ai, vou chorar... [...] **Eu fiquei muito decepcionado com o poder público** [...] Aí **às vezes a gente não entende, sinceramente, o poder público... por que ele não abraça uma causa como essa?** Nós éramos apenas voluntários... às vezes nós parávamos nosso serviço, nossas responsabilidades, nós não recebíamos para isso, nós fazíamos... e fazíamos por amor. Então, quando a gente fala do Zé Gordo, do Paulo Terrinha, do [Pastor] Terrinha, do Tony Lanche, do Café, da Raquel... a gente fala também dos outros colaboradores, dos comerciantes... **a gente tinha uma esperança, sinceramente.** Eu creio que Deus tá permitindo você voltar aqui. A gente nunca imaginaria que uma pessoa viesse de tão distante pra procurar a gente. A gente jamais imaginaria que um dia a gente poderia falar de **um projeto que a gente ajudou a salvar vida**... que nosso maior esforço aqui é que a gente tinha um índice muito alto de violência, [...] **mas tudo aquilo que nós construímos com muito sofrimento, que nós construímos com muita força de vontade, foi deixado pelo caminho.** Não por que nós queremos isso, **a gente queria que a Prefeitura estivesse atuando com a gente e que a gente pudesse levantar essa bandeira e que** [...] **o mundo pudesse hoje falar que, hoje, existe na região do Nacional um grupo de pessoas que luta pela paz.** Só de falar a gente começa a chorar, [...] dá revolta... [...] Pra a gente se doar desse jeito a gente realmente conhece a realidade, **a gente conhece as coisas na pele. Nós vimos muito sangue ser derramado, pra a gente se doar tanto e a gente doou, doou, doou** [...] Aqui em Contagem é muito difícil, mas não por que a gente não tem esperança. Mas eu acredito que aqui vai acontecer quando eu, o Zé Gordo, o Terrinha, o Café, a Raquel... as pessoas da comunidade se unirem. A Sheila do Chic Chic. **Se nós nos unirmos e se a ONU acreditar de novo na gente, nós não precisaremos do poder público. Por que na hora de fazer quem executou fomos nós, mas infelizmente eles esqueceram de nós.** Então eu até peço a você, eu espero que as suas entrevistas, que elas possam chegar nas autoridades mundiais. **E se for preciso nós estarmos juntos pra fazer com que isso aconteça, nós estamos aqui.** [ênfase acrescida]

Foi também do Marcos o seguinte relato

> Quando você caminha dentro da comunidade, você vê que tem ainda coisas que foram feitas da época. [...] Eu estava até esses dias chateado por que eles [os gestores públicos] pintaram a pracinha. É que no centro da pracinha, [...] tinha uma marca dos pés dos meninos da época[251] [do Programa Conjunto].

Aí eles passaram tinta e apagaram. **Eles não perguntam nada, eles simplesmente chegam e fazem as coisas do jeito deles.** [ênfase acrescida]

Ainda assim, a passagem do Programa Conjunto parece ter marcado profundamente a percepção de segurança da comunidade. Conforme relata Paulo Terrinha, liderança comunitária ligada à juventude,

> O processo em si é muito importante, mas eu penso no que fica, né? No que realmente fica... Por que é isso que a gente vai ter, né? Muito se questionou sobre o que a ONU fez, o que a ONU não fez. Até hoje muitas pessoas questionam: "ah, a ONU não fez nada". Mas eu acho que o principal reflexo é realmente com relação à criminalidade, que teve uma redução fantástica, né? Então, hoje, lógico que pelo fato de ser uma periferia, ainda tem muita coisa... mas em vista dos assassinatos que aconteciam antes, mudou muito.
> [...]
> Hoje, quando alguém pergunta, eu falo que o que a ONU investiu foi em formação pessoal. Muito daquilo que eu sou hoje, eu tenho que dar esses créditos. Querendo ou não, pra mim foi uma formação sem palavras. Se você pegar meu currículo, o que tem de formação que eu fiz nesse período...! Pra mim, isso foi muito importante, de ter os contatos que eu tive.

Talvez a fala que mais traduza a dualidade dos sentimentos que tive enquanto pesquisadora ao entrevistar as lideranças comunitárias sobre o Programa seja a de Ilton Café, quando me disse que

> Tem aquela sementinha lá ainda. Eu acho que ela não vai morrer dentro de ninguém. Cada um tá regando ela de uma forma. Eu, tem horas que dá vontade de pegar a minha e matar ela, mas ela não morre, eu... não tem jeito, eu morro junto com ela... a semente tá em mim. Mas seu eu pudesse, tem horas, eu me livrava dos meus pensamentos, de tão doido que é.

Talvez Café não conheça a obra de Charles Bukowski[252], mas acredito que ele conhece o sentimento do autor de "O pássaro azul" quando este diz

> há um pássaro azul em meu peito
> que quer sair
> mas sou duro demais com ele,
> eu digo, fique aí, não deixarei que ninguém o veja.
> [...]

---

[251] Marcos fala de uma das ações desenvolvidas para criar sentimento de pertencimento e significado no espaço público durante a execução do Programa Conjunto. Os pés de várias crianças em situação de vulnerabilidade foram pintados de tinta e foi pedido que elas andassem na pracinha enquanto a tinta estava fresca. A intenção era marcar o caminhar dessas crianças da comunidade no espaço compartilhado do território, de maneira a registrar a existência delas e de simbolizar que o caminho que elas percorrem importa e marca a comunidade.
[252] BUKOWSKI, Charles. **Textos autobiográficos.** Porto Alegre: L&PM Editores, 2009. p. 478-479.

há um pássaro azul em meu peito que
quer sair
mas sou bastante esperto, deixo que ele saia
somente em algumas noites
quando todos estão dormindo.
eu digo: sei que você está aí,
então não fique triste.
depois, o coloco de volta em seu lugar,
mas ele ainda canta um pouquinho
lá dentro, não deixo que morra
completamente
e nós dormimos juntos
assim
como nosso pacto secreto
e isto é bom o suficiente para
fazer um homem
chorar,
mas eu não choro,
e você?

3 ESTAR *OUTRAMENTE*: COMUNIDADE E DIVERSIDADE NO ESTADO DEMOCRÁTICO DE DIREITO

> "Enquanto sigo meu caminho,
> transformando água em vinho,
> embebedando sua mente
> com algo bem diferente
> de submissão e perda.
> Minha bandeira ergue,
> cante hinos de louvores a você mesmo,
> quando fraco observa reis mandões,
> repetindo os padrões de teimosia
> quem diria que um dia
> o mundo iria me escutar"
> Parteum[253], O círculo

Enrique Dussel caracteriza a Modernidade como a era em que a contraposição entre o eu e o outro passa a ser determinante para a compreensão de mundo vigente. Segundo o autor, o marco inicial do período seria o ano de 1492, com a chegada de Colombo à América e o início do colonialismo[254].

Esta compreensão contrasta com o conceito corrente do termo, que parte da construção ideológica da Europa[255] Moderna como centro hegemônico da história mundial e que tem como referência as revoluções burguesas do século XVIII, caracterizando o período pela supremacia da racionalidade científica na concepção do humano[256].

Nas palavras do autor[257],

> Propomos uma segunda visão da "Modernidade", em sentido mundial, que consiste em definir como determinação fundamental do mundo moderno, o

---

[253] PARTEUM, **O círculo**, Raciocínio Quebrado, 2004, 00:03:54. Disponível em: <https://open.spotify.com/track/2fxUz9J49lxzhq7TtdXby6?si=rBmM0yK2TlCOb-9efMjooQ>. Acesso em: 12 maio 2018.
[254] DUSSEL, Enrique. Europa, modernidad y eurocentrismo. In.: LANDER, Edgardo. (Comp). **La colonialidad del saber:** Eurocentrismo y ciencias sociales. Perspectivas Latinoamericanas. Buenos Aires: Consejo Latinoamericano de Ciencias Sociales, 2000. Disponível em: <enriquedussel.com/txt/1993-236a.pdf>. Acesso em: 16 de jun. 2015.
[255] A Europa a que se alude não é o continente geográfico, mas a ideia de Europa cultural a que remetem, dentre tantos outros, Said (1990) e Godard (1993).
[256] Cf. MIGNOLO, Walter. Os esplendores e as misérias da 'ciência': Colonialidade, geopolítica do conhecimento e pluri-versalidade epistémica. In SANTOS, Boaventura de Sousa (org.). **Conhecimento prudente para uma vida decente:** Um discurso sobre as ciências' revisitado. Porto: Edições Afrontamento, 2003.; SOUZA, Jessé. **A modernização seletiva:** uma reinterpretação do dilema brasileiro. Brasília: Editora UnB, 2000, p. 19 ss.
[257] DUSSEL, Enrique. Europa, modernidad y eurocentrismo. In.: LANDER, Edgardo. (Comp). **La colonialidad del saber:** Eurocentrismo y ciencias sociales. Perspectivas Latinoamericanas. Buenos Aires: Consejo Latinoamericano de Ciencias Sociales, 2000. p. 46. Disponível em: <enriquedussel.com/txt/1993-236a.pdf>. Acesso em: 16 de jun. 2015.

> fato de ser (seus Estados, exércitos, economia, filosofia, etc..) "centro" da História Mundial. Isto é, nunca houve empiricamente História Mundial até 1492 (como data de "iniciação" do desenvolvimento do "Sistema-mundo"). Anteriormente a essa data, os impérios ou sistemas culturais coexistiam entre si.
> [...]
> Para nós, a "centralidade" da Europa latina na História Mundial é a determinação fundamental da Modernidade. As demais determinações vão girando em torno dela (a subjetividade constituinte, a propriedade privada, a liberdade de contrato, etc.) O século XVII (p.e. Descartes, etc.) é já fruto de um século e meio de "Modernidade": é efeito e não ponto de partida. Holanda (que se emancipou da Espanha em 1610), Inglaterra e França continuaram o caminho aberto. [tradução livre[258]]

O conceito de Dussel importa a esta pesquisa porque, segundo esse marco, ao estruturar o pensamento a partir de uma *história mundial*, o homem Moderno contrapõe a superioridade da Europa (centro) frente ao outro (periferia), definido residualmente, que deve ser civilizado por meio da colonização.

Esse paradigma permanece sendo chave de leitura de várias compreensões de mundo atuais, dentre elas o entendimento tradicional de Estado e, por decorrência, de administração, serviço e política pública. Por isso, também influencia fortemente a noção que se tem de cidadãos e cidadania.

Além disso, esse mito alastrou-se também no imaginário do outro interno. Não sendo incomum que elites de Estados colonizados reproduzam ideais coloniais, talvez numa tentativa de identificarem-se mais próximas do colonizador do que do povo originário[259]. Essa alienação identitária fundamenta distinções internas, já que parte de um povo atribui a si elementos que os difere de seus iguais.

Em virtude da permanência e atualização do próprio colonialismo[260], essa acepção de Modernidade continua influindo no Estado brasileiro. Já que a América

---

[258] No original: "Proponemos una segunda visión de la 'Modernidad', en un sentido mundial, y consistiría en definir como determinación fundamental del mundo moderno el hecho de ser (sus Estados, ejércitos, economía, filosofía, etc.) 'centro' de la Historia Mundial. Es decir, nunca hubo empíricamente Historia Mundial hasta el 1492 (como fecha de 'iniciación' del "Sistema-mundo"). Anteriormente a esta fecha los imperios o sistemas culturales coexistían entre sí.
[...]
Para nosotros, la 'centralidad' de la Europa latina en la Historia Mundial es la determinación fundamental de la Modernidad. Las demás determinaciones se van dando en torno a ella (la subjetividad constituyente, la propiedad privada, la libertad del contrato, etc.). El siglo XVII (p.e. Descartes, etc.) son ya el fruto de un siglo y medio de 'Modernidad': son efecto y no punto de partida. Holanda (que se emancipa de España en 1610), Inglaterra y Francia continuarán el camino abierto".
[259] FANON, Frantz. **Los condenados de la tierra.** Ciudad de México: Fondo de Cultura Económica, 2001, p. 34.
[260] Cf. QUIJANO, Aníbal. **Colonialidade do poder, eurocentrismo e América Latina.** Disponível em: <http://biblioteca.clacso.edu.ar/clacso/sur-sur/20100624103322/12_Quijano.pdf>. Acesso em: 12 mar. 2015.

Latina surge como condição de existência da Modernidade[261], como o outro inferior a ser colonizado[262], sua caracterização advém justamente do que lhe falta: a centralidade.

Assim, a periférica América Latina constitui-se, entre excentricidades e conformismos, com referência na Europa, no movimento de buscar ser o que não é, de procurar deixar de ser margem na *história mundial*. Não por acaso, a questão da marginalidade – interna e externa – continua sendo tão marcante na autocompreensão e constituição do Estado e do povo latino-americano.

> Tal qual o "outro" do Ocidente, o Brasil surgia representado ora por estereótipos que o designavam como uma grande e inesperada "falta" – de lei, de hierarquia, de regras – ora pelo "excesso" – de lascívia, de sexualidade, de ócio ou de festas. A acreditar nessa perspectiva, seríamos algo como uma periferia do mundo civilizado, habitada por uma brasilidade gauche – desajeitada, mas muito alegre, pacífica e feliz[263].

Após a segunda guerra mundial[264], a contraposição colonial entre centro e periferia foi atualizada pela de desenvolvimento e subdesenvolvimento, cunhada no discurso inaugural do ex-Presidente dos Estados Unidos da América, Harry Truman[265]. Nela, a definição do outro é pautada pela escassez, pela pobreza; resgatando a missão civilizatória daquele que é visto como privilegiado, que deve incluir o outro subalterno, oferecendo-o aquilo julga lhe faltar[266]. Parte, portanto, da superioridade moral[267] do sujeito privilegiado, uma vez que cabe a ele identificar e oferecer a resposta ou decisão responsável pela salvação ou, ao menos, pela superação da condição inferior do subalterno.

---

[261] FANON, Frantz. **Los condenados de la tierra**. Ciudad de México: Fondo de Cultura Económica, 2001, p. 94. Sobre a atualidade do colonialismo na constituição do continente africano, também com base em Fanon, cf. OLSSON, Göran. **Concerning Violence**. 78 min. Suécia. 2014.
[262] SCHWARCZ, Lilia Moritz; STARLING, Heloisa Murgel. **Brasil**: uma biografia. São Paulo: Companhia das Letras, 2015, p. 34.
[263] SCHWARCZ, Lilia Moritz; STARLING, Heloisa Murgel. **Brasil**: uma biografia. São Paulo: Companhia das Letras, 2015, p. 18.
[264] ESTEVA, Gustavo. Desenvolvimento. In. SACHS, W. (org.) **O Dicionário do Desenvolvimento**. São Paulo: Editora Vozes, 2000, p. 52.
[265] Cf. TRUMAN, Harry. **Truman's Inaugural Adress**. 20 jan. 1949. Disponível em: <https://www.trumanlibrary.org/whistlestop/50yr_archive/inagural20jan1949.htm >. Acesso em: 17 nov. 2016.
[266] ESCOBAR, Arturo. **Encountering Development**. The making and unmakig of the Third World. Princeton: Princeton University Press, 1995.
[267] Cf. SEGATO, Rita Laura. Antropologia e direitos humanos: alteridade e ética no movimento de expansão dos direitos universais. **MANA**, 12(1): 207- 236, 2006.; SEGATO, Rita Laura. La argamassa jerarquica: violencia moral, reproducción del mundo y la eficácia simbólica del Derecho. In.: _____. **Las estructuras elementales de la violencia**: ensayos sobre género entre la antropologia, el psicoanálisis y los derechos humanos. Bernal: Universidad Nacional de Quilmes, 2003.

Essa visão é muito marcada no fazer tradicional da política pública brasileira, ao compreender o cidadão destinatário como tutelado, enquanto enxerga como prerrogativa exclusiva do Estado o estabelecimento das definições sobre o que, como, quando, quanto e onde suprir as carências de seus marginalizados[268]. Como visto, o *Segurança com Cidadania* transformou a realidade a que se tinha acesso justamente ao romper com essa ótica e trabalhar noções de pertencimento e significado da comunidade do Nacional para fomentar seu engajamento no fazer político.

Cabe relembrar a fala de Paulo Terrinha, em entrevista da pesquisa de campo: "quando o Programa da ONU veio ele trouxe pra a gente diálogo, diálogo com a Prefeitura, diálogo com o poder. Até então, eles vomitavam tudo por cima da gente, não perguntavam o que a comunidade queria".

Diferente do movimento colonial desenvolvimentista, que considera exclusivamente uma visão parcial da realidade, decidindo o que convém ser visto e o que deve ficar invisibilizado[269], a atuação pautada em talentos e recursos locais procura refletir a complexidade e a pluralidade de narrativas comunitárias.

Com isso, tem em mente que os referenciais uniformizadores adotados nas *comunidades imaginadas* não são naturais e que o seu sucesso homogeneizador[270] pode ser resultado de naturalização forjada. Compreende, portanto, que a ideia que se tem de desenvolvimento é politicamente orientada e socialmente localizada. O Estado, por sua vez, é visto enquanto *metacapital*, como uma categoria que também é construída, mas que, naturalizada, passa a categorizar realidades diversas[271]. O Estado, portanto, "confere aparência de natural a um arbítrio cultural[272]".

Não sem razão, a metodologia proposta pelo PNUD procura construir espaços legítimos de participação democrática para grupos à margem da *comunidade imaginada* do Estado. Nesse aspecto, aproxima-se da antropologia das margens, que propõe uma perspectiva não-hegemônica que se some às compreensões que se têm do Estado. Faz

---

[268] Cf. NEUMANN, Lycia Tramujas Vasconcellos; NEUMANN, Rogerio Arns. **Desenvolvimento comunitário baseado em talentos e recursos locais – ABCD.** São Paulo: Global; Instituto para o Desenvolvimento de Investimento Social, 2004a.; NEUMANN, Lycia Tramujas Vasconcellos; NEUMANN, Rogerio Arns. **Repensando o investimento social:** a importância do protagonismo comunitário. São Paulo: Global; Instituto para o Desenvolvimento de Investimento Social, 2004b.
[269] SCOTT, James C. **Seeing Like a State:** how certain schemes to improve human condition have failed. Yale University Press, 1998.
[270] ANDERSON, Benedict. **Comunidades imaginadas:** reflexiones sobre el origen y la difusión del nacionalismo. Ciudad de Mexico: Cultura Libre, 1993.
[271] BOURDIEU, Pierre. Espíritos de Estado: geneses e estrutura do campo burocrático. In.: _____. **Razões Práticas.** Sobre a teoria da ação. Campinas: Papirus, 2003. pp. 91-124.
[272] BOURDIEU, Pierre. **O poder simbólico.** Rio de Janeiro: Bertrand Brasil, 2012, p. 95.

isso, não por apegar-se a exotismos, mas por compreender que as ditas margens também são elementos essenciais do Estado, assim como a exceção é suposto da regra.

Nesse movimento, propõe que se repense as fronteiras entre centro e periferia, público e privado, e também entre o que é jurídico e antijurídico[273]. Pressupõe, ainda, que sejam oferecidas condições de possibilidade para esse falar e ouvir democrático que considera a diversidade das narrativas presente no território do Estado.

Como destacado anteriormente, Ilton Café, em entrevista da pesquisa de campo, contou que

> Foi muito interessante, eu fui me envolvendo de uma forma e nisso... eu não tenho escolaridade, mas eu não sou burro. E as pessoas diziam assim 'nossa, Café, você pegou isso aqui dessa forma'. Eu ia tentando puxar deles como é que fazia, como é que era, fui gostando das coisas. E, pra mim, cara, quando eles falaram [...] que tem a visão focada e a visão ampliada, por exemplo... eu não ouvia falar disso, eu não estudei isso, mas, pra mim, **quando eu comecei a ampliar minha visão, eu vi que eu era alguém também.** Por eu ser negro, então, eu sempre tive... eu mesmo, eu não sei se era... eu me via, assim, diferente das outras pessoas. Por não ter escolaridade também. [ênfase acrescida]

Dessa maneira, a metodologia do PNUD aproxima-se da *Trans-Modernidade*[274] ao considerar a alteridade negada e respeitar a dignidade e identidade de culturas encobertas na compreensão hegemônica do cidadão do Estado Moderno.

3.1 Estado de Direito, direitos humanos e *pilhagem*

> "O senhor sabe:
> Sertão é onde manda quem é forte,
> Com as astúcias.
> Deus mesmo, quando vier,
> Que venha armado.
> [...] O senhor sabe:
> O perigo que é viver..."
> Guimarães Rosa[275], Grande Sertão: Veredas

> "Troco o trampo pelo troco,
> Nú, só no sufoco!
> O Direito não emana do povo.
> O Direito não é mano do povo
> De tolo só tenho o rosto

---

[273] DAS, Veena; POOLE, Deborah. El estado y sus márgenes. Etnografías comparadas. **Revista Acadêmica de Relaciones Internacionales**, n. 8, jun. 2008, GERI-UAM, p. 20.
[274] DUSSEL, Enrique. **1492: El encubrimiento del Otro**: Hacia el origen del "Mito de la modernidad". La Paz: Biblioteca Indígena, 2008. p. 69.
[275] ROSA, João Guimarães. **Grande Sertão**: Veredas. Rio de Janeiro: Nova Fronteira, 2015.

> E o meu jeito de andar"
> Gabriel Rodrigues, Vocês

Diferente da proposta da *Trans-Modernidade*[276], a compreensão tradicional do Estado de Direito constituiu-se pautada em história única[277] de *comunidades imaginadas*[278], de modo a desconsiderar seletivamente parte da realidade existente. Por essa razão, Ugo Matei e Laura Nader defendem que o Estado de Direito foi estabelecido historicamente por meio de *pilhagem*, aproveitando-se irregularmente das estruturas de que dispunha e de seu ar de legitimidade[279].

Esses autores defendem que, ao apresentar uma versão simplista da realidade por intermédio de exclusão, o Estado de Direito age de forma interessada, amparando a *pilhagem* de direitos fundamentais de sujeitos e comunidades marginalizados.

Sobre a situação no Nacional, Zé Gordo relata que

> Eu acho que a boa vontade ainda não acabou, nós não morremos ainda, né? E a gente tem vários jovens que vem levantando a bandeira aí com vontade, só falta ter desse tantinho do poder público de dizer "eu vou ajudar", se ajudar, você pode ter certeza que vai longe. Aqui nós hoje temos vários jovens que têm aula de *graffiti* com o menino do pastor Terrinha. Esse *graffiti* começou na época [do *Segurança com Cidadania*]. Meu menino mesmo tem aula com ele. Se você chegar ali no campo, tem aquele painelzão bonito que eles fizeram ali, botaram a juventude da região pra fazer [o painel] lá. Pra você ver, uma arte, uma profissão que hoje está em alta. Mas você chega lá e às vezes o menino não tem uma tinta direito pra ele poder comprar, pra ele poder ensinar esses jovens. **Às vezes tem um muro aqui, aí eu libero esse muro, mas cadê a tinta pra eles poderem pintar aquele muro, pra poderem chamar aqueles meninos no domingo pra fazer aquele muro? Falta só as oportunidades. Se tiver, eu tenho certeza que essa bandeira vai ser levantada.** [...] A gente fez muitas batalhas aqui na comunidade, pessoal de *funk*, com desafio de jogar um verso um pro outro, ensinar os jovens a ter profissão. Mas é que nem nós falamos, **trocou de prefeito, entrou outro e eles esqueceram que tinha jovem aqui que precisava aprender a profissão e [o projeto] foi jogado pros cantos.** Que às vezes o jovem tem boa vontade, mas falta o dinheiro de pagar a passagem de chegar naquela empresa pra fazer o curso, às vezes as pessoas do poder público não entendem isso. [ênfase acrescida]

Os referenciais uniformizadores adotados pelo Estado para justificar suas *comunidades imaginadas* não são mais ou menos naturais conforme seu sucesso

---

[276] DUSSEL, Enrique. **1492: El encubrimiento del Otro:** Hacia el origen del "Mito de la modernidad". La Paz: Biblioteca Indígena, 2008. p. 69.
[277] ADICHIE, Chimamanda Ngozi. **O perigo da história única.** Disponível em: <https://www.youtube.com/watch?v=EC-bh1YARsc>. Acesso em: 12 jul. 2016.
[278] ANDERSON, Benedict. **Comunidades imaginadas:** reflexiones sobre el origen y la difusión del nacionalismo. Ciudad de Mexico: Cultura Libre, 1993.
[279] MATEI, Ugo. NADER, Laura. **Pilhagem**: quando o Estado de Direito é ilegal. São Paulo: Martins Fontes, 2013.

homogeneizador[280]. Nem mesmo são mais legítimos por restarem amparados discurso oficial do Estado. Até porque, se este é *metacapital*, não passa do resultado naturalizado de um processo de concentração de diferentes tipos de capitais, dentre eles o capital econômico, o capital simbólico, o capital cultural e de informação e a violência física e os instrumentos de coerção legítimos[281].

Segundo Santos[282], a globalização é sempre a imposição bem-sucedida de determinado localismo, razão pela qual é necessariamente homogeneizadora. Enquanto localismo globalizado, não parte de perspectiva pluralista e, pela mesma razão, não se propõe, nem mesmo se preocupa, em proporcionar efetivo diálogo entre culturas.

Do mesmo modo, o desenvolvimento, enquanto prática politicamente orientada, é, quando muito, um *localismo globalizado*[283] que desconsidera a incompletude de toda cultura[284] e que, por isso, utiliza-se de violência epistêmica a serviço do colonialismo[285].

É por essa razão que Panikkar[286] defende a busca de *equivalentes homeomórficos* nas diferentes culturas – internas ao Estado ou externamente consideradas –, isso é, de similitudes funcionais específicas, por intermédio das quais seria possível estabelecer o diálogo intercultural, ao invés da imposição de *localismos* de maneira globalizada ou de análise de uma cultura segundo a perspectiva de outra.

Essa noção nega a possibilidade de culturas e ideologias específicas apresentarem soluções ou manifestarem-se em nome de toda a humanidade ou de todo

---

[280] ANDERSON, Benedict. **Comunidades imaginadas:** reflexiones sobre el origen y la difusión del nacionalismo. Ciudad de Mexico: Cultura Libre, 1993.
[281] BOURDIEU, Pierre. Espíritos de Estado: geneses e estrutura do campo burocrático. In.: _____. **Razões Práticas.** Sobre a teoria da ação. Campinas: Papirus, 2003.
[282] SANTOS, Boaventura de Sousa. Por uma concepção multicultural dos direitos humanos. In.: BALDI, César Augusto. (Org.) **Direitos humanos na sociedade cosmopolita.** Rio de Janeiro: Renovar, 2004. p. 239-278.
[283] SANTOS, Boaventura de Sousa. Por uma concepção multicultural dos direitos humanos. In.: BALDI, César Augusto. (Org.) **Direitos humanos na sociedade cosmopolita.** Rio de Janeiro: Renovar, 2004. p. 239-278.
[284] PANIKKAR, Raimundo. Seria a noção de direitos humanos uma concepção ocidental? In.: BALDI, César Augusto. (Org.) **Direitos humanos na sociedade cosmopolita.** Rio de Janeiro: Renovar, 2004. p. 205-238.
[285] MIGNOLO, Walter. Os esplendores e as misérias da 'ciência': Colonialidade, geopolítica do conhecimento e pluri-versalidade epistémica. In SANTOS, Boaventura de Sousa (org.). **Conhecimento prudente para uma vida decente:** Um discurso sobre as ciências' revisitado. Porto: Edições Afrontamento, 2003.; FANON, Frantz. **Los condenados de la tierra.** Ciudad de México: Fondo de Cultura Económica, 200.
[286] PANIKKAR, Raimundo. Seria a noção de direitos humanos uma concepção ocidental? In.: BALDI, César Augusto. (Org.) **Direitos humanos na sociedade cosmopolita.** Rio de Janeiro: Renovar, 2004. p. 209 ss.

um povo, sendo imprescindível o diálogo e a interação para compreensão mútua quanto às particularidades e eventuais similitudes[287].

Na ironia de Marshall Sahlins

> O que mais se pode dizer disso, senão que algumas pessoas sempre tiram a sorte grande histórica? Quando são os europeus que inventam suas tradições – com os turcos às portas – trata-se de um renascimento cultural genuíno, o início de um futuro de progresso. Quando outros povos o fazem, é um signo de decadência cultural, uma recuperação factícia, que não pode produzir senão simulacros de um passado morto[288].

Panikkar considera a imprescindibilidade da *hermenêutica diatópica* enquanto reconhecimento do direito à igualdade sempre que a diferença servir de parâmetro para inferiorização comparativa; em simultâneo ao direito à diferença como forma de evitar descaracterizações e imposições de homogeneidade pela igualdade[289].

3.1.1 Homogeneidade, hegemonia e comunidades: comum o quê?

> "Brasil amado não porque seja minha pátria,
> Pátria é acaso de migrações e de pão-nosso onde Deus der...
> Brasil que eu amo porque é o ritmo do meu braço venturoso,
> O gosto dos meus descansos,
> O balanço das minhas cantigas amores e danças.
> Brasil que eu sou porque é a minha expressão muito engraçada,
> Porque é o meu sentimento pachorrento,
> Porque é o meu jeito de ganhar dinheiro, de comer e de dormir"
> Mário de Andrade[290], O poeta como amendoim

A pretensa neutralidade do racionalismo costuma camuflar que consiste em ideologia com forte cunho político[291]. A identificação de aparente normatividade em

---

[287] PANIKKAR, Raimundo. Seria a noção de direitos humanos uma concepção ocidental? In.: BALDI, César Augusto. (Org.) **Direitos humanos na sociedade cosmopolita**. Rio de Janeiro: Renovar, 2004. p. 206.
[288] SAHLINS, Marshall. A invenção da tradição. In: _____ **Esperando Foucault, ainda.** São Paulo: Cosac Naif, 2013. p. 13.
[289] SANTOS, Boaventura de Sousa. Por uma concepção multicultural dos direitos humanos. In.: BALDI, César Augusto. (Org.) **Direitos humanos na sociedade cosmopolita**. Rio de Janeiro: Renovar, 2004. p. 272.
[290] ANDRADE, Mário. O poeta come amendoim. In.: _____. **Poesias completas.** São Paulo: Martins Editora, 1955. p. 158.
[291] LEFEBVRE, Henri. **O direito à cidade.** São Paulo: Centauro. 2001, p. 29-30.

narrativas selecionadas garantiu sua disseminação, contando para isso com amparo da ciência[292]. A própria compreensão de Estado Nação não passa, nesse sentido, de uma comunidade política imaginada, inventada e naturalizada com amparo da intelectualidade e da imprensa[293].

Segundo Benedict Anderson[294], "é *imaginada* por que ainda que os membros da menor das nações não conheçam jamais a maioria de seus compatriotas – nem sequer os verá ou ouvirá falar deles –, a imagem de sua comunhão persiste na mente de cada um deles" [tradução livre[295]].

Ainda nas palavras do autor[296],

> a nação se imagina *limitada* por que mesmo a maior delas, que abarca talvez bilhoes de seres humanos vivos, tem fronteiras finitas, ainda que elásticas, para além das quais se encontram outras nações. Nenhuma nação se imagina com as dimensões da humanidade.
> [...]
> Por último, se imagina como *comunidade* porque independente da desigualdade e da exploração que efetivamente possa prevalecer em cada caso, a nação se concebe sempre como um companheirismo profundo, horizontal. Em última instância, é essa fraternidade que tem permitido, durante os últimos dois séculos, que tantas pessoas matem e, sobretudo, estejam dispostas a morrer por imaginações tão limitadas [tradução livre[297]].

Essa perspectiva gregária da *comunidade imaginada* é também pretensamente uniformizadora: o Estado e o Direito são constituídos mirando um público específico que identifica como seus cidadãos. Nesse sentido, encobre-se outros internos, um sem-número de sujeitos marginais à centralidade dessa identidade do Estado.

---

[292] SPIVAK, Gayatri Chakravorty. **Pode o subalterno falar?** Belo Horizonte: Editora UFMG, 2014, p. 62.
[293] ANDERSON, Benedict. **Comunidades imaginadas:** reflexiones sobre el origen y la difusión del nacionalismo. Ciudad de Mexico: Cultura Libre, 1993, p. 62 e 63 ss.
[294] ANDERSON, Benedict. **Comunidades imaginadas:** reflexiones sobre el origen y la difusión del nacionalismo. Ciudad de Mexico: Cultura Libre, 1993, p. 23.
[295] No original: "Es *imaginada* porque aun los miembros de la nación más pequeña no conocerán jamás a la mayoría de sus compatriotas, no los verán ni oirán siquiera hablar de ellos, pero em la mente de cada uno vive la imagen de su comunión".
[296] ANDERSON, Benedict. **Comunidades imaginadas:** reflexiones sobre el origen y la difusión del nacionalismo. Ciudad de Mexico: Cultura Libre, 1993, p. 24-25.
[297] No original: "la nación se imagina *limitada* porque incluso la mayor de ellas, que alberga tal vez a mil millones de seres humanos vivos, tiene fronteras finitas, aunque elásticas, más allá de las cuales se encuentran otras naciones. Ninguna nación se imaginaria con las dimensiones de la humanidad. [...] Por último, se imagina como *comunidad* porque, independentemente de la desigualdad y la explotación que en efecto puedan prevalecer en cada caso, la nación se concibe siempre como un compañerismo profundo, horizontal. En última instancia, es esta fraternidad la que ha permitido, durante los últimos dos siglos, que tantos millones de personas maten y, sobre todo, estén dispuestas a morir por imaginaciones tan limitadas".

Cabe perguntar, então, com qual propósito essa abstração sobre Estado e cidadãos tem se estabelecido? Ou ainda, na provocação de Talal Asad, quem decidiu tratar os cidadãos abstratamente considerados como equivalentes e o fez para qual finalidade[298]?

Para Haroldo Abreu[299],

> A vitória ideológica e cultural do capital só se realizou plenamente quando a consciência comum dos indivíduos, especialmente dos subalternos, passou a apreender e reproduzir os valores e a racionalidade necessários à reprodução da ordem como se fossem naturais e constitutivos da sua participação no bem comum, logo, como inerentes ao exercício da cidadania. Esta se torna, portanto, um elo inelimimável do processo hegemônico.
> Em termos mais gerais, nenhuma ordem de dominação pode garantir sua permanência apenas com bens materiais e instituições, se a consciência dos homens, ou de pelo menos a de sua maioria, não corresponder aos supostos da produção e da reprodução social vigentes. Na ordem capitalista, o processo de reprodução e legitimação é ainda mais complexo, pois sua existência supõe a universalização da imagem do indivíduo senhor de si ou de sua capacidade de trabalhar e interagir, mas supõe também que a maior parte deste universo social abstratamente nivelado não possua os meios sociais necessários para dispor desta capacidade.

É por essa razão que é tão importante romper com a falsa ideia de onipresença do Direito monista do Estado, supostamente existente em todo lugar, demonstrando a arbitrariedade e o autoritarismo escondidos na ideia de constância desse Direito[300]. Essa compreensão parte da confusão entre ciência e consciência jurídica, coagindo o povo a cumprir uma ficção que é própria do Direito monista estatal[301] (art. 3º, Lei de Introdução às Normas do Direito Brasileiro).

Ao contrário, a integridade do Estado só é possível considerando suas margens, já que é a permanente tentativa do Estado de ultrapassar seus limites e incorporar suas fronteiras que garante a expressividade do Direito[302].

---

[298] ASAD, Talal. Where are the Margins of the State? In.: DAS, Veena; POOLE, Deborah. (Ed.). **Anthropoloy in the Margins of the State.** Santa Fe: School of American Research Press, 1991. p. 282.
[299] ABREU, Haroldo. **Para além dos direitos:** cidadania e hegemonia no mundo moderno. Rio de Janeiro: Editora UFRJ, 2008, p. 190
[300] DAS, Veena. The Signature of the State: the Paradox of Illegibility. In.: DAS, Veena; POOLE, Deborah. (Ed.). **Anthropoloy in the Margins of the State.** Santa Fe: School of American Research Press, 1991. p. 225-252.
[301] SANTOS, Boaventura de Sousa. **O direito dos oprimidos.** São Paulo: Cortez, 2014. p. 85.
[302] ASAD, Talal. Where are the Margins of the State? In.: DAS, Veena; POOLE, Deborah. (Ed.). **Anthropoloy in the Margins of the State.** Santa Fe: School of American Research Press, 1991. p. 287.; DAS, Veena. The Signature of the State: the Paradox of Illegibility. In.: DAS, Veena; POOLE, Deborah. (Ed.). **Anthropoloy in the Margins of the State.** Santa Fe: School of American Research Press, 1991. p. 225-252.

Contudo, a formação jurídica tradicionalmente tem fundamentado-se em conceitos da cultura dominante – o *senso comum jurídico* – que concebe a compreensão monocultural do seu corpo de cidadãos como lugar comum[303]; o que muitas vezes leva à repetição irrefletida de pressupostos essenciais para manutenção do *statu quo*[304] e de *pilhagens* sob o manto da legalidade do Estado[305].

É importante, por essa razão, ter em mente que a tentativa de homogeneização dos modos de vida não corresponde a inexistência de pluriculturalismo intraestatal, sendo imprecisa a aparente conformidade entre o comum, o uniforme e o universal[306].

Além disso, a noção do comum, conceito político que corresponde à interação no espaço coletivo, ao que é comunitário, difere substancialmente da noção de semelhante[307]. O comum reflete a diversidade e gradua a existência dos sujeitos à medida em que participam cada um dos espaços comunitários[308] – a exemplo da família, escola, trabalho e Estado –, não sendo possível de ser defendido *a priori*[309]. Por essa razão, é fundamental considerar e garantir espaços legítimos de fala e escuta da narrativas que emergem das margens do Estado.

3.1.2 Identidade e violência ilegítima no Estado de Direito ou o poder de começar a história pelo que aconteceu em segundo lugar: a narrativa da Escola Municipal Anne Frank

> "Fiz de mim o que não soube
> E o que podia fazer de mim não o fiz.
> O dominó que vesti era errado.
> Conheceram-me logo por quem não era e
> não desmenti, e perdi-me.
> Quando quis tirar a máscara,
> Estava pegada à cara.
> Quando a tirei e me vi ao espelho,

---

[303] WARAT, Luis alberto. **A rua grita Dionísio!** Direitos humanos da alteridade, surrealismo e cartografia. Rio de Janeiro: Lumen Juris, 2010. p. 49.
[304] VÉRAS NETO, Francisco Quintanilha. Pluralismo jurídico-comunitário participativo, emancipatório, libertador como projeto de combate ao monismo jurídico neoliberal na América Latina. **Espaço Jurídico Journal of Law.** Joaçaba, v. 11, n. 1, p. 149-186. jan./jun. 2010. p. 161.
[305] MATEI, Ugo. NADER, Laura. **Pilhagem**: quando o Estado de Direito é ilegal. São Paulo: Martins Fontes, 2013.
[306] JULLIEN, François. **De lo univeral, de lo uniforme, de lo común y del diálogo entre las culturas.** Madrid: Siruela, 2010.
[307] JULLIEN, François. **De lo univeral, de lo uniforme, de lo común y del diálogo entre las culturas.** Madrid: Siruela, 2010, p. 39
[308] JULLIEN, François. **De lo univeral, de lo uniforme, de lo común y del diálogo entre las culturas.** Madrid: Siruela, 2010, p. 41
[309] MATURANA, Humberto R.; VERDEN-ZOLLER, Gerda. **Amar e brincar:** fundamentos esquecidos do humano: do patriarcado à democracia. São Paulo: Palas Athena, 2004.

> Já tinha envelhecido.
> Estava bêbado, já não sabia vestir o dominó
> que não tinha tirado.
> Deitei fora a máscara e dormi no vestiário
> Como um cão tolerado pela gerência
> Por ser inofensivo
> E vou escrever esta história para provar que sou sublime"
> Álvaro de Campos[310], Tabacaria

Uma das possíveis manifestações de violência pelo exercício ilegítimo do poder consiste em contar a história de outra pessoa ou de um coletivo e fazer dessa perspectiva a versão definitiva da história desse indivíduo ou grupo[311]. Quando isso é feito com amparo do Estado, a história única adquire contorno de oficialidade e pode produzir um dano de impacto ainda maior na comunidade.

Se o aprendido tem relação com a parte da história em que se foca, é importante que cada um se veja capaz de contar sua história adequadamente[312]. Ao focar na violência, na impotência ou na carência de um dado grupo de pessoas, por exemplo, firma-se uma perspectiva que provavelmente ensina pela produção de trauma. A repetição confere ar de naturalidade à história única, que passa a ser confundida com a memória real dos acontecimentos. A cobertura midiática sensacionalista sobre o ocorrido pode acentuar o problema: finais de impacto precisam dos traumas porque o impacto demanda tensão que, por sua vez, gera traumas[313].

Nesse aspecto, o grande problema da história única não é ser falsa, já que muitas vezes pode ser verdadeira; mas sua incompletude, o fato de desconsiderar a diversidade e a complexidade da situação[314]. Ao apresentar apenas uma versão da narrativa, tem-se uma compreensão reduzida e limitante das questões inerentes a ela. Esse ponto é determinante, já que a maneira como se enxerga a situação repercute diretamente no que se é capaz de vislumbrar como suas possíveis causas e soluções[315].

Outro ponto sensível na violência sobre a história do outro consiste em contá-la a partir do que aconteceu em segundo lugar, isto é, selecionando aspectos que se

---

[310] CAMPOS, Álvaro. Tabacaria. In.: BERARDINELLI, Cleonice. **Fernando Pessoa**: Antologia poética. Rio de Janeiro: Bazar Tempo, 2016. P. 189-190.
[311] ADICHIE, Chimamanda Ngozi. **O perigo da história única.** Disponível em: <https://www.youtube.com/watch?v=EC-bh1YARsc>. Acesso em: 12 jul. 2016.
[312] OLB, Jon; PARRY, Madeleine. **Hannah Gadsby:** Nanette. 69 min. Austrália. 2018.
[313] OLB, Jon; PARRY, Madeleine. **Hannah Gadsby:** Nanette. 69 min. Austrália. 2018.
[314] ADICHIE, Chimamanda Ngozi. **O perigo da história única.** Disponível em: <https://www.youtube.com/watch?v=EC-bh1YARsc>. Acesso em: 12 jul. 2016.
[315] ZEHR, Howard. **Changing lenses:** restorative justice for our times. Harrisonburg: Herald Press, 2015. Twenty-fifth anniversary edition.

acredita que merecem ser considerados e ignorando outros. Aqui, mais uma vez, vale o raciocínio de que uma história é determinada pelo ponto que se conta[316].

Num dos bairros do Nacional, o Confisco, isso era bastante sensível: o bairro era definido e retratado majoritariamente pela carência de direitos e serviços para a população, com reflexo direto na violência. O bairro se localiza na fronteira entre os municípios de Contagem e Belo Horizonte, lidando cotidianamente com alegações de desobrigação do poder público municipal dos dois lados.

Criado há três décadas, como resposta a uma ocupação de cerca de 160 famílias sem moradia, o Confisco foi construído ao improviso: suas primeiras moradias eram feitas de lona, sem abastecimento de água, luz, esgotamento sanitário, transporte ou pavimentação. Por não dispor de coleta de lixo e contar com relevo acidentado, uma das áreas mais baixas – o buracão – foi feita de depósito de resíduos descartados, o que levou à presença de ratos, baratas, cobras, escorpiões e insetos na comunidade[317].

Embora tenha havido considerável melhoria nas condições de habitação no bairro, que hoje conta com água tratada, rede de esgoto, eletricidade e pavimentação, seu prolongamento por dois municípios ainda traz muitas dificuldades no cotidiano dos moradores. Nesse aspecto, os mais prejudicados parecem ser os moradores da parcela do bairro localizada em Contagem, já que não dispõem de acesso a unidade básica de saúde nas proximidades e estão localizados na porção de maior vulnerabilidade social do território.

Em razão desse cenário, a comunidade se articulou em redes de solidariedade que estiveram presentes desde o fornecimento de apoio quando algumas famílias ficaram desabrigadas pelos desmoronamentos, a grupos de *WhatsApp* do "Confisco pela Paz". Ainda assim, a baixa autoestima com que a comunidade se enxergava continuava bastante presente, pautada pela história única contada a partir das carências e violências no território.

O próprio nome do bairro carrega um estigma negativo e não agradava aos moradores mais antigos, que tentaram alterá-lo para homenager a uma liderança

---

[316] ADICHIE, Chimamanda Ngozi. **O perigo da história única**. Disponível em: <https://www.youtube.com/watch?v=EC-bh1YARsc>. Acesso em: 12 jul. 2016.
[317] Dados oriundos de relatos dos moradores e do Centro de Referência Popular do Bairro do Confisco. Quanto a este último, é possível acessar relatos semelhantes na página do Centro no Facebook. Cf.: CENTRO DE REFERÊNCIA POPULAR DO BAIRRO DO CONFISCO. **Histórico do Conjunto Confisco**. Disponível em: <https://www.facebook.com/confiscobh/posts/hist%C3%B3rico-do-conjunto-confiscoo-conjunto-confisco-nasceu-em-1988-e-est%C3%A1-localiza/440726819404942/>. Acesso em 12 set. 2018.

comunitária. Os moradores não tiveram sucesso no pleito e o nome Confisco se manteve.

Uma das lideranças comunitárias mais antigas, Maria das Graças Silva Ferreira – a Graça –, identificava a necessidade de contar a história do bairro sob a perspectiva da luta bem-sucedida por moradia, ao invés do foco na sua condição periférica. A Graça tinha interesse em produzir um documento, que sugeria ser uma história em quadrinhos, para distribuir entre os moradores e consolidar essa narrativa alternativa sobre a comunidade[318].

Para ela, o formato em quadrinhos era importante por que garantiria a circulação e interesse dos moradores no conteúdo. Embora o sonho fosse antigo, Graça não via condições fáticas para materializá-lo, mas constantemente comentava com outras lideranças sobre seu interesse. A oportunidade, todavia, veio pelo envolvimento da Escola Municipal Anne Frank (EMAF), sob iniciativa do Professor de História, Moacir Fagundes Freitas, e da então Diretora, Sandra Mara Vicente, amiga de Graça, que colocou o professor e a liderança comunitária em contato.

O Professor havia notado que os estudantes tinham vergonham de se identificar como moradores do bairro, preferindo fazer referência indireta ao local, remetendo normalmente à proximidade ao portão do zoológico, ao invés de mencionar o Confisco. Segundo narra,

> Começou por que eu percebi que eram muito recorrentes em sala de aula aqueles pequenos conflitos entre estudantes e a origem desses conflitos era que a maioria dos meninos e meninas tinham vergonha de dizer que pertenciam ao Confisco. Quando aconteciam aquelas briguinhas de sala de aula, falavam assim 'ah, mas eu não moro aqui, você que é do Confisco, né? Você é "confisqueiro", eu não sou'. **Ninguém nunca morava no Confisco, todos falavam que moravam nos bairros próximos.** [...] ninguém assumia. A maioria tinha vergonha de dizer que morava no Confisco. Era até motivo de zoação chamar o outro de "confisqueiro". Eu percebi isso e vi que não dava para só ensinar a história da Europa com essa questão batendo na minha cara ali. Isso começou a me incomodar e comecei a jogar pra eles: 'e aí, gente, por que vocês acham que é tão ruim morar aqui? Alguém sabe a história do bairro? Alguém sabe por que é que tem

---

[318] Informações obtidas a partir de entrevistas à Sandra Mara e Moacir Fagundes Freitas, além de conversa com Graça, crianças que estudam na Escola Municipal Anne Frank e outros moradores do Confisco. Também há referência a essa história na série "Confisco: história revista", que gerou três reportagens produzidas pelo Jornal Minas, da Rede Minas. Cf. REDE MINAS. Jornal Minas. **Série Confisco: História Revista – Episódio 1.** Disponível em: <https://www.youtube.com/watch?v=wM86YIgFe-A>. Acesso em: 01 out. 2018.; REDE MINAS. Jornal Minas. **Série Confisco: História Revista – Episódio 2.** Disponível em: <https://www.youtube.com/watch?v=75z_K7DtFAI&feature=youtu.be>. Acesso em: 01 out. 2018.; REDE MINAS. Jornal Minas. **Série Confisco: História Revista – Episódio 3.** Disponível em: <https://www.youtube.com/watch?v=73fTyKoB5Xc>. Acesso em: 01 out. 2018.

> esse nome?'. Aí alguém falou: 'ah, professor, eu sei uma coisa. Sei que era uma fazenda'. Quando devolvi essas questões pra eles, eles começaram a se motivar. 'Então vamos pesquisar! Vocês topam? Se ninguém aqui quer morar no Confisco, vamos procurar conhecer o bairro primeiro, pra saber se é isso mesmo'. Aí marquei com eles uma aula que aconteceu na arquibancada. Nessa aula, levei uma maquete do bairro que tem na escola, que é anterior a esse projeto. [...] Tinha uns estagiários de história chegando lá [na escola] e essa foi uma das primeiras aulas que tive com eles. Eu sabia que nesse dia iria uma líder comunitária, que foi uma das fundadoras [do bairro] e uma funcionária nossa que é fundadora também. **Eles adoraram ver a maquete e começaram a identificar com os dedos as casas deles ali.** E aí o motivo sobre o nome do bairro, sobre como começa o bairro. **Quando jogo esse monte de questões que eles não dão conta de responder, eu falo pra eles que teria uma forma de responder, que naquele instante tínhamos na escola uma líder comunitária e uma funcionária que participaram da fundação do bairro e pedi pra eles procurarem essas informações.** Eles saíram correndo da arquibancada e foram pra lá atrás dessas pessoas. [...] Elas começaram a falar e aí as meninas e meninos ficaram super entusiasmados por que começam a ouvir da voz dessas pessoas alguma coisa sobre a origem do bairro. [ênfase acrescida]

Identificada a rejeição do pertencimento e identidade com o território, o Professor Moacir procurou trabalhar essa questão-problema em sala de aula com os estudantes do sétimo ano da escola, em 2016. Nas aulas seguintes, passou a questionar sobre a imagem que se tem do bairro. Foi quando questionou o porquê de os estudantes negarem com tanta veemência o pertencimento ao bairro e se eles já haviam identificado isso em algum outro morador.

Essas questões foram motivadoras para que os estudantes tivessem interesse em envolver-se numa pesquisa para identificar qual a imagem que os moradores têm do bairro. Foi montado um formulário com questões que perpassavam desde a impressão sobre o Confisco e sobre as condições de moradia até se já precisou, por alguma razão, esconder que morava lá. Em algumas perguntas, era abordada também a imagem que outras pessoas tinham daquele bairro.

O professor fez crachás para os estudantes, em que eram identificados como "historiador@s" ou "pesquisador@s". Distribuiu pranchetas para cada um deles e formou grupos menores que seguiam com ele e com os novos estagiários pela comunidade. Relata que as estudantes ficaram orgulhosas e animadas já nesse momento inicial, comentando do fato de serem pesquisadoras e historiadoras.

Conforme conta, a tabulação das respostas era feita no dia seguinte à coleta dos dados. Tanto as perguntas dos questionários, quanto a tabulação foi construída com os estudantes, garantindo que participassem de todo o processo de pesquisa.

O professor também acompanhou os estagiários no Arquivo Público Mineiro e no Arquivo Público de Belo Horizonte. Foram coletadas fotos antigas do bairro e suas cópias foram expostas para os estudantes. As fotos foram acompanhadas de manchetes de jornais antigas e atuais que abordavam o bairro. Nesse primeiro trabalho de pesquisa, o professor e os estagiários só identificaram manchetes negativas, a maioria repercutia assassinatos, roubo e tráfico.

Segundo Moacir,

> Quando nós colocamos as manchetes antigas e novas no *Power Point* pros meninos verem... você precisava ver o que aconteceu na sala! **Eu chamo essa aula de "aula da indignação". Os estudantes ficaram indignados com as manchetes, foi um tumulto. Ficaram em povorosa. Eu lembro de uma menina pequenininha que falava assim: 'vamos chamar esse repórter pra ele falar na nossa frente o que ele escreveu sobre nosso bairro. Nosso bairro não é nada disso'. Decidi canalizar essa indignação pro aprendizado.** Perguntei como poderíamos mostrar pra esse pessoal que o Confisco não é só o que se tem em manchete. **Aí a estagiária, a Luiza, deu a ideia da gente tirar foto do bairro, já que pelas fotos a gente comunica.** [...] a Luiza e outras duas estagiárias deram então uma oficina ensinando técnicas de fotografias. [ênfase acrescida]

Sobre "a aula da indignação", é importante ter em mente que

> [...] quando olhamos para uma comunidade subalternizada no campo ou na cidade, de gênero, étnica, de classe ou de orientação sexual, não vemos a particularidade de cada um: o imaginário social patrodonizado identifica exatamente isso – um padrão que, como categoria homogeneizante, só nos permite codificar o estereótipo com o qual fomos ensinados a nos comunicar. E o estereótipo só existe dentro de fronteiras sólidas e claramente edificadas[319].

Moacir acredita que a história que ensina não deve ser abstrata, sem amparo no cotidiano do estudante. Procurava relacionar o conteúdo de história com a realidade do bairro. Por isso, ao perceber que os estudantes haviam incorporado a narrativa única sobre o Confisco e que estavam reproduzindo essa compreensão sobre o bairro, dedicou-se a produzir esse resgate histórico do território com foco na cidadania, pertencimento e significado.

Como a Escola Municipal Anne Frank (EMAF) foi a primeira construção do bairro, tanto a Diretora, quanto o Professor entendiam que a escola consistia em espaço qualificado para esse resgate, tendo uma função social com aquela comunidade.

Isso resta confirmado no relato de Graça, registrado nos quadrinhos, segundo o qual a escola é o coração do bairro. Essa imagem é ressaltada por Dona Fátima, também

---

[319] AMARAL FILHO, Nemézio C. As perigosas fronteiras da "comunidade": um desafio à comunicação comunitária. In.: PAIVA, Raquel; SANTOS, Cristiano Henrique Ribeiro dos. (Org.). **Comunidade e contra-hegemonia:** rotas de comunicação alternativa. Rio de Janeiro: Mauad X: FAPERJ, 2008. p. 81.

com relato nos quadrinhos, que dizia que a EMAF "não é uma escola, é uma comunidade... eu acho que é tudo junto. Por que a escola, a gente vê ela uma... é um lugar que a gente sabe que pode contar, né...".

Essa percepção não é exclusiva das duas lideranças mencionadas. Escola transformadora, a Escola Municipal Anne Frank (EMAF) relaciona-se de maneira muito próxima com a comunidade do Confisco, de modo a transpor a barreira física dos muros que aparentemente delimitam onde começa a escola e onde termina a rua.

Um sem-número de ações costuma ser adotado nesse sentido, indo desde a abertura do espaço da EMAF para uso do campo de futebol pela comunidade, como realização de festividades, atividades e eventos da escola em praças e ruas do bairro, convidando os moradores para fazerem parte.

Esse tipo de atitude, segundo conta Sandra Mara, foi essencial para reduzir evasão dos estudantes, diminuir violências na escola, preservar a vida dos estudantes e reforçar a conexão entre a comunidade escolar e os demais moradores do Confisco. Antes dessas ações, a EMAF contava recorrentemente com ingresso de estudantes armados, de assédio de estudantes por adultos da comunidade ligados ao crime, dentre outras ocorrências frequentes[320]. Ao invés de esperar um cenário favorável para transformar-se, foi a proposta de alteridade e acolhimento da escola que transformou o entorno.

A história em quadrinhos produzida pelos estudantes, sob coordenação do Professor Moacir Fagundes, será abordada mais detalhadamente no item 5.3.

3.2 Regulação e emancipação enquanto estados do Estado: o paradigma da Modernidade

> "Sonho que sou Alguém cá neste mundo...
> Aquela de saber vasto e profundo.
> Aos pés de quem a Terra anda curvada!
> E quanto mais no céu eu vou sonhando
> E quanto mais no alto ando voando,
> Acordo do meu sonho... E não sou nada!"
> Florbela Espanca[321], Vaidade

---

[320] Dados amparados em documentos internos da escola aos quais tive acesso durante o campo da pesquisa.
[321] ESPANCA, Florbela. Vaidade. In.: _____. **Sonetos**. Lisboa: Bertrand, 1978.

Na sua "Crítica da razão indolente", Santos sustenta a impossibilidade de defender estratégias genuinamente emancipatórias no paradigma dominante de Modernidade, estando fadadas a serem incorporadas por estratégias regulatórias[322].

Segundo argumenta, desde a Modernidade, as dinâmicas internas ao Estado e ao Direito contemporâneos têm-se assentado na permanente tensão entre regulação e emancipação social. Embora uma não venha desacompanhada da outra, já que são ambas essenciais às práticas sociais, o agir estatal tem priorizado ora uma, ora outra.

No Brasil, essa perspectiva tem servido às interpretações dos fatos sociais e às condições de possibilidade com as quais se concebe o Direito monista. Contudo, a tensão entre regulação e emancipação social tem caminhado para a gradual transmutação de energias emancipatórias em regulatórias[323].

> O conhecimento totalizante é um conhecimento de ordem sobre o caos. O que distingue neste domínio a sociologia funcionalista da sociologia crítica é o facto de a primeira pretender a ordem da regulação social e a segunda pretender a ordem da emancipação social. No final do século, encontramo-nos perante a desordem tanto da regulação social como da emancipação social. O nosso lugar é em sociedades que são simultaneamente autoritárias e libertárias.
> [...] Levando até às últimas consequências o poder disciplinar do panóptico construído pela ciência moderna, Foucault mostra que não há qualquer saída emancipatória dentro deste "regime da verdade", já que a própria resistência se transforma ela própria num poder disciplinar e, portanto, numa opressão consentida porque interiorizada. [...] Intrigantemente, a sociologia disciplinar tem ignorado quase completamente o multiculturalismo[324].

Ao constatar que se enfrenta problemas modernos para os quais não há soluções modernas eficazes, propõe-se a trabalhar com soluções pós-modernas segundo uma teoria crítica pós-moderna de oposição[325].

> A nossa posição pode resumir-se assim. Em primeiro lugar, não há um princípio único de transformação social [...] Não há agentes históricos únicos nem uma forma única de dominação [...] Mais do que uma teoria comum, do que necessitamos é de uma *teoria de tradução* que torne as diferentes lutas

---

[322] SANTOS, Boaventura de Sousa. **A crítica da razão indolente:** contra o desperdício da experiência. Para um novo senso comum: a ciência, o direito e a política na transição paradigmática. 8. ed. São Paulo: Cortez, 2011a. vol. 1. p. 16.
[323] SANTOS, Boaventura de Sousa. **A crítica da razão indolente:** contra o desperdício da experiência. Para um novo senso comum: a ciência, o direito e a política na transição paradigmática. 8. ed. São Paulo: Cortez, 2011a. vol. 1. p. 15.
[324] SANTOS, Boaventura de Sousa. **A crítica da razão indolente:** contra o desperdício da experiência. Para um novo senso comum: a ciência, o direito e a política na transição paradigmática. 8. ed. São Paulo: Cortez, 2011a. vol. 1. p. 26-27.
[325] SANTOS, Boaventura de Sousa. **A crítica da razão indolente:** contra o desperdício da experiência. Para um novo senso comum: a ciência, o direito e a política na transição paradigmática. 8. ed. São Paulo: Cortez, 2011a. vol. 1. p. 29.

mutuamente inteligíveis e permita aos actores coletivos "conversarem" sobre as opressões a que resistem e as aspirações que os animam.
Em segundo lugar, a industrialização não é necessariamente o motor do progresso nem a parteira do desenvolvimento. Por um lado, ela assenta numa concepção retrógrada da natureza, incapaz de ver a relação entre a degradação desta e a degradação da sociedade que ela sustenta. Por outro lado, para dois terços da humanidade, a industrialização não trouxe desenvolvimento. [...] A falência da miragem do desenvolvimento é cada vez mais evidente e, em vez de buscarem novos modelos de desenvolvimento alternativas, talvez seja tempo de começar a criar alternativas ao desenvolvimento[326]. [grifos no original]

Com isso, tem em mente que os meios através dos quais a ciência tem concebido os problemas sociais não têm amparo nos meios necessários para possibilitar suas transformações. Ou seja, parte da constatação de que o fazer tradicional da ciência não se presta a resolver problemas sociais e que, por essa razão, muitas vezes sequer os pensa como problemas. Nesse sentido, na Modernidade, problemas sociais adquiriram conotação epistemológica[327].

Esse aspecto é importante para compreender a atuação no *Segurança com Cidadania*, uma vez que o diferencial da metodologia proposta pelo PNUD consistiu justamente na compreensão da comunidade pela sua potência, e não pelo compartilhamento das mesmas carências em dado território.

Ao projetar o cidadão enquanto agente, e não como tutelado ou mero consumidor de políticas públicas, subverte a ótica simplista com que se costuma administrar o que é público no Brasil[328]. A semelhança entre o *Segurança com Cidadania* e a teoria de Boaventura é justamente a contraposição ao desperdício de experiência, a proposta de uma "utopia tão pragmática quanto o senso comum[329]", para se manter nas palavras do professor.

Assim, ambos reconhecem no policentrismo decisório a oportunidade de reinventar a autêntica emancipação, que não se confunde com aquela incorporada pelos

---

[326] SANTOS, Boaventura de Sousa. **A crítica da razão indolente:** contra o desperdício da experiência. Para um novo senso comum: a ciência, o direito e a política na transição paradgmática. 8. ed. São Paulo: Cortez, 2011a. vol. 1. p. 27-28.
[327] SANTOS, Boaventura de Sousa. **A crítica da razão indolente:** contra o desperdício da experiência. Para um novo senso comum: a ciência, o direito e a política na transição paradgmática. 8. ed. São Paulo: Cortez, 2011a. vol. 1. p. 117.
[328] Cf. LIMA, Antonio Carlos Souza. O exercício da tutela sobre os povos indígenas: considerações para o entendimento das políticas indigenistas no Brasil contemporâneo. "Dossiê Fazendo Estado", **Revista de Antropologia**, USP, São Paulo, v. 55(2), jul./dez. 2012.; CANCLINI, Néstor García. **Consumidores e cidadãos.** Rio de Janeiro: Editora UFRJ, 2010. 8. ed. Tradução de Maurício Santana Dias.; CAPELLA, Juan Ramón. **Los ciudadanos siervos.** Madrid: Editorial Trotta, 2005. 3. ed. Colección Estructuras y procesos. Serie Derecho.
[329] SANTOS, Boaventura de Sousa. **A crítica da razão indolente:** contra o desperdício da experiência. Para um novo senso comum: a ciência, o direito e a política na transição paradgmática. 8. ed. São Paulo: Cortez, 2011a. vol. 1. p. 383.

meios oficiais do Estado, por melhor que esta seja. Nesse sentido, policentrismo e diversidade não implicam em barbárie, nem se confundem com o produto de pensamentos vanguardistas iluminados, amparando-se antes no que Santos chamou de "senso comum emancipatório[330]".

Policentrismo e diversidade são, por isso, elementos essenciais à revolução democrática da justiça[331]. Afinal, o Direito seria uma extravagância saudosista se esperasse que a diversidade desaparecesse ou se desconsiderasse sua existência, pois estaria mais presente justamente onde seu poder é menos necessário e permaneceria marginal às questões mais sensíveis da contemporaneidade[332].

3.2.1 O resgate da comunidade perdida?

> "Não sei o que é uma casa
> É um abrigo?
> Ou um guarda-chuva quando chove?
> Eu a enchi de garrafas, trapos, patos de madeira, cortinas, leques
> Parece que não quero abandoná-la nunca
> Então é uma janela que aprisiona
> qualquer um que entre nela
> Inclusive um pássaro como você,
> sujo de neve
> Mas o que contamos um ao outro é tão leve
> Que não pode ser retido em seu interior"
> Tonino Guerra para Andrei Tarkóvski[333]

Como contraponto à mundialização da economia, o local ganhou conotação de sentido. Esse enraizamento a comunidades específicas materializa o pertencimento que a ideia abstrata de sociedade não dá conta de resguardar.

Por essa razão, o local ressurge não só como espaço de diversidade cultural, mas também remetendo a uma dimensão de "comum", particularizando a compreensão de comunidade[334]. O local desponda como o *de onde* e o *para onde*, o espaço no qual a

---

[330] SANTOS, Boaventura de Sousa. **A crítica da razão indolente:** contra o desperdício da experiência. Para um novo senso comum: a ciência, o direito e a política na transição paradgmática. 8. ed. São Paulo: Cortez, 2011a. vol. 1. p. 383.
[331] Alusão ao termo empregado em outra obra do mesmo autor. Cf. SANTOS, Boaventura de Sousa. **Para uma revolução democrática da Justiça**. São Paulo: Cortez, 2011b.
[332] GEERTZ, Clifford. **O saber local:** novos ensaios em antropologia interpretativa. Petrópolis: Vozes, 2014. p. 218 ss.
[333] TARKÓVSKI, Andrei; GUERRA, Tonino. **Tempo di viaggio.** 1982. Itália. 63 min.
[334] SODRÉ, Muniz. Apresentação. In.: PAIVA, Raquel; SANTOS, Cristiano Henrique Ribeiro dos. (Org.). **Comunidade e contra-hegemonia:** rotas de comunicação alternativa. Rio de Janeiro: Mauad X: FAPERJ, 2008. p. 7-8.

participação é meio para a construção de significado e pertencimento, para o viver democrático e o exercício de solidariedade[335].

O local é o espaço prioritário da comunidade. Mas de que se fala ao falar-se em comunidade? Sendo termo recorrente na linguagem cotidiana, há dois significados mais frequentemente atribuídos ao termo: um deles orientado a espaços geográficos marcados pela pobreza econômica e a violação ou ameaça a direitos fundamentais; o outro voltado ao pertencimento a grupos específicos, como "comunidade LGBTQ", "comunidade religiosa", "comunidade escolar" ou mesmo "comunidade acadêmica". Em ambos, o termo parece carecer de densificação[336].

Por vezes, a comunidade chega a ser definida de maneira residual: comunidade é aquilo que *ainda* não temos e que objetivamos alcançar. Há também uma ideia indefinida de comunidade que remete à ancestralidade. Nesse caso, o termo costuma ser evocado por populações nativas, remanescentes de quilombos ou mesmo por movimentos sociais campesinos, urbanos ou afirmativos de negritude. Ocorre que, nessas situações, não raro o termo é empregado de forma defensiva, em contraposição a um outro externo hegemônico, concebido como "anticomunitário"[337].

Nesse caso, simboliza o resgate de uma comunidade perdida ou, ao menos, invisibilizada no imaginário abstrato de cidadão. Essa compreensão, contudo, frequentemente recai numa autolimitação, confundindo ancestralidade com um modo único e bem específico de constituir-se nesse coletivo. Isso ocorre quando há apego a um passado – mais ou menos idealizado – em que dado grupo identitário vivia harmonicamente.

A comunidade a que remete a justiça comunitária, mesmo vinculada à ancestralidade, não é saudosista: trata-se de opção política e ética emancipatória[338]. Por essa razão, é definida no presente.

> [...] o mal propriamente dito hoje existente na vida política, consiste [...] no fato de o homem ver seu semelhante como algo que ele pode experimentar, descobrir, isto é, que ele pode usufruir em sua utilidade, em sua aplicabilidade. [...] É isto que se deve ultrapassar. Há, porém, um grande

---

[335] KISIL, Marcos. **Comunidade:** foco de filantropia e investimento social privado. São Paulo: Global, 2005. p. 51.
[336] CARRILLO, Alfonso Torres. **El retorno a la comunidad**: problemas, debates y desafíos de vivir juntos. Bogotá: Fundación Centro Internacional de Edicación y Desarrollo Humano, 2017. p. 11.
[337] CARRILLO, Alfonso Torres. **El retorno a la comunidad**: problemas, debates y desafíos de vivir juntos. Bogotá: Fundación Centro Internacional de Edicación y Desarrollo Humano, 2017. p. 13, 197.
[338] CARRILLO, Alfonso Torres. **El retorno a la comunidad**: problemas, debates y desafíos de vivir juntos. Bogotá: Fundación Centro Internacional de Edicación y Desarrollo Humano, 2017. p. 217 ss.

> obstáculo no caminho, e este é o falso radicalismo da juventude atual. Esta juventude apraz-se em representar as coisas da seguinte maneira: tem-se um ideal das coisas como devem ser, por exemplo, como Estado e sociedade deveriam ser. Isto pode ser efetivado, de certo modo, de certa maneira política ou revolucionária e, portanto, não pode ser realizado aqui e agora. Com este adiamento ganha-se a base para uma vida fora da realização. Assim, aqui e agora, participa-se daquilo que é válido agora. Este é o radicalismo como fuga. [...]
> Oposto a isso, **reconhece-se a linha divisória que é traçada a cada dia. Hoje isto pode ser realizado por mim, entre nós, nesta vida que nos é dada e aquilo não pode. [...] Isto significa responsabilidade. E se tomarmos o conceito em toda a sua realidade, responsabilidade significa sempre responsabilidade diante de alguém.** Responsabilidade para consigo mesmo é uma ilusão.
> **A verdadeira responsabilidade é sempre responsabilidade diante do outro. [...] Responsabilidade do *hic et nunc*, do aqui e agora.** Esse é o último ponto que, na realidade, podemos atingir. Tudo o mais é pessoal, tudo o mais cada homem individualmente deve decidir por si próprio e é uma questão de tempo, dependendo de sua situação, de seu talento, de suas possibilidades, de seu lugar, de seu momento[339]. [grifos acrescidos]

Enquanto processo, a comunidade é de criação permanente. Pela mesma razão, os sujeitos comunitários não são ponto de partida – não existe um rol apriorístico de incluídos e excluídos –, mas o devir do processo comunitário. Parafraseando Marshall Sahlins, "o fluxo é de tal natureza que jamais se pode mergulhar duas vezes na mesma comunidade[340]".

Assim como identificado na narrativa alternativa da história do Confisco, comunidade afasta-se do estereótipo, já que este isola o outro e distancia as pessoas, à medida que subjuga na esfera simbólica e impõe uma definição de seus membros de fora para dentro[341]. O estereótipo só tem espaço diante de fronteiras sólidas. Em sentido oposto, enquanto processo, a comunidade está em permanente construção, constituindo-se pelo movimento e por suas fronteiras móveis[342].

Nesse aspecto, "a nova comunidade tem como finalidade a própria comunidade[343]"

.

> **Ela [nossa comunidade] não quer reformar; a ela importa transformar. [...] Desse modo, nossa comunidade não *quer* revolução, ela *é* revolução. [...] Para nós, revolução não significa destruir coisas antigas, mas viver**

---

[339] BUBER, Martin. **Sobre comunidade**. São Paulo: Perspectiva, 2012. p. 78-79.
[340] SAHLINS, Marshall. Heráclito x Heródoto. In: _____ **Esperando Foucault, ainda**. São Paulo: Cosac Naif, 2013. p. 16.
[341] BHABHA, Homi K. **O local da cultura**. Belo Horizonte: Editora UFMG, 2003.
[342] AMARAL FILHO, Nemézio C. As perigosas fronteiras da "comunidade": um desafio à comunicação comunitária. In.: PAIVA, Raquel; SANTOS, Cristiano Henrique Ribeiro dos. (Org.). **Comunidade e contra-hegemonia**: rotas de comunicação alternativa. Rio de Janeiro: Mauad X: FAPERJ, 2008. p. 75-87.
[343] BUBER, Martin. **Sobre comunidade**. São Paulo: Perspectiva, 2012. p. 33.

> **coisas novas. Não estamos ávidos por destruir, mas ansiosos por criar.** Nossa revolução significa que criamos uma nova vida em pequenos círculos e em comunidades puras. [...] Nesta nova vida homens que, pela especialização da sociedade contemporânea, se tenham tornado órgãos com uma função estritamente bem definida e que, para poderem viver, devem conformar-se com esta função, serão novamente homens capazes de haurir da plenitude. Tais homens não se associarão mais como antes, pelo fato de homens especializados dependerem mutuamente uns dos outros, mas se encontrarão por amor, por anseio-de-comunidade e por pródiga virtude.
> Os homens que na atual sociedade foram atirados em uma engrenagem movida pelo proveito, de modo a atrofiar sua criatividade livre sob o jugo do trabalho que visa o proveito, serão, nesta nova vida, elevados à nova ordem de coisas, onde reina não o princípio utilitário, mas o princípio criador e libertador de suas forças subjugadas. Nesta nova vida renascerá, não só a pluricomunidade numa forma ainda mais nova, mais nobre e pura, mas também, e, através dela, e nela, a bicomunidade; e a solidão das mais calmas horas de contemplação e de criação recobrará um novo e mais rico colorido. **Cada um viverá ao mesmo tempo, em si-mesmo e em todos**[344]. [grifos acrescidos]

Ao considerar outra pessoa como ser vivo para o qual estou aqui, assim como ela está aqui para mim, estou em comunidade[345].

3.2.2 Construir comunidade *Na Tora*

> "Na rua em meio a estátuas de sal
> Me senti um preso em banho de Sol
> Por dentro o Armageddon pessoal
> O mundo de olho aberto é cego, razão principal
> A forma que Deus é visto aqui
> E como um filho seu passou aqui
> Mundo de um livro só, sem entender
> que há um nó em tudo que está por aqui"
> A.X.L[346], Herança Verde Escuro

Diferente de parte considerável dos projetos oriundos do *Segurança com Cidadania*, o envolvimento da juventude com arte urbana não só não parou como o encerramento do Programa, como tem se consolidado no Nacional. Conduzidos pela *ONG Terra Santa*, tendo como principal agente Paulo Terrinha, o *Na Tora Crew* e o *Na Tora Design* são referência na comunidade.

O Na Tora surgiu como braço de outro projeto do *Segurança com Cidadania*, o *Trilhas da Paz*, que objetivava sinalizar espaços públicos educativos como escolas e

---

[344] BUBER, Martin. **Sobre comunidade.** São Paulo: Perspectiva, 2012. p. 38-39.
[345] BUBER, Martin. **Sobre comunidade.** São Paulo: Perspectiva, 2012. p. 88.
[346] RAPBOX, Axel Alberigi. **Herança Verde Escuro,** 00:05:24. Disponível em: <https://open.spotify.com/track/0p2mgA6EDQG1Q3gBnXvAE6?si=DuH0-XVhT2ibmAFE0z6-jw>. Acesso em: 9 ago. 2018.

praças, seja para construir uma imagem positiva do que o território já tinha conquistado; seja para informar à população da presença de bens e serviços a sua disposição.

Como firmado em *graffiti* atribuído ao Banksy nos muros ao redor do Qalandiya Checkpoint, na Palestina, "se você repete uma mentira o suficiente, ela se torna política[347]". Da mesma maneira, é também um ato político melhorar o espaço da comunidade e sinalizar os bens e serviços existentes.

A um só tempo, o *Trilhas da Paz* melhorava a percepção de ambiência dos espaços públicos no Nacional e capacitava adolescentes para atuar com stencil e desenvolver suas habilidades artísticas. Muitos dos garotos que participaram do projeto estavam em condição de vulnerabilidade, sendo frequente as narrativas de ameaças à vida desses meninos ou de envolvimento direto com atos infracionais ou com adultos que sabidamente praticavam crimes, especialmente tráfico de drogas.

Em conversa com a pesquisadora, alguns desses jovens relataram que o envolvimento com a arte urbana os afastou de um destino que parecia certo: o de viver da venda de droga ou de morrer em razão dela.

Além disso, como ressalta Paulo Terrinha

> Eu vejo mudança, uma transformação e liberdade [com o *graffiti*] por que isso leva, talvez, um menino que não teria perspectiva de vida nenhuma... por mais que a arte no Brasil não é levada a sério, ne? [...] **o simples fato de uma criança se envolver com a arte pode não fazer ficar rica, mas a forma como ela vê as coisas muda e isso vai refletir lá na frente. Coisas simples, o olhar muda, a forma como eu vejo a vida, como eu vejo o outro, como eu vejo o mundo. Então, isso vai transformar quem eu sou e quem eu vou ser. Isso vai interferir diretamente nas minhas escolhas.** [ênfase acrescida]

O *Na Tora* atua como projeto da *ONG Terra Santa* que, por sua vez, tem vinculação com a Igreja Batista, cujo Pastor, pai de Paulo Terrinha, apoiou o *Segurança com Cidadania* e a Marcha pela Paz no território.

---

[347] No original: "if you repeat a lie often enough, it becomes politics". O muro em que o artista de rua fez o *graffiti* fica ao lado do checkpoint de Qalandiya, que segrega Jerusalém de Rammallah, capital da Palestina. O checkpoint, ilegal segundo o direito internacional, fica em frente a um campo de refugiados de mesmo nome. O *graffiti* substitui a última palavra da célebre frase, alertando para o fato de que uma mentira repetida não se torna verdade, mas política; e que, inclusive, a produção de narrativa única é um ato político. Embora remeta contextualmente à ocupação israelense na Palestina, o *graffiti* soa bastante atual na esfera da política partidária, diante da alegação de que a eleição de Donald Trump nos Estados Unidos da América foi conduzida à base do que se convencionou chamar de *fake news*. No Brasil, a campanha eleitoral de Jair Bolsonaro tem sido investigada sob a mesma acusação. A relação do tema com o objeto da tese é bastante evidente, já que a polarização e os discursos de ódio têm sido empregados também contra os sujeitos participantes da pesquisa, que são majoritariamente negros, pobres e periféricos. Além de outras minorias qualitativas também abarcadas na comunidade, como mulheres, nordestinos e população LGBTQ.

Segundo Paulo,

> [...] E a gente ainda consegue unir isso [afastar jovens da criminalidade] à questão da igreja, de Deus. A gente é *graffiti*, a gente é rua, mas a gente também tem uma consciência. **A gente trabalha de uma forma que o jovem entende que ele pode curtir, pode sair, pode fazer aquilo que ele quiser, mas ele precisa ter consciência e que tudo tem consequência, seja ela positiva ou negativa.** [ênfase acrescida]

O coletivo tem participação direta em questões importantes para o Nacional, desde o envolvimento em projetos para doação de roupas ao oferecimento de atividades de lazer no território, como a *Batalha de MC's Casa Amarela*. Parte considerável das publicações da página do grupo no *Facebook*, por exemplo, informa sobre eventos e projetos para suprir a "ausência do estado nas vilas e favelas" ou agradece às "pessoas que se preocupam e se reúnem para doar um pouco de si e muito amor"[348].

Embora a atuação do coletivo seja fortemente voltada à comunidade do Nacional, sua ação social expandiu-se para outros territórios periféricos da Grande Belo Horizonte e para a região norte do estado de Minas Gerais, principalmente em áreas assoladas pela seca. Junto ao *Love Movimento*, o *Na Tora* tem pintado o sertão mineiro de mar.

Nas palavras de Paulo Terrinha,

> Eu sempre trabalhei mais dentro da comunidade do que fora. Fazia fora quando tinha algum outro evento. Tipo assim, ah, vai ter Mãos na Massa em tal lugar, aí a gente ia, e quando era um rolé que os meninos chamavam pra tal lugar, aí a gente ia. Mas eu sempre fui muito da questão da comunidade, entendeu? Então hoje a gente é conhecido [fora do Nacional], mas nosso trabalho sempre foi mais forte dentro da comunidade. [...] eu vejo que o *graffiti* tem vários estilos e cada um tem seu estilo dentro da nossa equipe. Mas agora que eu estou voltando mais pra ativa. Até por que eu cheguei uma época em que eu atingi uma crise em que, pra mim, não fazia mais sentido o *graffiti* simplesmente por *graffiti*. Porque, lógico que é um entendimento meu, pra mim não fazia mais sentido ir ali e simplesmente escrever meu apelido. Depois de um tempo comecei também a fazer desenhos e tal. **E hoje, eu e os meninos, a gente faz um trabalho de missão também, a gente ajuda uma galera do sertão. Pra mim, o *graffiti* faz muito mais sentido nesses espaços. Quando você vai ali onde não tem nada, onde não tem cor e você leva a cor de uma forma que eles nunca viram ou viram apenas na televisão.** Aí tá ali, de frente pra eles. Então, **eu vejo assim, né, socialmente falando, uma transformação muito maior e um impacto muito maior.** Mas hoje, assim, meus desenhos, eu costumo fazer muita árvore, eu gosto de arvore. Eu faço umas casinhas de palafita que, de certa forma, virou a minha marca. Hoje eu gosto mais de desenhar do que de escrever. Tem um que gosta mais de escrever. O interessante é que quando a

---

[348] NA TORA CREW. **Mais cores mais vida de Páscoa.** Disponível em: <https://www.facebook.com/natoracrew/?ref=br_rs>. Acesso em: 12 jun. 2017.

gente vai pra algum canto fazer um trabalho social, isso se completa. Um escreve, o outro desenha. [ênfase acrescida]

O *Na Tora Crew* atua com arte urbana, principalmente *graffiti*, enquanto o *Na Tora Design* propõe-se a produzir móveis e outros objetos a partir de *pallets* reutilizados e madeira para criar itens úteis, com design, custo reduzido e baixo impacto ambiental. Ambos projetos oferecem cursos à juventude da comunidade.

Questionado sobre a descontinuidade de grande parte dos projetos conduzidos pela sociedade civil no Nacional à época do *Segurança com Cidadania*, Paulo Terrinha afirmou que

> eu entendo que a maioria das pessoas não eram pagas pra fazer nada disso. [...] E eu tive a oportunidade de continuar trabalhando, né? E continuar com um pouquinho daquilo que eu aprendi. **Eu apenas tive a oportunidade, mas eu sei que a grande maioria, se ainda tivesse essa oportunidade, também faria.** Muita gente ficou muito revoltada, muito decepcionada com o que aconteceu, da forma que foi, pelo fato de ter acabado e pelo fato de que simplesmente, acabou. Tipo assim, a ONU fixou o prazo e todo mundo sabia, mas a questão é que houve uma promessa da gestão que entrou que iria dar continuidade. Galera do Carlinho falou que ia dar continuidade ao projeto, tal, tal, tal, e acabou que aos poucos foi só cortando, só janelando, aí, encerrou. [...] Eu vejo assim: a gente precisa de dinheiro, isso aí é fato. Querendo ou não, o fato de eu ser empregado aqui, dentro de uma instituição que me dá essa liberdade, deixou muito mais fácil. Mas acho que é muito uma questão pessoal também. Eu podia só fazer o trabalho e pronto, mas eu acredito que quando a gente recebe algo, eu vejo que ninguém recebe algo à toa. Eu acredito que Deus é criativo. Então, aquilo que ele me deu, é uma resposta a ele. Eu preciso usar aquilo pra levar o bem. Se não, não faz sentido o talento e o dom. [ênfase acrescida]

Ainda sobre o tema, Paulo Terrinha reforça que

> A formação da ONU preparou a gente e deixou bem claro que a gente não precisa deles [do poder público]. Em todo o tempo, nas reuniões, a ONU deixava bem claro até pra Prefeitura que quem escolhia [como os serviços, programas e projetos seriam executados] era a comunidade. Então, **a comunidade passou a ter voz.** Eu acredito que **a comunidade, não só aqui, mas em qualquer lugar, se ela se organiza, ela tem poder**. Mas aí entra a questão da alienação, que a gente escolhe se alienar. Então **cada um se aliena daquilo que acredita. É complicado. Eu vejo que a gente faz a diferença, todo mundo pode fazer, mas, querendo ou não, quando é só um no meio de vários...** e, infelizmente, a comunidade dá mais valor ao que vem de fora. Que nem, no seu caso, se você organizar algo, as pessoas dão mais valor[349]. [...] O problema é que o povo é muito acomodado: "se é a

---

[349] Após a entrevista, Paulo me convidou para apresentar os resultados da tese na comunidade, disponibilizou o espaço da ONG para isso. A ideia dele, que rapidamente acatei, é de promovermos um evento reunindo todas as lideranças e demais entrevistados para colocar as pessoas em contato de novo. Acreditamos que o saudosismo em relação às ações e resultados do Programa somados aos resultados da tese podem ser um possível impulso para que a comunidade volte a se organizar e retome ou crie projetos para segurança com cidadania. Nossa ideia é que eu auxilie essa organização com práticas restaurativas

> Prefeitura que tem que fazer isso, então deixa a Prefeitura fazer". Igual a questão do Oasis[350]: o Oasis é o que? É transformação. [...] Acho que a gente tem que fazer uma autoanálise. [...] Aí veio tudo isso, essa bagagem. Eu acho que, de formação, daquilo que eu sou, daquilo que eu planejo, a ONU teve um papel fundamental. Do que eu sou hoje, das minhas escolhas, do que eu quero daqui pra frente, dos meus sonhos, isso, querendo ou não, as pessoas que passaram, ne? Lembro que na época das reuniões o pessoal, principalmente o pessoal da gestão da Prefeitura, dizia assim: 'olhe, vocês não podem personificar as coisas, personificar o projeto'. E eu falava: "**eu não personifico, mas eu reconheço o valor de cada um**". Reconheço o **valor de que se fulano não tivesse, Claudia Ocelli não tivesse, Cristina Gouveia, a Cinthia não tivesse, as coisas não seriam da mesma forma. Tanto é que trocou a gestão e o troço desandou.** Se pudesse colocar alguma coisa, era um agradecimento a todos os envolvidos. [...] **transformou dentro de mim e mostrou pra a gente que é possível**, que quando a galera se une, a galera tem a força e que, se tem alguém no poder hoje, é pra representar quem tá aqui embaixo. [...] **infelizmente, as pessoas estão dispersas, cada um no seu caminho**. [ênfase acrescida]

Esses projetos têm sido uma maneira de oferecer amor na esfera comunitária. Por meio da potência da conexão e de alteridade, as ações do *Na Tora* têm ressignificado o próprio conceito do termo comunidade no Nacional: de espaço periférico ao centro do "meu lugar no mundo".

3.3 Decolonialismo e diversidade: um Estado constituído *outramente*

> "Nenhum homem é uma ilha isolada;
> cada homem é uma partícula do continente,
> uma parte da terra;
> se um torrão é arrastado para o mar,
> a Europa fica diminuída,
> [...]
> a morte de qualquer homem diminui-me,
> porque sou parte do gênero humano.
> E por isso não perguntes
> por quem os sinos dobram;
> eles dobram por ti[351]"

---

na comunidade, de forma a devolver ao Nacional algo que ultrapasse esta tese.
[350] O Oásis é um dos projetos dos quais o Paulo Terrinha faz parte e sobre os quais conversamos antes de iniciar a entrevista. O Oásis é vinculado à Igreja Batista da Lagoinha e tem ações socioassistencias voltadas a populações em situação de vulnerabilidade em virtude de pobreza econômica ou exclusão social. As demandas de cada uma das populações atendidas são identificadas e acolhidas de forma a ressaltar o protagonismo desses mesmos segmentos na garantia de direitos e na construção ou melhoramento de espaços de integração. Procura fortalecer conexão, pertencimento, autonomia e resiliência nessas comunidades. Uma das ações mais difundidas do Oásis é a construção e o aprimoramento de espaços públicos nos territórios. Nessas ações, um sem-número de voluntários se une aos moradores do local para pensar, edificar e reformar praças, parques, creches e escolas, por exemplo. Atualmente, a Fundação Oásis responde por seis projetos, são eles: Aba Pai, Abrigo Pró-Criança, Casa das Vovós, Creche Oásis, Obra Prima e Recomeço. Cf.: FUNDAÇÃO OÁSIS. **Sobre a Fundação**. Disponível em: <http://www.fundacaooasis.org/#fundacao>. Acesso em: 24 out. 2018.
[351] No original: "No man is an island, entire of itself. Each is a piece of the continent, a part of the main.

John Donne,[352] Meditation 17

Se consideramos que não foram o Estado e o Direito que criaram a sociedade e que, ao contrário, estes foram – e são – produtos dos seres humanos, fica bastante evidente que se temos um Direito ou Estado incapaz de contemplar a diversidade da vida, é este quem deve mudar, não aquela. Sim, o Direito costuma estar atrasado em relação aos fatos sociais[353]. Mas não podemos desconsiderar que esse mesmo Direito pode ser – e é – fonte de comportamentos sociais que paulatinamente vão tornando-se normalizados.

Outrossim, se não pode o cidadão se beneficiar de sua própria torpeza, é de se imaginar que essa norma também se aplique ao Direito estatal, que não pode se valer do argumento do seu costumeiro atraso frente aos fatos sociais para validar sua inércia.

No âmbito dessa tese, esse argumento adquire especial relevância quando se tem em mente a reivindicação de um Estado constituído a partir de suas margens. Aqui, pergunto: a materialização da Constituição Cidadã tem amparado "segurança com cidadania"? A juridicidade administrativa tem garantido que a atuação da Administração Pública seja conduzida de forma a valorizar talentos e recursos locais dos destinatários de serviços e políticas públicas? O exercício do Estado brasileiro tem contribuído – ou, ao menos, não atrapalhado – a construção de pertencimento e significado à nível comunitário?

A adoção do monismo jurídico sinaliza para a compreensão de Estado pautada, na melhor das possibilidades, em inclusão e, na pior delas, em exclusão. Ao optar por um modelo jurídico autorreferente e que se presume autossuficiente, como única via possível para alcançar segurança jurídica, a Constituição da República Federativa do Brasil assumiu o risco de priorizar alguns grupos de cidadãos em detrimento de tantos outros.

Nesse ponto, é interessante notar que estabilidade sobre o que não se quer gera insatisfação e, provavelmente, insegurança, não o contrário. Se adotado o paradigma de acesso à justiça pautado na satisfação dos sujeitos, como na justiça restaurativa, a pretensa segurança jurídica do modelo monojurídico soa falaciosa.

If a clod be washed away by the sea, Europe is the less. [...] Each man's death diminishes me, for I am involved in mankind. Therefore, send not to know for whom the bell tolls, It tolls for thee".
[352] DONNE, John. Meditation XVII. In.: _____. **The complete John Donne**. S.l.: Bybliotech, 2015.
[353] Cf. SANTOS, Boaventura de Sousa. **A gramática do tempo:** para uma nova cultura política: para um novo senso comum: a ciência, o direito e a política na transição paradigmática. São Paulo: Cortez, 2006.

É relevante destacar que a inclusão é apenas a face oposta da exclusão. Com isso, quero dizer que seja ao incluir, seja ao excluir, opera-se dentro do mesmo paradigma, o de que um autorizado – ou um grupo deles – detém o poder legítimo de optar por integrar ou inserir, mas que é também dele a faculdade de expulsar ou afastar[354]. Parafraseando Fanon, é importante ter em mente que uma sociedade é excludente ou não o é. Afinal, "é utópico procurar saber em que um comportamento desumano se diferencia de outro comportamento desumano[355]".

Se não fosse assim, talvez a eleição presidencial de 2018 não tivesse ganhado o rompante de discursos de ódio ou, ao menos, não tivesse atingido esse patamar de polarização. Chega a ser incoerente que se pretenda estabelecer uma pretensa democracia desconfiando dos cidadãos – ou de parte deles. Ora, como um governo do povo, para o povo e pelo povo pode deixar de apostar na autonomia dos mais diversos membros do povo quando a compreensão dessa diversidade é justamente a condição de existência do viver democrático?

Nesse sentido, mesmo no seu melhor cenário – o da inclusão – a juridicidade administrativa tem se prestado exclusivamente a reconhecer a diferença e buscado estender a garantia de direitos a minorias qualitativas. Ou seja, age com certa arrogância, com uma espécie de tutela ou consentimento do Estado, desconsiderando que o Estado monojurídico também pode – e deve – aprender com as pluralidades que emergem da totalidade dos titulares do poder constituinte originário[356].

Não sem razão teorias críticas apontam que o constitucionalismo brasileiro tem suas bases amparadas no paradigma da Modernidade, estando mais propenso à regulação do que à emancipação social[357].

Arraigado ao paradigma da inclusão, do acolhimento pelo sistema jurídico, o Estado brasileiro ainda tem pautado a cidadania pela *estadania*[358], isto é, através da definição e delimitação da cidadania centrada nas atuações, permissões e compreensões

---

[354] MAGALHÃES, José Luiz Quadros de. O novo constitucionalismo latino-americano 2: rupturas – diversidade. **Revista Eletrônica de Direito do Centro Universitário Newton Paiva**, Belo Horizonte, n. 28, p. 10-19, jan./abr. 2016.
[355] FANON, Frantz. **Pele negra máscaras brancas**. Salvador: EDUFBA, 2008.
[356] CARVALHO, Mayara de; CRUZ, Gabriel Soares. Constituição processual: ética de alteridade, democracia e diversidade nas conversações constitucionais. **Revista da AGU**, Brasília-DF, v. 16, n. 01, p. 261-302, jan./abr. 2017.
[357] SANTOS, Boaventura de Sousa. **A crítica da razão indolente**: contra o desperdício da experiência. Para um novo senso comum: a ciência, o direito e a política na transição paradigmática. 8. ed. São Paulo: Cortez, 2011a. vol. 1.
[358] CARVALHO, José Murilo de. **Cidadania no Brasil**: o longo caminho. Rio de Janeiro: Civilização Brasileira, 2002.

do Estado. Assim, não é de se estranhar que José Murilo de Carvalho tenha se referido à cidadania no Brasil pelo "longo caminho[359]".

Desse modo, destoa do paradigma da diversidade, que presume o diálogo permanente para alcançar consensos que serão sempre provisórios, de forma a refletir a perene abertura para o outro, *outramente*[360].

Conforme Levinas, o advérbio *outramente*, do francês *l'autrement*, pauta-se em ética de alteridade, possível através do contato entre o indivíduo e o outro diferente de si. Isto é, não é a proximidade, mas a diferença, a principal marca da justiça e da humanização das relações. Para uma ordem jurídica justa, por isso, é essencial a visibilidade da diferença no presente, "[...] um inter-esse, um inter-essamento – que marca o triunfo e não a subversão do ser[361]".

Para o acesso à justiça enquanto satisfação, a justiça se materializa justamente na consciência e visibilidade dessa diferença no aqui e agora. Vai além: ao tratar com desumanidade uma pessoa, viola-se o próprio conceito de humanidade e, por isso, atinge a todos os seres humanos, e não só ao grupo diretamente vulnerabilizado[362].

É nesse sentido que Fanon defende que "todas as formas de exploração são idênticas pois todas elas são aplicadas a um mesmo 'objeto': o homem. [...] Não posso deixar de ser solidário com o destino reservado a meu irmão[363]".

Nas palavras de Levinas,

> tenho descrito sempre o rosto do próximo como portador de uma ordem, que impõe ao eu, diante do outro, uma responsabilidade gratuita – e inalienável, como se o eu fosse escolhido e único – e o outro homem é absolutamente outro, isto é, ainda incomparável e, assim, único[364].

Assim, o filósofo trabalha o diálogo como modalidade comunicativa a partir da qual o indivíduo é capaz de pensar mais do que pensa, uma vez que, por meio dele, o pensamento extrapola o dado, o indivíduo ultrapassa seu universo limitado pelas

---

[359] CARVALHO, José Murilo de. **Cidadania no Brasil:** o longo caminho. Rio de Janeiro: Civilização Brasileira, 2002.
[360] LEVINAS, Emmanuel. **Violência do rosto.** São Paulo: Loyola, 2014.
[361] RICOEUR, Paul. **Outramente**: leitura do livro Autrement qu'être ou au- delà de l'essence de Emmanuel Lévinas. Petrópolis: Vozes, 2008. p. 19.
[362] Cf. SEGATO, Rita Laura. Antropologia e direitos humanos: alteridade e ética no movimento de expansão dos direitos universais. **MANA**, 12(1): 207- 236, 2006.; SEGATO, Rita Laura. La argamassa jerarquica: violencia moral, reproducción del mundo y la eficácia simbólica del Derecho. In.: _____. **Las estructuras elementales de la violencia:** ensayos sobre género entre la antropologia, el psicoanálisis y los derechos humanos. Bernal: Universidad Nacional de Quilmes, 2003.
[363] FANON, Frantz. **Pele negra máscaras brancas.** Salvador: EDUFBA, 2008.
[364] LEVINAS, Emmanuel. **Violência do rosto.** São Paulo: Loyola, 2014. p. 28.

oportunidades e experiências já conhecidas por ele e alcança também fragmento do mundo particular do outro. O contato com a diferença faz com que o ser seja mais do que aquilo que é – ou que era até a oportunidade da comunicação diante da diferença.

Por essa razão, a relação do Eu-Tu, ao enxergar o outro diferente, transcende o indivíduo, conduzindo a uma sociabilidade responsável, pela linguagem verbal ou não-verbal. Desse modo, "há autêntico diálogo não só pela proximidade, mas principalmente pela absoluta alteridade ou transcendência do Tu diante do Eu[365]".

O diálogo é conduzido por meio de escuta ativa e fala dirigida ao outro, e não do exercício de tutela ou do falar pelo outro[366]. Estar *outramente*, portanto, é um primeiro passo para a compreensão do ser humano enquanto totalidade, isto é, como parte de tudo o que existe, segundo uma ética responsável com os demais animais[367] e com o planeta. Não por acaso, a consciência social do *Na Tora* e a construção positiva de vínculo comunitário pelo coletivo extrapolou o Nacional e atingiu outras comunidades humanas, assim como passou a trabalhar com consciência e responsabilidade ambiental.

Ainda que possa ser caracterizado como um autor colonial, a ética de alteridade de Levinas é útil para compreender o humano e a humanidade segundo o paradigma da diversidade. Por essa razão, sua filosofia tem mais proximidade com o conteúdo crítico dos textos de autores decoloniais do que se poderia supor. É, inclusive, uma chave de leitura possível para a operacionalização da *Trans-Modernidade*[368].

Isso porque, aqui, o termo Moderno remete-se ao Estado Moderno, pautado na imposição homogeneizadora de uma *sociedade imaginada*[369], habitante de um território delimitado por fronteiras geográficas precisas, unida através de símbolos nacionais e governado por um Estado de Direito monista, prioritariamente fundado nos parâmetros culturais de uma maioria qualitativa.

Segundo José Luiz Quadros[370], a formação do Estado Moderno se deu com a expansão da visão dos grupos sociais hegemônicos que hoje seria localizado no

---

[365] RIPANTI, Graziano. **Introdução:** Emmanuel Levinas e o infinito diálogo. In.: LEVINAS, Emmanuel. Violência do rosto. São Paulo: Loyola, 2014. p. 11.
[366] SPIVAK, Gayatri Chakravorty. **Pode o subalterno falar?** Belo Horizonte: Editora UFMG, 2014.
[367] FANON, Frantz. **Pele negra máscaras brancas.** Salvador: EDUFBA, 2008.
[368] DUSSEL, Enrique. **1492: El encubrimiento del Otro:** Hacia el origen del "Mito de la modernidad". La Paz: Biblioteca Indígena, 2008. p. 69.
[369] ANDERSON, Benedict. **Comunidades imaginadas:** reflexiones sobre el origen y la difusión del nacionalismo. Ciudad de Mexico: Cultura Libre, 1993.
[370] MAGALHAES, José Luiz Quadros de. Estado Plurinacional e direito internacional. Curitiba: Juruá, 2012. (Coleção Para Entender).

continente europeu. Esse processo de expansão tem como marco inicial a constatação de três eventos no ano de 1492: a) a invasão do que hoje seria a América, África e Oceania; b) expulsão de povos para a constituição da Espanha e; c) a primeira gramática normativa por meio do castelhano.

Estes três eventos marcariam a era da Modernidade, bem como o início da construção da hegemonia europeia e origem da lógica binária de subalternidade no nós/eles do Estado Moderno. Aliado a isso, tem-se a uniformização de valores como meio para centralização e hierarquização do Estado; e a percepção da história como linear, enquanto evolução, progresso. Essa noção de superioridade do eu colonizador *versus* os outros colonizados ensejou o universalismo europeu[371].

A Modernidade constituiu-se, nesse sentido, pela diversidade negada. A civilização europeia se considerava superior, de modo que o colonialismo/modernização se fazia necessário ao desenvolvimento dos colonizados, cuja violência do processo civilizador era um ato inevitável, como se fosse um ritual de sacrifício de suas vítimas/povos não emancipados. Ademais, essas características constituiriam algo não declarado pelo processo emancipatório da Modernidade.

Assim, o paradigma apresenta, também, um aspecto secundário – e negativo – da Modernidade, como uma "práxis irracional de violência", o "mito da Modernidade"[372]. É nesse sentido que Aimé Césaire defende que a ideia colonial de Europa Moderna é indefensável[373]. Por isso que Fanon defende que racismo e colonialismo são modos socialmente concebidos de enxergar o mundo e de viver nele[374].

Nesse sentido, Sartre[375], Fanon[376], James Baldwin[377] e tantos outros afirmaram que é o supremacista que cria a relação de inferiorização e a imagem do inferiorizado. Baldwin chega a ir mais além, afirmando que enquanto não compreendermos a motivação que levou o branco a criar a imagem do preto, não seremos capazes de retomar a condição de humanos que nos une.

Nesse sentido, Fanon narra

---

[371] MAGALHAES, José Luiz Quadros de. **Estado Plurinacional e direito internacional.** Curitiba: Juruá, 2012. (Coleção Para Entender).
[372] DUSSEL, Enrique. Europa, modernidad y eurocentrismo. In.: LANDER, Edgardo. (Comp). **La colonialidad del saber:** Eurocentrismo y ciencias sociales. Perspectivas Latinoamericanas. Buenos Aires: Consejo Latinoamericano de Ciencias Sociales, 2000. Disponível em: <enriquedussel.com/txt/1993-236a.pdf>. Acesso em: 16 de jun. 2015.
[373] CÉSAIRE, AIMÉ. **Discours sur le colonialisme.** Paris: Présence Africaine, 1955.
[374] FANON, Frantz. **Pele negra máscaras brancas.** Salvador: EDUFBA, 2008.
[375] SARTRE, Jean-Paul. **Réflexions sur la question juive.** Paris Gallimard, 1985.
[376] FANON, Frantz. **Pele negra máscaras brancas.** Salvador: EDUFBA, 2008.
[377] PECK, Raoul. **I am not your Negro.** Estados Unidos da América, 93 min., 2016.

> Cheguei ao mundo pretendendo descobrir um sentido nas coisas, minha lama cheia do desejo de estar na origem do mundo, e eis que me descubro objeto em meio a outros objetos.
> **Enclausurado nesta objetividade esmagadora, implorei ao outro. Seu olhar libertador, percorrendo meu corpo subitamente livre de asperezas, me devolveu uma leveza que eu pensava perdida e, extraindo-me do mundo, me entregou ao mundo.** Mas, no novo mundo, logo me choquei com a outra vertente, e o outro, através de gestos, atitudes, olhares, fixou-me como se fixa uma solução com um estabilizador. Fiquei furioso, exigi explicações... Não adiantou nada. Explodi. Aqui estão os farelos reunidos por um outro eu.
> **Enquanto o negro estiver em casa não precisará, salvo por ocasião de pequenas lutas intestinais, confirmar seu ser diante de um outro.** Claro, bem que existe o momento de "ser para-o-outro", de que fala Hegel, mas qualquer ontologia torna-se irrealizável em uma sociedade colonizada e civilizada. [...] Pois **o negro não tem mais de ser negro, mas sê-lo diante do branco.** [...] **Aos olhos do branco, o negro não tem resistência ontológica.** De um dia para o outro, os pretos tiveram de se situar diante de dois sistemas de referência. Sua metafísica ou, menos pretensiosamente, seus costumes e instâncias de referência foram abolidos porque estavam em contradição com uma civilização que não conheciam e que lhes foi imposta[378].
> [grifos acrescidos]

Mas, se "falar uma língua é assumir um mundo, uma cultura[379]", assumir a legitimidade não só do português do letrado, mas do *pretoguês*[380] das margens e compreender que ambos têm algo a ensinar, na sua diversidade, e a acrescentar na composição do Estado e da cidadania é, por si só, um gesto de encurtamento de distâncias e que pode contribuir para construção de pertencimento e significado.

Nas palavras de José Luiz Quadros Magalhães:

> O direito à diversidade segue outra lógica. Em primeiro lugar não há permissões nem reconhecimentos. Não há inclusão por que não pode haver exclusão. **A lógica pode ser resumida nas seguintes frases: "existo e me apresento na minha existência". "Não dependo do seu olhar ou do seu registro para que eu exista".** Reconhecimento significa conhecer de novo, significa enquadrar no já conhecido. Trata-se de uma forma de enquadrar o novo nos padrões existentes ou simplesmente não conhecer o novo, ou ainda não possibilitar a existência do novo, como tal, de forma autônoma. Reconhecer significa ainda manter a lógica binária incluído/excluído. **Se sua existência depende do reconhecimento, ao reconhecê-lo afirmo a possibilidade, também, de não reconhecê-lo**[381]. [grifos acrescidos]

---

[378] FANON, Frantz. **Pele negra máscaras brancas.** Salvador: EDUFBA, 2008.
[379] FANON, Frantz. **Pele negra máscaras brancas.** Salvador: EDUFBA, 2008.
[380] Cf. GONZALEZ, Lélia. Racismo e sexismo na cultura brasileira. **Revista Ciências Sociais Hoje,** Anpocs, 1984, p. 223-244.
[381] MAGALHÃES, José Luiz Quadros de. O novo constitucionalismo latino-americano 2: rupturas – diversidade. **Revista Eletrônica de Direito do Centro Universitário Newton Paiva,** Belo Horizonte, n. 28, p. 10-19, jan./abr. 2016. p. 17-18.

Esse encontro entre seres diversos, ainda que prospectivo e que carregue memórias e ancestralidades, é feito no presente, considerando os seres atuais, razão pela qual é sempre provisório, tal qual a efemeridade do aqui-agora.

> [...] Todo problema humano exige ser considerado a partir do tempo. Sendo ideal que o presente sempre sirva para construir o futuro.
> E esse futuro não é cósmico, é o do meu século, do meu país, da minha existência. De modo algum pretendo preparar o mundo que me sucederá. Pertenço irredutivelmente a minha época.
> E é para ela que devo viver. O futuro deve ser uma construção sustentável do homem existente. Esta edificação se liga ao presente na medida em que coloco-o como algo a ser superado[382].

Dessa maneira, a segurança está no propósito, na principiologia sólida. E a cada passo rumo à densidade desse propósito comum, dessa consciência do ser enquanto parte de tudo o que existe, relativiza mais as identidades. Assim, quanto mais se caminha pro ser enquanto totalidade, menos necessária se fazem as lutas identitárias.

Talvez seja esse o sentido do que fala Fanon quando afirma que

> O que há é minha vida, presa na armadilha da existência. Há minha liberdade, que me devolve a mim próprio. Não, não tenho o direito de ser um negro.
> Não tenho o dever de ser isso ou aquilo...
> [...] Desperto um belo dia no mundo e me atribuo um único direito: exigir do outro um comportamento humano.
> Um único dever: o de nunca, através de minhas opções, renegar minha liberdade.
> Não quero ser a vítima da Astúcia de um mundo negro.
> [...] Não sou prisioneiro da História. Não devo procurar nela o sentido do meu destino.
> **Devo me lembrar, a todo instante, que o verdadeiro salto consiste em introduzir a invenção na existência.**
> **No mundo em que me encaminho, eu me recrio continuamente.**
> **Sou solidário do Ser na medida em que o ultrapasso.**
> [...] Não sou escravo da Escravidão que desumanizou meus pais.
> [...] Não se deve tentar fixar o homem, pois seu destino é ser solto.
> A densidade da História não determina nenhum dos meus atos.
> Eu sou meu próprio fundamento.
> [...] **Eu, homem de cor, só quero uma coisa:**
> **Que jamais o instrumento domine o homem. Que cesse para sempre a servidão do homem pelo homem. Ou seja, de mim por um outro. Que me seja permitido descobrir e querer bem ao homem, onde quer que ele se encontre.**
> [...] Por que simplesmente não tentar sensibilizar o outro, sentir o outro, revelar-me outro?
> [...] Minha última prece:
> Ó meu corpo, faça sempre de mim um homem que questiona![383]

---

[382] FANON, Frantz. **Pele negra máscaras brancas.** Salvador: EDUFBA, 2008.
[383] FANON, Frantz. **Pele negra máscaras brancas.** Salvador: EDUFBA, 2008.

3.3.1 A oportunidade dribla a carência: time Recanto da Pampulha, inclusão da alteridade negada e responsabilização

> "Apesar das ruínas e da morte,
> Onde sempre acabou cada ilusão,
> A força dos meus sonhos é tão forte,
> Que de tudo renasce a exaltação
> E nunca as minhas mãos ficam vazias"
> Sophia de Mello Breyer Andresen, E depois de uma tarde[384]

Quando entrevistava Marcos Ramalho, do Mérito Juvenil, na casa do Zé Gordo, ouvia o entrevistado falar sobre a necessidade de continuidade dos projetos. Marcos falava especificamente do Nacional: dizia que o território gozou de certa tranquilidade durante os anos de 2011 a 2014, mas que atualmente – em meados de 2018 – já não havia estrutura para amparar a paz na comuidade. Falava que "por muitas vezes, se não tem prosseguimento do projeto, não tem como manter a ordem estabelecida".

Foi quando o anfitrião interveio:

> Às vezes acho que nem é isso, Marcos. Por que de lá pra cá, a juventude da gente cresceu e aí veio outra safra de jovem que a gente não trabalhou isso. Se você vê um garoto desse aqui [aponta pro Caio, que testemunhava a entrevista], ele não assistiu nós, o menino tá com 12 anos, num tava ainda na época. Se você vê a foto do meu menino ali [aponta para o porta retrato com uma foto do garoto com o time de futebol no período do *Segurança com Cidadania*], ele era uma criança, hoje você vê o rapazão que entrou aqui. Então, o que acontece, naquela época um menino desse não estava [na idade] ainda. E hoje a gente vê outra safra crescendo que precisa desses conselhos, dessa reunião. E hoje, mais que nunca, esse livro[385] vai ser importante pra que esses jovem lerem, saberem o que que é uma comunidade, o que que é paz, o que é o respeito pelas pessoas. E só tendo respeito, o que eu falei aqui atrás, e educação... isso tudo interfere no poder da juventude, dando mais lazer pra eles. **Não adianta você ter uma juventude fechada. Que hoje não tem direito de se divertir**, nós não temos aquelas praças que tem lazer pra juventude. Se você for analisar bem, antigamente o jovem podia sair, tinha muitos lugares. Hoje praticamente não tem mais, e eles ficam presos. Aí o que acontece, o jovem não tem o que pensar, fica mais fechado em casa, não tem aquele lugar pra ficar conversando com o outro, fica às vezes no celular. Não tem mais um lugar de bater um papo, de encontrar com a namorada, de divertir, brincar. [ênfase acrescida]

---

[384] ANDRESEN, Sophia de Mello Breyener. E depois de uma tarde. In.: BETHÂNIA, Maria. **Caderno de Poesias**. Belo Horizonte: Editora da UFMG, 2015. p. 124.
[385] Com "livro", Zé Gordo fazia referência a esta tese.

Lazer e oportunidade parecem ser os fios condutores do pensamento de Zé Gordo quanto a segurança com cidadania e direitos da juventude. Para ele, os dois costumam caminhar juntos.

Dessa deixa, Zé começou a narrar como se deu o intercruzamento do seu trabalho treinando os meninos com a atuação do *Segurança com Cidadania*. No período, ele treinava cerca de 180 crianças no time Recanto da Pampulha. Os treinos aconteciam num campo de terra, "nem gramado num é. Terrão".

A primeira imagem do Nacional registrada pelos representantes da ONU foi justamente a dos garotos jogando no campo de terra. "Ali eles viam os meninos com os pés no chão, meninos com tênis, com conga, a garotada [vinha] do jeito que podia, mas tudo saudável".

Segundo Cintia Yoshihara, foi justamente uma cena que aconteceu no campinho que saltou aos olhos sobre a necessidade da comunidade de que o Programa ocorresse lá. Os representantes da ONU viram uma criança no campo ao chegarem na comunidade e perceberam, ao terminar a visita, que o menino continuava lá. Abordado sobre o que faltava no Nacional, o garoto respondeu que "nada", tudo lhe parecia normal. Questionado sobre o que mais gostaria, ele disse que queria ter uma bola e justificou explicando que, se tivesse uma, não precisaria esperar tanto tempo no campo até alguém que tem bola aparecer para jogar.

O campo ficava numa zona sem o mínimo de condições de asseio e saúde pública, mas as carências eram tão normalizadas que o menino sequer respondeu que algo lhe faltava. Mesmo nesse contexto, identificou que a situação poderia melhorar se tivesse uma bola para jogar futebol.

Zé parece concordar. A despeito das carências a serem superadas e dos direitos a serem garantidos, ele frisa que "se você pega uma bola aqui agora, você vai ver num sei quantas crianças que precisam só disso".

Regina Rikiêr, uma das adolescentes envolvidas com o programa de mediação escolar, entende que quando as pessoas "tem o que fazer, constróem um bairro totalmente diferente". Ela lembra de um programa que aconteceu no território no período – o *Saúde não tem idade*, conduzido por uma liderança local, a Vereadora Glória. Nele, aulas de zumba e ginástica e atendimentos de nutricionistas, psicólogos, dentistas e médicos eram oferecidos aos habitantes da região. Para ela, é importante que as "pessoas estejam se ocupando". Assim, a violência que caracterizava o Nacional poderia ser reduzida a ponto de "não ferir mais ninguém".

É esse o pensamento de Zé Gordo quando diz

> **Eu acho que a garotada está precisando é de divertir, é de brincar. Nas comunidades, parece que está proibido ao jovem de divertir, eles não têm mais área de lazer, não têm nada.** [...] Toda vida a gente jogou pro lado da paz. [...] E é ela que vai mudar esse país nosso... [chorando] eu choro também, por que está difícil. A gente fica muito triste, quando a gente vê a juventude parada no tempo. Por que falam de faculdade, falam muito de educação, mas são as coisas que a gente não está tendo pra nossa juventude, né? Que é educação, é a segurança e a saúde. São os fatores mais importantes que tem na vida das pessoas, principalmente da juventude. [ênfase acrescida]

Quando narrei a situação relatada pela consultora do PNUD para o *Segurança com Cidadania*, Zé relembrou: "esses meninos sentavam lá no campo e eles ficavam naquela tristeza... triste, mas triste assim de dar dó. Quando chegava a bola, [...] você só via alegria, parecia que não existia mais nada no mundo".

Questionei sobre a história do time Recanto da Pampulha. Segundo Zé, ele foi fundado em meados dos anos 80, no bairro Recanto da Pampulha, "que é aqui embaixo dos pés de manga". Começou com o irmão do entrevistado usando parte do seu salário como pedreiro para comprar uniformes. "Aqui era só mato, tinha poucas casas", mas isso não foi um obstáculo. Zé Gordo gostou da ideia do irmão e se juntou a ele na proposta de montar o time.

Desde o começo, o Recanto da Pampulha foi construído com base em solidariedade e envolvimento. Conforme relata:

> Aí tinha uma empresa que até hoje tá aí, a Transimão, ela patrocinou aquele uniforme amarelo. Aí a gente falou "não, agora a gente ta podendo, né? Temos dois uniformes". Mas pra comprar o short, menina... [a Transimão] deu só as camisas. A gente ia lá e comprava só os shortinhos de pano. Como a gente não podia comprar tudo lá de uma vez, a gente ia e comprava 5, depois mais 5, depois mais 5, até completar 15, que era o jogo de camisa. E a gente comprou 30 shorts nessa batalha, fazendo vaquinha. E aí nasceu o Recanto da Pampulha. Parece que ele já nasceu grande, menina, brilhando! Que logo, logo a gente conseguiu estar jogando. Ali onde é hoje o Vancleber, aquela escola, ali era o campo. [...] e aí, o que acontecia, nós tomavamos era de 8, 10 a 0, 15... E a gente não esmureceu. [...] Eu dizia, eu não paro, que a gente tem que saber perder e ganhar na vida. [...] Nós abrimos esse campo que está aí até hoje. Aí foi só alegria. Os barracos eram todos de plástico, mas a gente era alegre, era feliz. Aí veio a vontade de fazer o futebol com criança. Nós começamos acho que com 12 crianças. Aí fomos batalhando. Batalhamos pra comprar colete, bola e aí fomos com esses meninos, pegamos o Geraldo aqui pra ser o professor deles e fomos batalhando. [...] [o time é] conhecido até hoje através do Geraldo, dessa comunidade e de minha esposa, que foi a pessoa mais importante pra essa garotada. Nós fazíamos aqui todo dia 36 litros de suco. Nós começamos, né, com café com leite, mas nós não aguentamos, que encareceu. Aí eu ia na Pachá e comprava o suco e minha esposa fazia todo santo dia. Aí eu tive aqui a padaria do Marquim, que Deus dê muitos anos de vida a ele e felicidade e tudo que ele precisa ter. Ele doava,

> pra você ver, 120 pãozinhos por dia. Você analise no mês quanto que ele tirava. É muito pãozinho! [...] Às vezes ele tirava o pãozinho que dormia de um dia pro outro, e às vezes não dava pra completar os 120, aí ele assava lá tudo novinho e mandava. A meninada chegava lá no suquinho todo geladinho. Olha, prova que é tudo saudável os molequinhos [apontando uma foto]. Lá no campo mesmo eles tomavam.

Formada essa rede local de solidariedade para garantir que o time teria bola, uniformes, treinador e alimentação para que os garotos pudessem jogar, o Recanto da Pampulha nasceu, "e já nasceu [...] brilhando".

Outra questão importante era garantir que os garotos teriam acesso não só ao esporte e à alimentação, como também à educação. Por isso, os treinos aconteciam em dois períodos diferentes, de forma a assegurar que tanto os estudantes da manhã, quanto os da tarde poderiam jogar futebol no Recanto da Pampulha. Isso representou um alívio para os responsáveis, que saíam para trabalhar com a tranquilidade de que os meninos estariam praticando esportes e sociabilidades positivas.

É o que Zé Gordo relata:

> Os pais que saíam pra fazer uma faxina, então os meninos estudavam de manhã e à tarde eles tinham que estar lá jogando. Então nós ajudamos demais as mães que tinham que sair cedo, elas sabiam que o filho delas saía da escola, mas estava amparado aqui pelo esporte. Nós treinávamos de 2 períodos, os que estudavan à tarde era invertido. Isso a gente fez tanto cidadão! Se a gente olhar hoje, as mães têm horas que agradecem. [...] o menino, onde você tá com a bola, ele tá junto de você, tenha certeza. Então começou esse projeto. A gente chegou a ter menino no profissional. [...] é um time que chegou a disputar a Copa Itatiaia, que talvez seja a copa do mundo do futebol amador. Copa Cemig junto do Governo do Estado...

Mais do que os afastar de condições de vulnerabilidade, o envolvimento com o esporte traz um senso de pertencimento e conexão a esses garotos. Os relatos sobre o Recanto da Pampulha indicam que o time foi peça fundamental para a construção de autoimagem positiva nesses meninos e para seu envolvimento em sociabilidades saudáveis e voltadas à socioeducação.

Esse pertencimento muitas vezes parece ter vindo acompanhado de significado, isto é, da dimensão de si enquanto agente importante naquele espaço, capaz de influir naquela realidade. Os garotos podiam se enxergar como pessoas que eram importantes para a comunidade e que sua participação era significativa. Superando, por isso, uma questão fundamental: os jovens são o futuro do país, mas o que o país tem feito pro futuro dos jovens[386]?

---

[386] A pergunta é uma paráfrase de uma questão semelhante apresentada por uma estudante no

Conforme relato do Major Davidson,

> Tinha um menino lá [no Estrela Dalva] que dava um trabalho danado pra nós. O menino era atentado pra dar trabalho! Um menino de uns 12 anos.. Aí [o Zé Gordo] deu pra ele um jogo de camisa e falou que ele ia ser o capitão do time, aí acabou o problema. Ele quem ia tomar de conta do campinho. **Antes ele dava trabalho, já estava roubando, já estava envolvido com os caras [do crime], já andava armado, até gente da Prefeitura ele já tinha ameaçado...** aí [o Zé] arrumou um jogo de camisa, uma bola, e ele quem ia agendar o jogo lá; aí acabou, acabou o problema desse menino. [ênfase acrescida]

A narrativa do Major é relevante ainda quanto a um segundo aspecto: o garoto deixou de ser um "adolescente trabalhoso" quando lhe foi confiado o cuidado sobre o campinho. Mais do que a construção de significado pelo lazer, o gesto demonstrou que o menino era significante naquele espaço à medida em que se apostou em sua autonomia.

Ao romper com a histórica desconfiança quanto aos sujeitos do processo democrático, é oferecida a esse adolescente uma nova possibilidade de atuação fora da expectativa do estereótipo, podendo romper com a "profecia que se autocumpre" do rótulo[387].

Nas palavras de Luiz Eduardo Soares, antropólogo, sociólogo e ex-Secretário de Segurança Pública do Rio de Janeiro,

> Um jovem pobre e negro caminhando pelas ruas de uma grande cidade brasileira é um ser socialmente invisível. Há muitos modos de ser invisível e vários para sê-lo. No caso desse nosso personagem, a invisibilidade decorre principalmente do preconceito ou da indiferença. **Uma das formas mais eficientes de tornar alguém invisível é projetar sobre ele ou ela um estigma, um preconceito. Quando o fazemos, anulamos a pessoa e só vemos o reflexo da nossa própria intolerância. Tudo aquilo que distingue a pessoa, tornando-a um indivíduo, tudo o que nela é singular desaparece.** O estigma dissolve a identidade do outro e a substitui pelo retrato estereotipado e a classificação que lhe impomos. [...] Lançar sobre uma pessoa um estigma corresponde a acusá-la simplesmente pelo fato de ela existir. Prever seu comportamento estimula e justifica a adoção de atitudes preventivas. **Como aquilo que se prevê é ameaçador, a defesa antecipada será a agressão ou fuga, também hostil. Quer dizer, o preconceito arma o medo que dispara a violência, preventivamente.**
> **Essa é a caprichosa incongruência do estigma, que acaba funcionando como forma de ocultá-lo da consciência crítica de quem o pratica: a interpretação que suscita será sempre comprovada pela prática, não por estar certa, mas por promover o resultado temido.** Os cientistas sociais

---

documentário "Nunca me sonharam". Cf. RHODEN, Cacau. **Nunca me sonharam**. Brasil, 90 min, 2017.
[387] SOARES, Luiz Eduardo. Juventude e violência no Brasil contemporâneo. In.: NOVAES, Regina; VANNUCHI, Paulo. (Org.). **Juventude e sociedade**: trabalho, educação, cultura e participação. São Paulo: Fundação Perseu Abramo, 2004. p. 133.

diriam que este é um caso típico de "profecia que se autocumpre" [388]. [grifos acrescidos]

Se é certo que os seres humanos se envolvem mais ativamente para garantir a continuidade e o sucesso daquilo que ajudaram a construir ou com o qual se identificam, é pouco provável que os membros da comunidade cuidem de espaços públicos a respeito dos quais não foram considerados enquanto agentes ou, ao menos, consultados previamente.

A arrogância no trato do Estado com os cidadãos é, além de desumana, não pragmática. Por isso, não só desconsidera a titularidade do poder constituinte originário, quanto os princípios da juridicidade e da eficiência da Administração Pública. Talvez por essa razão a inclusão de alteridades negadas tenha sido bastante para que a depredação do espaço público tenha reduzido no Nacional.

Conforme outro relato do Major Davidson:

> nossa primeira reunião foi na Casa Amarela[389] e ela era, assim, toda quebrada, toda destruída mesmo. Lá era ponto de usuário de drogas, [cheia de] fezes... assim, a Casa Amarela era uma coisa de louco, sabe? Foi sugerido que a Prefeitura ajudasse a mudar a Casa Amarela [e que] o Paulo [Terrinha] fizesse um trabalho lá, chamado *Trilhas da Paz,* no passeio, que eles iam desenhando umas mensagens bacanas. E quando a gente saiu de lá [a Casa Amarela] estava uma coisa tão bacana... que as luminárias, os postes de 20 metros, [anteriores ao Programa Conjunto estavam todos] quebrados, e as luminárias que foram colocadas depois, a 2 metros de altura, permaneciam lá, ninguém mexia, respeitava.

O mesmo parece acontecer quando se considera os sujeitos e se aposta na sua autonomia. Foi o que aconteceu com o adolescente que passou a administrar o campinho. Confirmando a visão de mundo do Zé Gordo, o que esse garoto precisava era de lazer e oportunidade. Nessas condições, desenvolveu o senso de pertencimento e significado essenciais à compreensão de si como parte da comunidade.

Segundo Marcos Ramalho

---

[388] SOARES, Luiz Eduardo. Juventude e violência no Brasil contemporâneo. In.: NOVAES, Regina; VANNUCHI, Paulo. (Org.). **Juventude e sociedade:** trabalho, educação, cultura e participação. São Paulo: Fundação Perseu Abramo, 2004. p. 132-133.
[389] CRAS localizado no bairro São Mateus. O Casa Amarela foi uma instituição de impacto durante todo o Programa, não só pela sua restauração ter sido um dos produtos do PC. No tocante à segurança no território, é importante mencionar que, no que pese a melhoria na sensação de segurança e cuidado do espaço público a que remete o Major, uma das lideranças comunitárias envolvidas no Programa, a Dona Hilda, foi assassinada pelo companheiro em frente ao CRAS, no ano de 2013.

> Você olhar pra um adolescente, você ouvi-lo, e saber que ele precisa de apenas uma oportunidade de ser um cidadão de bem, um cidadão do mundo, por que a gente vê que as pessoas que financeiramente estão bem hoje saíram das comunidades. Você vê os atletas, os jogadores de futebol do país, a maioria deles saíram da comunidade. [...] um menino pra ser um Neymar da vida, ele começa num campo de terra. Ele começa jogando bola ali, às vezes não tem nem uma bola direito pra chutar, mas começa ali na comunidade. Muitas vezes o que falta pras pessoas que moram na periferia se chama oportunidade. Muitas das vezes é criminalizado o jovem, o adolescente que mora na favela. Mas são pessoas do bem, são pessoas de amor, são pessoas que só queriam ter oportunidade como nós tivemos.

Com essa compreensão, Zé Gordo defende que o conceito de "maçã podre" vem de quem não pertence, nem percebe a comunidade. Para ele, aquelas crianças e adolescentes precisavam apenas de uma oportunidade, de divertir-se.

Essa é, inclusive, uma questão a ser analisada quando se pensa em segurança pública e direitos humanos. Parte considerável das ações e pesquisas nessas duas searas pautam-se em combater ou evitar aquilo que não se quer, e não propriamente em criar as condições do que se deseja.

Assim como ser contra a violência não repercute necessariamente na paz, ações anti-mal não constróem o bem. O limbo existente entre a oposição àquilo que não se quer e a consciência do que se quer é tremendo.

Os movimentos feministas podem ser um exemplo a ser considerado nesse sentido: ser contra o machismo me diz o arquétipo feminino que não quero ser, mas não me indica direções possíveis para um pensar-me mulher de uma maneira que me respeite enquanto ser humano. Sem querer desmerecer a relevância de certos movimentos de oposição, o que se quer defender aqui é que eles não são o bastante para construir uma realidade distinta.

Não é possível sedimentar senso comunitário e uma compreensão positiva de si apenas pela reação ao que não se quer; sendo fundamental também a condição de agente, a ação de quem se vislumbra sujeito no mundo. Por isso, pertencimento e significado demandam mais do que negação e afirmação, exigindo uma participação, uma verdadeira compreensão de si enquanto agente, como sujeito de direitos.

Além disso, faz parte da perspectiva da comunidade a partir de sua potência, e não exclusivamente de suas carências, considerar aquilo que é apenas "divertido, vibrante e inútil, tão fútil quanto um chiclete" ou, usando o termo de Wanuri Kahiu[390], de fomentar o *AfroBubbleGum*.

---

[390] KIAHIU, Wanuri. **Fun, fierce and fantastical African Art**. Disponível em: <https://www.youtube.com/watch?v=a_avBsX60-s>. Acesso em: 11 jun. 2018.

Embora faça referência à literatura de não-ficção, a fala de Kahiu pode ser empregada para o viver democrático de um Estado que também se constitui a partir de suas margens ou mesmo para a pesquisa científica. Nas palavras da escritora,

> Não estou dizendo que arte engajada não é importante; [...] mas não pode ser a única arte vinda do nosso continente [africano]. Temos que contar mais histórias vibrantes. **O perigo da história única ainda está sendo entendido. Talvez por causa do financiamento. Muita arte ainda depende de ajuda desenvolvimentistas. Então arte se torna uma ferramenta para atingir uma *agenda*. Ou talvez porque, durante muito tempo, só vimos uma imagem nossa, que é só isso que sabemos criar.** Seja qual for a razão, precisamos de um novo caminho, e *AfroBubbleGum* é uma abordagem. É a defesa da arte [...] apenas pelo benefício da imaginação. [...] Precisamos julgar nosso trabalho por seu potencial em ser uma armadilha da pobreza. **Precisamos de testes similares ao teste de Bechdel[391] e fazer perguntas como: essa obra de ficção tem dois ou mais africanos saudáveis? Esses mesmos africanos têm estabilidade financeira e não necessitam de salvação? Eles estão se divertindo e aproveitando a vida?** E se conseguirmos responder sim a duas ou mais dessas questões, então com certeza somos *AfroBubbleGumistas*. **E a alegria é política. Imaginem se tivermos imagens de africanos vibrantes, amorosos, prósperos e vivendo uma vida bonita e vibrante. O que pensaríamos de nós mesmos? Será que nos acharíamos merecedores de mais felicidade? Pensaríamos em nossa humanidade compartilhada através da nossa alegria compartilhada?** [...] E eu sei que a felicidade é um privilégio nesse mundo estilhaçado atual, no qual permanecer esperançoso requer dedicação[392]. [ênfase acrescida]

3.3.2 Processualidade democrática e jurisdição: pode o subalterno falar?

> "Na minha pobre linguage,
> A minha lira servage
> Canto o que minha arma sente
> E o meu coração incerra,
> As coisa de minha terra
> E a vida de minha gente.
> Poeta niversitaro,
> Poeta de cademia,
> De rico vocabularo
> Cheio de mitologia,
> Tarvez este meu livrinho
> Não vá recebê carinho,
> Nem lugio e nem istima,
> Mas garanto sê fié
> E não istruí papé
> Com poesia sem rima"
> Patativa do Assaré[393], Aos poetas clássicos

---

[391] O teste de Bechdel procura identificar trabalhos de ficção que tem, ao menos, duas mulheres que a) conversam entre si b) sobre algo que não seja um homem. Embora pareça algo extremamente elementar, parte considerável das obras de ficção mais aclamadas do nosso tempo ainda são reprovadas nesse teste.
[392] KIAHIU, Wanuri. **Fun, fierce and fantastical African Art.** Disponível em: <https://www.youtube.com/watch?v=a_avBsX60-s>. Acesso em: 11 jun. 2018.
[393] ASSARÉ, Patativa do. **Aos poetas clássicos.** Disponível em: < http://contobrasileiro.com.br/aos-poetas-classicos-poema-de-patativa-do-assare/>. Acesso em: 29 out. 2018.

Todo o processo de confiança na autonomia, nos recursos e nas potencialidades do território descrito até aqui relaciona-se diretamente com a compreensão de que a comunidade precisa de vez e voz, isto é, de oportunidade de atuação e de participação em espaços qualificados de diálogo. Transmutando para o processo judicial, poderíamos dizer que falamos de influência e não-surpresa, dos argumentos[394] serem efetivamente considerados nas decisões que pautarão ou que, ao menos, influirão no seu viver. Nesse sentido, fala-se em processualidade democrática[395].

Para isso, é indispensável notar que a forma como são trabalhados os conflitos relacionados à comunidade repercute não só na imagem externa que se tem daquele grupo, mas também da autoimagem que o coletivo é capaz de sustentar. Identificar os recursos e talentos comunitários é indispensável para uma construção dessa autoestima que não seja determinada por eventuais histórias únicas difundidas no imaginário. É também importante para que seus membros consigam se visualizar como agentes, seres capazes de idealizar, construir e transformar realidades.

Ao mesmo tempo, é imprescindível ter conhecimento sobre aquilo em nós que nos assusta. Isto é, se o coletivo não acolhe e trata seus próprios medos e desafios, há grande chance de que eles se convertam em fragilidade diante de alguma situação ou momento difícil. Pensar a comunidade a partir de seus talentos e recursos não é uma via única, mas uma outra narrativa possível, a ser unida às demais narrativas daquele povo, para contempla-lo de maneira mais completa.

A questão não é olhar exclusivamente as carências e vulnerabilidades, nem as esconder ou desconsiderá-las. Antes, é saber que havendo vulnerabilidades que são inquestionáveis, o que pode ser feito com elas de modo a acolher, engajar e transformar? E como usar os recursos e talentos que já se têm para aprofundar esse processo? Uma compreensão mais completa da comunidade é fundamental para essa mobilização.

Reforçar esse aspecto é ter em mente que vulnerabilidades existem e que elas não precisam nos destruir. Ao contrário, é possível conectar-se com o outro e com o

---

[394] JAYME, Fernando Gonzaga; LIPIENSKI, Marcos Vinicius; MAIA, Renata Vieira. A resiliência jurisprudencial na observância do dever de fundamentação das decisões. In.: NUNES, Dierle; MENDES, Aluisio; JAYME, Fernando Gonzaga. **A nova aplicação da jurisprudência e precedentes no CPC/2015**. São Paulo: Revista dos Tribunais, 2017.
[395] Cf. NUNES, Dierle. **Processo jurisdicional democrático**: uma análise crítica das reformas processuais. Curitiba: Juruá, 2012.; NUNES, Dierle José Coelho; TEIXEIRA, Ludmila. **Acesso à justiça democrático**. Brasília: Gazeta Jurídica, 2013.

melhor de nós mesmos a partir delas. É o que propõe a justiça restaurativa, método de transformação de conflitos que foi difundido no Nacional durante o Programa Conjunto *Segurança com Cidadania*.

Embora haja momento próprio nesta tese para abordar a adoção de práticas restaurativas no território e seu impacto na comunidade (Item 4.3 em diante), é importante destacar já neste tópico que o grande diferencial dessas práticas frente aos métodos de resolução de conflitos mais conhecidos é justamente sua ênfase no acesso à justiça enquanto satisfação. Ou seja, o que mede a eficácia do acesso que se tem é a satisfação de sua experiência, razão pela qual, são os usuários quem a definem[396]. Isso ocorre preferencialmente no momento final do processo, voltado ao acompanhamento de seus resultados.

Para isso, a justiça restaurativa se propõe a mobilizar um sem-número de atores que extrapola a ideia pré-definida de partes. Ao trabalhar com pessoas interessadas direta e indiretamente no conflito, considera as microcomunidades de afeto e referência, que oferecem suporte para que a situação estagne, intensifique ou para que seja transformada[397].

A presença desses atores é fundamental para que os planos de ação sejam sustentáveis e para a edificação de vínculos de cuidado, conexão e sentido nesse processo. Por isso, o modo como o processo é operacionalizado garante que seja significativo também para as esferas que o excedem; tanto que, frequentemente, é via de transformação não só da situação conflitiva, mas também dos participantes.

A opção pelo *modus operandi* é essencial nesse processo, já que o ângulo a que direcionamos nosso olhar determina não só o que vemos, mas como o enxergamos[398]. A maneira como visualizamos o problema influencia as soluções que somos capazes de pensar para ele.

Além disso, a depender do método escolhido, pode-se reforçar em maior ou menor medida a condição de agente dos interessados ou a delegação do poder de decisão a um terceiro. A tensão entre regulação e emancipação também está presente nesse ponto. Isso não quer dizer que um método que reforce a emancipação sempre será preferível ou ainda que não é possível que um processo em que um terceiro decide pelas

---

[396] Cf. ZEHR, Howard. **Changing lenses:** restorative justice for our times. Harrisonburg: Herald Press, 2015.; BRAITHWAITE, John. Doing Justice Intelligently in Civil Society, **Journal of Social Issues,** vol. 62, n. 2, 2006, pp. 393-409.
[397] Cf. ZEHR, Howard. **Justiça restaurativa.** São Paulo: Palas Athena, 2012.
[398] ZEHR, Howard. **Changing lenses:** restorative justice for our times. Harrisonburg: Herald Press, 2015. Twenty-fifth anniversary edition.

partes não seja conduzido de maneira participada. Não há uma resposta única sobre o melhor método, o que se tem disponível é uma série de procedimentos possíveis, sendo uns mais adequados do que outros, mas essa adequação precisa ser aferida no caso concreto, considerando a situação, as pessoas envolvidas, as condições, as necessidades e interesses em questão.

O relevante neste momento é afirmar que não há neutralidade na opção por um ou outro método no tratamento dos conflitos[399] e que todo esse conjunto de métodos compõe a jurisdição[400], compreendida conforme a ampliação proposta na norma fundamental do art. 3º do Código de Processo Civil de 2015.

A opção continuada por certas práticas de tratamento de conflitos frente a outras influencia e legitima práticas que se desenvolvem no interior das culturas. Dessa maneira, é relevante ter em mente que, se mesmo em sociedades tidas como democráticas, há grupos que se sobrepõem a outros, isso se deve também a conformação de poderes simbólicos[401] que garantem sua existência. A escolha de métodos de resolução de conflitos tem influência nesse processo.

Conforme Chase[402], processos de pacificação de conflitos são rituais que tendem à conservação da tradição, de forma a reforçar convenções sociais existentes. Ao mesmo tempo, rituais inéditos ou a ressignificação dos já existentes podem ampliar e contribuir para as possibilidades de transformação social.

A esse respeito, Oscar Chase[403] apresenta dois argumentos centrais

> [...] o primeiro é o fato de **este processo resolutivo refletir a cultura em que está inserido – seus valores, seu arranjo social, sua metafísica e os símbolos através dos quais estes elementos são exteriorizados**; o segundo é que esta relação é reflexiva – ou seja, **a forma de resolução de conflitos será, também, um componente deste movimento contínuo de manutenção e construção da cultura em que está imerso**. [grifos acrescidos]

---

[399] CHASE, Oscar. **Direito, cultura e ritual:** sistemas de resolução de conflitos no contexto da cultura comparada. São Paulo: Marcial Pons, 2014, p. 13.
[400] CARVALHO, Mayara de; SILVA, Juliana Coelho Tavares da. Autocomposição judicial: o meio mais rápido e barato para a *MacDonaldização* das decisões? Análise segundo o CPC *que ama muito tudo isso*. In.: FARIA, Juliana Cordeiro de; REZENDE, Ester Camila Gomes Norato; NETO, Edgard Audomar Marx. (Orgs.). **Novas tendências:** diálogos entre direito material e processo: estudos em homenagem ao professor Humberto Theodoro Júnior. Belo Horizonte: D'Plácido, 2018.
[401] Cf. BOURDIEU, Pierre. **O poder simbólico.** Rio de Janeiro: Bertrand Brasil, 2012.
[402] CHASE, Oscar. **Direito, cultura e ritual:** sistemas de resolução de conflitos no contexto da cultura comparada. São Paulo: Marcial Pons, 2014, p. 169.
[403] CHASE, Oscar. **Direito, cultura e ritual:** sistemas de resolução de conflitos no contexto da cultura comparada. São Paulo: Marcial Pons, 2014, p. 187.

Em seguida, questiona[404] que

> **Na hipótese do processo estar em um *pas de deux* com a cultura, devendo seguir as diretrizes desta parceria, como ele poderia impor um passo que divergisse do que está coreografado?** A resposta para esse paradoxo é encontrada quando recordamos que em nenhuma sociedade a cultura é eterna ou rigorosamente uniforme, sofrendo questionamentos contínuos e estando sujeita a modificações. [grifos acrescidos]

É a incompletude[405] inerente a qualquer cultura que possibilita sua transformação no tempo. A consciência do incômodo, da possibilidade de contínuo melhoramento, abre espaço para a atuação transformadora dos métodos adequados de tratamento de conflitos. É a vulnerabilidade da cultura que serve como elemento conectivo para o diálogo democrático e o reforço de alteridade e diversidade.

A *Constituição processual*[406] desponta como garantia de espaços onde a atuação dos indivíduos é pautada em conversações constitucionais conduzidas com autonomia e respeito. Nela, o diálogo é contínuo e progressivo, enquanto os consensos são necessariamente temporários, construídos no presente – o viver democrático[407] – para atender à diversidade materializada nas necessidades.

O diálogo é contínuo por que democracia só pode ser vivida, nunca defendida enquanto modelo. Isto é, ao defender que apenas um formato é democrático, estou sendo necessariamente antidemocrático[408]. É preciso ater-se aos elementos e princípios fundamentais da democracia, não a um modelo específico. É de se supor, inclusive, que povos diferentes tenham democracias também distintas, embora possam ter modelos autoritários muito semelhantes. Por essa razão, os consensos são necessariamente provisórios.

Eles também são progressivos. Isso não significa que sejam atrelados à ideia de progresso; isto é, de que há uma idéia rígida do objetivo que deve ser alcançado e que

---

[404] CHASE, Oscar. **Direito, cultura e ritual:** sistemas de resolução de conflitos no contexto da cultura comparada. São Paulo: Marcial Pons, 2014. p. 187-188.
[405] Cf. PANIKKAR, Raimundo. Seria a noção de direitos humanos uma concepção ocidental? In.: BALDI, César Augusto. (Org.) **Direitos humanos na sociedade cosmopolita.** Rio de Janeiro: Renovar, 2004. p. 205-238.
[406] Cf. CARVALHO, Mayara de; CRUZ, Gabriel Soares. Constituição processual: ética de alteridade, democracia e diversidade nas conversações constitucionais. **Revista da AGU**, Brasília-DF, v. 16, n. 01, p. 261-302, jan./abr. 2017.
[407] MATURANA, Humberto R.; VERDEN-ZOLLER, Gerda. **Amar e brincar:** fundamentos esquecidos do humano: do patriarcado à democracia. São Paulo: Palas Athena, 2004.
[408] MATURANA, Humberto R.; VERDEN-ZOLLER, Gerda. **Amar e brincar:** fundamentos esquecidos do humano: do patriarcado à democracia. São Paulo: Palas Athena, 2004.

sua definição como "o melhor" é específica, apriorística e independente das condições das partes. Ao contrário, a progressividade do diálogo é reflexo de sua continuidade, indicando que considera a memória do que tem sido feito, as conversações que o antecederam e o respaldaram.

As conversações constitucionais têm amparo na diversidade que compõe os coletivos dessa democracia. Para isso, precisam estar atentas à identificação e à expressão das necessidades humanas básicas[409] presentes naquele espaço-tempo.

Os métodos adequados de tratamento de conflitos figuram como meios possíveis para conduzir esse diálogo qualificado, agenciando os consensos provisórios que buscam transformar e construir novas possibilidades democráticas. São os *diálogos constitucionais não-violentos*[410], conforme defendido em outro trabalho:

> Vale asseverar que já há o desenvolvimento de teorias de diálogos constitucionais sobre os processos de interpretação da Constituição. Por meio delas, reconhece-se que a Constituição é interpretada por várias instituições que se interagem. Desse modo, pontes de diálogo devem ser criadas como forma de fortalecer a legitimidade dos processos decisórios. [...]
> No entanto, o que se observa é que **as práticas constitucionais que dão ensejo a essas "teorias do diálogo" não são permeáveis à diferença e ao pluralismo epistemológico. São concepções normativas sobre a "autoridade decisória"**, e não de reforço dialógico de ouvir e considerar o outro na ocasião em que expressa suas interpretações, necessidades e interesses. **Se a posição discursiva exige interação entre falantes e ouvintes, ou esses diálogos constitucionais não são propriamente diálogos – já que se fala, mas não se ouve –, ou partem de classificação prévia de discursos e falantes autorizados (incluídos) e, portanto, são fechados a outros diversos. São teorias assentadas em posições de falas hegemônicas, constituindo-se, portanto, em diálogos constitucionais violentos.**
> Em contraposição, a comunicação não-violenta fundamenta-se na compaixão e na inter-relação da comunidade de falantes. Portanto, é pautada em alteridade, tanto na fala, quanto na escuta ativa. Para tanto, a comunicação não-violenta demanda observação sem julgamento; responsabilização pelos próprios atos e sentimentos, sem buscar culpar a si ou aos outros; identificação das necessidades humanas em conflito; expressão dos sentimentos – e não de pensamentos – a respeito da necessidade humana violada; formulação de um pedido específico, claro e positivo que seja capaz de contemplar as necessidades humanas violadas; escuta empática e respeitosa; conexão com o outro por meio de compaixão. [...]
> Por essa razão, **diálogos constitucionais não-violentos podem ser entendidos como processos fundados em habilidades sobre a linguagem e comunicação que guiam os interlocutores na ressignificação e transformação de conflitos** (LEDERACH, 2012). Desse modo, **a conexão com o outro é orientada por uma expressão clara e honesta das necessidades humanas em conflito, ao mesmo tempo em que enxerga a**

---

[409] ROSENBERG, Marshall. **Nonviolent Comunication:** A Language of Life. 3. ed. Encinitas: Puddle Dancer Press, 2015.
[410] CARVALHO, Mayara de; CRUZ, Gabriel Soares. Constituição processual: ética de alteridade, democracia e diversidade nas conversações constitucionais. **Revista da AGU**, Brasília-DF, v. 16, n. 01, p. 261-302, jan./abr. 2017.

diversidade e as necessidades dos outros com respeito e empatia. Baseia-se, portanto, em processos de aprendizagem e transformação por meio das relações e tensões sociais e que reestruturam a relação nós/eles[411]. [grifos acrescidos]

Para isso, o policentrismo decisório é fundamental: as oportunidades de ação, de fala e de escuta dos cidadãos são acentuadas à medida em que o poder decisório se dispersa para abarcar a diversidade social. O protagonismo e a abertura às narrativas dos mais distintos interessados apresentam uma versão mais completa da narratividade do próprio povo e, por decorrência, do Estado. Nesse movimento, compreensões marginais do Estado podem passar a integrá-lo.

Isso é particularmente importante para a autoestima e independência de grupos excluídos ou de minorias qualitativas, os *subalternos* a quem alude Spivak[412]. Para a autora, subalternos são os sujeitos pertencentes às camadas mais baixas da sociedade, que se encontram à margem da representação política e jurídica hegemônica. Sobre esse aspecto, vale frisar que assim como a opção por dado método de tratamento de conflitos frente a outros não é neutra, a veiculação de universalismos e racionalidades aparentemente neutros para remeter ao Estado e ao Direito é um ato político-ideológico[413].

Conforme observa, esses sujeitos têm baixa probabilidade de reverter as opressões estruturais que incidem sobre eles. Essa condição se deve prioritariamente ao agenciamento de suas falas ou à negação de espaços qualificados de escuta das suas vozes; o que afeta a autonomia desses cidadãos, razão pela qual a autora começa sua obra questionando se há real possibilidade discursiva para o sujeito subalterno no Estado[414].

Ao considerar o subalterno como agente capaz de falar por si, aponta que a preocupação central na democracia deve ser no oferecimento de espaços onde a fala desse sujeito seja ouvida, e não em assumir seu lugar de fala. Subsidiariamente, essa fala deve ser identificada na produção científica. Enquanto tradutor, o acadêmico atua como apoiador que dispõe o conteúdo da fala autônoma em formato e linguagem compreensíveis.

---

[411] CARVALHO, Mayara de; CRUZ, Gabriel Soares. Constituição processual: ética de alteridade, democracia e diversidade nas conversações constitucionais. **Revista da AGU**, Brasília-DF, v. 16, n. 01, p. 261-302, jan./abr. 2017. p. 286-287.
[412] SPIVAK, Gayatri Chakravorty. **Pode o subalterno falar?** Belo Horizonte: Editora UFMG, 2014.
[413] SPIVAK, Gayatri Chakravorty. **Pode o subalterno falar?** Belo Horizonte: Editora UFMG, 2014. p. 41-42.
[414] SPIVAK, Gayatri Chakravorty. **Pode o subalterno falar?** Belo Horizonte: Editora UFMG, 2014. p. 70.

Nesse ponto, o policentrismo decisório e a *constituição processual* contribuem para a consideração da alteridade subalterna negada. No encontro da *Trans-Modernidade*[415], compreendo que a relação entre os diversos sujeitos – todos eles, subalternos ou não – e as figuras de autoridade é indicativo importante da imagem que se tem de si e do sentir-se pertencido à sociedade.

Ao compor os processos decisórios, o cidadão é convidado também a responsabilizar-se pelos seus resultados e execução. Além da satisfação de reconhecer-se como parte do todo, a responsabilização desponta como consequência natural do envolvimento. É provável que as pessoas se engajem mais para manter e cuidar daquilo que ajudaram a construir e que, por isso, são capazes de respeitar e entender.

A processualidade democrática oferece suporte para essa constituição dialógica do Estado. A *constituição processual* contribui para esse processo de jurisdição democrática por meio de *diálogos constitucionais não-violentos* e de uma ética de alteridade, no "contínuo inter-esse de descobrir-se e aprimorar-se através da diversidade enxergada nos olhos dos outros[416]".

Nesse processo, a racionalidade jurídica se compõe em companhia da *sensibilidade jurídica*[417], desfazendo-se da pretensa supremacia da razoabilidade abstrata frente aos modos de vida sociais e exercitando o gerenciamento consensual da diferença, ao invés de atuar na dualidade eliminação-autorização.

Compreendida para além do Estado-juiz, a jurisdição incorpora métodos adequados ao tratamento dos conflitos.

> [...] se vinculada à necessidade de estabilidade da sociedade plural, e não à autoafirmação estatal, é elemento central na compreensão social, à medida que permite, por intermédio da constituição processual e do direito à diversidade, a materialização do pertencimento ao Estado plural.
> Assim, a democracia não é um produto da racionalidade a ser densificada por teorias constitucionais abstratas. Ela consiste em modo de vida baseado na convivência humana respeitosa, na alteridade com o diferente, na possibilidade de diversidade[418].

---

[415] DUSSEL, Enrique. **1492: El encubrimiento del Otro:** Hacia el origen del "Mito de la modernidad". La Paz: Biblioteca Indígena, 2008. p. 69.
[416] CARVALHO, Mayara de; CRUZ, Gabriel Soares. Constituição processual: ética de alteridade, democracia e diversidade nas conversações constitucionais. **Revista da AGU**, Brasília-DF, v. 16, n. 01, p. 261-302, jan./abr. 2017. p. 298.
[417] GEERTZ, Clifford. **O saber local:** novos ensaios em antropologia interpretativa. Petrópolis: Vozes, 2014.; LIMA, Antonio Carlos Souza. O exercício da tutela sobre os povos indígenas: considerações para o entendimento das políticas indigenistas no Brasil contemporáneo. "Dossiê Fazendo Estado", **Revista de Antropologia**, USP, São Paulo, v. 55(2), jul./dez. 2012.
[418] CARVALHO, Mayara de; CRUZ, Gabriel Soares. Constituição processual: ética de alteridade, democracia e diversidade nas conversações constitucionais. **Revista da AGU**, Brasília-DF, v. 16, n. 01, p. 261-302, jan./abr. 2017. p. 293.

3.3.3 Segurança com cidadania e diálogos não-violentos no Nacional: a fala e a escuta do sujeito subalterno na palavra da Polícia

> "Mas achava também que qualquer vida era um risco e o risco maior era o de não tentar viver"
> Conceição Evaristo[419], Ana Davenga

Em 2015, a Revisão Periódica Universal (RPU), mecanismo do Conselho de Direitos Humanos da ONU, ao avaliar o cumprimento de obrigações e compromissos assumidos pelo Brasil quanto a direitos humanos, direcionou 170 recomendações à República Federativa do Brasil.

Dessas, apenas uma foi rejeitada: a desmilitarização da Polícia Militar. A rejeição foi fundada no argumento lacônico de que havia previsão constitucional para tanto, ignorando que não se trata de *cláusula pretrea*, podendo ser modificada, e desconsiderando o momento de transição em que a Constituição de 1988 foi promulgada[420].

Sendo o país que mais mata por armas de fogo no mundo[421], é de se perguntar quanto da ditadura resta em nossa democracia[422]. Não sem razão, a eleição recente de um presidente e vice ligados ao Exército reacendeu debates de temor e apologia a eventual fim da democracia brasileira.

Se analisadas as conjunturas da presença da Polícia nas periferias, é possível encontrar muitas similaridades entre a atuação retratada no documentário "Santa Marta: duas semanas no morro", dirigido por Eduardo Coutinho[423] no final da última ditadura brasileira, com o destino do ajudante de pedreiro Amarildo Dias de Souza, desaparecido desde julho de 2013, após ter sido detido pela Polícia Militar; ou mesmo de Marielle Franco, ex-Vereadora do Rio de Janeiro e crítica da atuação da Polícia nas favelas, brutalmente assassinada em março de 2018.

---

[419] EVARISTO, Conceição. **Olhos D'Água.** Rio de Janeiro: Pallas, 2016.
[420] MATIAS, Daniela de Oliveira Lima. **O Relatório Periódico Universal como novo mecanismo de monitoramento internacional:** inovações, funcionamentos e o desempenho brasileiro nos dois primeiros ciclos. 2014. Dissertação (Mestrado) - Curso de Direito, Centro de Ciências Jurídicas, Universidade Federal da Paraíba, Joao Pessoa, 2014.
[421] TRAVISAN, Maria Carolina. O Brasil é o país que mais mata por arma de fogo no mundo. Disponível em: <http://flacso.org.br/?publication=o-brasil-e-o-pais-que-mais-mata-por-arma-de-fogo-no-mundo>. Acesso em: 31 out. 2018.
[422] Cf. JUPIARA, Aloy; OTAVIO, Chico. **Os porões da contravenção:** jogo do bicho e ditadura militar: a história da aliança que profissionalizou o crime organizado. Rio de Janeiro: Record, 2015.
[423] COUTINHO, Eduardo. **Santa Marta:** duas semanas no morro. Brasil, 1987, 50 min.

Todavia, é preciso cuidado para não incorrer no perigo da história única quanto a trajetória da Polícia Militar brasileira. No Nacional, parte considerável dos resultados do *Segurança com Cidadania* advieram da parceria construída entre a comunidade e a Polícia Militar, sob comando local do Major Davidson.

Como relatado no Capítulo 2, o à época Tenente integrou o Comitê Local a convite dos próprios moradores do Nacional. A relação de Davidson Tavares com a comunidade nem sempre se deu com essa proximidade: ambos pareciam pautar-se em narrativa única sobre o outro.

Essa mudança de perspectiva é relatada por Claudia Ocelli ao afirmar:

> Antes do Programa, o Tenente Davidson se referia aos meninos como "meliante". [...] Quando foi implementado policiamento comunitário, eles fizeram formação com o Beto, do Papo de Responsa, no Rio de Janeiro. O Tenente mudou tanto que, numa das reuniões do Comitê Local, começou sua fala super triste, dizendo que havia feito o B.O. do 'filho do meu grande amigo' e que não havia conseguido fazer algo para que essa situação se revertesse, que havia sabido na semana anterior de que havia sido jurado de morte.

Cintia Yoshihara relata que, na perspectiva da comunidade, a abertura para outras narrativas sobre a PM adveio de uma fala do Major Davidson em reunião do Comitê: ao expor a vulnerabilidade e as dificuldades das condições de trabalho da Polícia no território, sensibilizou seus membros para os seres humanos que vestiam o uniforme da PM.

Nas palavras do Major,

> [a confiança da indicação pro Comitê Local veio por que] houve um lapso temporal entre a chegada desse projeto da ONU e o trabalho que já havíamos começado lá. Eu ficava o dia todo no território, praticamente não ficava no Quartel. [...] **A gente parava a viatura e não ficava só na repressão, no ficar fazendo abordagem e vendo quem está com droga e quem não está. Ali, a gente parava a viatura na praça, ia no comercio andando a pé; conversava com um comerciante, conversava com outro; ia em posto de saúde, conversava. O pessoal começou a cumprimentar a gente, saber quem a gente é.** Sabia assim 'aquela pessoa é o comandante, que é quem está cuidando daqui' e **sabia que a gente estava voltado mesmo pra promover a segurança no local, e não preocupado só com a repressão.** [Estávamos] preocupados com a segurança de forma geral: se tivesse que ocorrer [repressão], ia ocorrer; a princípio era aquilo, gerar sensação de segurança pra eles com a nossa presença, que a gente ia reverter essa situação toda. No dia a dia mesmo, se fosse acontecer uma festa, a gente estava presente; na reunião, estava presente. **[Mesmo] reunião que não era atinente à segurança pública, se era algo que eles achavam importante, a gente comparecia também.** Então, teve esse tempo pra que eles sentissem que a gente estava realmente com uma forma diferenciada de trabalhar. [ênfase acrescida]

A relação do Major com a comunidade foi tão próxima que só um dos civis entrevistados na pesquisa de campo não fez alusão direta ao nome do Policial. Da mesma maneira, ainda que afastado do território desde o fim do Programa Conjunto, Davidson Tavares lembrava dos nomes e de narrativas das lideranças comunitárias.

Em entrevista, Zé Gordo relatou que

> A gente gostaria que as pessoas voltassem a pensar nisso [no lazer para a juventude] entendendo as cabeças dos jovens. Como a gente viu o Tenente Davidson, que pegava uma coisa aqui, outra acolá [pra doar para crianças da comunidade]. Ele mesmo veio na minha casa pra pegar um presentinho, pra chegar nas vilas e dividir com as crianças. **Isso que a gente queria ver da nossa Polícia: não deixar que os jovens tenham medo dela, dela ser uma Polícia ligada à juventude.** [...] Às vezes o menino passa ali, se tem Polícia, já sai correndo com medo. **E a Polícia não é pra ter medo, a Polícia é pra estar aí defendendo os nossos direitos**, né, e a paz, que pra mim é uma coisa muito importante. Eu só tenho a agradecer pelo que a ONU fez aqui e pelos meus colegas da comunidade, o Marcos, o Café, o Tony Lanche, a irmã do Café, a Raquel, que também trabalhou, várias pessoas, e mesmo as pessoas da Prefeitura que estavam ligadas àquilo ali, e **nós estávamos juntos pela comunidade**. [ênfase acrescida]

A iniciativa a qual Zé Gordo se referiu é o "PM Noel", projeto em que os policiais apadrinham crianças em situação de vulnerabilidade, trocando cartas com os meninos e oferecendo companhia e presentes a eles no período do Natal.

No Nacional, o "PM Noel" foi resultado da parceria entre o Major e uma liderança comunitária, a Dona Penha, que mantinha uma creche comunitária voltada a atender "filhos de pessoas humildes e até de pessoas com algum desvio", como ressaltou Davidson Tavares. Como só contava com cerca de 10 a 15 profissionais no Estrela Dalva, o Major estendeu a amplitude do projeto, convidando outros políciais da Companhia a participarem. É como relata:

> Na época de natal a gente foi lá, levamos presentes, essas coisas, passamos umas boas horas com eles, as criancinhas. [...] A gente levou a questão pro comandante da gente fazer uma coisa diferenciada lá nessa escolinha, na creche da Dona Penha. Aí cada policial levou uns presentes lá. Eles tinham que escrever uma cartinha pra gente, sabe? Cada um pedia uma coisa, uns pediam uma bicicleta, outros pediam uma bola, mas tinha uns que pediam cesta básica, pediam material de escola...

As formações oferecidas pela ONU foram essenciais nessa mudança de perspectiva sobre o tratamento e o vínculo entre Polícia e comunidade. Uma das formações oferecidas, a cargo da atriz Elisa Lucinda, criadora do projeto "Palavra de

Polícia – Outras Armas", procurava usar a poesia como ferramenta de desarmamento ao fomentar autoestima, criatividade e autoconhecimento pela palavra.

No Programa Conjunto, esse trabalho tinha a finalidade de fomentar a integração entre os diversos atores que interagiam com o território, de modo a tornar o diálogo instrumento de construção e fortalecimento de vínculos positivos.

Por meio da poesia, estimulava-se a estruturação das ideias e discursos. A palavra cuidadosamente trabalhada poderia reivindicar direitos, falar de sentimentos e questões desafiadoras, objetivos e incompreensões sem invadir ou desrespeitar o espaço do outro.

Sobre o "Palavra de Polícia", o Major Davidson comenta que se tratava de

> uma arte de usar o verbo, **usar a palavra pra desarmar, pra dialogar, pra diminuir a tensão**. Ela [Elisa Lucinda] ficou três dias no território fazendo um trabalho das palavras, da força das palavras, depois passou um poema pra cada um dos presentes e terminou lá na Praça Estrela Dalva, [onde] cada um tinha que declamar a poesia. E depois nós fomos lá em Brasília e ficamos mais dois dias com ela num seminário de fechamento dessa capacitação do uso da palavra, da força da palavra. Ela fez um trabalho muito bom, principalmente pra quem ficou na região, quem ficou no local e que precisava dialogar com todo tipo de pessoa, né? [...] **a gente já conhecia um pouco esse uso da força progressiva na questão da comunicação, de não chegar já colocando a mão numa pessoa**. Se você vai fazendo isso pelo diálogo... **mas a técnica dela de conversar, de saber conduzir as palavras, a intensidade da palavra conforme a situação fazia diferença**. Eu achei o trabalho dela muito bom pra comunidade toda. [ênfase acrescida]

A palavra também foi determinante em outra atuação da PM no Nacional: o mapeamento de vítimas em potencial. Nele, havia a atuação preventiva de inteligência que procurava identificar prováveis vítimas de homicídio e evitar assassinatos no território, principalmente em decorrência de tráfico de drogas. Como alerta Davidson Tavares, o homicídio "é o crime que mais gera insegurança, é o crime que dá característica à região, principalmente entre adolescentes".

Para isso, a Polícia Militar (PM) passou a visitar casas dos familiares dessas vítimas em potencial, pretendendo conversar com as mães e alertar para a gravidade da situação. Alguns casos chegaram a ser encaminhados para programas de proteção de testemunhas, com consequente retirada dos sujeitos ameaçados do território. Em outros, o diálogo e a parceria com os responsáveis foi suficiente para resolver a situação, seja por reforço de cuidado, diálogo com o adolescente ou pagamento de dívida.

Nesse caso, o Policial foi enfático ao apontar a sensível diminuição nos homicídios de adolescentes no Nacional. Como alerta:

> **Muitas vezes, pra sociedade, quem está morrendo é bandido, mas é uma pessoa que tem mãe, que tem pai, que tem família, que tem alguém que gosta dela. Não só isso, é um índice também que afeta a comunidade, o município... vai se somando e gera fator de insegurança.** [...] às vezes essa **informação vinha da Inteligência da própria Polícia, às vezes de um morador de lá mesmo.** Não sei se você ouviu falar de um, que tem apelido de Café. Ele era um cara que às vezes a Polícia tinha como informante de bandido, às vezes como informante da Polícia. Tinha polícia que não queria saber dele por que ele tinha dialogo com o pessoal lá, os infratores. Mas a gente aproveitava, a gente tinha habilidade, ia na casa dele, tomava café com ele, entrava na comunidade com ele, entendeu? Porque tinha horas que a gente ajudava ele em algumas situações, assim, não de crime... vamos supor, se dependesse do Comando, não teria lá um baile *funk*, não queriam de jeito nenhum. E acaba que a gente, estando lá, com os pedidos dele, 'ou, Tenente, me ajuda aí, pelo menos um pouco lá e tal'. A gente falava 'olha, Café, se você fizer o negócio lá e não acabar tarde demais, nem gerar reclamação, não vou mandar o pessoal encerrar lá não'. Aí, com isso, ele conseguia uma barganha. O pessoal já sabia que às vezes ele ia falar pra a gente, aí alguém dava um toque nele, 'ou, Café, vão passar o cerão no fulano...', no linguajar deles, porque já sabia também que talvez ele ia falar pra a gente. E aí já antecipava tudo. **Com isso, a gente ficou um bom tempo lá sem registro.** Esse pessoal também... eles têm muita informação. 'a Polícia tá ficando mais aqui, a Polícia quer pegar autor de homicídio'. **Porque é muito comum o homicídio [de adolescentes] ficar no registro e ninguém correr atrás, porque é marginal que morreu. Eles já sabiam que a gente ia correr atrás.** Se tivesse homicídio, a gente ia correr atrás, a gente ia procurar saber quem foi. E agora o cara não quer assinar o B.O. **Ele é traficante, ele tá ali, mas o B.O. de homicídio ele não quer assinar, ele sabe que é pesado. Uma vez dele indiciado aquilo ali já arrebenta ele, vamos dizer assim.** [...] **E quando tinha uma prisão que ela não foi nossa, um outro Batalhão especializado recebeu uma denúncia e foi lá e pulou e pegou muita coisa...** Aquele cara que perdeu já é uma vitima em potencial por que ele não é a boca, ele não é o traficante, ele estava com o material pra vender, ele não vai dar conta de pagar e às vezes ele ainda deu algum serviço. Às vezes além dele perder a dele ele deu mais alguma coisa. Então, a gente já sabia, no outro dia quando pegou o B.O., a gente já sabia, aquele ali virou uma... [ênfase acrescida]

Nesse processo de diálogo com membros da comunidade, a Polícia passou a identificar quais lideranças poderiam ser importantes aliadas na construção de um espaço mais seguro. Foi nesse contexto que o Major passou a se relacionar de maneira mais próxima não só com o Café e a Dona Penha, mas também com o Zé Gordo, em razão do engajamento com a juventude por meio do time Recanto da Pampulha. Foi com essa parceria que ele propôs o já mencionado engajamento do "adolescente problema" como administrador do campinho.

Esse envolvimento com membros da comunidade auxiliou na proteção das crianças e adolescentes, mas também dos próprios policiais, que passaram a sofrer menos resistência dos moradores e contaram com auxílio direto de lideranças "menos expostas, sem contato direito com a cara da segurança pública no território", como ressaltou o Major.

Esse vínculo acabou interferindo diretamente na imagem que se tinha da violência no Nacional e de suas possíveis soluções. Tanto que a Polícia passou a atuar com a Secretaria de Educação ao identificar a relação direta entre evasão escolar e envolvimento com atos infracionais ou situações de vulnerabilidade.

Sobre o tema, confira o relato do Major Davidson:

> Teve uma vez que, trabalhando, eu deparei com um menino, que devia ter uns oito anos, e uma menina, irmã dele, que devia ter uns sete. Eu deparei com eles, assim, mexendo no lixo, brincando no lixo, revirando umas coisas. Fui procurar saber quem eram os pais. Fui olhar, **esses meninos estavam fora de escola já tinha quase um ano [...] Fui conversar com a mãe**. A mãe ficou até com muito medo, mas falamos com ela que a finalidade era só a gente resolver o problema, aí conseguimos junto com a Administradora Regional e junto com a Diretora da escola, encaixar eles lá, sabe? E através disso **a gente percebeu o problema de evasão escolar influenciando no envolvimento da violência com os meninos lá. Era um dado que começou a preocupar a gente. Nós demos esses encaminhamentos e colocamos isso nas reuniões pra que isso fosse trabalhado junto a Secretaria de Educação, que fosse levantado esse dado de evasão escolar, e nos propusemos a, se precisasse, a gente ir junto, de uma forma ou de outra, fardado ou não, pra verificar o que estava acontecendo**. [...] já quase depois dos dois anos lá, a gente começou a perceber uma transformação grande quando os meninos estavam na idade abaixo de 12 anos e acima de 12 anos. Eles perdiam totalmente a identidade deles, os meninos que cumprimentavam a gente, já passavam a não gostar da Polícia, já mudavam o comportamento e passavam a ser influenciados pelos infratores, perdia aquele ambiente deles de casa e tudo. Não sei até que ponto eles passavam a ir pra rua mais e aquilo influenciava e eles perdiam aquela inocência deles, aquele caminho. Detectamos o quanto que era difícil retomar eles, combater isso. Aí o Paulinho [Terrinha] tinha esse projeto dele do *graffiti* nesse pensamento de envolver vários jovens nos projetos pra que pudessem ser capacitados lá. [...] Quando a gente acha essas figuras assim, Zé Gordo, Café, Dona Penha, a gente vai aproximando e, graças a Deus, tanto eu fui muito feliz com eles, como eles gostavam da gente. Justamente por que a gente chegava com a preocupação de ajudar. No que a gente podia ajudar, a gente ajudava. [ênfase acrescida]

Nesse movimento, a atuação da Polícia frente aos problemas de violência e segurança passou a caminhar próxima à compreensão do Zé Gordo quanto ao oferecimento de opções de lazer como pacificador social. Assim, para além da ação direta junto às escolas e ao time de futebol, passou também a apoiar festividades e manifestações culturais na comunidade, a exemplo de bailes *funk* e do São João do Severina Chic Chic.

Dessa forma, a imagem que se tinha da política de segurança passava a caminhar amparada na de cidadania. Não à toa, outros dois toques de recolher que ameaçaram a comunidade foram evitados antes mesmo de acontecer. O trabalho em parceria da Polícia com a comunidade reforçou a possibilidade de estabelecer diálogo e conexão com as necessidades comuns entre dois polos que até então enxergavam-se como antagonistas.

Conforme o Major Davidson, "99,9% são pessoas de bem. [Essa parceria] evitou, por muito tempo, muita situação de risco pras duas partes [...] Quanto mais a comunidade estiver alinhada com a gente, menos risco é pra quem está trabalhando lá, né?".

Mesmo quando não verbais, os diálogos entre membros da Polícia e da comunidade passaram a considerar a *Comunicação Não-Violenta*[424], isto é, buscaram afastar-se de identificações entre pessoas e posições e procuraram distinguir observação de julgamento para identificar as necessidades, os sentimentos e os pedidos envolvidos em cada situação.

3.4 Estado Plurinacional e sistema jurídico comunitário: a experiência da Bolívia

> "Era preciso reinventar a vida, encontrar novos caminhos. Não sabia ainda como. [...] Intuía que tudo era muito pouco. A luta deve ser maior ainda"
> Conceição Evaristo[425], Duzu-Querença

O *Segurança com Cidadania,* conforme defendido anteriormente, pautou-se fortemente no envolvimento direto dos agentes da comunidade nas decisões essenciais do território. Para tanto, aproximou a abordagem de questões estruturais – como violência, segurança, educação e lazer – com questões mais pessoais, como o senso de pertencimento, autonomia, significado e a autoestima dos seus membros.

Com isso, atuou com espécies de justiça comunitária, dentre elas as práticas restaurativas. A experiência foi fortemente influenciada por práticas de outros países, como as Casas de Justicia colombianas, e também se comunica diretamente com outras experiências do exterior, como a justiça comunitária boliviana e o *neighborhood justice system*, este último tratado no item 4.4.

---

[424] ROSENBERG, Marshall. **Nonviolent Comunication:** A Language of Life. 3. ed. Encinitas: Puddle Dancer Press, 2015.
[425] EVARISTO, Conceição. **Olhos D'Água.** Rio de Janeiro: Pallas, 2016.

Por essa razão, com intuito de pensar diferentes possibilidades para o desenvolvimento da justiça comunitária no Brasil, em alguns momentos esta tese menciona ou comenta essas experiências.

Nesse sentido, é relevante ressaltar que, recentemente, a Bolívia apresentou-se como expoente no tocante à justiça comunitária. A Constituição Política de Bolívia de 2009 institui a justiça comunitária como instância autônoma incorporada formalmente à jurisdição do Estado, gozando de competências e ritos próprios e tendo representantes na composição do Tribunal Constitucional Plurinacional (arts. 188, 189, 199, 200, 201, 206, *Constitución Politica de Bolivia*).

No ano de 2009, passados cerca de vinte anos da promulgação da Constituição brasileira, o constitucionalismo latino-americano teve sua primeira constituição pautada em pluralismo jurídico: a Constituição promulgada pela Bolívia propôs um Estado Plurinacional, rompendo com o modelo monojurídico Moderno que serviu ao colonialismo. Em sequência, esse movimento foi seguido pelo Equador.

A *Constitución Politica de Bolivia* de 2009 apresenta instituições plurijurídicas que se propõem a considerar e respeitar a diversidade de povos marginalizados pelo discurso civilizatório da Modernidade. Com isso, sugere a constituição do Estado pelas suas margens.

No constitucionalismo brasileiro, o ano de 2009 contou com a promulgação da 62ª emenda constitucional. Em outubro de 2018, quando escrevo este tópico, a Constituição brasileira conta com 106 emendas. Até a defesa e publicação desta tese, é possível que mais alguma tenha sido acrescida. Como ressaltado em outro trabalho[426], o elevado número de emendas constitucionais no país parece ter uma finalidade central: "que tudo permaneça como está".

Enquanto a Constituição brasileira reconhece o pluralismo político e almeja garantir o bem de todos sem discriminação (arts. 1º, V e 3º, IV, CRFB/88), sendo o pluralismo jurídico e a interculturalidade aferidos a partir da análise sistemática do normativamente implícito; a Bolívia proclama um Estado Plurinacional, comunitário, intercultural e descentralizado (art. 1, *Constitución Politica de Bolivia*).

Além disso, a justiça comunitária brasileira, enquanto política pública, foi concebida como parte das políticas de reforma do Judiciário, mas com atuação

---

[426] CARVALHO, Mayara de; CRUZ, Gabriel Soares. Constituição processual: ética de alteridade, democracia e diversidade nas conversações constitucionais. **Revista da AGU**, Brasília-DF, v. 16, n. 01, p. 261-302, jan./abr. 2017.

prioritária extrajudicial. Também admitiu intervenção e formação técnica externa à comunidade com o propósito de facilitar o desenvolvimento da autonomia dos sujeitos no contexto comunitário.

O modelo da Bolívia, por sua vez, integra a jurisdição de forma independente e veda a interferência externa no contexto comunitário, reconhecendo *a priori* a autonomia dos grupos de cidadãos. Pautadas na diversidade de seus povos e almejando o incentivo à participação popular na estrutura estatal, o rompimento com o legado de violência e processos de extermínio de povos tradicionais foi um processo esperado nas constituições da Bolívia e do Equador.

Essa nova roupagem constitucional contrapõe-se à Nação monojurídica. Embora reconheça a relevância do percurso construído pelo sistema jurídico de origem greco-romana, considera também sua insuficiência, sendo necessário o aprendizado com diversos modelos jurídicos, como o campesino originário.

Para tanto, reforça os espaços de diálogos interculturais capazes de concretizar normas jurídicas respeitando a diversidade. A compreensão de Estado, portanto, é descentralizada, necessariamente policêntrica e fundada em conversações constitucionais[427].

Entende, assim, que a cidadania não deve servir à conservação de uma identidade cultural ou política pré-determinada, devendo estar aberta para garantir a expressão multicultural de seus cidadãos. Com isso, relaciona-se com a defesa do viver democrático como única forma de experimentar efetivamente a democracia[428].

Por essa razão, afasta-se do paradigma do reconhecimento – permeado de discussões sobre inclusão e exclusão –, não por desconsiderá-lo, mas por sustentar sua insuficiência para responder a problemas complexos. Parte da essencialidade do direito à diversidade, buscando superar o simples direito à diferença[429].

O pressuposto lógico para tanto é o de que, mesmo sendo importante o reconhecimento, sua matriz de pensamento é a do acolhimento pelo sistema, convertendo em mera permissão ou consentimento para o diferente existir[430]. Essa

---

[427] MAGALHÃES, José Luiz Quadros de. O novo constitucionalismo latino-americano 2: rupturas – diversidade. **Revista Eletrônica de Direito do Centro Universitário Newton Paiva**, Belo Horizonte, n. 28, p. 10-19, jan./abr. 2016.
[428] MATURANA, Humberto R.; VERDEN-ZOLLER, Gerda. **Amar e brincar:** fundamentos esquecidos do humano: do patriarcado à democracia. São Paulo: Palas Athena, 2004.
[429] MAGALHÃES, José Luiz Quadros de. O novo constitucionalismo latino-americano 2: rupturas – diversidade. **Revista Eletrônica de Direito do Centro Universitário Newton Paiva**, Belo Horizonte, n. 28, p. 10-19, jan./abr. 2016.
[430] MAGALHÃES, José Luiz Quadros de. O novo constitucionalismo latino-americano 2: rupturas –

compreensão do diferente como um autorizado pelo Estado é fortemente vinculada à *estadania*[431], como já aludido anteriormente.

No modelo plurinacional, pautado no direito à diversidade,

> o agir ético se materializa por intermédio do contato com o diferente. **Essa sensibilidade jurídica demanda algo mais profundo do que um olhar para o outro objetivando conhecê-lo: é preciso que esse olhar vise conhecer a nós a partir dos olhos do outro diferente** (SEGATO, 2006, p. 228).
> É imprescindível uma concepção pluralista de nação, que convida o constitucionalismo a desconhecer-se e abandonar suas certezas, dentre as quais a da encriptação (RESTREPO, HINCAPÍE, 2012, p. 15) e da superioridade hegemônica e etnocêntrica. **Com essa disponibilidade existencial para o outro (LEVINAS, 2014), pode o constitucionalismo humanizar-se e, na diversidade, constituir-se enquanto unidade responsável**. Assim, o maior acontecimento do constitucionalismo consiste no seu *desacontecimento*, no *trocar as lentes* da teoria e da prática constitucional, de forma a superar as limitações da história única[432]. [grifos acrescidos]

Todavia, com a promulgação da *ley de deslinde jurisdicional*, a regulamentação processual restringiu garantias expressas constitucionais no tocante à justiça comunitária na Bolívia[433], em mais uma dessas situações em que a aparente neutralidade dos rituais parece contribuir para manutenção do *statu quo*[434].

Por essa razão, mais do que declarar um Estado Plurinacional, parece fundamental fortalecer os *diálogos constitucionais não-violentos*, como forma de evitar a usurpação da violência legítima do Estado como aparato de *pilhagem*[435] e de incentivar a apropriação da *estética do oprimido*[436] como uma das diversas maneiras do Estado enxergar a si e ao seu povo.

---

diversidade. **Revista Eletrônica de Direito do Centro Universitário Newton Paiva**, Belo Horizonte, n. 28, p. 10-19, jan./abr. 2016.
[431] CARVALHO, José Murilo de. **Cidadania no Brasil:** o longo caminho. Rio de Janeiro: Civilização Brasileira, 2002.
[432] CARVALHO, Mayara de; CRUZ, Gabriel Soares. Constituição processual: ética de alteridade, democracia e diversidade nas conversações constitucionais. **Revista da AGU**, Brasília-DF, v. 16, n. 01, p. 261-302, jan./abr. 2017. p. 292-293.
[433] Cf. SCHAVELZON, Salvador. **El nacimiento del Estado Plurinacional de Bolivia:** etnografia de una Asamblea Constituyente. La Paz: Consejo Latinoamericano de Ciencias Sociales, 2012. p. 487; CALDERÓN, Marcos García-Tornel. Deconsitucionalizacíon y deslinde jurisdicional. In.: TUDELA, Farit L. Rojas. (Coord.). **Pluralismos**: 11 tesis. La Paz: Creative Commons, [20--]. p. 150; AGUIRRE, Eliana. El rol del tribunal constitucional plurinacional en el pluralismo jurídico y la nueva condición de estatalidad. In.: TUDELA, Farit L. Rojas. (Coord.). **Pluralismos**: 11 tesis. La Paz: Creative Commons, [20--]. p. 115-136.; PACHAGUAYA, Pedro; MARCANI, Juan Carlos. **Etnografía de un litigio interlegal:** la defensa jurídica desde la jurisdicción indígena en Bolivia. Disponível em: <http://www.scielo.org.bo/pdf/rbcst/v19n39/v19n39_a09.pdf>. Acesso em: 20 out. 2016.
[434] CHASE, Oscar. **Direito, cultura e ritual:** sistemas de resolução de conflitos no contexto da cultura comparada. São Paulo: Marcial Pons, 2014.
[435] MATEI, Ugo. NADER, Laura. **Pilhagem**: quando o Estado de Direito é ilegal. São Paulo: Martins Fontes, 2013.

3.5 Uma Nação onde o vice versa: e o Brasil atual nisso tudo?

> "Habituou-se à morte como uma forma de vida"
> Conceição Evaristo[437], Duzu-Querença

Quando esta tese ainda era um projeto, no início do segundo mandato presidencial de Dilma Vana Rousseff, a pesquisadora jamais poderia imaginar que a realidade política, econômica e social do país estaria tão diferente no período da sua defesa.

Em 2016, o Brasil contou com *impeachment* da Presidenta eleita, resultado de "um grande acordo nacional, com o Supremo, com tudo", que apontava que "a solução mais fácil era botar o [Vice] Michel [Temer na Presidência da República]", segundo grampo telefônico a Romero Jucá, à época Senador licenciado[438].

Na votação pelo *impeachment* da então Presidenta, o agora Presidente do Brasil, Jair Messias Bolsonaro votou pela cassação do mandato da eleita em memória do Coronel Brilhante Ustra, único brasileiro que o Judiciário declarou ter sido torturador do regime de 1964[439].

Se, no final do governo da Presidenta, um sem-número de desmantelamentos do aparato estatal de garantia de direitos já tinha começado a ocorrer, assim como a extinção da Secretaria de Reforma do Judiciário; ao assumir a Presidência da República, Michel Temer passou a conduzir pautas pouco populares como reforma da previdência e reforma trabalhista.

Os direitos humanos foram colocados em segundo plano também na atuação de política internacional brasileira. Além disso, o Brasil voltou a ser motivo de

---

[436] BOAL, Augusto. **A estética do oprimido**. Rio de Janeiro: Garamond, 2009.
[437] EVARISTO, Conceição. **Olhos D'Água**. Rio de Janeiro: Pallas, 2016.
[438] EL PAÍS. "A solução mais fácil era botar o Michel". Os principais trechos do áudio de Romero Jucá: Diálogo entre Jucá e Machado faz ilações sobre STF e sugere acordo para "delimitar" a Lava Jato. Diálogo entre Jucá e Machado faz ilações sobre STF e sugere acordo para "delimitar" a Lava Jato. **El País**. São Paulo, 24 maio 2016. Disponível em: <https://brasil.elpais.com/brasil/2016/05/24/politica/1464058275_603687.html>. Acesso em: 31 out. 2018.
[439] G1. Bolsonaro diz no Conselho de Ética que coronel Ustra é 'herói brasileiro'. **G1**. Brasília, 08 nov. 2016. Disponível em: <http://g1.globo.com/politica/noticia/2016/11/bolsonaro-diz-no-conselho-de-etica-que-coronel-ustra-e-heroi-brasileiro.html>. Acesso em: 31 out. 2018.

preocupação da ONU em relação ao Mapa da Fome. Conforme reportagem publicada no Pragmatismo Político,

> Em 2014, depois de reduzir em 82,1% o número pessoas subalimentadas, o Brasil finalmente deixou o vergonhoso mapa da fome da ONU.
> Menos de quatro anos depois, o golpe que destituiu a presidenta Dilma Rousseff impôs uma agenda perversa, que afetou sobretudo a população mais pobre. Cortes em benefícios e programas sociais excluíram do Programa Bolsa Família 1,1 milhão de famílias, o que representa 4,3 milhões de pessoas, a maioria crianças. Com o aprofundamento da crise pela política econômica, cresceu o desemprego e vieram mais cortes em ações como o Programa de Aquisição de Alimentos (PAA). [...]
> A desigualdade social, a histórica concentração fundiária, a monocultura para exportação e nutrição animal são apontados como elementos que impedem o acesso de alimentos para todos, principalmente entre os camponeses nordestinos, que ainda enfrentam grandes secas, cujos efeitos tendem a se agravar com uma política de congelamento dos gastos públicos por 20 anos[440].

Segundo o IBGE[441], mais de um quarto da população brasileira estava em situação de pobreza em 2016. Com distribuição de riqueza extremamente desigual, segundo o IBGE, a situação brasileira é mais dramática para mulheres pretas ou pardas sem cônjuges e com filhos de até 14 anos (64%) e atingia 43,5% da população nordestina[442].

Com pesquisa de campo em comunidade periférica e com projeto de pesquisa pautado na diversidade e constituição das *sensibilidades jurídicas* numa ética de alteridade que considere o Estado a partir de suas margens, como desconsiderar esses dados? Em situações como essa, ao se pretender neutra, evitando-se comentar certos fatos, a pesquisadora estaria tomando posicionamento por um dos lados, encobrindo as violências e *pilhagens* presentes no discurso hegemônico contemporâneo do Estado brasileiro.

Além disso, a eleição de Jair Bolsonaro para Presidente do país é responsável pelo primeiro Chefe do Executivo Federal declaradamente conservador desde Jânio Quadros. As semelhanças dos dois candidatos conservadores paulistas também se deu

---

[440] PRAGMATISMO POLÍTICO. O retorno do Brasil ao Mapa da Fome. **Pragmatismo Político.** 14 mar. 2018. Disponível em: <https://www.pragmatismopolitico.com.br/2018/03/retorno-do-brasil-ao-mapa-da-fome.html>. Acesso em: 31 out. 2018.
[441] ESTATÍSTICAS SOCIAIS. Um quarto da população vive com menos de R$ 387 por mês. **Agência IBGE Notícias.** Brasília, 15 dez. 2017. Disponível em: <https://agenciadenoticias.ibge.gov.br/agencia-noticias/2012-agencia-de-noticias/noticias/18825-um-quarto-da-populacao-vive-com-menos-de-r-387-por-mes>. Acesso em: 31 out. 2018.
[442] ESTATÍSTICAS SOCIAIS. Um quarto da população vive com menos de R$ 387 por mês. **Agência IBGE Notícias.** Brasília, 15 dez. 2017. Disponível em: <https://agenciadenoticias.ibge.gov.br/agencia-noticias/2012-agencia-de-noticias/noticias/18825-um-quarto-da-populacao-vive-com-menos-de-r-387-por-mes>. Acesso em: 31 out. 2018.

em outro aspecto: ambos se propuseram a varrer a corrupção e se elegeram numa guinada populista de direita com filiação a partidos políticos pequenos.

Com declarações que defendem desigualdade salarial entre homens e mulheres, revogação do estatuto do desarmamento, combate à "doutrinação" de esquerda no ensino, criminalização do aborto em casos de estupro, desmatamento da Amazônia, fusão de Ministérios da Agricultura e do Meio Ambiente, extinção do Ministério e da Justiça do Trabalho, criminalização de movimentos sociais e de militância política de esquerda, Bolsonaro também já se posicionou de maneira afrontosa a direitos humanos em declarações públicas. Basta lembrar de episódios como a alegação de que a Deputada Maria do Rosário não merecia ser estuprada por ser muito feia[443].

Pelo discurso fortemente intolerante, vários periódicos internacionais alertaram para o perigo de um governo totalitário no Brasil, a exemplo do The New York Times[444], The Guardian[445], Le Monde Diplomatique[446], Haaretz[447], entre tantos outros.

Se o modelo plurinacional de Estado poderia consistir em paradigma importante para a ampliação e fortalecimento da justiça comunitária brasileira, o contexto político e social atual faz com que esse cenário pareça cada vez mais distante.

Por essa razão, parece essencial o fortalecimento de base, cada vez mais independente da atuação direta do Estado. Considerar que o Estado pode ser um ator fundamental no seu aprofundamento é diferente de vincular o andamento da experiência comunitária de justiça à sua contribuição.

Na ironia de Marshall Sahlins: "Hoje fala-se muito em 'culturas da resistência', embora fosse claramente mais acurado descrever o que vem acontecendo a diversas vítimas do imperialismo ocidental como *resistência da cultura*[448]".

---

[443] G1. Bolsonaro vira réu por falar que Maria do Rosário não merece ser estuprada. **G1.** 21 jun. 2016. Disponível em: <http://g1.globo.com/politica/noticia/2016/06/bolsonaro-vira-reu-por-falar-que-maria-do-rosario-nao-merece-ser-estuprada.html>. Acesso em 12 nov. 2018.
[444] THE EDITORIAL BOARD. Brazil's Sad Choice. **The New York Times.** 21 oct. 2018. Disponível em: <https://www.nytimes.com/2018/10/21/opinion/brazil-election-jair-bolsonaro.html>. Acesso em: 31 out. 2018.
[445] THE GUARDIAN. The Guardian view on Brasil's new president: a global danger. **The Guardian.** 31 oct. 2018. Disponível em: <https://www.theguardian.com/commentisfree/2018/oct/31/the-guardian-view-on-brazils-new-president-a-global-danger>. Acesso em 31 out. 2018.
[446] LAMBERT, Renaud. Le Brésil est-il fasciste? **Le Monde Diplomatique.** Nov. 2018. Disponível em: <https://www.monde-diplomatique.fr/2018/11/LAMBERT/59236>. Acesso em: 31 out. 2018.
[447] ROSS, Alexander Reid. Hitler in Brasilia: The U.S. Evangelicals and Nazi Political Theory behind Brazil's President-in-waiting. **Haaretz.** 28 oct. 2018. Disponível em: <https://www.haaretz.com/opinion/.premium-hitler-in-brasilia-the-u-s-evangelicals-and-nazi-political-theory-behind-bolsonaro-1.6581924>. Acesso em: 31 out. 2018.
[448] SAHLINS, Marshall. Cultura de resistência e resistência da cultura. In: _____ **Esperando Foucault, ainda.** São Paulo: Cosac Naif, 2013. p. 85.

4 CONFLITOS E(M) COMUNIDADE

> "2 de maio de 1958
> Eu não sou indolente. Há tempos que eu pretendia fazer o meu diário. Mas eu pensava que não tinha valor e achei que era perda de tempo.
> ... Eu fiz uma reforma em mim. Quero tratar as pessoas que eu conheço com mais atenção. Quero enviar um sorriso amável as crianças e aos operários.
> ... Recebi intimação para comparecer às 8 horas da noite na Delegacia do 12. Passei o dia catando papel. A noite os meus pés doíam tanto que eu não podia andar. Começou a chover. Eu ia na Delegacia, ia levar o José Carlos. A intimação era para ele. O José Carlos está com 9 anos".
> Fragmento do diário de Carolina Maria de Jesus[449], catadora de papel que residia na favela do Canindé, em São Paulo

Para a compreensão tradicional da divisão das funções do Estado, reconhecida a necessidade de seguranças e direitos socialmente garantidos pelo Estado, cabe à jurisdição o papel de assegurar, de maneira estável, a concretização da pacificação social.

Embora seja essencialmente passiva quanto a propositura de demanda, era importante garantir que, querendo, os atores sociais competentes fossem capazes de acessar a jurisdição caso um bem jurídico fosse atingido ou ameaçado.

Em 1950, Thomas Humphrey Marshall publicou a primeira edição do seu *Citizenship and Social Class*[450], no qual destacou que o "direito à justiça" é elemento essencial dos direitos de cidadania, sendo um misto de direito civil e garantia do cidadão de que seus demais direitos serão respeitados.

Não parece coincidência que a obra de Marshall seja publicada pouco depois do fim da Segunda Guerra Mundial: as recorrentes violações e as permanentes ameaças a direitos típica do período acompanharam a conscientização de que pouco adianta ser detentor de direitos se não se têm efetivamente mecanismos hábeis a resguardá-los.

Para o autor, os direitos de cidadania são compostos por três elementos essenciais: o civil, o político e o social. O primeiro deles corresponderia, além dos tradicionais direitos de liberdade, ao direito-garantia de acesso à justiça. Mais do que a

---

[449] JESUS, Carolina Maria de. **Quarto de despejo**: diário de uma favelada. São Paulo: Ática, 2014. p. 28.
[450] MARSHALL, Thomas Humphrey. **Cidadania, classe social e status**. Rio de Janeiro: Zahar, 1963.

capacidade de eleger e ser eleito e da titularidade de direitos civis e sociais, ser cidadão demandaria a garantia do efetivo acesso à justiça.

Cinco anos após a publicação da primeira edição de *Citizenship and Social Class* no Reino Unido, o Brasil via despontar o marco inicial do seu *Cinema Novo:* o filme *Rio, 40 Graus*[451], dirigido por Nelson Pereira dos Santos. No semi-documentário, acompanha-se um dia na vida de cinco garotos que vendem amendoim em Copacabana, no Pão de Açúcar e no Maracanã. Ao fim do dia de trabalho, os meninos pretendiam voltar para a favela em que moravam com dinheiro suficiente para ajudar nas contas da casa e para ratear o valor da compra de uma bola de futebol.

Assim como no Nacional, a ausência da bola indicava a carência dos direitos de cidadania mais básicos para esses guris. Ao mesmo tempo, o futebol despontava – no filme e na vida – como oportunidade de conexão e como via para manifestar a infância comprimida pela necessidade de promover o sustento próprio e da família.

Em 1955, quando *Rio, 40 Graus* estreou, o cinema brasileiro era basicamente constituído pela chanchada, com seu humor burlesco e de grande público. A criação de Nelson dialogava com o estilo antecessor, mas apontava para uma nova possibilidade de identidade nacional: ao escutar atentamente o que era eminentemente popular, decidiu transformá-lo em cinema, dedicando a produção à cidade de "São Sebastião do Rio de Janeiro" e envolvendo o próprio povo carioca na atuação.

O marco do *Cinema Novo* apareceu, assim, num misto de ousadia e humildade. Com os cidadãos-atores, Nelson apresentou uma nova lente para se enxergar o Brasil, em que é o humanismo das personagens quem conduz o filme. Não sem razão, Caca Diegues defende que Nelson "ensinava a gente a ser-no-mundo" de uma maneira que "não sabíamos que era possível", seus filmes "eram cheios de compaixão, mas sem piedade[452]".

Na última cena, ao final do dia, quando o plano da câmera vai subindo da festa de carnaval na favela para a janela do barraco em que a mulher doente esperava o retorno do seu filho, um dos meninos vendedores de amendoim, Nelson captura o desconsolo e a angústia de quem não tem ferramentas para garantir seus direitos mais básicos.

---

[451] SANTOS, Nelson Pereira dos. **Rio, 40 Graus.** Brasil, 1955, 1h40min.
[452] Os comentários de Caca Diegues foram feitos na primeira exibição brasileira da versão restaurada do filme, que aconteceu na Casa da Gávea do Instituto Moreira Salles, na cidade do Rio de Janeiro, no dia 4 de novembro de 2018. Por ocasião do *Festival do Rio*, os cineastas Walter Salles e Caca Diegues se uniram a Hernani Heffner para comentar o filme com os presentes.

Com o perdão do *spoiler* para eventual leitor que não tenha visto o filme, comentarei parte do enredo dessa "morte-vida Severina". A mãe de Jorge, um dos garotos que vendem de amendoim, está doente e ambos não têm garantia de sustento. Uma vizinha traz um prato de comida para a enferma, mas ela não come para garantir o alimento do filho que, por sua vez, não come para que sobre comida para a mãe. A faminta segue todo o filme deitada, tentando vencer a morte, mas termina ficando de pé para, olhando pela janela, procurar o filho que não voltou. O faminto passa todo o filme de pé, tentando vender amendoins para levantar a mãe e comprar a bola de futebol, mas termina na horizontal: impunemente atropelado numa das ruas de Copacabana.

Se, como alertou Walter Salles, "não há país que mude tanto em sete dias [referindo-se aos exatos sete dias após a eleição de Jair Bolsonaro à Presidência], e tão pouco em 70 anos", é importante observar como essa morte-vida Severina de *Rio, 40 Graus* se relaciona com a realidade dos meninos do Nacional e com a dinâmica de (in)acesso ao "direito à justiça" – ou ainda à própria necessidade de ampliação do conceito tradicional de jurisdição.

Diante das manifestas violações e ameaças a direitos, um sem-número de movimentos que procuravam compreender e materializar o acesso à justiça foram emergindo no Ocidente. Percebeu-se que não se poderia esperar que fosse a mão invisível da economia a dar o "empurrãozinho" que faltava para que indivíduos de baixo capital econômico alcançassem a jurisdição.

Nesse caminho, o liberalismo processual foi compreendido como insuficiente. Mesmo para os cidadãos que conseguiam romper os obstáculos iniciais de acesso formal à ordem jurídica, era frequente a condição de desigualdade entre eles, não sendo mais aceito que o processo jurisdicional servisse de jogo[453] ou guerra[454] entre as partes.

Desses movimentos, um dos mais conhecidos é o *Projeto de Florença de Acesso à Justiça*, que partiu de paradigmas do *Welfare State* e concebeu o acesso material à jurisdição como garantia essencial para concretização e reivindicação de direitos fundamentais. Ao analisar o acesso ao Judiciário em 23 países[455], concluiu pela necessidade de ondas renovatórias para que o processo passasse de mera burocracia

---

[453] Cf. CALAMANDREI, Piero. Il processo come giuoco. **Rivista di Diritto Processuale,** anno V, n. 1, Padova, 1950, p. 3-31.
[454] Cf. GOLDSCHMIDT, James. **Teoría general del proceso.** Barcelona: Editorial Labor, 1936. Colección Labor, Sección VIII, Ciencias jurídicas, n. 386.
[455] Os países foram: Austrália, Áustria, Bulgária, Canadá, China, Inglaterra, França, Alemanha, Holanda, Hungria, Indonésia, Israel, Itália, Japão, Polônia, União Soviética, Espanha, Suécia, Estados Unidos, México, Colômbia, Chile e Uruguai.

pedante do Estado a meio de efetivação de direitos. Os obstáculos identificados relacionavam-se ora aos altos custos ou às possibilidades das partes, ora ao tratamento de direitos coletivos sob perspectiva individual[456].

Conforme Cappelletti e Garth[457],

> Os juízes precisam, agora, reconhecer que as técnicas processuais servem a questões sociais (9), que as cortes não são a única forma de solução de conflitos a ser considerada (10) e que qualquer regulamentação processual, inclusive a criação ou o encorajamento de alternativas ao sistema judiciário formal tem um efeito importante sobre a forma como opera a lei substantiva — com que frequência ela é executada, em benefício de quem e com que impacto social. Uma tarefa básica dos processualistas [...] O "acesso" não é apenas um direito social fundamental, crescentemente reconhecido; ele é, também, necessariamente, o ponto central da moderna processualística. Seu estado pressupõe um alargamento e aprofundamento dos objetivos e métodos da moderna ciência jurídica. [grifos acrescidos]

Na década de 70 do Século passado, quando o *Projeto de Florença* estava em pleno desenvolvimento, o Brasil passava por regime burocrático-autoritário sob graves violações de direitos humanos. Num contexto em que nem mesmo o devido processo penal era garantido, optou-se por primeiro fazer crescer o bolo para depois repartir, como costumava justificar Delfim Netto, figura que tem estado onipresente no cenário político brasileiro desde a ditadura.

1964 foi um ano marcante para o Brasil: na política, o início da ditadura civil-militar; no cinema, *Vidas Secas*[458], do Nelson Pereira dos Santos, era premiado no *Festival de Cannes*. No sul da França, o mundo ficava atônito diante da descoberta dos brasileiros retirantes; no Brasil, começava-se o regime que, 10 anos à frente, aconselharia que os incomodados que se retirassem.

Entre retirantes e retirados, o Brasil pós-64 caminhava para substituição de importações e acentuadas migrações do campo para as áreas urbanas. Sem que o bolo jamais tenha sido igualmente dividido, a explosão de conflitos foi generalizada, a começar por aqueles atinentes às condições de moradia nas cidades. Esse fato, que levou à explosão de litigiosidade no país, não foi acompanhado da preparação e adequação da abordagem jurídica e, por consequência, do Judiciário.

Nesse aspecto, o Nacional volta a ser ilustração da realidade brasileira: o Confisco, um dos bairros da Região, foi criado como resultado da luta de mulheres sem-

---

[456] Cf. CAPPELLETTI, Mauro. GARTH, Bryant. **Acesso à justiça.** Porto Alegre: Safe, 1988. p. 33.
[457] CAPPELLETTI, Mauro. GARTH, Bryant. **Acesso à justiça.** Porto Alegre: Safe, 1988. p. 5.
[458] SANTOS, Nelson Pereira dos. **Vidas Secas.** Brasil, 1963, 1h43min.

teto pela redistribuição de terras inutilizadas. Enquanto os familiares do sexo masculino trabalhavam em outros estados – essencialmente na construção civil em São Paulo –, esse grupo predominantemente formado por mulheres negras ou pardas ocupava um latifúndio na divisa dos municípios de Belo Horizonte e Contagem e reivindicava seu direito à moradia[459].

O histórico do Confisco representa os entraves que as três ondas renovatórias de acesso à justiça buscavam sanar. Primeiramente, o entrave econômico: honorários advocatícios, custas judiciais, valores de sucumbência e o tempo do processo eram recursos pelos quais aquelas famílias não conseguiam arcar. Sobrevivendo em condição de extrema vulnerabilidade, os cidadãos aglomerados em barracos de lona, entre "ratos, baratas, cobras e escorpiões[460]", não só não detinham capital econômico para ajuizar a demanda, como sequer contavam com o tempo esperado para suportar o processo.

No que diz respeito à possibilidade das partes, os primeiros moradores do Confisco não tinham o capital social esperado para o acesso formal ao Judiciário. Nesse aspecto, eram elementos desfavoráveis a eles o desconhecimento de direitos ou das maneiras de ajuizar a ação; as condições psicológicas diante do excesso de formalismo, da suntuosidade dos templos e da figura dos juristas; a encriptação[461] do discurso jurídico; e o desequilíbrio próprio da sua condição de litigantes eventuais.

No que toca ao terceiro obstáculo, relacionado aos direitos difusos, fica manifesta a insuficiência da demanda individual pelo direito à moradia ou, ainda, de decisão judicial que, mesmo diante de direito e ação coletivos, analise o conflito sob a perspectiva individual.

Em movimento próprio, o Brasil dos anos 70 caminhava em sentido distinto daquele do *Projeto de Florença*. A década foi iniciada por Nelson com o seu *Azyllo Muito Louco*[462], uma adaptação de *O Alienista*[463], do Machado de Assis, em que se

---

[459] CENTRO DE REFERÊNCIA POPULAR DO BAIRRO DO CONFISCO. **Histórico do Conjunto Confisco.** Disponível em: <https://www.facebook.com/confiscobh/posts/hist%C3%B3rico-do-conjunto-confiscoo-conjunto-confisco-nasceu-em-1988-e-est%C3%A1-localiza/440726819404942/>. Acesso em 12 set. 2018.; ESCOLA MUNICIPAL ANNE FRANK. **História do Confisco em Quadrinhos.** Belo Horizonte: s. e., 2016.
[460] Cf. CENTRO DE REFERÊNCIA POPULAR DO BAIRRO DO CONFISCO. **Histórico do Conjunto Confisco.** Disponível em: <https://www.facebook.com/confiscobh/posts/hist%C3%B3rico-do-conjunto-confiscoo-conjunto-confisco-nasceu-em-1988-e-est%C3%A1-localiza/440726819404942/>. Acesso em 12 set. 2018.
[461] Cf. RESTREPO, Ricardo Sanín. HINCAPÍE, Gabriel Méndez. La constitución encriptada: nuevas formas de emancipación del poder global. **Revista de Derechos Humanos y Estudios Sociales**, San Luis Potosí, México, ano IV, n. 8, jul./dez. 2012.
[462] SANTOS, Nelson Pereira dos. **Azyllo muito louco.** Brasil, 1970, 1h40min.
[463] ASSIS, Machado de. **O Alienista.** São Paulo: Companhia das Letras, 2014.

discute a insanidade dos cidadãos tidos como sãos e a sanidade daqueles internados em hospitais psiquiátricos. O filme, que também foi censurado, criticava a ditadura.

Pouco depois, surgiu o Movimento Feminino pela Anistia em que mulheres protagonizavam a reivindicação da anistia aos presos e perseguidos políticos. A década foi encerrada com o encaminhamento ao Congresso Nacional do projeto de lei de anistia, favorecendo não só as vítimas, mas também os militares e torturadores do regime.

A anistia concedida aos retirados, presos políticos e perseguidos pelo regime privou a discussão os crimes continuados contra os direitos humanos perpetrados por membros e simpatizantes da ditadura. A redemocratização brasileira começou sem memória. Não à toa, 30 anos depois, tem-se como presidente eleito o Capitão e ex-Deputado que votou pelo impedimento da então presidenta, evocando a memória do único general declarado torturador pelo Judiciário.

Além disso, a ditadura postergou as discussões sobre as ondas renovatórias de acesso à justiça. Quando efetivamente chegaram ao país, o Estado Social que as havia embasado já se encontrava em declínio no mundo. A Constituição da República Federativa do Brasil de 1988 foi promulgada justo em tempo de assistir à queda do muro de Berlim, em 1989.

Nos Estados Unidos da América, o movimento pelas *Alternative Dispute Resolution* (ADR) enfatizou opções conciliatórias para solução de controvérsias, ora sobrepondo o valor do acordo ao do conflito, ora associando esse *modus operandi* à modernização, "criando hoje o tribunal do amanhã"[464].

A difusão das ADRs, contudo, não foi desinteressada: surgiu como parte de uma política de pacificação que se propunha a responder às lutas por direitos características da década de 60 nos EUA. Por essa razão, Laura Nader denuncia que as ADRs foram estabelecidas para conter cidadãos que foram privados de direitos civis[465].

Essa intolerância ao conflito não se propunha a agir nas causas da discórdia, desigualdades ou injustiças, voltando-se exclusivamente a cessar sua manifestação, criando consensos e homogeneização[466]. É o que Nader chamou de *harmonia coerciva*. Nas palavras da autora,

---

[464] NADER, Laura. **Harmonia coercitiva:** a economia política dos modelos jurídicos. Disponível em: <http://www.anpocs.org.br/portal/publicacoes/rbcs_00_26/rbcs26_02.htm>. Acesso em: 10 fev. 2016.
[465] NADER, Laura. The ADR Explosion: the implications of rhetoric in legal reform, **Windsor Yearbook of Access to Justice**, Ontario, v. 8, 1988, p. 269-291.
[466] Cf. JULLIEN, François. **De lo univeral, de lo uniforme, de lo común y del diálogo entre las culturas.** Madrid: Siruela, 2010.

> A harmonia coerciva concorre para silenciar os povos que falam ou agem de forma irada. [...] é altamente provável que a ideologia da harmonia faça parte do sistema de controle hegemônico que se espalhou pelo mundo todo com a colonização política europeia e a evangelização cristã.
> [...] Veio à tona uma preocupação central com a harmonia através da reforma dos procedimentos. **Era uma mudança na maneira de pensar sobre direitos e justiça, um estilo menos confrontador, mais "suave", menos preocupado com a justiça e com as causas básicas e muito voltado para a harmonia.** [grifos acrescidos]

Segundo a mesma autora, essa iniciativa também foi fortemente marcada por "privatização" da justiça e difusão da imagem das partes como "pacientes" que necessitavam de tratamento, o projeto de pacificação. Da mesma maneira, as massas eram compreendidas como "pacientes" cujo tratamento seria a política pública criada para salvá-la de sua própria carência[467].

Nessa história única, o Estado salvador apresenta o comportamento civilizado aos pacientes, oferecendo tutela[468] por intermédio da contenção do que fluía naturalmente. Nesse compasso, o Estado-tutor pressupõe-se o detentor da verdade sobre os bons modos sociais, desperdiçando a oportunidade de agir com curiosidade, humildade e gentileza com as partes de si – suas margens – que não conhece em profundidade.

Se harmonia e controvérsia são parte do fluxo contínuo da vida humana, não são exclusivamente benéficas ou adversas[469]. Não obstante, essa narrativa única sobre uma e outra também teve grande influência no Brasil, principalmente desde a Era Vargas[470], quando se optou pela criação da imagem cordial do cidadão nacional. Desde então, *cordialidade*[471] parece ter um significado positivo inerente, enquanto conflito soa como algo a ser evitado e temido. Até os dias atuais, a compreensão construtiva[472] do conflito permanece distante do imaginário brasileiro.

---

[467] NADER, Laura. **Harmonia coerciva:** a economia política dos modelos jurídicos. Disponível em: <http://www.anpocs.org.br/portal/publicacoes/rbcs_00_26/rbcs26_02.htm>. Acesso em: 10 fev. 2016.
[468] LIMA, Antonio Carlos Souza. O exercício da tutela sobre os povos indígenas: considerações para o entendimento das políticas indigenistas no Brasil contemporâneo. "Dossiê Fazendo Estado", **Revista de Antropologia**, USP, São Paulo, v. 55(2), jul./dez. 2012.
[469] NADER, Laura. **Harmonia coerciva:** a economia política dos modelos jurídicos. Disponível em: <http://www.anpocs.org.br/portal/publicacoes/rbcs_00_26/rbcs26_02.htm>. Acesso em: 10 fev. 2016.
[470] Cf. HOLANDA, Sérgio Buarque de. **Raízes do Brasil**. São Paulo: Companhia das Letras, 1995. 26. ed.; SOUZA, Jessé. **A construção da subcidadania:** para uma sociologia política da modernidade periférica. Belo Horizonte: Editora UFMG, 2012.; SOUZA, Jessé. **A ralé brasileira:** quem é e como vive. Belo Horizonte: Editora UFMG, 2009.
[471] NETO, Lira. **Getúlio:** do governo provisório à ditadura do Estado Novo. São Paulo: Companhia das Letras, 2013.
[472] KRIESBERG, Louis; DAYTON, Bruce. **Constructive conflicts:** from escalation to resolution. Lanham: Rowman & Littlefield, 2017.

Se foram os períodos que sucederam as grandes guerras que evidenciaram a necessidade de sistemas protetivos de direitos no Ocidente e, com isso, passaram a enfatizar a necessidade de observância do direito-garantia de acesso à justiça; no Brasil, esse movimento ganhou ênfase na última década do regime burocrático-autoritário pós-64. A partir dos anos 80, chegaram ao Judiciário não só os novos direitos, mas também os conflitos sociais que emergiram com a súbita redistribuição populacional do país[473].

Contudo, as lides chegaram sem que o Judiciário tenha passado pela necessária reformulação interna e renovação de paradigmas. Parte pelo tempo próprio desse tipo de transição; parte pela histórica confusão da atividade-fim do Judiciário no funcionalismo público brasileiro, que parece ter uma autoimagem mais próxima do exercício de poder do que da prestação de serviço público à disposição do cidadão jurisdicionado. É o que se verifica, por exemplo, nas discussões sobre responsabilidade civil do Estado por ação do Judiciário, que se perdem questionando se seria o magistrado um agente político, e não um agente público[474].

Conforme defendido em outro trabalho[475],

> Este segundo argumento advém da frequente percepção de solipsismo na atividade judicante. A visão do Estado-juiz personificada num decisor racional, que goza de prerrogativas que lhe garantem independência e autonomia, por vezes se confunde com a defesa da distinção moral de um juiz – meio humano, meio deus – capaz de estabelecer suas convicções pessoais na condução de decisões jurídicas e, por decorrência, na conformação da vida dos outros.
> Se a prestação jurisdicional é um servir ao público – e ela efetivamente o é –, é importante resgatar a necessidade do Estado-juiz se comunicar com o jurisdicionado, o que engloba não só o dever de escuta ativa, como também o de se fazer compreender ao falar. Nesse agir estatal, não há espaço para racionalidade jurídica desacompanhada de *sensibilidade jurídica* (GEERTZ, 2014; LIMA, 2010).

Com o endividamento público contraído durante a ditadura[476], o serviço prestado pelo Judiciário brasileiro precisou adequar-se às normativas do Banco

---

[473] FARIA, José Eduardo. Introdução: O Judiciário e o desenvolvimento sócio-econômico. In. _____. **Direitos humanos, direitos sociais e Justiça**. São Paulo: Malheiros, 2005. pp. 11-29.
[474] Cf. ANNONI, Danielle. **Responsabilidade do Estado pela não duração razoável do processo**. Curitiba: Juruá, 2009.; DELGADO, José Augusto. **A demora na entrega da prestação jurisdicional**: responsabilidade do Estado: indenização. Informativo Jurídico da Biblioteca Ministro Oscar Saraiva, v.10, n. 2, p. 99-126, jul./dez. 1998.; KRAEMER, Eduardo. **A responsabilidade do Estado e do Magistrado em decorrência da deficiente prestação jurisdicional**. Porto Alegre: Livraria do Advogado, 2004.
[475] CARVALHO, Mayara de; SILVA, Juliana Coelho Tavares da. Autocomposição judicial: o meio mais rápido e barato para a *MacDonaldização* das decisões? Análise segundo o CPC *que ama muito tudo isso*. In.: FARIA, Juliana Cordeiro de; REZENDE, Ester Camila Gomes Norato; NETO, Edgard Audomar Marx. (Orgs.). **Novas tendências:** diálogos entre direito material e processo: estudos em homenagem ao professor Humberto Theodoro Júnior. Belo Horizonte: D'Plácido, 2018.

Mundial. O Documento Técnico n. 319, elaborado por Maria Dakolias e publicado pelo Banco Mundial, em 1996, enfatiza a necessidade de celeridade nos julgamentos, previsibilidade dos resultados dos processos e acessibilidades às Cortes para atender à reforma econômica na América Latina e Caribe. Para tanto, propõe o estabelecimento de padrões de desempenho e gerenciamento estatístico[477].

Nesse movimento, foi aprovada a Emenda Constitucional 45/2004 que, de uma só vez, ampliou a garantia de duração razoável aos processos administrativos; estabeleceu o status de emenda constitucional aos tratados e convenções internacionais sobre direitos humanos aprovados pelo Congresso Nacional com seu quórum; submeteu o Brasil à jurisdição do Tribunal Penal Internacional em caso do cometimento de crimes de guerra, contra a humanidade, de agressão e genocídio; instituiu o Conselho Nacional de Justiça, no intuito de aperfeiçoar o sistema processual brasileiro, a partir de sua supervisão e da exigência de transparência nas decisões e trâmites processuais; estabeleceu, como critério para aferição do merecimento para fins de promoção do magistrado, a produtividade e a presteza nas decisões, assim como a frequência em cursos de aperfeiçoamento; instituiu o incidente de deslocamento de competência, que federalizou a apreciação de graves violações de direitos humanos eventualmente comprometidas no exame pelo Judiciário estadual; e reconheceu a justiça itinerante.

Mesmo após essas mudanças advindas da reforma constitucional, a compreensão da eficiência na administração da Justiça continuou sendo materializada de maneira mecanicista, muito próxima daquelas diretrizes estabelecidas pelo Banco Mundial e o Fundo Monetário Internacional.

Embora possa influir indiretamente na vida dos cidadãos do Nacional, pautar as reformas do Judiciário visando a redução do "risco Brasil" não garante seu efetivo acesso à justiça. Nessa perspectiva, os conflitos permanecem sendo mera pedra de toque para o início do processo, e não oportunidades de transformação social. Não só

---

[476] Cf. PEDRAS, Guilherme Binato Villela. História da dívida pública no Brasil: de 1964 até os dias atuais. In.: SILVA, Anderson Caputo; CARVALHO, Lena Oliveira de; MEDEIROS, Otavio Ladeira. (Org). **Dívida pública**: a experiência brasileira. Brasília: Secretaria do Tesouro Nacional. Banco Mundial, 2009. pp. 57-80.; FATTORELLI, Maria Lucia. Sistema da dívida no Brasil. In.: _____. **Auditoria cidadã da dívida dos Estados**. Brasília: Inove, 2013. pp. 43-56.; HOWSE, Robert. The Concept of Odious Debt in Public International Law. In.: UNITED NATIONS. **United Nations Conference on Trade and Development: Discussion Papers**. n. 185, July 2007, p. 1-27.
[477] BANCO MUNDIAL. **Documento Técnico Número 319**: O Setor Judiciário na América Latina e no Caribe: elementos para reforma. Nova York: s. e., 1996. Produzido por Maria Dakolias. Tradução de Sandro Eduardo Sardá.

desconsidera a influência dos métodos oficiais de tratamento de conflitos na cultura[478] – e desta naqueles –, como ignora o potencial construtivo dos conflitos[479].

Outro ponto sensível é que a tão defendida simplificação processual serviu mais ao esvaziamento do poder de influência nas decisões do que à superação de procedimentos inúteis[480].

Essa alienação quanto a função primordial do Judiciário é insensível à demanda da mãe ou do vendedor de amendoim de *Rio, 40 Graus*, como também às das mães e dos meninos do Nacional. Assim como a vítima é vista no paradigma tradicional retributivo como mero incidente na instauração do processo penal; para a atuação tradicional da racionalidade jurídica, os conflitos dessas mães e meninos parecem não passar de, quando muito, disparadores capazes de provocar o exercício da jurisdição.

O movimento de acesso à justiça passou também a defender a utilização de meios complementares de resolução de conflitos. Em 2010, o CNJ aprovou a Resolução 125 com o intuito de consolidar política pública de incentivo e aperfeiçoamento dos mecanismos consensuais de solução de litígios. Apesar do intuito declarado, a Resolução permanece eminentemente vinculada a iniciativas judiciais de resolução autocompositiva, e não a prevenção ou ao tratamento extrajudicial dos conflitos.

Foi nesse contexto que iniciativas como o projeto de justiça comunitária conduzido pelo Tribunal de Justiça do Distrito Federal e Território (TJDFT) ganharam notoriedade no país. Embasando a política pública em justiça comunitária que sucedeu o *Segurança com Cidadania* no Nacional, o projeto do TJDFT foi uma das práticas do Judiciário brasileiro para valorização e incorporação dos métodos autocompositivos.

Mais recentemente, outro desses projetos atingiu o Nacional: em Belo Horizonte, o Centro Integrado de Atendimento ao Adolescente Autor de Ato Infracional (CIA-BH) passou a fazer parcerias para a utilização de práticas restaurativas na socioeducação[481].

Embora a região administrativa pertença ao Município de Contagem, a contiguidade territorial com Belo Horizonte é um elemento facilitador para que adolescentes de um dos municíoios cometam atos infracionais no outro. Nos casos em

---

[478] CHASE, Oscar. **Direito, cultura e ritual:** sistemas de resolução de conflitos no contexto da cultura comparada. São Paulo: Marcial Pons, 2014.
[479] KRIESBERG, Louis; DAYTON, Bruce. **Constructive conflicts:** from escalation to resolution. Lanham: Rowman & Littlefield, 2017.
[480] NUNES, Dierle. **Processo jurisdicional democrático:** uma análise crítica das reformas processuais. Curitiba: Juruá, 2012.
[481] Cf. JAYME, Fernando Gonzaga. CARVALHO, Mayara de. (Org.). **Justiça Restaurativa na prática:** no compasso do Ciranda. 1. ed. Belo Horizonte: Del Rey, 2018.

que meninos do Nacional praticam atos infracionais na capital mineira, há a possibilidade de facilitação do caso por meio de práticas restaurativas conduzidas pelas entidades parceiras do CIA-BH. Pelo vínculo com o Projeto Ciranda de Justiça Restaurativa, cheguei a atuar em caso de ato infracional cometido por adolescente do Nacional na parcela belorizontina do bairro do Confisco.

O Código de Processo Civil de 2015 previu expressamente a primazia da autocomposição dos conflitos no rol de suas normas fundamentais (art. 3º, §§ 2º e 3º). Ao priorizar os métodos consensuais de resolução de conflitos, estabelece que estes devem ser oportunizados a qualquer tempo do processo e, nesse aspecto, distancia-se do autoritário viés heterocompositivo enfatizado pelo Código de 1973.

Para além de reforçar o contraditório como poder de influência e de não ser surpreendido por novos argumentos presentes na decisão judicial, o CPC/2015 considera o processo como um ambiente de trabalho, co-participativo e colaborativo, além de tratar as partes como agentes capazes de compreender e resolver os próprios conflitos[482].

Estabelece que a conciliação, a mediação e outros métodos de solução consensual de conflitos devem ser estimulados por juízes, advogados, defensores públicos e membros do Ministério Público, inclusive no curso do processo judicial.

> A mudança pode repercutir positivamente na democratização do processo, à medida que reforça o policentrismo decisório, rompe com o autoritarismo da decisão solipsista e oferece possibilidades para o empoderamento e a autonomia das partes. O art. 3º, §2º do CPC/2015 também norteia a atuação dos três poderes estatais, que devem priorizar a autocomposição dos conflitos. **Essa norma fundamental repercute tanto nos conflitos nos quais o Estado é parte, quanto naqueles em que atua direta ou indiretamente através de sua estrutura ou de suas instituições.**
> Assim, a previsão do código expande a Resolução n.º 125/2010 do CNJ. A solução consensual dos litígios passa a pautar também as políticas públicas estatais, sendo meta do Estado a prática de atos e a adoção de posturas que estimulem a resolução consensual dos litígios[483]. [grifos acrescidos]

Mais recentemente, tem-se caminhado fora da zona de conforto da perspectiva estatizante com que se costuma pensar o acesso à justiça no Brasil. Sem que se supere

---

[482] THEODORO JUNIOR, Humberto et al. **Novo CPC:** fundamentos e sistematização. Rio de Janeiro: Forense, 2016.
[483] CARVALHO, Mayara de; SILVA, Juliana Coelho Tavares da. Autocomposição judicial: o meio mais rápido e barato para a *MacDonaldização* das decisões? Análise segundo o CPC *que ama muito tudo isso*. In.: FARIA, Juliana Cordeiro de; REZENDE, Ester Camila Gomes Norato; NETO, Edgard Audomar Marx. (Orgs.). **Novas tendências:** diálogos entre direito material e processo: estudos em homenagem ao professor Humberto Theodoro Júnior. Belo Horizonte: D'Plácido, 2018.

esse paradigma, a compreensão de "ordem jurídica justa" tem seu alcance limitado aos contornos possíveis da "tutela jurisdicional" do Estado-provedor, permanecendo alheia a todas as outras formas capazes de conduzir à adequada produção de decisões.

A norma fundamental estabelecida no Código de Processo Civil apresenta uma diretriz de conduta para o próprio Estado. Somada à regulamentação da Lei de Mediação (Lei n.º 13.140/2015) voltada à Administração Pública e à Resolução 225/2016 do CNJ, que instituiu a Política Nacional de Justiça Restaurativa, seria de se perguntar se essa não seria uma oportunidade para desenvolver nova *sensibilidade jurídica* na compreensão de atuação do Estado.

A metodologia proposta pelo PNUD no *Segurança com Cidadania* trabalha a atuação cooperativa do Estado com o público alvo de políticas, projetos, programas e serviços públicos. Relacioná-la à trajetória recente de policentrismo decisório poderia caminhar para uma visão não segmentada da própria atuação estatal segundo a qual garantir direitos de cidadania seria a pauta do exercício de quaisquer das funções do poder do Estado.

Nesse sentido, somar-se-iam aos já tradicionais mecanismos de participação popular, práticas como a elaboração de projetos de lei por *espectatores*[484] de *Teatro-Legislativo*[485]; a adequação do devido processo administrativo, conforme conversações constitucionais não-violentas[486]; a adoção de uma variedade de métodos adequados no

---

[484] No *Teatro do Oprimido*, não há definição estática dos papéis de espectador e ator. Nele, os espectadores são convidados a pensar o problema disparador da encenação e unir-se – enquanto apoiador – ou substituir alguma das personagens para repensar as maneiras de agir diante de dada opressão ou conflito.
[485] O *Teatro-Legislativo* parte do suposto de que, ainda que as ações do parlamento estejam corretas, o eleitor não deve ser mero expectador delas. Quando Augusto Boal foi vereador do Rio de Janeiro, propôs a criação de leis municipais por intermédio da participação direta dos eleitores. Começou a ser experimentado em 1993, enquanto derivado do *Teatro-Fórum*. Nas palavras de Bárbara Santos:
"O Teatro-Legislativo se converte em um desdobramento do Teatro-Forum, onde espect-atores e espect-atrizes, além de entrarem em cena e atuarem suas alternativas, encaminham sugestões escritas para a criação de propostas legislativas, que são analisadas, sistematizadas, votadas pela plateia e encaminhadas ao parlamento ou diretamente aos órgãos governamentais ou não, para os devidos desdobramentos.
No Teatro-Legislativo, as intervenções na ação dramática são analisadas pela plateia com auxílio da Curinga, como deve ocorrer nas sessões de Fórum. Já as propostas escritas são encaminhadas, ao longo do evento teatral, para uma Célula Metabolizadora, título que identifica a equipe composta por especialistas e ativistas que acompanha a discussão e deve 'metabolizar' as propostas da plateia. Metabolizar é verbo do vocábulo *boaliano*, que, inspirado no processo bioquímico realizado pelas plantas, define o processo de análise e de transformação das ideias gerais oriundas da plateia em propostas estruturadas para votação. A Célula Metabolizadora deve ser constituída por pessoas atuantes em relação ao tema abordado na encenação: representantes de movimento social, especialista em legislação e advogada/o atuante na área".
Cf. SANTOS, Bárbara. **Teatro do oprimido: Raízes e asas:** uma teoria da práxis. Rio de Janeiro: Ibis Libris, 2016, p. 107-108.
[486] CARVALHO, Mayara de; CRUZ, Gabriel Soares. Constituição processual: ética de alteridade, democracia e diversidade nas conversações constitucionais. **Revista da AGU**, Brasília-DF, v. 16, n. 01, p. 261-302, jan./abr. 2017.

tratamento de conflitos que envolvem o Estado; a integração da narratividade dos cidadãos em planejamentos, definições e avaliações do agir estatal; e a consideração da sabedoria coletiva, por meio de práticas restaurativas, na gestão de políticas, programas, projetos e serviços públicos.

Proponho, portanto, uma realocação do conflito e da comunidade na compreensão do acesso à justiça, assim como na própria compreensão e desenvolvimento do agir do Estado. "A paz não deve estar associada à ideia ou à promoção de passividade. Pelo contrário, a paz deve ser fruto de atividade e de interatividade[487]".

> **Nossa existência é conflito, porque somos energia em movimento, porque somos seres sociais, porque nossa convivência coletiva é política.** Por isso é necessário o desenvolvimento de habilidades para lidar com os conflitos que vivenciamos. **Quanto mais se experimenta o exercício de enfrentar conflitos, sem mistificar sua existência, mais se tem condições e possibilidades de resolvê-los**[488]. [grifos acrescidos]

Ao mesmo tempo em que o acesso à justiça tenta romper com a histórica desconfiança ou desconsideração da autonomia do outro, é essencial a efetiva incorporação e apropriação de métodos adequados à transformação de conflitos pela própria comunidade. Ainda que seja essencial que o Estado adote efetivamente esses métodos e transforme a própria maneira de se conceber e se portar perante os cidadãos, isso não é suficiente.

Afinal, enquanto o Estado for o grande ator social em questões essenciais à cidadania como a resolução, a gestão e a transformação de conflitos, continuaremos pautados num modelo de *estadania*.

4.1 Conflitos às margens da justiça, território marginal do Estado

> "Tinha um querer bem forte dentro do peito. Queria uma vida que valesse a pena. Uma vida farta, um caminho menos árduo e o bolso não vazio. Via os seus trabalharem e acumularem miséria no dia a dia. [...]

---

[487] SANTOS, Bárbara. **Teatro do oprimido: Raízes e asas:** uma teoria da práxis. Rio de Janeiro: Ibis Libris, 2016. p. 204.
[488] SANTOS, Bárbara. **Teatro do oprimido: Raízes e asas:** uma teoria da práxis. Rio de Janeiro: Ibis Libris, 2016. p. 209.

> O moço via mulheres, homens e até mesmo crianças, ainda meio adormecidos, saírem para o trabalho e voltarem pobres como foram, acumulados de cansaço apenas. Queria, pois, arrumar a vida de outra forma"
> Conceição Evaristo[489], Zaita esqueceu de guardar os brinquedos

Era hora do almoço, numa quinta-feira de outubro de 2017. Nos encontramos no Shopping Cidade, no centro de Belo Horizonte. Vista de longe, Regina Rikiêr parecia ter menos do que seus 20 anos de idade. Ao escutar sua narrativa, era difícil acreditar que fosse tão nova.

Tinha cerca de sete anos quando sentiu na pele a real dimensão da violência no Nacional. Recorda de ter-se sentido insegura antes, mas foi com essa idade, quando o irmão foi assassinado, que "tinha medo de viver e vivia com medo". Conta que mesmo sendo criança, percebeu que o irmão "estava entrando no meio". As evidências chegaram a ela pouco antes do homicídio: a criança não conseguiu evitar a morte. Uma parte dela morreu naquele dia.

O irmão, adolescente, sonhava em ter uma moto. Não esperava que sua mãe, pobre como era, conseguisse pagar por isso. Um dia, apareceu em casa de moto. A mãe, desesperada, quis saber como ele havia comprado. A essa altura, ele já estava "sem respeito", o garoto já "ia nas bocas [de drogas]", como lembra Regina.

Não sabe precisar por que o irmão morreu, sabe apenas que a vida dele foi interrompida por algo banal: algum conflito simples num baile *funk* numa das vilas do Nacional. Ao que parece, o irmão teve um desentendimento com um desconhecido na festa. Talvez tenha havido agressão leve, não tem certeza. O que se descobriu depois é que o "desconhecido" era de São Paulo e que tinha hierarquia superior a dele no tráfico. O adolescente foi torturado e encontrado morto no bairro São Mateus.

"Rodei o bairro inteiro... Sentia que poderia ter feito algo". Com a morte do irmão, a menina passou a não conseguir acompanhar as aulas, não era capaz de focar nos conteúdos com a mente no irmão. "Sentia a necessidade de ter feito algo por ele".

Nem todas as crianças do Nacional perderam irmãos como Regina. No entanto, quase todas com as quais conversei repetiam histórias de assassinato e violência. A violência tocava naqueles meninos e meninas com muita proximidade. Mesmo as que não perderam o irmão, haviam perdido alguém. E, se não perderam alguém vítima de

---

[489] EVARISTO, Conceição. **Olhos D'Água**. Rio de Janeiro: Pallas, 2016.

homicídio, conheciam ao menos alguém próximo com o fardo dessa narrativa. Assim, mesmo as que não tinham perdido parte da família, haviam sido privadas de parte significativa da infância.

Relembre as palavras do Major Davidson, comentando o toque de recolher de 2010:

> A gente achou que ia ser uma coisa de um dia só. Os corpos apareceram num sábado de manhã, o toque de recolher foi determinado já depois de meio dia. Pessoal fechado. Aí acharam que iam reverter aumentando número de viaturas. No domingo, permaneceu o toque de recolher. Aí [pensaram] 'na segunda-feira, vai dar certo e tal', [mas o] pessoal [da comunidade permaneceu com] tudo fechado, consultório, creche, escolas... ônibus incendiados. Então, **chegou todo tipo de reforço que você possa imaginar: cavalarias, viaturas especializadas, de tático operacional... e nada conseguiu reverter o medo dessa população pra que eles retomassem as atividades.** Foi passando segunda, terça, quarta, quinta... depois eles mesmos [os traficantes], infelizmente, eles mesmos ditaram quando essa comunidade ia poder voltar. E o medo, o pavor das pessoas... assim... eles até conversavam com a gente quando estavam fechados, mas **o pavor deles em arriscar abrir o comercio, abrir o consultório, alguma coisa, era muito grande. Era como se ele assinasse a própria sentença [de morte], era uma certeza muito plena mesmo [de que iria morrer].** [ênfase acrescida]

À época, Regina tinha 12 anos. Ela lembra que foi o falecimento de outro adolescente que despertou o toque de recolher. "Fecharam escola, padaria, mercado, farmácia": a menina passou 18 horas dentro de casa. Da rua, escutava as trocas de tiros. Mesmo em casa, sentia medo. Desde o assassinato do irmão, havia percebido que a vida jovem pode ser dissipada por qualquer trivialidade. A cada barulho de tiro, gostava de conferir que estava viva, de que não havia sido encontrada por uma bala perdida.

Paulo Terrinha, que tinha 19 anos no período, ressalta que

> **Mas a grande dificuldade é que muitas vezes quem tá aqui dentro sabe o que é que acontece, mas de alguma forma é reprimido.** Você sabe o que é que acontece, mas de certa forma você não pode falar nada, né? Então você fica ali, você não pode fazer nada. **Mas quando a gente tem uma instituição de peso feito a ONU... que vem, que coloca a Prefeitura pra trabalhar... que fala assim "olha ali!".** Por que, querendo ou não, isso foi um choque muito grande. O agravante que fez Contagem ser escolhida, na região do Nacional, foi o toque de recolher que nós tivemos. Isso foi só um agravante por que a situação já era complicada. [...] **Morria muita gente... morria muita gente!** E, assim, muitas coisas nem eram relatadas. Havia algumas atrocidades que aconteciam e ficavam por isso mesmo. Vejo que o Programa ajudou muito nisso, coletou o dado real de quantas são as vítimas. Por que quando foram pesquisar, chegaram à conclusão de que... um cara tomava um tiro aqui, né, mas aí a polícia botava na viatura e ele morria no hospital. Então, não era daqui, entende? Mas não saia como um dado daqui. Até isso foi constatado. Então, **nós tivemos acesso ao real, ao que acontecia, e, com isso, nós conseguimos ver a realidade se**

transformar. Eu acredito que a comunidade já tinha um certo conhecimento. Por que a gente tá aqui e a gente sabe o que é que acontece. [ênfase acrescida]

Sandra Mara, ex-Diretora da Escola Municipal Anne Frank (EMAF), conversava comigo sobre como era preciso negociar com a violência para garantir a educação no território. Crianças e adolescentes portando armas, apenados invadindo o espaço da escola para assediar sexualmente estudantes, consumo e venda de droga, agressões e ameaças, tentativas de acertos de contas: o cotidiano da EMAF não escapava da característica violência do entorno.

Foi apenas quando a então Diretora se dirigiu diretamente ao chefe do tráfico no local que a situação se transformou. Sandra precisou negociar diretamente com os traficantes: passaria a abrir a escola nos finais de semana para uso recreativo da comunidade, desde que os estudantes fossem protegidos enquanto estão dentro da EMAF. Se o Estado não ofereceu uma presença capaz de construir paz na comunidade, a Diretora conseguiu trabalhar para a construção de paz no microcosmo da escola.

Ao falar das crianças do Nacional, uma cena de *Rio, 40 Graus* me vem a cabeça. Ela se passa com um dos garotos que vendia amendoim, o mais novo deles. O guri criava uma lagartixa no bolso, junto aos trocados que ganhava trabalhando. Quando um dos meninos mais velhos colocou a mão no bolso da criança para pegar dinheiro, notou Catarina – a lagartixa. O menino mais velho lançou o bicho no chão. O garotinho seguiu a lagartixa tentando recupera-la, mas Catarina entrou no Jardim Botânico.

A criança aproveitou que o guarda estava distraído e entrou no local. A cena seguinte é de completo encantamento. Alternando o plano da câmera entre o rosto sorridente do garoto e uma subjetiva que revela o que é visto por ele, Nelson conseguiu captar o deslumbre do menino ao enxergar as plantas, os animais e a maneira como a luz do Sol passava pela copa das árvores. Nesse momento de felicidade em que o garoto parecia ser apenas criança, e não mais um vendedor de amendoim, ele conseguiu resgatar Catarina.

Contudo, a cena termina com o menino sendo apreendido pelo segurança, que lançou Catarina ao chão. A lagartixa foi comida por uma cobra, o garoto foi retirado do local entre chute e ameaça. Mal teve tempo de processar a perda do bichinho, a cena foi interrompida. Os momentos da infância são comprimidos pela situação de vulnerabilidade. "A arte imita a vida", dizem por aí.

Os cortes de cenas reais, de algumas das muitas narrativas de violência e marginalidade que escutei durante a pesquisa e o contato com a comunidade são uma tentativa de aproximar o leitor e o Nacional, esse territorio marginal do Estado. Para mim, a utilidade disso é manifesta: um pressuposto para que o Estado se constitua a partir de suas margens é o conhecimento dessas partes de si que foram invisibilizadas, a escuta atenta dessas narrativas silenciadas. Constituir-se também de suas margens demanda, portanto, um profundo conhecimento de si, que só é possível com conexão e consciência a respeito de cada uma de suas partes.

Enquanto pessoa natural, conhecer as narrativas do Nacional é saber um pouco mais sobre a diversidade identitária que compõe o ser brasileiro. Na letra de Celso Viáfora e Serrinha Barreto[490],

> Eu estava esparramado na rede
> Jeca urbanoide de papo pro ar
> Me bateu a pergunta, meio a esmo
> Na verdade, o Brasil o que será?
>
> O Brasil é o homem que tem sede
> Ou quem vive da seca do sertão?
> Ou será que o Brasil dos dois é o mesmo
> O que vai e o que vem na contramão?
>
> O Brasil é um caboclo sem dinheiro
> Procurando o doutor nalgum lugar
> Ou será o professor Darcy Ribeiro
> Que fugiu do hospital pra se tratar?
>
> A gente é torto igual Garrincha e Aleijadinho
> Ninguém precisa consertar
> Se não der certo, a gente se virar sozinho
> Decerto então nunca vai dar
>
> O Brasil é o que tem talher de prata
> Ou aquele que só come com a mão?
> Ou será que o Brasil é o que não come
> O Brasil gordo na contradição?

É também útil para o aprofundamento do Eu pelo contato com os olhos e olhares do Outro, o auto-conhecimento ao conhecer as narrativas do Nacional.

Quando o *Segurança com Cidadania* oferece ferramentas para que a comunidade se identifique como uma das protagonistas da gestão, concepção e planejamento dos bens e serviços de que precisa, convida também o Estado a oferecer essa presença consciente, a conhecer-se sob outros ângulos. Essa abertura às

---

[490] VIÁFORA, Celso; BARRETO, Serrinha. **Cara do Brasil.** Disponível em: <https://www.youtube.com/watch?v=tQCJfC-eiJI>. Acesso em: 01 dez. 2018.

sensibilidades jurídicas é uma experiência de alteridade. Ao enxergar e escutar, desperta a consciência sobre diversas partes de si e sobre a totalidade do ser.

Nesse processo, a maior sofisticação não vem do fazer-se presente no território marginal, mas do *como* se fazer presente. Embora seja um bordão relativamente comum aludir-se à ausência do Estado nesses espaços, essa parece ser apenas uma das histórias possíveis sobre o relacionamento entre o Estado e suas margens.

As crianças e adolescentes do Nacional convivem com a presença do Estado no seu cotidiano. Por vezes o contato do Estado com os adolescentes do Nacional é tão estreito que, caso perguntássemos, provavelmente poucos diriam que nunca passaram por revista corporal pela Polícia. As mãos do Estado alcançam esses meninos.

Mas nem só de repressão policial se faz o contato do Estado com a comunidade. No decorrer desta tese, foi relatada a oferta de certos serviços e projetos no território. Todas as escolas afetadas pelo toque de recolher, por exemplo, são públicas. A própria criação formal do bairro do Confisco adveio de decisão do Estado num conflito entre as famílias ocupantes e o proprietário do latifúndio.

Assim, embora se compreenda que ainda há muito o que se aperfeiçoar no oferecimento de bens e serviços pelo Estado nesse espaço marginal, centra-se aqui na importância do *como* fazê-lo.

Nesse sentido, retoma-se a questão levantada por Oscar Chase sobre a repercussão do ritual na sociedade e a influência desta naquele[491]. Nesse ponto, cabe realçar um aspecto: é preciso estar atento para evitar que meios pretensamente adequados sejam usados com desvio de finalidade.

Diferente da banalidade do mal[492], que se perpetua facilmente pela ignorância, praticar o bem exige consciência. Por isso a importância da continuidade e persistência dos diálogos constitucionais não-violentos no aprimoramento e adequação dos pactos coletivos. Ainda que haja abertura epistemológica a métodos autocompositivos para tratamento de conflitos, é importante se questionar também sobre o seu modo, se tem sido suficiente ou mesmo positiva para a autonomia dos envolvidos e a transformação social.

---

[491] CHASE, Oscar. **Direito, cultura e ritual:** sistemas de resolução de conflitos no contexto da cultura comparada. São Paulo: Marcial Pons, 2014.
[492] ARENDT, Hannah. **Eichmann em Jerusalém:** um relato sobre a banalidade do mal. São Paulo: Cia das Letras, 1999.

É relevante frisar que pode haver desvio de finalidade na incorporação e difusão desses métodos pelo Estado, que podem ser úteis para perpetuação do controle social ou reprodução da dominação político-jurídica a preço módico.

Quanto aos territórios marginais do Estado, a considerar a relação com o Poder Público relatada pelos entrevistados, exsurge o seguinte questionamento: como garantir que a autocomposição de conflitos não seja outro movimento que mobilize engajamento dos agentes comunitários para posterior abandono ou descomprometimento da Administração Pública?

Nesse ponto, refiro-me especificamente à adoção de métodos adequados no plano extrajudicial, em situações em que o Estado é um dos envolvidos na situação problemática, seja como executor de serviços, projetos, programas e políticas públicas, seja como interessado direto na questão.

Um aspecto intrínseco à comunidade é a lealdade. Relembre a frase do Zé Gordo sobre "maçã podre": aquele que a autoridade chamava de "maçã podre" era seu par. Esse discusso não vem desacompanhado de assunção de responsabilidade ativa; antes, reforça o vínculo com o outro pelo que une, não pela perspectiva do que aparta.

Outra vez, nas palavras de Claudia Ocelli,

> ao se ouvir falar em 'maçã podre' no discurso de uma das pessoas encaminhadas pela ONU, uma liderança do território disse que não reconhecia aquilo que estava sendo chamado de 'maçã podre', que aquelas pessoas que ela chamava de 'maçã podre' eram seus vizinhos, seus filhos ou netos e que era assim que ele os reconhecia. [...] **Na lógica da comunidade, o alegado 'outro' não é outro, é 'meu par', eu o vi nascer. Há uma lógica protetiva, ele não é um marginal. São os externos que enxergam com margens. Para a comunidade, 'ele não é margem, é meu, precisa ser cuidado, protegido'.** [ênfase acrescida]

A lealdade desponta como elemento essencial para a construção de um espaço seguro e de pertencimento[493]. Nesse tipo de vínculo, a diferença sensível entre falar e ser ouvido ganha relevo. Mas como confiar no Estado diante da histórica impermanência do vínculo, da variação do trato e do envolvimento a depender de preferências pessoais dos gestores públicos?

Para que esses conflitos não estejam à margem da justiça ou que a comunidade não permaneça marginal à autocompreensão do Estado, é fundamental que haja um comprometimento mínimo garantido, pautado conforme a Constituição. Se não houver

---

[493] BAUMAN, Zygmunt. **Comunidade:** a busca por segurança no mundo atual. Rio de Janeiro: Zahar, 2003.

esse cuidado, a adoção de métodos pretensamente adequados pode conduzir a mais um meio produtor de dano e marginalização.

Decerto, é preciso romper com a histórica desconfiança. Não basta começar a construir um exercício de poder com o outro, mas também de trabalhar na desconstrução da imagem estabelecida pela prática de poder sobre ou mesmo contra mim. Para tanto, a apresentação dos limites de cada um dos envolvidos é essencial: o que cada um está disposto a oferecer e receber dessa conexão nesse momento?

Afinal, não há propriamente uma relação de confiança quando os participantes não têm a possibilidade de apresentar os limites do vínculo e de vê-los considerados. Nesses momentos de incerteza, resta, contudo, a aposta de que a conexão é ainda mais poderosa do que a desconexão.

Além disso, outra cautela se faz necessária: é relevante questionar-se constantemente sobre o foco do emprego desses métodos. Ora, até que ponto a autocomposição não se tem destinado a temas já marginalizados como forma de devolver para os cidadãos exclusivamente a decisão quanto a questões periféricas, mas agora de forma controlada e institucional? Ou seja, será que esses métodos têm sido um subterfúgio para assegurar controle social a preço módico, especialmente quanto a questões historicamente silenciadas[494]?

Como ressaltado em outro trabalho[495],

> Embora possa ser empregada em casos de diferentes graus de complexidade e em qualquer conflito (ZEHR, 2008), desde que observados requisitos essenciais, como voluntariedade, consenso mínimo quanto aos fatos e sigilo, a política judiciária de justiça restaurativa brasileira tem se concentrado em três locais historicamente periféricos: sistema socioeducativo, voltado aos adolescentes autores de atos infracionais, vítimas e microcomunidade de ambos; juizados especiais criminais, com os sujeitos envolvidos em crimes de menor potencial ofensivo; e casos envolvendo violência doméstica, cuja vítima costuma ser mulher.
> Ora, numa sociedade fortemente marcada pela criminalização da pobreza (WACQUANT, 2013), com encarceramento massivo de jovens negros (FEFFERMANN, 2013); patriarcal (MATURANA, VERDEN-ZOLLER, 2004); e adultocentrada (RIZZINI, 2006: MIRAGLIA, 2005), é de se supor que os adolescentes autores de atos infracionais, as mulheres vítimas de violência doméstica e as vítimas e autores de crimes de menor potencial ofensivo sejam sujeitos historicamente marginalizados em vários aspectos.

---

[494] SANTOS, Boaventura de Sousa. **O direito dos oprimidos.** São Paulo: Cortez, 2014.
[495] CARVALHO, Mayara de; SILVA, Juliana Coelho Tavares da. Autocomposição judicial: o meio mais rápido e barato para a *MacDonaldização* das decisões? Análise segundo o CPC *que ama muito tudo isso*. In.: FARIA, Juliana Cordeiro de; REZENDE, Ester Camila Gomes Norato; NETO, Edgard Audomar Marx. (Orgs.). **Novas tendências:** diálogos entre direito material e processo: estudos em homenagem ao professor Humberto Theodoro Júnior. Belo Horizonte: D'Plácido, 2018.

Há ainda outro aspecto que merece assertividade quanto ao envolvimento do Estado em autocomposição com a comunidade: se, a despeito dos desafios e carências, as margens têm persistido e se estabelecido, é por que contam com ferramentas em alguma medida eficazes para responder aos seus conflitos. Desse modo, há de se considerar que o Estado tem algo a aprender com as atuações marginais na compreensão de formas plurais e pragmáticas para se trabalhar com conflitos complexos. Essa conexão é útil e complementa os ângulos de visão do próprio Estado.

4.2 Do conflito à *imaginação moral*: transformação social e violência na, pela e contra a comunidade

> "O senhor mire veja: o mais importante e bonito, do mundo, é isto: que as pessoas não estão sempre iguais, ainda não foram terminadas – mas que elas vão sempre mudando. Afinam ou desafinam. Verdade maior. É o que a vida me ensinou. Isto que me alegra, montão. E, outra coisa: o diabo, é às brutas: mas Deus é traiçoeiro! Ah, uma beleza de traiçoeiro – dá gosto! A força dele, quando quer – moço! – me dá medo pavor! Deus vem vindo: ninguém não vê. Ele faz é na lei do mansinho – assim é o milagre. E Deus ataca bonito, se divertindo, se economiza".
> Riobaldo[496], em Grande Sertão: Veredas

Não importa se, "no fundo, no fundo, bem lá no fundo, a gente gostaria de ver nossos problemas resolvidos por decreto[497]", o conflito é elemento natural e inafastável do convívio humano. Enquanto incompatibilidade de objetivos em relação social de interdependência, o conflito pode ser real ou percebido[498]. Por essa razão, é possível haver conflito ainda que todos os envolvidos tenham as mesmas necessidades e interesses em determinada situação.

Embora a inafastabilidade de conflito nas relações sociais possa parecer algo negativo e determinista, é um elemento fundamental para a construção de

---

[496] ROSA, João Guimarães. **Grande Sertão:** Veredas. Rio de Janeiro: Nova Fronteira, 2015.
[497] LEMINSKI, Paulo. **Toda Poesia**. São Paulo: Companhia das Letras, 2013.
[498] CALVO SOLER, Raúl. **Mapeo de conflictos:** técnica para la exploración de los conflictos. Barcelona: Gedisa, 2014.

transformação, seja ela a nível individual, relacional, comunitário, regional, social ou internacional.

Como só há conflito diante de relações sociais em que haja alguma interdependência, os sujeitos envolvidos têm corresponsabilidade nas suas causas, mas também detêm a autonomia necessária para a construção participada da transformação. Por isso, se temos uma comunidade violenta, é importante que nos questionemos quais dos nossos comportamentos habituais têm permitido ou sustentado essa situação.

No tempo em que vivi na Palestina, tive a oportunidade de trabalhar com a *The Friends School*, em Ramallah. Embora essa escola seja pautada em não-violência, os conflitos no ambiente escolar continuam constantes. A diferença não está no plano da existência, mas no tratamento oferecido quando o conflito ocorre[499].

Certa vez, presenciei um conflito entre dois garotos com cerca de sete ou oito anos. Um deles havia feito uma "brincadeira" desagradável sobre a voz do outro durante a aula. Outros dois estudantes da turma imediatamente sugeriram que fosse feito um círculo para que todos tivessem a oportunidade de falar sobre como se sentiam a respeito.

Embora o conflito tenha ocorrido diretamente entre os dois guris, entende-se que toda a sala tem alguma parcela de responsabilização e envolvimento nele. O comportamento social é apreendido: pensamos não só pela nossa linguagem, mas também em conformidade com os comportamentos e poderes simbólicos[500].

Se a estrutura mental daquele garoto o autorizou a ser violento com seu colega é porque os códigos comuns de conduta daquela comunidade possibilitam esse comportamento, ainda que para condená-lo. Não só: se a voz do menino foi objeto de demérito, é porque algum valor presente naquele espaço avalia positiva ou negativamente pessoas a partir dessa característica.

O conflito é social, territorial e temporariamente demarcado. Por essa razão, é possível promover mudança na relação ou em algum dos envolvidos, mas o conflito também carrega consigo potencial para que se promova verdadeira transformação social[501].

---

[499] HALABY, Mona Hajja. **Belonging:** creating community in the classroom. Cambridge: Brookline Books, 2000.
[500] BOURDIEU, Pierre. **O poder simbólico.** Rio de Janeiro: Bertrand Brasil, 2012.
[501] Cf. HOLMAN, Peggy. **Engaging emergence:** turning upheaval into opportunity. San Francisco: Berret Koehler, 2010.; HOLMAN, Peggy. **The change handbook:** group methods for shaping the future. San Francisco: Berret Koehler, 1999.; UNITED NATIONS DEVELOPMENT PROGRAMME. **Democratic Dialogue:** a handbook for parctitioners. Stromsborg: International Idea, 2007.

Nesse caso, o ensino do conteúdo programado para a aula foi interrompido diante da insurgência do fato novo. Todos os presentes – estudantes e professora – participaram do círculo, uma vez que, em alguma medida, todos foram afetados pelo ocorrido. O ambiente influi diretamente no pertencimento e na sensação de estar-se em espaço seguro e respeitoso. Era importante para cada um deles que aquela sala de aula fosse um local de interdependência e cooperação.

Além disso, ainda que indiretamente, todos participaram daquela situação. O entorno impacta no desenvolvimento de conflitos. Ambientes mais construtivos ou mais destrutivos afetam não só na existência, como também no nível de escalonamento dos conflitos[502].

No círculo, cada participante teve a oportunidade de falar brevemente como se sentia sobre o ocorrido e como acreditava que poderia contribuir para a construção de uma turma que acolha melhor seus membros. Os diretamente envolvidos também puderam falar sobre como foram impactados e do que precisavam.

Em poucos minutos, não só a situação havia sido resolvida, como os vínculos daquela microcomunidade haviam se fortalecido. Significado e pertencimento voltaram a ser elementos presentes naquele espaço. A turma havia aprendido algo novo sobre si e buscado transformar seus valores e relações. Em seguida, o conteúdo programado voltou a ser ensinado; agora com mais atenção dos estudantes.

Segundo esse mesmo paradigma, a Universidade de Turku, na Finlândia, com financiamento do Ministério da Educação e Cultura local, desenvolveu o programa KiVa para combater, monitorar e prevenir prática de *bullying* nas escolas[503].

O Kiva tem produzido resultados efetivos justamente por mobilizar a microcomunidade afetada, estendendo-se além das noções tradicionais de ofensor e vítima e atingindo outras pessoas centrais, como aquelas que oferecem apoio ao indivíduo ou grupo que sofreu o dano; as referências positivas daquele indivíduo ou grupo que produziu o dano; e também as pessoas que suportam aquela prática, seja sorrindo, encorajando ou silenciando a respeito.

---

[502] DEUTSCH, Morton. Cooperation, Conflict, and Justice. In.: BIERHOFF, Hans Wermer; COHEN, Ronald; GREENBERG, Jerald. (Ed.). **Justice in Social Relations.** Ontario: Melvin J. Lerner, 1986. pp. 3-18.; DEUTSCH, Morton. Cooperation, competition, and conflict. In.: COLEMAN, Peter; DEUTSCH, Morton; MARCUS, Eric. (Ed.). **The handbook of conflict resolution:** theory and practice. San Francisco: Jossey-Bass, 2014. p. 3-28.
[503] KIVA INTERNATIONAL. **Evidence of effectiveness in Finland and elsewhere.** Disponível em: < http://www.kivaprogram.net/is-kiva-effective>. Acesso em: 11 nov. 2018.

Nessas abordagens, o conflito deixa de ser exclusivamente uma situação de risco, tornando-se também uma oportunidade para promoção de mudanças substanciais. Conforme Deutsch, "o conflito previne estagnações, estimula interesse e curiosidade, é o meio pelo qual os problemas podem ser manifestados e no qual chegam as soluções, é a raiz da mudança pessoal e social[504]". Ele também demarca grupos, auxilia no estabelecimento de identidade coletiva e individual e, quando externo, pode contribuir para coesão interna.

Na ocorrência de conflitos, é possível responder apenas à situação imediata. Todavia, manter o foco exclusivamente nas urgências pode distrair o olhar daquilo que é importante. Um mapa ampliado do conflito envolve também a compreensão das causas e forças presentes; dos padrões de relacionamentos; do contexto em que encontra expressão; e da estrutura conceitual que sustenta essas perspectivas[505].

Por isso, numa visão mais ampla, que considere a topografia da situação problemática, o conflito desponta como oportunidade para entender os padrões e modificar as estruturas dos relacionamentos. Isso sem desconsiderar a necessidade de oferecer soluções concretas capazes de responder satisfatoriamente aos problemas presentes[506].

É também uma via eficaz para conduzir grandes discussões públicas no cerne de assuntos e relações que costumam estar adstritos à esfera privada[507]. Com isso, pode ser uma alternativa importante para impulsionar reflexões e aprofundar a compreensão sobre as implicações do contexto, da estrutura e dos padrões de relacionamentos em questões que aparentavam ser meramente interpessoais.

Para mapear um conflito, é importante atentar-se, ao menos, aos seguintes elementos: as características dos sujeitos envolvidos, bem como seus interesses e necessidades; as estruturas de poder e os padrões das relações intersubjetivas; estruturas conceituais que sustentam cada uma dessas perspectivas; as compreensões de mundo dos indivíduos e grupos em questão; as emoções despertadas pela situação conflitiva[508].

Nessa compreensão sistêmica, a pacificação não se satisfaz com o mero oferecimento de resposta dotada de segurança jurídica por intermédio do exercício de

---

[504] DEUTSCH, Morton. A resolução do conflito. In.: AZEVEDO, Andre Gomma de. (Org.). **Estudos em arbitragem, negociação e mediação.** Brasília: UNB, 2004. p. 29-44.
[505] LEDERACH, John Paul. **Transformação de conflitos.** São Paulo: Palas Athena, 2012.
[506] LEDERACH, John Paul. **Transformação de conflitos.** São Paulo: Palas Athena, 2012.
[507] BRAITHWAITE, John. Doing Justice Intelligently in Civil Society, **Journal of Social Issues,** vol. 62, n. 2, 2006, pp. 393-409.
[508] CALVO SOLER, Raúl. **Mapeo de conflictos:** técnica para la exploración de los conflictos. Barcelona: Gedisa, 2014.

violência legítima estatal[509]. Aqui, a paz é *estrutura-processo*[510], necessariamente dinâmica, relacional, adaptativa e dotada de propósito. É sustentável, sendo capaz de manter-se ao longo do tempo, a despeito de eventual rigidez estrutural. Por isso, é indissociável à *constituição processual*.

Com esse cenário em mente, é possível agir de maneira efetiva e profunda para, além de resolver os problemas atuais e específicos, compreender os padrões e modificar as estruturas dos relacionamentos[511].

Feitas essas considerações, é importante ter em mente que qualquer comunidade é palco, vítima e também produtora de violências[512]. Isto é, é possível identificar violências na, pela e contra a comunidade, o que se relaciona diretamente às estruturas mentais, padrões de comportamento, valores e contexto em que se insere.

O Nacional, por exemplo, é vítima de preconceito externo, sendo comumente visto segundo a narrativa única que o identifica como uma região criminosa e carente. Também segundo relatos da pesquisa de campo já apresentados, é comum a violência contra os espaços públicos do território, a exemplo da deterioração anterior da Casa Amarela, dos postes quebrados, dos ônibus incendiados durante o toque de recolher.

Foi também narrada a violência estrutural do Estado contra a comunidade seja na forma do tratamento e na desconsideração das narrativas do saber coletivo, seja na pintura da quadra, cobrindo as marcas dos pés das crianças feitas no período do *Segurança com Cidadania*, por exemplo.

Há ainda a violência na desresponsabilização das prefeituras de Contagem e Belo Horizonte em relação aos conflitos, oferecimento de serviços e assistência a vulnerabilidades do bairro do Confisco, que tem cerca de dois terços de seu território em um dos municípios e o terço restante no outro.

O Nacional é também palco de violência. Lembre dos homicídios de crianças e jovens que acontecem no território por atuação da Polícia, do tráfico, de milícias ou de conflitos entre os próprios moradores. Os frequentes toques de recolher são outro caso de violência que ocorre no território. Pense ainda na cultura de homogeneização, nas meninas e mulheres negras ou pardas com cabelos alisados para adequação a um padrão

---

[509] NADER, Laura. **Harmonia coercitiva**: a economia política dos modelos jurídicos. Disponível em: <http://www.anpocs.org.br/portal/publicacoes/rbcs_00_26/rbcs26_02.htm>. Acesso em: 10 fev. 2016.
[510] LEDERACH, John Paul. **Transformação de conflitos**. São Paulo: Palas Athena, 2012.
[511] LEDERACH, John Paul. **Transformação de conflitos**. São Paulo: Palas Athena, 2012.
[512] MELO, Bendita Portugal e. **(Re)pensar a violência escolar à luz das estratégias de intervenção em territórios educativos de intervenção prioritária.** Disponível em: <http://repositorio.ul.pt/bitstream/10451/11003/1/repensar%20a%20violencia%20escolar.pdf>. Acesso em: 01 jul. 2018.

estético que nega a beleza do que remete à pele preta. Há também questões de impacto ambiental, como o lixão a céu aberto no Buracão.

Mas a comunidade também produz violências. Lembre agora da misoginia característica do assassinato de Dona Hilda, liderança comunitária envolvida no *Segurança com Cidadania*, vítima de violência doméstica. Pense também na violência de classe social embutida no discurso ofensivo contra os "confisqueiros". Há ainda a violência implícita no dito popular que diz que "brincadeira de homem fede a defunto".

É de se questionar, então, como seria possível transcender esses ciclos de violência que permeiam as comunidades humanas enquanto permanecemos vivendo nelas. Impulsionar essa transcendência demanda a mobilização da capacidade de criar, usar e construir *imaginação moral*.

Para Lederach, a *imaginação moral* requer a capacidade de nos imaginarmos numa rede relacional que inclua as figuras que projetamos como nossos inimigos; a habilidade de sustentarmos a curiosidade que acolhe a complexidade da vida, sem recairmos em polarização; a crença e a busca do ato criativo; e a aceitação do risco inerente de se caminhar no desconhecido que reside além do cenário familiar de violência[513].

Demanda, portanto, que se perceba além da realidade visível, para alcançar a natureza escondida nos relacionamentos. O termo *imaginação* não está na expressão ao acaso: o ato criativo é enfatizado como produtor de novas realidades e soluções para problemas antigos. A capacidade de criar algo original é vetor de mudança da maneira como se enxerga as situações e possibilidades.

O conceito carrega consigo a qualidade de transcendência ao romper com a aparência imediata que parecia ser determinante para buscar construir outro futuro possível. A metodologia do PNUD ou de outras abordagens centradas na potencialidade e nos recursos comunitários podem ser vias democráticas para conectar os sujeitos à *imaginação moral*.

Nas palavras de Lederach,

> A *imaginação moral* como a capacidade de imaginar algo enraizado nos desafios do mundo real e ainda competente de dar a luz a algo que ainda não existe. No que tange à construção de paz, essa capacidade de imaginar e gerar respostas construtivas e iniciativas que, ao mesmo tempo que permanece

---

[513] LEDERACH, John Paul. **The moral imagination:** the art and soul of building peace. Oxford: Oxford University Press, 2005.

> enraizada aos desafios cotidianos de violência, transcende e, em última instância, rompe as amarras dos padrões e ciclos destrutivos.
> Essa prospecção não empurra para localizar *a resposta* dos nossos problemas numa perspectiva global única, como se tratasse de novo sistema miraculoso político, social ou econômico. Ela nos guia para o entendimento da natureza de momentos decisivos e de como padrões destrutivos podem ser transcendidos. Os pontos de viragem são momentos geradores de vida nova, que crescem do que parecem ser solos estéreis de violência e relacionamentos destrutivos. Essa inesperada nova vida torna possível o processo de transformação construtiva da imaginação moral sem a qual a construção de paz não pode ser entendida ou materializada. Contudo, esses momentos geradores de vida não emergem da aplicação rotineira de uma técnica ou receita. Eles precisam ser explorados e entendidos num contexto que se aproxima do processo artístico, impregnado de criatividade, habilidade, acaso e processo manual. [tradução livre[514]]

Diferente da violência, que supõe a inflexibilidade de criar soluções mais adequadas para responder aos problemas que se tem, a *imaginação moral* advém da capacidade de nos imaginarmos como agentes, como parte de uma relação em que se deseja acolher a complexidade e incorporá-la em ato criativo para transformação construtiva.

Por pautar-se na criatividade, é um ato imprevisto, uma resposta inesperada criada durante cada momento e, portanto, conectada à existência consciente no momento presente[515]. Ela flui de maneira flexível, observando as mudanças que vão emergindo e, como um movimento complexo, profundo e criativo, é essencialmente pautada em simplicidade, no uso eficiente, adaptado e reorientado dos recursos que se tem. Conecta, portanto, intuição, observação atenta e experiência.

Ainda segundo o mesmo autor, "arte é tudo aquilo que a mão humana toca, molda e cria em resposta ao que toca nosso mais profundo sentido de ser, nossa

---

[514] No original: "The moral imagination as the capacity to imagine something rooted in the challenges of the real world yet capable of giving birth of that which does not yet exist. In reference to peace-building, this is the capacity to imagine and generate constructive responses and initiatives that, while rooted in the day-to-day challenges of violence, transcend and ultimately break the grips of those destructive patterns and cycles.
This exploration does not push toward finding *the answer* to our problems in a single overarching solution, like some miraculous new political, social, or economic system. It does push us toward understanding the nature of turning points and how destructive patterns are transcended. Turning points are moments pregnant with new life, which rise from what appear to be the barren grounds of destructive violence and relationships. This unexpected new life makes possible processes of constructive change in human affairs and constitutes the moral imagination without which peacebuilding cannot be understood or practiced. However, such pregnant moments do not emerge through the rote application of a technique or a recipe. They must be explored and understood in the context of something that approximates the artistic process, imbued as it is with creativity, skill, serendipity and craftsmanship".
[515] SENGE, Peter. Et al. **Presence**: exploring profound change in people, organizations and society. London: Nicholas Brealey Publishing, 2005.; MACHADO, Regina. **A arte da palavra e da escuta.** São Paulo: Reviravolta, 2015.

vivência. O processo artístico tem natureza dialética: surge da experiência humana e molda, dá expressão e significado a essa mesma experiência[516 517]".

Assim como os métodos de resolução de conflitos, a relação da criação artística com a humanidade é cíclica em essência. Para tanto, são fundamentais a assunção de responsabilidade e a compreensão da reciprocidade relacional dos comportamentos de cada indivíduo[518].

Pode ser bastante útil, ainda, ter-se em mente "as formas e as modalidades de relação consigo mesmo através das quais o indivíduo se constitui e se reconhece como sujeito[519 520]". Isto é, ser capaz de analisar

> Os "jogos de verdade" e os jogos de verdadeiro e falso através dos quais o ser tem-se constituído historicamente como experiência. Isto é, como uma realidade que pode e deve pensar a si mesma. Através de quais jogos de verdade tem-se permitido ao homem pensar seu próprio ser enquanto se contempla como enfermo, quando reflete sobre si como ser vivo, como ser falante e como ser que trabalha, quando se julga e se castiga na qualidade de criminoso? Através de quais jogos de verdade o ser humano tem-se reconhecido como homem de desejo[521]? [tradução livre[522]]

A curiosidade demanda atenção plena[523] e investigação contínua sobre as coisas que nos cercam e o seus significados. É, por isso, simultaneamente transcendental e mundana. Não à toa, etimologicamente, curiosidade vem da palavra latina *curiosus*, composta por "cuidado" e "cura" – *cura*. Ao considerar o que está *no coração* das coisas, escapa do perigo da história única e procura curar e cuidar da saúde de uma humanidade maior[524].

---

[516] LEDERACH, John Paul. **The moral imagination:** the art and soul of building peace. Oxford: Oxford University Press, 2005.
[517] No original: "Art is what the human hand touches, shapes, and creates and in turn what touches our deeper sense of being, our experience. The artistic process has this dialectic nature: it arises from human experience and then shapes, gives expression and meaning to, that experience".
[518] Cf. LEVINAS, Emmanuel. **Ética e infinito.** Madrid: La balsa de la Medusa, 1991.
[519] FOUCAULT, Michel. **Historia de la sexualidad. Vol. 2**. El uso de los placeres. México: Siglo XXI Editores, 2013.
[520] No original: "las formas y las modalidades de la relación consigo mismo por las que el individuo se constituyey se reconoce como sujeto".
[521] FOUCAULT, Michel. **Historia de la sexualidad. Vol. 2**. El uso de los placeres. México: Siglo XXI Editores, 2013.
[522] No original: "un análisis de los 'juegos de verdade', de los juegos de falso y verdadero a través de los cuales el ser se constituye históricamente como experiencia, es decir, como una realidad que puede y debe pensarse a sí misma. ¿A través de qué juegos de verdad se permite al hombre pensar su ser propio cuando se percibe como loco, cuando se contempla como enfermo, cuando se reflexiona como ser vivo, como ser hablante y como ser que trabaja, cuando se juzga y se castiga em calidad de criminal? ¿A través de qué juegos de verdad el ser humano se há reconocido como hombre de deseo?".
[523] SABETTI, Stèphano. **The path of no way:** a spiritual primer: introduction to essential inquiry and process mediation. Boston: Life energy media, 2015.; TOLLE, Eckhart. **O poder do agora.** Rio de Janeiro: Sextante, 2010.

A atuação desconectada desse fluir natural[525] da vida que é a criatividade[526], acaba impulsionando mais respostas que visam encerrar situações danosas, do que alternativas capazes de construir algo desejado. Tem-se pautado mais no comportamento reativo do que no agenciamento ativo. Não por acaso, pode-se constatar nossa histórica inabilidade em construir estabilidade democrática e paz durável[527].

Nesse aspecto, cabe relembrar a fala de São Mateus:

> as comunidades não olham com desconfiança quando o Estado cria um posto de saúde por saberem que, mesmo que o serviço seja demorado ou mal prestado, estará disponível para atender essa comunidade. Isso não acontece com os projetos e programas, já que não são duradouros. [...] [o que percebo é que] se não é serviço, não tem consistência, na visão do usuário. [...] **No tocante à segurança e à violência, uma questão muito séria é justamente que os serviços – que têm continuidade – têm sido voltados à repressão, enquanto os projetos – que acabam – procuram atuar preventivamente e garantir direitos de comunidades vulneráveis**. [...] isso leva à desconfiança da atuação do Estado [...] sendo assim, a continuidade e permanência da atuação estatal tem se estabelecido com repressão [...] o campo da política pública de redução de violência ainda fica mais no discurso, no simbólico. [ênfase acrescida]

Para transformar essa perspectiva, é imprescindível que o acompanhamento figure como elemento essencial de um pensamento sistêmico conectado a processos mais amplos de transformação social. Esse parece ter sido o descuido crucial da atuação do *Segurança com Cidadania*.

As narrativas dos entrevistados na pesquisa de campo apontam de maneira quase que uníssona para a necessidade de construção e manutenção de canais capazes de proporcionar engajamento construtivo dos atores da comunidade na dinâmica das situações e desafios cotidianos.

Esses canais seriam plataformas hábeis a conferir sustentabilidade ao engajamento comunitário. Para tanto, os sujeitos deveriam ser constantemente estimulados a ressignificar as compreensões dos conflitos continuados, as diferenças históricas, as dinâmicas estruturais e relacionais de poder, as percepções de injustiça e as experiências de dor características daquela comunidade. O fio condutor dessa atuação

---

[524] LEVINAS, Emmanuel. **Ética e infinito.** Madrid: La balsa de la Medusa, 1991.; ESTÉS, Clarissa Pinkola. **Women who run with the Wolves:** myths and stories of the wild woman archetype. London: River Wolf Press, 2017.
[525] ÉFESO, Heráclito de. **Heráclito:** los fragmentos. Montreal: Laodamia Press, 2013.
[526] GILBERT, Elizabeth. **Grande magia:** vida criativa sem medo. Rio de Janeiro: Objetiva, 2015.
[527] Cf. SCHWARCZ, Lilia Moritz; STARLING, Heloisa Murgel. **Brasil**: uma biografia. São Paulo: Companhia das Letras, 2015.

seria o propósito de construir uma comunidade mais conectada, na qual pertencimento e sentido são constantemente assegurados à medida em que a diversidade é garantida.

Ao impulsionar o diálogo contínuo, esses canais são adaptativos e pautados em processo permanente. Por isso, esses canais de diálogo relacionam-se intrinsecamente à proposta de *constituição processual*. Para isso, é essencial impulsionar vínculos de significado nessas plataformas, isto é, a percepção de que os diálogos que se estabelecem ali são significantes, que as vozes são consideradas no processo de tomada de decisão e que essa escuta é pautada em reciprocidade.

Saber do impacto da consideração das narrativas individuais traz também o senso de pertencimento, retroalimentando a própria noção de comunidade. Ao pautar-se na potência criativa do saber coletivo, não repercute necessariamente em controle dos resultados, mas fomenta a percepção de que a voz de cada um tem importância naquele espaço.

A identificação do espaço seguro para construção de envolvimento, apoio, reciprocidade e transformação baseia-se na diferença sensível entre falar e ser ouvido. Para a transformação social, mais importante do que unir inúmeras falas no mesmo sentido, é manter a diversidade e representatividade nesses espaços dialógicos. O que se busca não é a unanimidade nas decisões, ou a *harmonia coerciva*[528], mas a permanência do diálogo para que haja um espaço adequado à formação das visões mais completas e complexas possíveis.

A constância do diálogo é compreendida como um processo metabólico da vida comunitária. Sendo mais do que a soma de suas partes, uma condicionalidade à existência do coletivo é o movimento contínuo: como tudo o que é vivo, flui – *planta rei*[529]. Essa intencionalidade é parte significativa do aprendizado constante, da criação e fortalecimento de redes da adaptabilidade dos canais de acompanhamento e diálogo.

Como alerta John Paul Lederach,

> a *realpolitik* é cega para a existência de espaços sociais, relacionamentos, ideias e processos que não se encaixam às definições preexistentes do que é relevante. Por conseguinte, na maioria dos casos, **mais do que calcular mal, ela desconsidera alguns elementos mais relevantes dos processos sociais capazes de gerar novos padrões e estruturas relacionais**[530]. [tradução livre[531]] [grifos acrescidos]

---

[528] NADER, Laura. **Harmonia coercitiva:** a economia política dos modelos jurídicos. Disponível em: <http://www.anpocs.org.br/portal/publicacoes/rbcs_00_26/rbcs26_02.htm>. Acesso em: 10 fev. 2016.
[529] ÉFESO, Heráclito de. **Heráclito:** los fragmentos. Montreal: Laodamia Press, 2013.
[530] LEDERACH, John Paul. **The moral imagination:** the art and soul of building peace. Oxford: Oxford University Press, 2005.

Essa rigidez é justamente a maior fragilidade da *realpolitik*. Ao contrário do que pode parecer a um olhar arrogante, a abertura ao risco e ao fluxo contínuo é elemento essencial de tudo o que é orgânico e que deseja permanecer conectado à vida.

Guimarães Rosa[532] dizia que "viver é um descuido prosseguido, [...] viver é etcetera", ou ainda que "o que a vida quer da gente é coragem". De forma a ultrapassar a apatia e a indiferença do *homem blasé*[533] urbano, a exposição consciente ao risco garante o dinamismo e a autopreservação da comunidade. A conexão pelo compartilhamento recíproco de perspectivas, necessidades e vulnerabilidades em espaço seguro fortalece seus membros e desperta a potencialidade da vida criativa.

Se os problemas não são nomeados corretamente, é pouco provável que as alternativas imaginadas para sua superação sejam eficazes. Assim como quimioterapia não cura sarampo, a escolha do tratamento adequado demanda a identificação mais precisa quanto possível da situação problemática.

Essa perspectiva aposta na condição humana não como um problema, mas como uma solução. É na humanidade compartilhada e no diálogo contínuo que é possível estabelecer a *imaginação moral* e as transformações sociais criativas. Com isso, relaciona-se à compreensão de comunidade como opção política e ética emancipatória[534].

4.3 Justiça Restaurativa: *trocando as lentes* sobre a justiça a ser acessada

> "Porque eu só preciso de pés livres,
> de mãos dadas,
> e de olhos bem abertos..."
> João Guimarães Rosa[535], Bibliocauto

---

[531] No original: *"Realpolitik is blind to the existence of social spaces, relationships, ideas, and processes that do not fit its preexisting definition of what counts. Therefore, for the most part, worse than miscalculating, it completely misses some of the most significant elements of social process capable of generating new relational patterns and structures"*.
[532] ROSA, João Guimarães. **Grande Sertão:** Veredas. Rio de Janeiro: Nova Fronteira, 2015.
[533] SIMMEL, Georg. A natureza sociológica do conflito. In.: MORAES FILHO, Evaristo. (Org.). **Simmel.** São Paulo: Ática, 1983.
[534] CARRILLO, Alfonso Torres. **El retorno a la comunidad**: problemas, debates y desafíos de vivir juntos. Bogotá: Fundación Centro Internacional de Edicación y Desarrollo Humano, 2017. p. 217 ss.
[535] ROSA, João Guimarães. **Magma**. Rio de Janeiro: Nova Fronteira, 1997.

Ainda centrados na lógica binária de inclusão e exclusão, os movimentos de acesso à justiça pretenderam melhorar as condições de acesso sem pressuporem a transformação paradigmática da justiça a que se tinha acesso. Contudo, considerando as implicações mútuas entre cultura e adoção de rituais oficiais pelo Estado[536], é de se supor que pensar uma justiça diferente pode impactar em transformação social significativa.

Com vistas à construção de paz participada, segundo a perspectiva da paz enquanto *estrutura-processo*[537], a justiça restaurativa desponta como um dos meios adequados para transformação de conflitos. Para o método, a medida do acesso à justiça deve ser a satisfação das necessidades de seus participantes. Vincula-se, assim, a um novo arquétipo para pensar e viver a justiça que, focado na implementação de direitos humanos no cotidiano, ultrapassa o aparato judicial e alcança a experiência de justiça na habitualidade[538].

Trata-se de um conjunto de práticas com certo grau de flexibilidade e adaptabilidade à situação problemática, mas com estrutura principiológica consistente. Seu maior diferencial é a participação não só dos diretamente envolvidos no caso, mas também daqueles interessados indiretos, seja por que formam a rede de apoio e referência dos participantes diretos, seja por que têm efetivamente alguma relação subsidiária com o acontecido.

Embora compartilhe da angústia quanto às dificuldades para avaliar a qualidade e o potencial restaurativo dessas práticas[539], é importante considerar que o acesso à justiça enquanto satisfação alinha-se à perspectiva neomatrística segundo a qual a democracia só pode ser exercitada, experenciada, nunca defendida de modo abstrato[540].

Como uma prática restaurativa mal executada pode gerar danos ainda maiores às vítimas do que sua regular desconsideração nos processos judiciais[541], é

---

[536] CHASE, Oscar. **Direito, cultura e ritual:** sistemas de resolução de conflitos no contexto da cultura comparada. São Paulo: Marcial Pons, 2014.
[537] LEDERACH, John Paul. **Transformação de conflitos.** São Paulo: Palas Athena, 2012.
[538] GAVRIELIDES, Theo; ARTINOPOULOU, Vasso. Reconstructing restorative justice philosophy. In.: _____; _____. (Ed.). **Reconstructing restorative justice philosophy.** Surrey: Ashgate Publishing Company, 2013.
[539] BRAITHWAITE, John. Does restorative justice work? In.: _____. **Restorative justice and responsive regulation.** Oxford: Oxford University Press, 2002. pp. 45-72.
[540] Cf. MATURANA, Humberto R.; VERDEN-ZOLLER, Gerda. **Amar e brincar:** fundamentos esquecidos do humano: do patriarcado à democracia. São Paulo: Palas Athena, 2004.
[541] SHERMAN, Lawrence; STRANG, Heather. **Restorative Justice:** the evidence. London: The Smith Institute, 2007.

indispensável que haja espaço de escuta também quanto aos impactos da prática no conflito e na vida dos participantes. Ainda que seja verdadeiro que o sistema oficial de justiça não costuma considerar as necessidades de quem sofreu os danos, é também verdade que vítimas saem de muitos programas de justiça restaurativa menos satisfeitas do que os demais participantes[542]. Por essa razão, uma das fases essenciais a toda prática restaurativa é o acompanhamento e um bom recurso para avaliar se o acesso foi devidamente garantido é a análise de efetividade.

Na perspectiva da vítima, a opção pela prática restaurativa pode ser viável por: tratar-se de procedimento menos formal, em que suas necessidades e sentimentos importam; por garantir mais informação sobre o processo e seus resultados; por pautar-se na participação direta no caso; por possibilitar tratamento respeitoso e justo, considerando seus sentimentos, sua dor e suas necessidades; e por visar a restauração material e emocional[543].

Da mesma forma, o fato de envolver microcomunidades de afeto e referência é por si só valoroso, independente do impacto do dano e da eventual reparação. Ao oferecer a todos os participantes a oportunidade de envolver-se e decidir como garantir que aquela comunidade seja mais segura, cuidadosa e acolhedora, já faz desses vínculos mais humanizados. A pesquisa de Parker sugere, por exemplo, que a existência de práticas restaurativas para tratar de assédio sexual no ambiente de trabalho pode impactar efetivamente na redução desse delito[544].

Relembre o caso apresentado na escola de Ramallah (item 4.2), na Palestina, em que participaram a criança que produziu o dano, aquela que sofreu diretamente seus efeitos, bem como os demais estudantes da turma e a professora que estava na sala no momento. O envolvimento dessas outras pessoas foi fundamental para que se construísse uma cultura de paz naquele ambiente. Além disso, a prática restaurativa abre a oportunidade para que elas atuem como apoiadoras, relembrando umas às outras os combinados, as necessidades e os sentimentos trabalhados.

A participação de pessoas indicadas pelos diretamente envolvidos na situação também pode ser essencial para que contem com suporte para executar e manter as

---

[542] BRAITHWAITE, John. Does restorative justice work? In.: _____. **Restorative justice and responsive regulation.** Oxford: Oxford University Press, 2002. pp. 45-72.
[543] Cf. BRAITHWAITE, John. Does restorative justice work? In.: _____. **Restorative justice and responsive regulation.** Oxford: Oxford University Press, 2002. pp. 45-72.
[544] PARKER, Christine. Public Rights in Private Government: Corporate Compliance with Sexual Harassment Legislation, **Australian Journal of Human Rights**, 6, 5(1), 1999, p. 159-193. Disponível em: <http://classic.austlii.edu.au/au/journals/AUJlHRights/1999/6.html>. Acesso em 12 fev. 2017.

ações planejadas no encontro. O simples envolvimento de membros aparentemente não afetados pelo caso, mas que são elencados como pessoas de referência, serve como lembrança aos participantes de que não estão sozinhos, de que outros indivíduos se importam com eles e com sua felicidade. Isso é especialmente importante quando o caso envolve criança e adolescente, já que se tratam de sujeitos de direito em especial condição de desenvolvimento (art. 3º, Lei 8.069/1990), havendo corresponsabilidade da família, da escola, do Estado e da comunidade pela sua socioeducação (art. 227, CRFB/1988).

As práticas restaurativas são orientadas para resolver problemas concretos e trabalhar a estrutura das relações de modo a melhorar as condições do presente e construir um futuro que contemple melhor as necessidades de todos os interessados. Pautam-se na ancestralidade, tendo base em diversos rituais culturalmente estabelecidos ao redor do globo. Esses rituais foram reunidos sob o nome de "justiça restaurativa[545]" na década de 1970, nos EUA, a partir dos esforços do acadêmico Howard Zehr[546].

Essas práticas podem ser empregadas em quaisquer tipos de conflitos, desde que os interessados demonstrem interesse e voluntariedade. Ainda que possam ser materializadas em um sem-número de formatos, total ou parcialmente restaurativos, seu ritual regular costuma incluir encontros individuais e coletivos, contemplando também sessões de acompanhamento. Outra característica marcante é a construção do espaço com elementos que promovam conexão, a começar pelo incentivo ao formato circular.

Embora tenham a responsabilização como um de seus elementos centrais, não se voltam para a apuração de culpa, nem buscam a vergonha de quem praticou o ato danoso. Tampouco tratam aquele que sofreu o dano como mera pedra de toque para a condução do procedimento. Ao contrário, trabalham o policentrismo decisório e a contribuição direta dos interessados e de suas microcomunidades de apoio e referência.

---

[545] O termo "justiça restaurativa" sofre diversas críticas. Uma das principais é justamente a que diz respeito a comunidades marcadas por traumas, que não contam com um passado que desejam restaurar; antes, querem construir novos vínculos e maneiras de conexão. Todavia, é importante ter em mente que o termo *Restorative Justice* não tem conteúdo semelhante ao da tradução literal em língua portuguesa. *Restorative* é mais abrangente do que restaurar. Ainda que não fosse, é importante olhar para o termo com a mesma generosidade que a justiça restaurativa nos convida a olhar o outro e a nós mesmos: buscando compreender seu sentido mais adequado no seu melhor-self. O próprio Zehr comenta que a justiça restaurativa não se satisfaz apenas com a restauração de uma situação anterior ideal, mas na construção de novas condições e possibilidades para vínculos mais humanizados.
[546] Cf. ZEHR, Howard. **Changing lenses:** restorative justice for our times. Harrisonburg: Herald Press, 2015. Twenty-fifth anniversary edition.; ZEHR, Howard. **Justiça restaurativa.** São Paulo: Palas Athena, 2012. Tradução de Tônia Van Acker.

Para as práticas restaurativas, a responsabilização é necessariamente ativa, ou seja, demanda compreensão dos efeitos das ações, de quais pessoas e de como foram afetadas. Quanto à microcomunidade, é importante discernir quem efetivamente se importa com os diretamente envolvidos ou com a situação problemática e como envolver esses agentes no processo. Ou seja, não se trata da sociedade considerada genericamente, mas de pequenas comunidades mais próximas, geralmente com vínculo territorial ou de relacionamento, que acabam sendo também afetadas pelos impactos e tratamento da questão[547].

Outrossim, demanda a escuta ativa das necessidades, sentimentos e percepções de cada um quanto a situação. Para que haja efetiva responsabilização, é imprescindível que se tenha uma visão completa e complexa da questão, compreendendo como atinge cada um dos interessados. Só assim é possível pensar em um plano de ações que visem atender às necessidades humanas em questão e reparar, na medida do possível, os danos eventualmente existentes[548].

Para que haja responsabilização, é necessário que alguns elementos sejam observados: a) reconhecimento de que sua ação, ainda que não intencional, causou dano; b) compreensão de si enquanto agente que poderia ter agido de modo diverso; c) dimensão dos impactos diretos e indiretos do ato; d) conjunto de ações com vistas a, na medida do possível, reparar o dano; e) identificação de padrões pessoais de comportamento que possibilitaram a ação danosa; f) transformação desses padrões de comportamento. Embora os dois últimos aspectos não estejam necessariamente presentes no encontro restaurativo, constituem derivações frequentes desse processo.

Mas nem toda prática restaurativa envolve conflito atual, podendo voltar-se à prevenção de problemas futuros ou mesmo à conexão dos participantes, trabalhando questões como pertencimento; entendimento sobre as diferentes perspectivas quanto a um tema desafiador; fortalecimento de vínculos; reinserção de alguém que estava afastado daquela comunidade; formação de grupo de apoio ou de compartilhamento de experiências; fixação de conteúdos e aprendizagem; estabelecimento de normas de conduta ou compartilhamento de responsabilidades quanto a sua observância; celebração ou luto e acolhimento.

---

[547] ZEHR, Howard. **Justiça restaurativa**. São Paulo: Palas Athena, 2012, p. 39.
[548] Cf. MACKAY, Robert E. The nexus between rights and restorative justice: using a case example of an organization 'C' – the right – or moral and spiritual claim – to recognition. In.: GRAVIELIDES, Theo; ARTINOPOULOU, Vasso. **Reconstructing restorative justice philosophy**. Surrey: Ashgate Publishing Limited, 2013.

As práticas restaurativas podem ter finalidades tão diversas quanto as necessidades dos envolvidos. Esse é um grande diferencial da justiça restaurativa: é ela quem deve se adaptar à comunidade humana, não o contrário. Por isso a maleabilidade do procedimento. Todavia, há elementos e princípios que devem ser observados para garantir a condução da prática, que pode ser total ou parcialmente restaurativa à medida em que integraliza esses componentes.

Uma prática totalmente restaurativa é aquela que responde com o máximo de eficiência às seguintes questões: a) o método contempla integralmente os danos, as necessidades e as causas da situação problemática?; b) contempla adequadamente as pessoas que sofreram ou que estão sofrendo danos ou ameaças a direitos?; c) as pessoas são estimuladas a assumir responsabilidades ativamente?; d) os interessados estão sendo considerados e têm se envolvido na prática?; e) as microcomunidades de apoio e referência têm sido mobilizadas?; f) há oportunidades para diálogo substancial, com fala e escuta ativa, e decisões participadas?; g) os envolvidos estão sendo respeitados e considerados em sua individualidade?

Por essa razão, a justiça restaurativa é "uma bússola, não um mapa[549]", e deve ser construída de baixo pra cima, isto é, pelas comunidades, por meio de processos dialógicos apropriados para atender suas necessidades e que considerem os recursos disponíveis. Ela parte de algumas perguntas paradigmáticas pretendendo identificar quem sofreu os danos, quais suas necessidades e quais são os responsáveis por suprir essas demandas. Entende que toda violação corresponde a obrigações que devem ser adequadas às necessidades dos seres humanos envolvidos. Para tanto, propõe-se a escutar ativamente quem praticou o ato, quem sofreu os danos diretos e indiretos e os membros das microcomunidades de apoio e referência apontados por estes indivíduos.

Seu foco, portanto, é atender às necessidades, de modo a melhorar a situação das pessoas e dos relacionamentos em questão. Ao visar a reparação dos danos, refere-se não só aos concretos, mas também àqueles da esfera simbólica. Esse movimento considera os danos de uma maneira global, buscando amparar também aqueles sofridos pela comunidade e pelo próprio autor do ato.

Isso por que, embora mantenha o foco na responsabilização, presume que normalmente uma pessoa só causa dano a outra quando tem uma compreensão incorreta ou incompleta da realidade ou está em situação de vulnerabilidade ou sofrimento. Com

---

[549] ZEHR, Howard. **Justiça restaurativa.** São Paulo: Palas Athena, 2012.

essa compreensão humanizada de justiça, centrada nos sujeitos envolvidos, a reparação dos danos volta-se a todos os envolvidos na situação conflitiva e é capaz de promover transformação social[550].

É também uma aposta na condição humana, rompendo com perspectivas que costumam ter como pressuposto a desconfiança da humanidade do outro. Com escuta ativa e consideração dos interessados, as práticas restaurativas buscam agir concomitantemente a *Estratégias para Conscientização de Trauma e Construção de Resiliência* (STAR, do inglês *Strategies for Trauma Awareness & Resilience*), uma vez que o trauma é propulsor de conflitos e violências.

Por essa razão, procura identificar relações de trauma e *stress*, isto é, de resposta tensional, seja ela individual ou coletiva, oferecida diante de eventos, fatos cumulativos ou continuados, como reflexo de exaustão ou perturbação extenuante. Essa reação pode acontecer nos planos pessoal, histórico, transgeracional, cultural ou estrutural. Sua presença viola a dignidade do sujeito ou do grupo por promover desconexão e esgotamento[551].

O papel do encontro e do fortalecimento das conexões é fundamental na construção de resiliência, da habilidade de reestabelecer a harmonia individual ou coletiva, de modo a promover adaptação, transformação ou ação criativa diante dos desafios. O compartilhamento de histórias, o apoio e a presença da microcomunidade de afeto e referência propõem-se a intensificar o pertencimento e o senso de significado, promovendo alívio e fortalecendo vínculos.

Nesse processo, objetiva oferecer oportunidades de inserção de grandes discussões públicas na trivialidade cotidiana, de modo a conectar a vida profunda e a vida mundana dos participantes. Sem demandar debates abstratos voltados às esferas política ou acadêmica, visa enraizar transformações relevantes no trato regular do outro diferente. Ao despertar consciência de empatia, isonomia, não-violência e consideração, procura inserir o sublime no usual, fazer do extraordinário algo da ordinariedade.

---

[550] ZELLERER, Evelyn. Realizing the potential of restorative justice. In.: GRAVIELIDES, Theo; ARTINOPOULOU, Vasso. **Reconstructing restorative justice philosophy.** Surrey: Ashgate Publishing Limited, 2013.
[551] Noção de trauma construída no curso de *Strategies for Trauma Awareness & Resilience – level 1* realizado em 2018 pelo *Center for Justice and Peacebuilding* da *Eastern Mennonite University*, em Harrisonburg, Virgínia, EUA, com os professores Donna Minter e Ram Bhagat. Cf. YODER, Carolyn E.; BARGE, Elaine Zook. **Strategies for Trauma Awareness and Resilience**: The Unfolding Story. Harrisonburg: Center for Justice and Peacebuilding, 2012.; CENTER FOR JUSTICE AND PEACEBUILDING. **Strategies for Trauma Awareness and Resilience:** Level I Participant Manual. Harrisonburg: Eastern Mennonite University, 2017.

Por contemplar temas íntimos e narratividades de vulnerabilidade, a justiça restaurativa pauta-se em sigilo. Sem ele, a construção do espaço seguro para o compartilhamento e, por isso, a própria metodologia restariam prejudicados. O sigilo é determinante para sua existência, devendo ser enfatizado e discutido amplamente no estabelecimento das regras de conduta que guiarão as sessões coletivas.

A confidencialidade diz respeito não só a assuntos que possam parecer comprometedores, abarcando também aqueles que levam à admiração pessoal. O suposto é de que, cabe à pessoa que contou a história decidir a quem, como, quando e onde sua narrativa pode ser difundida. Se a pessoa dona da história não anuiu expressamente com a disseminação da narrativa num dado espaço externo, contá-la geraria quebra de confiança, ainda que fosse feito de modo bem-intencionado.

As práticas restaurativas viabilizam e demandam engajamento das partes afetadas ou possivelmente afetadas pela questão, encorajando-as para que desempenhem papeis significativos no processo decisório ou na compreensão do caso. Estimulam também o compartilhamento de narrativas, por meio de contação de histórias que aproximem os sujeitos e apresentem enredos distintos daqueles exclusivamente vinculados à situação problemática.

Seus pilares, portanto, são os danos e as consequentes necessidades de todos os participantes, as obrigações assumidas por cada um e o engajamento dos legitimados, o que inclui microcomunidades relacionais. A participação é substancial, partindo da colaboração da narrativa de cada um dos interessados para a construção do saber coletivo[552].

Por visar a transformação da situação, a justiça restaurativa volta-se às consequências e também às causas do problema, tentando desfazer injustiças ou desigualdades em que possam estar assentados aqueles vínculos e buscando reparar outras situações de vulnerabilidade que envolvam esses agentes.

Entende que punição e vitimização se complementam e, por isso, busca afastar-se de ambos. Compreende que qualquer tentativa de controlar o comportamento alheio, seja desestimulando, seja recompensando é desumanizadora. A justiça restaurativa procura, ao contrário, ampliar a consciência de cada um dos participantes para que compreendam as diversas causas, fatores, consequências e perspectivas envolvidas

---

[552] PRANIS, Kay. **Processos circulares.** São Paulo: Pala Athenas, 2010.; PRANIS, Kay; STUART, Barry; WEDGE, Mark. Circles: a paradigm shift in how we respond to crime. In.: _____. **Peacemaking circles:** from conflict to community. St. Paul: Living Justice Press, 2003.

naquela situação. Pretende oferecer, ainda, espaço seguro e panorama ampliado para acolher com cuidado e tratar traumas individuais ou coletivos.

> Embora possamos ser mais exigentes em termos de constituição da justiça (o direito), temos que permanecer razoáveis em nossas expectativas sobre os agentes que procuram defender a justiça (o valor). Nós seríamos estúpidos se esperássemos que qualquer juiz ou advogado traduzisse o conceito normativo de justiça (justeza). A designação do seu trabalho termina onde a justiça (o Direito) é aplicado. A questão é, que tipo de justiça nós queremos perseguir? Posto de outra maneira, qual deles irá satisfazer nosso senso de justiça considerando a experiência de dano e conflito[553]? [tradução livre[554]]

Não se sobrepõe ao sistema tradicional de justiça, oferecendo uma via integrada aos modelos existentes. Assim como a água, que pode ser definida sob a fórmula química H_2O, mas cujo formato constitui-se nas infinitas possibilidades dos espaços disponíveis, a justiça restaurativa não apresenta noção definitiva, estando em contínuo movimento como tudo que vive – *panta rei*. Tem existência objetiva e natureza fluida[555], podendo existir de maneira mais ou menos estruturada, dentro ou fora da atuação dos órgãos oficiais de justiça[556].

A despeito da defesa de preferências quanto aos canais de efetivação ou de compreensões de justeza, é da natureza da justiça restaurativa sua propagação plural, diversificada e fluida, o que garante a possibilidade de envolvimento direto do sistema de justiça[557] (Resolução 225/2016, CNJ). Contudo, é importante ter cuidado para não recair na *macdonaldização*[558] da justiça restaurativa.

Centrada em valores, parte da interconexão dos sujeitos em comunidade e de cada ser vivo enquanto parte de tudo o que existe. Se algum elo dessa rede de relacionamentos é afetado, em alguma medida, toda a rede sofre consequências. Por isso, compreende que a felicidade de cada um deve ser o objetivo de todos, sendo

---

[553] GAVRIELIDES, Theo; ARTINOPOULOU, Vasso. Reconstructing restorative justice philosophy. In.: _____; _____. (Ed.). **Reconstructing restorative justice philosophy.** Surrey: Ashgate Publishing Company, 2013.

[554] No original: "although we can be more demanding in terms of the representation of justice (the law), we have to remain reasonable in our expectations of the agents attempting to represent justice (the value). We would be obtuse to expect any judge or lawyer to represent the normative concept of justice (fairness). Their job description stops where justice (the law) is done. The question is, what sort of justice do we want to pursue? Put another way, what will satisfy your sense of justice post the experience of harm and conflict?".

[555] GAVRIELIDES, Theo; ARTINOPOULOU, Vasso. Reconstructing restorative justice philosophy. In.: _____; _____. (Ed.). **Reconstructing restorative justice philosophy.** Surrey: Ashgate Publishing Company, 2013.

[556] GAVRIELIDES, Theo. Some Metatheoretical Questions for Restorative Justice, **Ratio Juris**, 18(1), 2005, p. 84-106.

[557] Cf. GAVRIELIDES, Theo; ARTINOPOULOU, Vasso. (Ed.). **Reconstructing restorative justice philosophy.** Surrey: Ashgate Publishing Company, 2013.

[558] GAVRIELIDES, Theo. **The McDonaldisation of a community born and community led ethos.** Disponível em: < https://www.iars.org.uk/content/mcdonaldisation-rj>. Acesso em 14 jan. 2017.

fundamental que se valorize e respeite as particularidades e diversidades presentes. Estarmos todos conectados não implica em sermos todos iguais.

"A justiça deve reconhecer tanto nossa condição de interconexão quanto a nossa individualidade. O valor da particularidade nos adverte que o contexto, a cultura e a personalidade são fatores importantes que devem ser respeitados[559]".

Embora possa materializar-se de diferentes modos, a depender das necessidades, aspectos e recursos dos envolvidos e da situação, as práticas totalmente restaurativas costumam constituir-se segundo a metodologia dos processos circulares[560] ou a das reuniões ou conferências restaurativas[561].

É possível que se adote a mediação, principalmente no formato vítima-ofensor (MVO), como prática parcialmente restaurativa. Por não se estender à comunidade, esta não deve ser a opção prioritária. No Nacional, o termo mediação foi empregado genericamente para referir-se às práticas restaurativas executadas no território. Isso é comum em públicos não especializados, em virtude da maior difusão e conhecimento das práticas e da terminologia *mediação*. Não é de todo impreciso caso se tenha em mente a mediação enquanto gênero dos métodos autocompositivos para tratamento adequado dos conflitos, mas pode levar a confusão com a mediação como espécie desse mesmo gênero (art. 42, Lei 13.140/2016).

Embora não seja o único método possível para materializar a justiça comunitária ou mesmo a justiça restaurativa, pelo seu potencial integralmente restaurativo e por ser uma metodologia útil na construção de vínculos de pertencimento e significado, é relevante falar um pouco mais sobre os processos circulares ou círculos de construção de paz.

4.3.1 Processos circulares e narrativas de práticas restaurativas no Nacional

---

[559] ZEHR, Howard. **Justiça restaurativa**. São Paulo: Palas Athena, 2012, p. 47.
[560] Cf. PRANIS, Kay. **Guia do facilitador**: círculos de justiça restaurativa e de construção de paz. Porto Alegre: Escola Superior da Magistratura da AJURIS, 2010.; PRANIS, Kay. **Processos circulares**. São Paulo: Pala Athenas, 2010.; PRANIS, Kay; STUART, Barry; WEDGE, Mark. **Peacemaking circles**: from conflict to community. St. Paul: Living Justice Press, 2003.; BOYES-WATSON, Carolyn; PRANIS, Kay. **No coração da esperança**: guia de práticas circulares. Porto Alegre: Escola Superior da Magistratura da AJURIS, 2011.
[561] Cf. WACHTEL, Ted. **Reuniões de Justiça Restaurativa**: Vol. 1: Real Justice. Bethlehem: International Institute for Restorative Practices, 2010.; O'CONNELL, Terry; WACHTEL, Ben; WACHTEL, Ted. **Reuniones de Justicia Restaurativa**: Volumen 2: Manual de Reuniones Restaurativas. Bethlehem: The Piper's Press, 2010.; WACHTEL, Ted. **Defining restorative**. Bethlehem: International Institute for restorative practices: 2013.

> "Não ser é outro ser"
> Fernando Pessoa

> "Talvez não ser é ser sem que tu sejas
> [...]
> E desde então sou porque tu és,
> E desde então és, sou e somos
> E, por amor, serei, serás, seremos[562]"
> Pablo Neruda[563], Cien sonetos de amor

> "Viver é ser outro"
> Fernando Pessoa[564], Livro do desassossego

Assim como a teoria da justiça restaurativa, os processos circulares também consistem em tradução acadêmica de um condensado de práticas ancestrais. Nesse caso, a principal referência no tema é a Kay Pranis[565], que teve acesso aos círculos com populações originárias da América do Norte.

Os círculos de paz são pautados na construção de saber coletivo para tratar de questões desafiadoras, sejam elas conflitos, ou não. Com a partilha de histórias, espera-se trabalhar a união das pessoas pela humanidade em comum. Esse compartilhamento acontece por intermédio do bastão de fala, um objeto escolhido especialmente para o caso e que preferencialmente represente aquele grupo ou situação.

Sempre que uma questão é posta no encontro coletivo, o bastão passa por todos os presentes, dispostos em círculo. Quem porta o objeto tem a oportunidade de falar como se sente e quais suas considerações ou narrativas sobre a questão proposta. Enquanto segura o bastão, tem seu espaço de fala e escuta garantidos. Uma das regras condutoras da prática é a de que todos podem falar desde que portem o bastão; quando não for o caso, devem esperar em silêncio a sua vez. Ao recebê-lo, a pessoa pode optar também por não falar, passando para o participante seguinte ou segurando-o em silêncio pelo tempo que achar necessário. Às vezes, ter seu tempo de silêncio ouvido e considerado pode ser, por si só, transformador e tão ou mais eloquente do que qualquer palavra falada.

---

[562] No original: "Tal vez no ser es ser si que tú seas,
[...]
Y desde entonces soy porque tú eres,
Y desde entonces eres, soy y somos
Y por amor seré, serás, seremos".
[563] NERUDA, Pablo. **Cien sonetos de amor**. Barcelona: Editorial Seix Barral, 1977.
[564] PESSOA, Fernando. **Livro do desassossego**. São Paulo: Companhia das Letras, 2011.
[565] Cf. PRANIS, Kay. **Processos circulares**. São Paulo: Pala Athenas, 2010.; PRANIS, Kay; STUART, Barry; WEDGE, Mark. **Peacemaking circles**: from conflict to community. St. Paul: Living Justice Press, 2003.

Como circula por todos os presentes, o bastão garante isonomia nas condições de participação, sendo uma prática democrática simples e de impacto. Ao passar por cada um, demonstra que a perspectiva de todos é relevante naquela questão. No círculo, garante uma compreensão ampliada sobre as causas, fatores, repercussões e pontos de vista envolvendo o tema.

É uma prática transformadora da própria maneira de se comunicar. Ao invés de pensar em ação e reação, procura incentivar a escuta atenta e o autocontrole de ansiedade. Ora, sei que terei a oportunidade de fala sobre o tema, mas que isso pode demorar, a depender da ordem em que estou sentada no círculo e do tempo que cada um leve na sua manifestação. Esse tempo de escuta muitas vezes é crucial para que os participantes mudem de opinião, vejam a questão de uma maneira mais profunda, reforcem a perspectiva que defendiam ou mesmo para que optem por não se manifestar, quando alguém já conseguiu expor aquilo que gostariam de dizer.

O tempo de o objeto chegar até mim é também uma oportunidade de respirar fundo, acalmar e organizar meus pensamentos. É ainda importante para uma escuta honesta e respeitosa, já que muitas vezes a imediaticidade do diálogo faz com que, enquanto um interlocutor está falando, o outro esteja pouco atento, já pensando nos argumentos que irá apresentar para defender seu ponto de vista.

O estabelecimento de um espaço isonômico é um fator sensível nos processos circulares. Por essa razão, os aportes e narrativas de todos os participantes são considerados, buscando construir uma compreensão do problema e das possibilidades de solução que seja inédita, que reflita todo o grupo. Esse compartilhamento de liderança e responsabilidade é simbolizado pelos elementos estruturais intensionais dispostos no ritual.

O espaço de segurança do círculo é demarcado no seu início e fim, contando com cerimônias de abertura e encerramento, que podem ser práticas de respiração, música, poesia, atividades com o corpo ou qualquer compartilhamento que estimule a caracterização daquele espaço-tempo de conexão. Isso é importante, por exemplo, pra que as pessoas compreendam quando é seguro expor algo pessoal, sabendo que a confidencialidade estará garantida. É também útil para que os participantes se afastem de distrações exteriores e passem a entrar em contato com o ritmo e o rito daquela cerimônia.

O procedimento é conduzido por uma ou mais pessoas, que recebem o nome de facilitadores. Idealmente, os círculos são guiados por uma dupla de facilitadores, em virtude da complexidade e do cuidado que a prática demanda. Sua função é de garantir um espaço respeitoso e seguro, envolver os participantes quanto à responsabilidade partilhada e, conforme o caso, projetar a dinâmica da sessão coletiva, mapear o conflito e oferecer espaço de escuta individual.

Todo o processo é marcado pela proposição de questões, que devem ser abertas para evitar respostas simplistas que se satisfaçam com "sim" ou "não". De todo modo, sempre que a resposta oferecida disser menos do que foi questionado, é possível perguntar sobre as perguntas. Com adolescentes, por exemplo, é bastante comum receber respostas como "maneiro", "doido" ou "normal". Nesses casos, o facilitador pode perguntar "normal como...?" ou pedir exemplos ou analogias com outras coisas que sejam "tão doidas quanto aquela". Aos poucos, é possível ir precisando e trazendo consciência sobre a densidade da questão e da resposta.

Esse artifício também pode ser muito útil diante de pessoas, independente da idade, que não estejam acostumadas a falar de si de maneira concreta, costumando aludir a abstrações como "a sociedade", "o mundo", "a cultura", "os políticos", "a empresa" e, por isso, se desresponsabilizando diante da situação[566]. É também eficaz frente a respostas evasivas ou pouco reflexivas. Num círculo restaurativo, deve-se falar sempre por si, em primeira pessoa do singular, sem supor o que os demais pensam, sentem, intencionam ou do que necessitam.

Em seguida à abertura, o facilitador apresenta o bastão de fala, enquanto relembra a todos a razão daquele encontro. São oferecidas orientações sobre o ritual e os comportamentos esperados, que partem tanto do facilitador, quanto são construídas pelos participantes. Normalmente é oferecida a oportunidade para que todos expressem os valores e comportamentos que se comprometem a realizar naquela oportunidade e que gostariam que fossem observados pelos demais para que se sintam seguros e confortáveis.

Os compartilhamentos das sessões coletivas costumam iniciar com contação de histórias que possam aproximar os participantes, a exemplo de momentos em que tiveram algum medo ou sentiram-se vulneráveis, em que foram felizes juntos, em que criaram algo de que se orgulham ou ainda que superaram um desafio que antes não imaginavam serem capazes de transpor. Essa partilha pretende criar conexões de

---

[566] ROSENBERG, Marshall. **Nonviolent Comunication:** A Language of Life. 3. ed. Encinitas: Puddle Dancer Press, 2015.

empatia e alteridade entre os presentes, ultrapassando eventual compreensão limitada que tenham um do outro e superando o perigo da história única[567].

Em processos circulares que ocorram com alguma frequência com o mesmo grupo de participantes, não necessariamente essa primeira fase de compartilhamentos ocorrerá. Ela é especialmente importante nos casos de conflitos ou em que haja polarização, distanciamento ou oposição muito forte entre os interessados.

Nos círculos que tratem de conflitos ou de situações desafiadoras, um segundo momento de compartilhamentos volta-se especificamente ao problema ao qual se prentede oferecer resposta ou ampliar a compreensão. Nesse caso, as perguntas norteadoras são voltadas a entender os sentimentos, necessidades, perspectivas e compreensões de mundo dos interessados. O que se pretende, aqui, é entender como cada um se relaciona com aquela história compartilhada e, compreendendo isso, como pode contribuir para transforma-la em algo melhor.

Embora nesses dois momentos de partilha de histórias e perspectivas seja muito marcante a utilidade da *Comunicação Não-Violenta*[568], essa ferramenta pode ser útil durante todo o processo circular. Em verdade, embora não seja um pressuposto declarado das práticas restaurativas, a *Comunicação Não-Violenta* é uma técnica que se alinha à raiz da proposta restaurativa. Por essa razão, é importante que um momento preparatório dos encontros coletivos considere a difusão e o exercício desse recurso para a observação sem julgamento; a identificação de sentimentos e de necessidades humanas básicas; a formulação de pedido compreensível e positivo; e, não menos importante, para a escuta compassiva que parte desse mesmo passo-a-passo[569].

Quando é o caso de conflitos ou de práticas que se propõe a oferecer um sentenciamento, pode haver um momento seguinte destinado ao processo decisório consensual. Ao falar em consensual não se quer defender que todos amem o resultado daquele círculo, mas que seja uma decisão com a qual todos aceitam conviver e propõe-se a implementar.

Os processos circulares podem ser de diferentes tipos, tantos quantos as necessidades da vida prática. Alguns exemplos marcantes são os rituais voltados a reforçar o diálogo; a garantir uma compreensão mais profunda sobre um tema sensível;

---

[567] ADICHIE, Chimamanda Ngozi. **O perigo da história única.** Disponível em: <https://www.youtube.com/watch?v=EC-bh1YARsc>. Acesso em: 12 jul. 2016.
[568] ROSENBERG, Marshall. **Nonviolent Comunication:** A Language of Life. 3. ed. Encinitas: Puddle Dancer Press, 2015.
[569] ROSENBERG, Marshall. **Nonviolent Comunication:** A Language of Life. 3. ed. Encinitas: Puddle Dancer Press, 2015.

a receber e acolher alguém que esteve afastado da comunidade; a trabalhar conflitos; a celebrar ou processar um luto; a construir ou intensificar vínculos de pertencimento e significado numa dada comunidade; a integrar a família; a reforçar ou construir aprendizagem; a oferecer apoio diante de uma situação difícil, seja ela compartilhada, ou não; a compreender como uma dada comunidade se sente ou pensa sobre um assunto antes da propositura de um projeto de lei ou estabelecimento de norma; a definir trajetos para uma política pública[570].

Os processos circulares tratam do desejo humano de conectar-se de um modo positivo. Mas os encontros coletivos não são apropriados para todos os casos. A adequação não diz respeito à complexidade da questão, mas ao interesse e segurança dos envolvidos. Para que se opte pela sessão coletiva, é preciso responder positivamente a questões sobre a disponibilidade das partes e de facilitadores aptos; a compatibilidade de tempo da situação e do ritual; a garantia de segurança física e emocional dos participantes.

Superados esses pontos, é importante que se defina quem são os atores que devem participar, o que, em círculos de conflito, é feito junto ao mapeamento, já que demanda identificar quem sofreu os impactos da situação; quem é central por ter os recursos, habilidades e conhecimentos necessários; quem pode contribuir oferecendo apoio, exemplo ou referência positiva[571].

Embora não seja necessário em todos os tipos de processos circulares, muitos deles contarão, ao menos, com três fases. A primeira delas é composta por encontros individuais com os interessados e é chamada de pré-círculo. Pode haver tantas sessões individuais quantas se façam necessárias. Elas tampouco terão duração determinada. Para se ter uma noção, na minha prática pessoal e na do Projeto Ciranda da UFMG, cada encontro individual costuma se estender de uma hora a uma hora e quarenta minutos. O círculo de conflito necessariamente terá ao menos um pré-círculo com cada um dos participantes do encontro coletivo, mas normalmente o facilitador encontra-se ao menos duas vezes em separado com cada indivíduo.

---

[570] Cf. PRANIS, Kay. **Guia do facilitador:** círculos de justiça restaurativa e de construção de paz. Porto Alegre: Escola Superior da Magistratura da AJURIS, 2010.; PRANIS, Kay; STUART, Barry; WEDGE, Mark. **Peacemaking circles:** from conflict to community. St. Paul: Living Justice Press, 2003.; BOYES-WATSON, Carolyn; PRANIS, Kay. **No coração da esperança:** guia de práticas circulares. Porto Alegre: Escola Superior da Magistratura da AJURIS, 2011.
[571] PRANIS, Kay. **Processos circulares.** São Paulo: Pala Athenas, 2010.; PRANIS, Kay; STUART, Barry.

Os pré-círculos voltam-se a identificar os elementos básicos do conflito; maper o caso; identificar a microcomunidade de referência e apoio; ampliar a compreensão do próprio participante sobre seus sentimentos e necessidades na situação; estabelecer pedidos positivos e compreensíveis que reflitam as necessidades do interessado; construir uma compreensão mais completa da própria narrativa e dos impactos concretos que suas ações e omissões têm trazido para a relação; pensar possibilidades criativas para responder à situação desafiadora; oferecer um espaço de escuta empática e cuidadosa às narrativas apresentadas; e exercitar práticas básicas de *Comunicação Não-Violenta*[572].

O momento seguinte é o círculo restaurativo, encontro coletivo que contém os elementos apresentados anteriormente. Não necessariamente o processo circular terá a sessão coletiva. Em muitos casos, um bom trabalho nos pré-círculos é suficiente para que os interessados dispensem a facilitação e resolvam por si mesmos a questão ou percebam a situação de um modo distinto que mostre que o conflito era apenas aparente. Além disso, pode acontecer de algum dos participantes desistir do procedimento em seu curso, já que a voluntariedade não deve ser avaliada apenas no decidir participar, mas também quanto ao permanecer.

No círculo restaurativo, há a possibilidade de os participantes construírem um plano de ação pautado na sabedoria coletiva constituída no encontro. Esse espaço deve respeitar cada indivíduo e também o coletivo e deve contemplar tudo aquilo que os envolvidos jugarem essencial no caso.

Um bom processo circular nunca deve acontecer sem a terceira fase, voltada ao acompanhamento. Mesmo quando não houver a sessão coletiva, a humanização e o cuidado típicos do procedimento demandam acompanhamento dos resultados e dos impactos nos indivíduos e nas relações. Esse momento é chamado de pós-círculo, ainda que aconteça numa situação em que o círculo jamais chegou a existir. Normalmente ele ocorre em grupo, possivelmente com os mesmos componentes do círculo restaurativo, quando for o caso. Todavia, aqui a voluntariedade também demanda interesse auferido no presente.

Os pós-círculos devem, preferencialmente, ser presenciais, mas algumas situações podem justificar que aconteçam usando alguma tecnologia digital, como ligação telefônica ou videoconferência.

---

[572] ROSENBERG, Marshall. **Nonviolent Comunication:** A Language of Life. 3. ed. Encinitas: Puddle Dancer Press, 2015.

Em certos casos, após a tentativa de implementação do plano de ação, percebe-se que algum de seus pontos não era possível de executar ou mesmo que fato novo o tornou inexequível ou inadequado. É também possível que durante a execução das ações estabelecidas, uma nova faceta ou perspectiva da situação se torne compreensível. Nesses casos, pode-se retomar para a fase dois e realizar um novo círculo, ou mesmo para o primeiro momento, voltando a fazer sessões individuais. O processo circular deve adequar-se às demandas e dinâmicas da vida, por isso, também flui e nunca é o mesmo. Essa é uma maneira coerente de alinhar-se à compreensão de acesso à justiça enquanto satisfação dos usuários.

Embora os entrevistados tenham falado em "mediação", como dito anteriormente, em várias de suas narrativas foram relatadas experiências de processos circulares. A própria condução dos trabalhos e de definição dos pontos básicos da atuação do *Segurança com Cidadania* parece ter partido da principiologia dos processos circulares.

Em mais de uma ocasião foi mencionada a participação de membros da comunidade e da Prefeitura de Contagem em formações em justiça restaurativa. Algumas delas em São Paulo – na Pala Athenas – e em Brasília; outras fora do país, em Bogotá, na Colômbia, quando visitaram a *Casa de Justicia*.

Especificamente quanto a *Casa de Justicia*, Claudia Ocelli, Ponto Focal do Município de Contagem para o *Segurança com Cidadania*, relatou que esteve junto a representante comunitário do Comitê Gestor e do Poder Público em Bogotá. Segundo conta, "conhecer a experiencia de justiça restaurativa num espaço maior do que o Nacional abriu os olhos pra que era possível. Na *Casa de Justicia*, funcionava Ministério Público, Defensoria, assistência, Judiciário de pequenas causas". Ela narra que foi dada evidência na atuação do núcleo colombiano com crimes de menor potencial ofensivo e conflitos envolvendo vizinhança.

Segundo Cláudia Ocelli,

> Quando os representantes retornaram de Bogotá, apresentaram a experiência para a comunidade, que comprou a ideia. Foi feito Planejamento Estratégico Situacional durante seis meses. Construíram projetos, sendo um deles – o prioritário – para implementar mediação na comunidade. Após a escolha do território, o Comitê Gestor composto, de forma paritária, pela comunidade, governo e juventude fez o plano. [...] A comunidade já tinha experiência com mediação por meio do Mulheres da Paz, ligado ao governo federal, a partir do qual mulheres, polícia e jovens realizaram mediação no território. Mas a comunidade não comprava a ideia, via o Mulheres da Paz como x9. [...] A UNESCO apresentou proposta de formação em cultura de paz pela Palas

> Athena, o que incluiu noções de justiça restaurativa. Foi uma formação de 40 horas para representantes da educação, segurança, guarda municipal, lideranças, jovens, assistência. O envolvimento dos formandos movimentou a comunidade toda.

Cláudia acredita que o grande diferencial para aposta na ideia foi o fato de terem "visto com os próprios olhos o desenho territorial da política e planejado conjuntamente o detalhamento e a profundidade da política no território". Conta que, nesse período, conheceram a Defensora Pública Francis Coutinho, que tinha um projeto institucional de mediação escolar – o MESC –, e concordou em fazer o desenho no Nacional, a começar pela Escola Maria Salles. Os membros do Comitê Gestor do *Segurança com Cidadania* também fizeram a formação oferecida pela Defensora.

Conforme aponta, foi nesse movimento que optaram por concorrer ao edital do Ministério da Justiça para criação de Núcleo de Justiça Comunitária no território. O interesse principal era nos conflitos com vizinhos e familiares. Isso porque os encontros e as formações do Programa Conjunto estavam trazendo a consciência coletiva sobre as causas reais de violência no Nacional.

Embora houvesse a suposição inicial que os homicídios de crianças e adolescentes eram produto do acerto de contas ou de rivalidade do tráfico de drogas, de atuação truculenta da Polícia Militar e de milícias, percebeu-se que parte considerável deles era fruto do acirramento de conflitos simples. Algumas causas apontadas foram o consumo de álcool, violência doméstica, agressões físicas ou verbais, abuso sexual e violências contra crianças e adolescentes, que muitas vezes eram vistos como "pequenos adultos" ou não eram considerados enquanto sujeitos de direitos.

Quanto à escalada de violência no território, notou-se ainda que embora o tráfico de drogas estivesse estruturalmente presente no Nacional, a espiral do conflito costumava advir do consumo de álcool, e não das drogas. Segundo Cláudia Ocelli, o álcool era a substância tóxica mais representativa no acirramento da violência que culminava com roubos e assassinatos. Nessa trajetória, também foi percebido que o baixo nível de escolaridade e o desemprego eram grandes catalisadores da violência no território.

Criado o capital social e o interesse necessário para mobilizar o envolvimento com práticas restaurativas, passou-se a buscar oportunidades para efetivá-los, uma vez que o Programa da ONU não oferecia verba para esse tipo de execução. Foi quando descobriram o edital federal e, na convergência de interesses, apresentaram o projeto para criação do Núcleo de Justiça Comunitária do Nacional. A proposta era de que esse fosse um espaço adequado para realização de práticas restaurativas, principalmente por meio de processos circulares e de mediação, seja a mais tradicional que só contempla os diretamente envolvidos, seja uma versão ampliada envolvendo a comunidade.

Diversas outras formações foram oferecidas na comunidade durante o período. Uma delas voltou a aproximar Regina Rikiêr como público alvo do Programa. Dessa vez não pelo homicídio de seu irmão adolescente, mas pela desconexão da menina desde então: ela havia se desinteressado pelos estudos e a vinha tendo problemas com notas na escola. Regina contou que, desde então, não conseguia ter foco, permanecendo em certo alheamento, ainda que fosse bem acolhida pela instituição e pelos professores.

Isso mudou quando conheceu a Defensora Pública Francis Coutinho e o MESC, programa de mediação escolar. Francis via um potencial tão grande na garota que ela logo tratou de corresponder ao que enxergava a Defensora: Regina descobriu-se grandiosa. Com conexão e aprendizado sobre autocomposição de conflitos, ela percebeu-se protagonista na própria existência. O programa, que tinha vindo como forma de "ocupar a cabeça", logo ocupou sua vida, a ponto da agora mulher, Regina Rikiêr, jamais ter parado de atuar com mediação escolar, mesmo após a conclusão do Ensino Médio. Ela também não saiu de perto da Defensora: as duas continuam desenvolvendo projetos juntas em escolas do Nacional.

Quando entrou no MESC, a adolescente procurava fazer algo pelos jovens da comunidade, queria evitar que lhes restasse o mesmo destino, a mesmíssima morte e vida severina do seu irmão. Se não conseguiu salvar o irmão quando era criança, quem sabe, agora, pudesse ajudar a salvar adolescentes como ele, adolescentes como ela. Foi assim que, certo dia, abordou a Defensora depois da aula e pediu para participar.

Ela sabia que não tinha mais vagas, também sabia que a escola havia indicado os participantes com base no que julgava serem lideranças positivas e negativas dentre os discentes. Embora não conseguisse manter o foco, ela não fazia parte do grupo prioritário de atenção da escola. O problema dela não incomodava o suficiente a ponto de ser uma "aluna problema". Ficava quietinha, então deixavam ela quieta. E foi assim que a adolescente não foi chamada para participar da formação. Mas isso não a impediu de um gesto de coragem: falou diretamente com a Defensora e se propôs a ajudar. Queria entender o que era mediação e onde poderia chegar com ela.

Para quem sequer havia sido chamada para a turma, impressiona que Regina tenha feito o curso duas vezes e passasse a ser monitora de Francis, tamanho foi seu engajamento. Não parou por aí: fez formação da Escola Nacional de Conciliação e Mediação (ENAM) e participou de diversas palestras na Defensoria Pública do Estado de Minas Gerais.

Perguntei o que despertou seu interesse na mediação, ao que ouvi um "é que é um projeto em que o amor entra em primeiro lugar. O que os jovens e adolescentes precisam é de colo, carinho. Quero poder fazer isso por eles. [...] Uso o MESC de ponte para oferecer o que nunca tive".

Por vezes, o que o MESC oferecia era mesmo muito simples, como a bola que o garoto aguardava para jogar no campinho quando as agências da ONU visitaram pela primeira vez o território. Assim como naquela ocasião, com muito pouco a realidade parecia mudar completamente.

Conforme conta Jacqueline Cabral, assistente social do município de Contagem que coordenou o Núcleo de Justiça Comunitária do Nacional, em certa ocasião, a Defensora Pública Francis Coutinho pediu que os estudantes identificassem o que gerava mais conflitos violentos na escola. A resposta surpreendeu: era referente as crianças menores, que costumavam gritar e cair no percurso entre o espaço da educação física e a sala de aula. Segundo conta,

> Foi pintada uma amarelinha no chão desse trajeto e as crianças passaram a seguir o trajeto brincando, ao invés de se empurrar e cair. Elas começaram a fazer fila para brincar no caminho e o problema desse espaço em específico foi resolvido. [...] Um grupo de grafiteiros se uniu a eles [aos estudantes] com o intuito de humanizar o ambiente escolar através do *graffiti*. [...] Os profissionais do Direito costumam ser legalistas e desconstruir o diálogo, mas a Francis é diferente.

Regina ajudou em outras formações, dentre elas algumas oferecidas aos membros da comunidade com o intuito de trabalhar a corresponsabilidade pelo cuidado dos adolescentes do território. Algumas dessas aulas também ocorreram no espaço da escola e contaram com atividades físicas, lanches e medalhas para os participantes. "Fizeram isso para nos ocupar, tirar os adolescentes das ruas e levar para a quadra". Também foram oferecidas preparações nos espaços do CRAS.

Regina conta que o período do toque de recolher foi muito difícil e que era constante o "medo de ser mais um na roleta". Ela acredita que os adolescentes que entravam para a criminalidade "chegaram lá por que não tiveram acolhimento" e que, por isso, a maneira mais efetiva para reverter o cenário de violências seria "oferecer a eles o aquilo que não tiveram antes". É preciso "garantir a segurança do adolescente em primeiro lugar, independente do que ele tenha feito". "Sabedoria é o oposto do autoritarismo". Embora nesta última frase remetesse à mediação, ela facilmente poderia ser usada para falar também sobre programas de visem garantir segurança e cidadania.

Foi com a mediação escolar que Rikiêr recuperou o sentido na própria vida. Não à toa, acredita no potencial transformador da escola e sonha em ser professora. Se no início da entrevista disse entender a mediação como "paz em ação", foi no final daquele contato que ela complementou afirmando que o principal impacto do Programa na sua vida foi o de reconhecer "a sabedoria no falar, a disposição para carregar a paz consigo".

Embora relate que sempre tivesse esperado que, da mesma maneira que saiu de casa sem avisar, o irmão uma hora voltasse, como que por um milagre, a mediação havia lhe ensinado a não desejar vingança. Se preocupou em oferecer carinho e apoio à mãe e passou a tentar substituir o ressentimento e a vingança da narrativa da família pela ideia de que "ninguém mais precisa passar por isso". "Se conseguir ajudar a salvar uma vida ou puder levar alguma coisa boa... ser para eles aquilo que falta, como a mediação foi pra mim... Eu queria levar a eles o que eu não tive antes do MESC, por que viver é ser um abrigo".

Essa última frase de Regina Rikiêr – "viver é ser um abrigo" – dialoga diretamente com o propósito das práticas restaurativas de ser um canal pelo qual se oferece e recebe amor a nível comunitário.

Outros entrevistados chegaram a conclusões semelhantes sobre as práticas de tratamento adequados de conflitos que tiveram início no Nacional. Na opinião de Marcos Ramalho,

> A mediação de conflitos foi uma das melhores coisas que aconteceu na comunidade. Aqui era uma região na qual os meninos ficavam brigando entre si, guerreando entre si, então, de repente, chega um projeto desse... Hoje a gente entra em qualquer área. Então, a mediação de conflitos não fez bem só naquele momento. A mediação de conflitos foi boa pra gente quando aconteceu, na meada do tempo e ainda é agora.
> A mídia geralmente leva uma imagem negativa da comunidade. A juventude aqui é a juventude da paz. Tranquila. Defeito toda comunidade tem.

Para Zé Gordo, essas práticas foram importantes na construção de paz. "Às vezes as coisas estão tão nervosas... até dentro da casa da gente e quando chega uma pessoa na paz, que fala mansinho, já traz paz pra gente". Para ele, aprender a comunicar as necessidades e sentimentos de forma não-violenta foi fundamental para transformar o cenário de tensão e violências no território.

Paulo Terrinha, que fez um dos cursos oferecidos durante a execução do *Segurança com Cidadania*, diz que aprendeu principalmente sobre escuta e respeito ao momento de fala de cada um. "Quando as pessoas se escutam, encontram a solução do problema". "Querendo ou não, isso é algo que uso sempre. Você está ali, aí os caras começam a discutir do seu lado, aí você consegue intervir, quando possível, e faz essa mediação. E às vezes até no nosso dia a dia mesmo, de mediar nossos próprios conflitos".

Apesar da adesão e entusiasmo dos membros da comunidade, a instalação do Núcleo de Justiça Comunitária (NJC) que sucederia o *Segurança com Cidadania*, oferecendo continuidade aos projetos de policentrismo decisório, não prosperou. Parte considerável desse resultado, em virtude de preferências políticas na atuação da Administração Pública, como relatado anteriormente.

Nesse ponto, um aspecto que parece fundamental é o fato da atuação do NJC ter sido executada pela equipe de profissionais do Núcleo, rompendo com a expectativa de protagonismo da comunidade. A equipe, formada por assistente social, psicóloga, advogada, administradora e três estagiários, procurava respeitar as demandas trazidas pela comunidade e construir vínculo com o território. Esses profissionais atuavam em parceria com 15 agentes comunitários que haviam sido selecionados e feito formação em mediação.

Embora esses agentes fossem uma ponte entre os moradores e a equipe profissional, ainda restava o grande contrassenso de uma justiça pretensamente comunitária que ocorria na e para a comunidade, mas não era protagonizada pela comunidade. A proposta inicial diferia da executada quanto a esse aspecto, mas Jacqueline explicou que se adotou essa medida com receio de que o contato direto dos agentes comunitários com os moradores da região levasse a algum desconforto ou omissão de informações essenciais.

Essa preocupação seria superada na opção por práticas restaurativas na justiça comunitária, uma vez que a exposição das vulnerabilidades incluiria as dos facilitadores. Essa distinção dos processos circulares parece essencial para a construção de justiça de base comunitária. Nesse caso, o facilitador seria meu igual, não apenas por que também compõe aquela comunidade, mas também por que, assim como eu, narra suas próprias histórias, expõe-se como qualquer outro participante.

Enquanto em outros métodos autocompositivos a figura do mediador ou conciliador trafega com maior ou menor intensidade numa proposta de neutralidade ou isenção, nos círculos de construção de paz o facilitador é apenas mais um participante do procedimento, com o diferencial de ter algumas responsabilidades extras na organização e elaboração do roteiro da sessão e no mapeamento dos conflitos.

Em círculos de conflito, é certo que em dado momento o facilitador desempenhará um papel mais voltado à organização e boa condução do encontro, mas isso não o exime de envolvimento inicial. Essa exposição do facilitador é importante para a construção de um espaço isonômico e de conexão. Também é útil para afastar eventual aparência de supremacia moral de um participante frente aos demais.

Nas outras modalidades de processos circulares, os facilitadores costumam participar tanto quanto qualquer outro membro. Nesses casos, não só não há problema no vínculo do facilitador com os demais participantes, como é positivo que haja essa conexão para seu bom andamento.

Em entrevista, Jacqueline Cabral afirmou que lamenta que tenha ocorrido dessa forma. Ela disse acreditar que se tivessem confiado aos agentes comunitários a facilitação dos casos, mesmo com o "encerramento traumático" do NJC, o projeto poderia ter persistido.

Assim como ocorreu com o *Segurança com Cidadania*, o Núcleo de Justiça Comunitária enfrentou resistência inicial da comunidade. Os servidores municipais Jacqueline Cabral e Wellington Ribeiro contam que, nesse caso, em virtude do nome "Núcleo de Justiça". Conforme contam, o termo "justiça" afasta a comunidade por que "remete à figura da toga, de um indivíduo externo que tomará alguma decisão em nome dos outros". Além disso, para os membros daquela comunidade, "justiça" não costumava vir associada à ideia de justeza, mas de punição severa e, muitas vezes, injusta, por razão de cor e classe.

Como estratégia para contornar a desconfiança inicial, as lideranças comunitárias envolveram-se convidando diretamente as pessoas que sabiam que estavam passando por algum conflito violento. Mesmo com o convite, o nome do núcleo e o corpo externo de profissionais, por certo tempo, ainda foram motivo de forte desconfiança. Se culturalmente mineiro é "um bicho desconfiado", é importante ter em mente que uns têm ainda mais razões para desconfiança do que outros, principalmente frente a quem vem de fora, com quem não se tem vínculo de pertencimento e significado.

Jacqueline e Wellington relataram que esse receio foi reduzido à medida em que as pessoas saiam mais satisfeitas depois da atuação do NJC e comentavam com os conhecidos. A partir desse ponto, a comunidade envolveu-se no projeto. Foi justo quando os profissionais estavam percebendo a aceitação do NJC que o projeto acabou. Segundo Jacqueline, por algum tempo as pessoas continuavam procurando o Núcleo de Justiça Comunitária mesmo após o encerramento das atividades.

A assistente social também contou que

> O período do encerramento do projeto coincidiu com a criação dos CEJUSCs pelo Tribunal de Justiça, mas houve muita rejeição da comunidade ao CEJUSC [...] por causa do formalismo e do distanciamento da linguagem jurídica. Desculpa, você é do Direito, mas a linguagem jurídica afasta as pessoas. [...] [Ao caminhar no Fórum] ficava pensando 'como faço para andar aqui?'. Ninguém me dava informações. Como os moradores do território conseguiriam de fato acessar aquilo? [...] Era tudo diferente. [...] O CNJ não aceitou a formação anterior, tive que passar por novo curso, que era oferecido pelo Tribunal de Justiça. O curso do CNJ foi muito diferente do que tive no Núcleo de Justiça... não sei se vou conseguir me adequar [ao CEJUSC]. O [curso] do Juliano [Veiga] foi muito melhor. Os assuntos eram os mesmos, mas tudo era tão diferente! Ele [Juliano] dizia que precisávamos ser mediadores ao exercitar a mediação de conflitos nas nossas relações. O CNJ exigia [envio de] resumo escrito por e-mail e mediações voluntárias no Fórum, na Vara da Família.

Dessa fala de Jacqueline gostaria de suscitar uma questão: as práticas restaurativas comunitárias demandam alguma formação específica dos agentes que atuarão como facilitadores? Essa interrogação desconsidera a atuação dos CEJUSC ou qualquer outra atuação judicial, que têm suas próprias normas condutoras, como a Resolução 225/2016, do CNJ. Refiro-me às práticas restaurativas conduzidas na, para e pela comunidade.

Essa questão emerge pelo seguinte: há um movimento crescente no país para oferecer cursos de justiça restaurativa. Em quase todos, os professores têm alguma passagem pela academia, mesmo quando têm forte atuação de base comunitária. Vários projetos bem-intencionados têm sido propostos e executados no país, partindo do oferecimento de cursos de formação como requisito inicial para a implantação de núcleos de práticas restaurativas.

Há nisso, contudo, um aparente contrassenso: se a justiça restaurativa não foi criada por um acadêmico estadunidense na década de 70 do século passado, mas apenas teve um conjunto de práticas ancestrais compiladas e nominadas por ele, por que agora é a educação formal – mais especificamente o "ensino superior" - quem se apropria desse saber e vira o capacitador que certifica aqueles que estão aptos a atuar com justiça restaurativa de base comunitária?

Ora, as práticas comunitárias podem mesmo ser traduzidas pela academia como forma de fomentar seu conhecimento e difusão, mas esperar que seja o ensino formal que instrua a comunidade sobre o que é justiça restaurativa é de uma soberba que não se ampara na realidade. Se fosse apostar numa via única de influência, não seria a contrária?

Quando prestei ajuda humanitária na Palestina e em Israel tive a oportunidade de trabalhar com 15 comunidades beduínas da família Jahalin que estão dispostas no território da Palestina ocupada, no Deserto da Judeia, entre as cidades de Jerusalém e Jericó. Em razão da grande disputa por essa área, essas populações de minoria étnica e refugiados têm sido vítimas de crimes de guerra como a evicção forçada.

Algumas organizações internacionais têm-se unido para tentar reforçar a proteção e garantia de direitos a esses povos. Uma delas, a *Nowergian Refugee Council* (NRC), propôs-se a ajudar os Jahalins. Algumas de suas ações foram a criação e administração do domínio *jahalin.org*, a *Jahalin Solidarity* e a produção do curta-documentário *Nowhere left to go*[573], todos visando garantir visibilidade à causa.

Ocorre que os beduínos passaram a contestar a representatividade da NRC. Algumas das reclamações frequentes, principalmente vinda da comunidade de *Khan Al-Ahmar*, era de que os técnicos da NRC produziram o filme, usaram o nome dos Jahalins para manter o domínio e conseguir doações, mas não ofereceram um serviço condizente com as demandas e necessidades do povo beduíno.

Essa reclamação era especialmente voltada ao advogado que patrocinava as causas desses refugiados na Suprema Corte de Israel. Os beduínos confiavam num advogado específico, que havia atuado pra eles anteriormente e conseguido provimento dos pedidos em outros processos judiciais. A *Nowergian Refugee Council* (NRC), por sua vez, indicava membros do seu corpo jurídico como advogados das causas envolvendo os Jahalins.

Quando passaram a perder causas importantes e sofrer evicções ou demolições forçadas, os Jahalins procuraram entender o que estava acontecendo. Mas, segundo Abu Khamis, líder beduíno de *Khan Al-Ahmar*, os advogados não se comunicavam com seu povo, limitando-se a prestar contas para a própria NRC. Os beduínos fizeram várias

---

[573] JAHALIN SOLIDARITY. **Nowhere left to go.** Disponível em: <http://www.jahalin.org/nowhere-left-to-go/>. Acesso em 17 mar 2016.

tentativas de contato direto, sem que a conexão e a confiança com os advogados fosse estabelecida. Os profissionais permaneciam atuando sem oferecer informações ou escutar os beduínos, que descobriam que estavam perdendo suas causas no momento da execução, quando cerca de duas centenas de militares israelenses chegavam na sua terra para demolir alguma de suas moradias ou escolas.

Diante do impasse, Abu Khamis convocou os líderes de cada uma das comunidades Jahalins do Deserto da Judeia, os advogados e os representantes da *Nowergian Refugee Council* para uma prática circular visando o tratamento da controvérsia. Nenhum dos profissionais da NRC compareceu. Ainda assim, os líderes beduínos reuniram-se em círculo, falaram sobre como se sentiam diante da situação, quais os impactos para seu povo e como eles achavam que seria uma boa maneira de lidar com aquele problema.

Decidiram, então, que prefeririam que a NRC não os ajudasse a ter uma representação com a qual não se conectam e na qual são efetivamente considerados. Mesmo que trouxesse eventual prejuízo nos processos judiciais e que parassem de receber doações, prefeririam sustentar essa decisão, estabelecendo que a NRC não poderia mais falar em nome dos beduínos, o que implicaria retirar o *website* do ar e parar de veicular o documentário. Comunicaram a decisão por um documento que foi escrito e traduzido para o inglês com ajuda de voluntários. Distribuíram a carta não só à NRC, mas às Embaixadas dos principais países que financiavam a entidade, pedindo que não fizessem doações para os beduínos através dela.

Feito isso, a NRC procurou imediatamente os líderes Jahalin querendo conversar e tentar modificar a situação. Eles aceitaram, desde que nos moldes da comunidade: foi feito novo círculo envolvendo os líderes, agora com a presença da NRC e de tradutores de confiança que assegurassem a comunicação entre eles. Ao final, estabeleceram as normas e valores que pautariam o vínculo dos beduínos com a entidade a partir de então.

Nesse caso, menos de duas dezenas de líderes beduínos que falavam exclusivamente árabe, com certa peculiaridade de dialeto, e que eram analfabetos mesmo no seu idioma, conseguiram negociar diretamente com uma organização internacional. Isso só foi possível por que se viam enquanto protagonistas.

Nessa negociação foi utilizada sua metodologia de tratamento de conflitos, que no Ocidente tem-se chamado de prática restaurativa. Mas imagine que a NRC poderia presumir-se competente e experiente. Afinal, ela atua em 31 países em crise, "ajudando a salvar vidas e reconstruir o futuro[574]". Era também ela quem dispunha dos capitais econômico e social naquele contexto.

Independente da vasta atuação e de todos os méritos que possa ter, será que a instituição poderia pretender ensinar aos beduínos o que é uma representação legítima, como se age numa Suprema Corte ou como se decide conflitos? Ou, mais especificamente, será que poderia pretender instruí-los sobre como se representa legitimamente *um beduíno*, como se age numa Suprema Corte *numa causa beduína* ou como se decide conflitos *envolvendo beduínos*? A *expertise* da instituição atua até a fronteira da comunidade. Ali, para entrar, é preciso pedir licença.

O exemplo exposto volta-se a abordar a situação da apropriação das práticas restaurativas por acadêmicos e outros profissionais e, num segundo momento, do oferecimento de capacitação de membros comunitários para que atuem com a metodologia. Pergunto: como uma justiça de base comunitária, que nasce na comunidade, pela comunidade e para a comunidade demandaria formação exterior? Como a comunidade é hábil para cria-la, mas não para atuar na sua própria invenção? Seria essa uma exceção à máxima jurídica de que "quem pode o mais, pode o menos"? É preciso ter cuidado para nossas boas intenções não fomentarem *pilhagem*.

Essa inconsistência aparece presente no próprio "Processos circulares", da Kay Pranis. No início, ela menciona que a prática é ancestral. Mais adiante, ao falar dos facilitadores, comenta que são pessoas capacitadas em práticas restaurativas. Não pretendo defender que a prática pode ser feita de *qualquer* modo, por *qualquer* um. Os próprios princípios da justiça restaurativa, ao mencionarem a humanização do procedimento indicam que não é possível realiza-la sem o devido cuidado e responsabilidade. Todavia, é importante não confundir diligência e ensino formal, menos ainda quando se trata de uma prática de origem comunitária.

É verdade que não é possível ser simplista. A compilação e o eventual aprofundamento pelas conexões desses saberes ancestrais são importantes e a academia tem um papel relevante nesse processo. Todavia, é preciso estar atento para não recair na cegueira da sabedoria. Nas palavras de Riobaldo, em Grande Sertão: Veredas[575], "eu quase que nada não sei. Mas desconfio de muita coisa". Assim como a justiça restaurativa pauta-se em perguntas sem pretensão de responde-las de uma *certa*

---

[574] Cf. NOWERGIAN REFUGEE COUNCIL. **About us.** Disponível em: <https://www.nrc.no/who-we-are/about-us/>. Acesso em: 12 out. 2018.
[575] ROSA, João Guimarães. **Grande Sertão:** Veredas. Rio de Janeiro: Nova Fronteira, 2015.

maneira, é preciso que o ensino formal também tenha mais desconfianças do que certezas.

No tocante à justiça restaurativa de base comunitária, é relevante reforçar como o lema sobre a participação plena de pessoas com deficiência soa adequado: "nada sobre nós, sem nós". É preciso que o corpo dessa justiça seja o comunitário. Se é verdade que, por vezes, a cura do corpo vem com a da mente, em outras é a mente quem se beneficia da cura do corpo. Essa cura perpassa a aceitação e o olhar generoso e curioso sobre o corpo que se tem: o que a comunidade pode oferecer e, respeitada a diversidade, também aquilo que ela não deseja ofertar. Que a mente acadêmica não se sobreponha à justiça que ganha corpo.

Nesses relacionamentos entre comunidade e conhecimento técnico, as práticas restaurativas ganharam contornos recentes no Nacional. Após o contato com Wellington Ribeiro em razão da entrevista, o psicólogo me procurou pedindo que oferecesse curso de *"Comunicação Não-Violenta* e prevenção de violência" para profissionais da Segurança Pública, Assistência Social, Saúde e Educação que atuavam em áreas vulneráveis do município de Contagem.

Nove turmas do curso foram oferecidas voluntariamente, com apoio das integrantes do Projeto Ciranda de Justiça Restaurativa, vinculado à Faculdade de Direito da UFMG. Concluída a formação, alguns dos profissionais cursistas passaram a frequentar o grupo de estudos em justiça restaurativa e processos circulares, que eu monitorava como parte das ações de co-coordenação do Ciranda.

O envolvimento desses profissionais no grupo de estudos foi tamanho que parte deles passou a pautar não só a utilização de técnicas de *Comunicação Não-Violenta* no seu trabalho, como também de práticas restaurativas. Uma delas, a assistente social Ana Gonçalves, que trabalha no CREAS Eldorado, envolveu-se profundamente no grupo de estudos e trouxe diversos compartilhamentos do impacto de práticas restaurativas bem-sucedidas no seu atendimento a adolescentes.

Os resultados positivos da atuação da Ana chegaram ao conhecimento da gestão municipal e estimularam a multiplicação dessas práticas com pessoas em situação de vulnerabilidade. Inclusive, algumas profissionais do CRAS Casa Amarela também se envolveram ativamente e têm procurado desenvolver práticas restaurativas no Nacional.

Outra atuação mais recente, desta vez no ambiente escolar, ocorreu em virtude da criação do Programa NÓS de Justiça Restaurativa na Escola[576] pela Comissão de

Práticas Restaurativas do Fórum Permanente do Sistema Socioeducativo de Belo Horizonte. Embora seja centrado em Belo Horizonte, a atuação do NÓS alcançou a região do Nacional em razão da parcela do bairro do Confisco que pertence a este município.

Todavia, em razão da contemporaneidade da atuação, não é possível apresentar dados satisfatórios para esta tese. O momento atual das práticas restaurativas no Nacional lembra a frase de Alice no País das Maravilhas: "sei quem eu era, quando me levantei hoje de manhã, mas acho que já me transformei várias vezes desde então". Entre ampliações e reduções, espera-se que a comunidade construa o tamanho e a forma que lhe parece mais adequada, que ela vá constituindo os contornos do corpo da sua justiça.

É importante, contudo, sinalizar que o histórico da comunidade, indiretamente, passou a pautar a expansão das práticas restaurativas no município. Isso porque a insatisfação de Wellington Ribeiro com a interrupção do Núcleo de Justiça Comunitária foi transformada em energia propulsora para multiplicação de novos projetos nesse sentido, mesmo quando o Município não se propõe a financiar a ideia. Como disse Paulo Terrinha em entrevista, personificar e reconhecer o valor da atuação das pessoas não é o mesmo. São ações aparentadas para um olhar desatento, mas seus valores e propósitos são intrinsecamente distintos.

Por influência da metodologia adotada pelo NÓS e pelo Ciranda, essa nova trajetória restaurativa em Contagem tem priorizado a metodologia dos processos circulares. Nos casos envolvendo crianças e adolescentes, parece particularmente relevante que se adote os círculos de paz, uma vez que dialogam com as necessidades intrínsecas ao direito à socioeducação a que fazem jus. Isso acontece porque não parte da definição rígida de vítimas e ofensores, buscando construir responsabilidade ativa, considerar as necessidades humanas básicas de todos os envolvidos e fortalecer a rede de apoio e conexão dos participantes.

---

[576] O Programa NÓS pretende contribuir para o estabelecimento de Núcleos para Orientação e Solução de Conflitos Escolares nas instituições públicas municipais e estaduais de ensino que tenham base territorial em Belo Horizonte. Seu projeto parte de duas fases, sendo a primeira destinada a formação teórico-prática e a segunda de supervisão e acompanhamento das práticas restaurativas realizadas nas escolas aderentes. Participam da formação, idealmente, cinco representantes de cada escola. Esses representantes precisam ser da comunidade escolar, mas não têm um papel específico na instituição, estendendo-se de estudantes e professores a pais ou responsáveis, porteiras, zeladoras, copeiras, pessoas encarregadas da manutenção e limpeza do espaço. Entende-se que uma comunidade restaurativa perpassa desde o bom dia que se recebe na porta da escola e com o modo como a merenda é preparada e servida para o estudante, à forma como os conteúdos são abordados em sala de aula e como os vínculos são estabelecidos naquele espaço.

4.3.2 Justiça restaurativa e Justiça comunitária: pontos de contato e singularidades

> "O tempo não é espaço
> Por isso, passado e futuro não são distantes
> Eles se enlaçam
> Em memórias
> E em sonhos,
> Em saudade
> E em esperança
> Tecidos em único tempo
> E me entregues
> Todos os dias
> Como presente"
> Beclaute Oliveira

Embora possa haver coincidência entre elas e, a um só tempo, uma prática ser restaurativa e comunitária, como aconteceu em alguns momentos no Nacional; é também possível haver experiência restaurativa não comunitária.

Isso pode ocorrer em três casos: a) diante de práticas realizadas com distanciamento do ambiente comunitário, como quando há sua incorporação por tribunais; b) quando a prática é apenas parcialmente restaurativa justamente por não contemplar a participação da microcomunidade de apoio e referência, como nos casos de mediação vítima-ofensor, ainda que adotada no espaço da comunidade; c) em ocasiões em que técnicos externos à comunidade facilitam o procedimento, mesmo que a relação desses profissionais seja próxima do coletivo ou que ela aconteça no território.

Para que uma prática restaurativa seja comunitária, é indispensável que aconteça na, para e pela comunidade. Uma prática totalmente restaurativa tende a ser comunitária. Todavia, não o será nos casos em que pessoas externas conduzem a metodologia.

Com as ressalvas feitas anteriormente sobre a relação entre o ensino formal e esse tipo de exercício jurisdicional, é possível que acadêmicos e corpo técnico externo à comunidade ofereçam oficinas e cursos para desenvolvimento de técnicas ou difusão de metodologias que serão incorporadas ao exercício comunitário da justiça. Todavia, o oferecimento desses cursos ou a atuação desses agentes na comunidade não são suficientes para que se trate de justiça comunitária.

Especialistas em tratar conflitos costumam operar no paradigma de que o indivíduo pode ter o conhecimento técnico necessário para oferecer uma resposta satisfatória ao problema; mas tanto a justiça comunitária, quanto a restaurativa partem do suposto de que a construção de sabedoria coletiva é maior e mais competente do que a individual.

Todavia, como a atuação do coletivo pode produzir grandes danos, é imprescindível atentar-se para o procedimento. Ainda mais importante do que considerar a sabedoria coletiva é o modo como se dá esse acesso. Abertura para o desconhecido, criatividade, curiosidade e alteridade são fundamentais nesse *modus operandi*.

Além disso, em qualquer dos casos, o conhecimento não está completo até que seja integrado ao corpo individual e coletivo. Isto é, até que passe a compor os atos cotidianos, que se torne ele também parte consistente da prática coletiva. Por essa razão, nem a justiça comunitária, nem a restaurativa contentam-se com decisão sem adimplemento. A satisfatividade é ponto fundamental da experiência e do acesso à justiça.

Esses dois modelos de justiça veiculam paradigmas que levam em conta algumas mudanças constitutivas. Rompem com estruturas de pensamentos que partem da separação dos sujeitos; do controle externo de comportamentos reputados relevantes; da análise prioritariamente focada nos aspectos negativos da situação; da constituição de estrutura hierárquica para o exercício de poder e autoridade sobre alguém; da primazia do racional; da especialização individual de conhecimento; da busca em oferecer respostas e posicionamentos imediatamente após lançados os problemas; e da visão negativa sobre a natureza humana enquanto problemática ou difícil.

Em contraponto, procuram fomentar comportamentos e valores que partam da interconexão de todos os viventes; da primazia do controle interno e consciente de comportamentos; do foco prioritário nos recursos e nas potencialidades à disposição; da criação de coletivos auto-organizados; da valorização de múltiplas formas de saber, excedendo a mente e alcançando os sentidos; da superioridade do alcance e da complexidade da sabedoria coletiva; da curiosidade diante das diferenças e das questões como ponto inicial para a posterior criação de respostas; e da aposta na condição humana como propulsora da humanidade.

Resta uma questão: é possível o desempenho de justiça de base comunitária que não seja restaurativa? Em outras palavras, se o exercício da justiça acontecer na, para e pela comunidade será necessariamente restaurativa? Que a prática de uma das espécies de justiça comunitária pode não ser totalmente restaurativa, não há dúvida. Seria o exemplo da política pública adotada com base na atuação do TJDFT com

Juizado itinerante. Todavia, mesmo elas costumam ter aspectos restaurativos, ainda que parciais, à medida que se voltam a implementar direitos humanos no cotidiano, procurando satisfazer necessidades humanas fundamentais.

É possível que haja processo decisório policêntrico no ambiente comunitário e que seu caráter seja eminentemente retributivo. Nesse caso, não seria uma prática restaurativa, ainda que ocorresse na e pela comunidade; mas tampouco constituiria prática de justiça comunitária, já que contrariaria seu princípio mais básico: a construção relacional da paz como fruto do processo dialógico pautado em alteridade. Justiça comunitária não se confunde com justiça de comunidade ou justiça no território.

Com isso, não se pretende defender uma noção universalista, ocidentalizada ou colonial dos direitos humanos. Ao contrário, a justiça comunitária deve ser capaz de realizar a paz enquanto *estrutura-processo* considerando as particularidades de dado povo, o que excede a noção hegemônica que esse grupo tem de si e abarca também a diversidade presente no seu interior. Sem contemplar as necessidades de todos os interessados, não se tem justiça restaurativa, nem justiça comunitária.

Em ambas, cada pessoa deve ser livre para criar seu propósito em harmonia com a comunidade de referência. Sendo da natureza do universo a interconexão e a interdependência profundas, as justiças restaurativa e comunitária entendem que o controle externo das ações individuais é ineficiente por que demanda muito gasto energético e permanente estado de alerta ou vigilância.

Ao contrário, ritos que internalizam esse sentido de se fazer a coisa certa são construídos individual e coletivamente, havendo necessidade de pouca energia para manter o agir responsável e respeitoso. Em espaços auto-organizados, garante-se a liberdade criativa para que cada um se desenvolva conforme sua verdade, observada a unidade de valores e princípios

Mas parece possível que uma experiência de justiça comunitária não seja restaurativa quando não estimula os envolvidos a assumirem responsabilidades de forma ativa; não se propõe a trabalhar as causas da situação problemática; ou não se pauta em escuta ativa.

Para que a prática seja concomitantemente restaurativa e comunitária é fundamental a consciência a respeito de quando e como o poder está em ação em cada vínculo e no coletivo. É importante não só a atenção às dinâmicas de poder e a reflexão acerca das estratégias para seu equilíbrio, como também que esses desequilíbrios e injustiças sejam nomeados. Sem que se compreenda os valores veiculados direta ou indiretamente em comportamentos estabelecidos, dificilmente haverá efetiva possibilidade de escolha ao reproduzi-los ou compreensão de como superá-los.

Ao nomear violências estruturais, o desconforto possibilita a reorientação ou redistribuição desse poder[577]. No mínimo, traz a possibilidade de se pensar uma realidade com outro nível de distribuição de poder e, ao imaginar, cria-se potencial de materialização.

4.4 A experiência do *Neighborhood Justice System* em São Francisco

> "Onde a mente é livre do medo e a cabeça vive erguida
> Onde o conhecimento é livre
> Onde o mundo não foi dividido em fragmentos por estreitas paredes domésticas
> Onde as palavras nascem das profundezas da verdade
> Onde o esforço incansável estende os braços em direção à perfeição
> Onde o riacho translúcido da razão não perdeu o rumo enveredando pelas áridas areias desertas do hábito entorpecente
> Onde a mente é conduzida para diante por Ti, em direção ao pensamento e à ação cada vez mais amplos
> Nesse paraíso de liberdade, Pai, permita que meu país desperte".
> Rabindranath Tagore[578], Where the mind is without fear[579]

Sem a pretensão de constituir um Estado Plurinacional, como aconteceu na Bolívia, os Estados Unidos da América (EUA) também tiveram suas próprias experiências de justiça de base comunitária. Delas, provavelmente a de maior notoriedade é o *Neighborhood Justice System* que ganhou materialidade em São Francisco, na Califórnia, a partir dos anos 70 do último século, quando também despontava a teorização sobre a justiça restaurativa no país.

---
[577] Cf. ARENDT, Hannah. **On violence**. Orlando: Mariner Books, 1970.
[578] TAGORE, Rabindranath. **Where the mind is without fear.** Disponível em: <https://allpoetry.com/Where-The-Mind-Is-Without-Fear>. Acesso em: 27 nov. 2018.
[579] Tradução livre. No original: "Where the mind is without fear and the head is held high/ Where knowledge is free/ Where the world has not been broken up into fragments by narrow domestic walls/ Where words come out from the depths of truth/ Where tireless striving stretches its arms towards perfection/ Where the clear stream of reason has not lost its way into the dreary desert sands of dead habit/ Where the mind is led forward by Thee into ever-widening thought and action/ Into that heaven of freedom, my Father, let my country awake".

Embora não consista propriamente em modalidade de justiça comunitária, mas de justiça popular, sua realização oferece advertências e saberes que podem ser úteis à justiça comunitária brasileira. Em comparação com ao tratamento de conflitos a cargo do Estado, as *San Francisco Community Boards* (SFCBs) foram menos burocráticas, menos dependentes de corpo técnico-jurídico, mais conectadas às pessoas leigas, menos inclinadas a confiar no discurso jurídico, mais voltadas às narrativas populares e menos preocupadas com regras e uniformidade[580].

A justiça popular consiste em processo de tomada de decisões e de estabelecimento de responsabilidades segundo um conjunto de regras, com rito relativamente informal, linguagem coloquial e abrangência local. Normalmente seu pessoal não tem formação jurídica e não costuma receber qualquer pagamento pela atuação, o que expande a acessibilidade do público frente a limitações econômicas. As decisões costumam tender ao consenso e as dinâmicas e desigualdades de poder presentes socialmente dificilmente são equilibradas. Mapeamento de conflitos não costuma ser uma demanda consciente nessas situações.

Assim como as demais propostas de métodos complementares de solução de conflitos (no inglês, *Alternative Dispute Resolution* - ADR), seu propósito caminhava ao encontro da mobilização de talentos comunitários, prevenção de violências cotidianas e de revigorar as capacidades de apoio mútuo na ordinariedade dos cidadãos. Com o movimento das ADRs e o incentivo a decisões consensuais, houve expansão, dentro e fora do Judiciário, de abordagens não-violentas frente a conflitos violentos[581].

Tanto os modelos centrados nos tribunais, quanto os focados nas comunidades compartilhavam uma defesa comum dos benefícios das ADRs frente às disputas litigiosas, partindo da compreensão de que a litigância seria uma opção cara, lenta e de baixa civilidade, no sentido de demandar um terceiro externo para decidir os próprios conflitos[582].

---

[580] MERRY, Sally Engle; MILNER, Neal. Introduction. In.: _____; _____. (Ed.). **The possibility of popular justice:** a case study of Community Mediation in the United States. Michigan: The University of Michigan Press, 1993, p. 4.
[581] ADLER, Peter S. The Future of Alternative Dispute Resolution: Reflections on ADR as a Social Movement. In.: MERRY, Sally Engle; MILNER, Neal. (Ed.). **The possibility of popular justice:** a case study of Community Mediation in the United States. Michigan: The University of Michigan Press, 1993, p. 67.
[582] Cf. ADLER, Peter S. The Future of Alternative Dispute Resolution: Reflections on ADR as a Social Movement. In.: MERRY, Sally Engle; MILNER, Neal. (Ed.). **The possibility of popular justice:** a case study of Community Mediation in the United States. Michigan: The University of Michigan Press, 1993, p. 73-74.

No entanto, essas iniciativas tenderam a acomodar noções antigas de justiça em novos métodos, amparadas em novas buscas por legitimidade. Em muitos casos, pluralismo e consenso foram substituídos por conformação, com atuações estatais diretas ou indiretas que se aproximavam mais da facilitação de acordos privados do que de decisor[583].

Como essas práticas não costumam ser analisadas com explícita comparação a outras iniciativas e com avaliação formal constante sobre seus métodos e resultados, a defesa das ADRs, seja judicial, seja extrajudicialmente costuma ser fruto de crença ou de autopercepção sobre experiências pessoais[584]. Pouco se sabe sobre quão céleres, quão eficientes e quanto custam nos aspectos econômico e humano. Outro ponto é a existência de pouco registro histórico que possibilite essas avaliações.

A escolha da análise de aspectos do *Neighborhood Justice System* das SFCBs se justifica também em razão dessa experiência de justiça popular, diferente da maioria, ter-se preocupado em produzir dados que deixassem lastro para pesquisas.

Surgida em 1976 como organização sem fins lucrativos, as *San Francisco Community Boards* tinham como objetivo primário a resolução de conflitos de vizinhança. Partia do suposto de que com intervenções contemporâneas ou anteriores às situações violentas, em espaços delimitados caracterizados por vínculos de convivência e interdependência entre seus membros, seria possível reduzir hostilidades ou ódio interno[585].

Para isso, utilizou como estratégia a adoção da linguagem coloquial característica do território, e o uso de encontros de diálogo que, mais do que proporem o contato face a face, apostavam na empatia da conexão olho no olho. Seu principal argumento de legitimidade amparava-se justamente nesses dois pontos.

Apesar de ter contado com um vasto corpo de voluntários, a base fundamental das SFCBs era composta por coordenadores pagos pelos serviços prestados. O recrutamento, organização e treinamento dos voluntários era essencial para a

---

[583] Cf. ABEL, Richard L.. Introduction. In.: _____. (Ed.). **The Politics of Informal Justice.** New York: Academic Press, 1982, vol. 1, p. 1-16.; ADLER, Peter S. The Future of Alternative Dispute Resolution: Reflections on ADR as a Social Movement. In.: MERRY, Sally Engle; MILNER, Neal. (Ed.). **The possibility of popular justice:** a case study of Community Mediation in the United States. Michigan: The University of Michigan Press, 1993, p. 75.

[584] LOWRY, Kem. Evaluation of Community-Justice Programs. In.: MERRY, Sally Engle; MILNER, Neal. (Ed.). **The possibility of popular justice:** a case study of Community Mediation in the United States. Michigan: The University of Michigan Press, 1993, p. 91 ss.

[585] Cf. DUBOW, Fredric L.; MCEWEN, Craig. Community Boards: An Analytic Profile. In.: MERRY, Sally Engle; MILNER, Neal. (Ed.). **The possibility of popular justice:** a case study of Community Mediation in the United States. Michigan: The University of Michigan Press, 1993, p. 126 ss.

continuidade e sustentabilidade do programa. Quanto mais extensa a base de altruístas, maior a promessa de construção de paz e permanência dos bons resultados nas áreas em que estavam sendo implantadas. Por essa razão, o programa procurou encorajar os moradores a envolverem-se e sustentarem nos assuntos e problemas da comunidade.

Para maximizar o número de voluntários, não foi estabelecido qualquer critério para seleção e treinamento. Não obstante o grande número de pessoas treinadas, manter seu engajamento e participação foi um desafio contínuo das SFCB. Algo semelhante aconteceu no Nacional, já que várias lideranças apontavam a dificuldade de envolver-se na continuidade do *Segurança com Cidadania* por precisarem dedicar quase a totalidade de seu tempo para garantir sustento pessoal e familiar.

Como alertava Thoureau[586], o corpo humano é como uma estufa. A vida é mantida quando conseguimos assegurar o aquecimento interno através de vestimenta, moradia e alimentação apropriada. Ele defende que o filósofo é justamente aquele capaz de garantir o funcionamento da estufa de seu corpo com maior eficiência a ponto de sobrar-lhe tempo para dedicação ao ócio criativo. Do mesmo modo, é pouco provável que pessoas que precisam dedicar quase todas as horas que estão acordadas ao trabalho e ao consequente deslocamento consigam sustentar ao longo do tempo práticas filantrópicas que demandam grande dedicação pessoal[587].

No caso das *San Francisco Community Boards*, cerca de 80% dos tratamentos de conflitos foram conduzidos por voluntários, sendo que somente metade deles atuaram em algum momento. Como parte da proposta do programa, os voluntários também deveriam envolver-se na construção de organizações democráticas, participando de criação e fortalecimento de associações e de deliberações de interesse local.

Cerca de 25% do tempo dedicado pelos voluntários era destinado a tratamento de conflitos, enquanto 75% de sua energia costumava voltar-se a trabalhos organizacionais e de treinamento. Quanto ao núcleo pago, quase toda sua dedicação era consumida no recrutamento, coordenação e treinamento dos não-remunerados[588].

---

[586] THOREAU, Henry David. **Walden.** United States of America: A Public Domain Book, 1854.
[587] DUBOW, Fredric L.; MCEWEN, Craig. Community Boards: An Analytic Profile. In.: MERRY, Sally Engle; MILNER, Neal. (Ed.). **The possibility of popular justice:** a case study of Community Mediation in the United States. Michigan: The University of Michigan Press, 1993, p. 127.
[588] DUBOW, Fredric L.; MCEWEN, Craig. Community Boards: An Analytic Profile. In.: MERRY, Sally Engle; MILNER, Neal. (Ed.). **The possibility of popular justice:** a case study of Community Mediation in the United States. Michigan: The University of Michigan Press, 1993, p. 128.

A ideia que embasava essa destinação do trabalho dos coordenadores era garantir que o máximo de moradores estaria envolvido e apto a assegurar a permanência do programa. Acreditava-se que quanto mais a comunidade compreendesse as funções e propostas das SFCB, mais iriam usá-las[589].

Todavia, vale aqui a ressalva feita em outro momento sobre o contrassenso da ação pretensamente engajada do ensino formal ao se propor a educar a comunidade em práticas comunitárias de justiça. Especificamente sobre o paradoxo da justiça popular, Lederach e Kraybill[590] apontam que

> Nós temos acreditado que a simples transposição do modelo convencional estadunidense de mediação para outras configurações pode exacerbar mais o conflito do que ajudar a transformá-lo construtivamente. Embora não seja a intenção, a transferência desse modelo - com seus valores não ditos - pode facilmente representar uma demonstração de imperialismo cultural. Ele tende a assumir que os instrutores sabem quais os objetivos e necessidades da população. Assume que o modelo precisa apenas ser traduzido e adaptado às culturas e nuances locais. Assume que os objetivos da população serão potentes se eles aprenderem o modelo e as habilidades necessárias para implementá-lo. Assume que o conhecimento técnico sobre o conflito e seu gerenciamento se encontram com o formador.
> [...] Treinamentos opcionais assumem que o conhecimento natural e cotidiano dos participantes sobre os conflitos, sobre como ele opera e sobre como lidar com ele, são o recurso substancial para criar modelos adequados para tratar conflitos naquele contexto. Nessa perspectiva, o instrutor não é o especialista ou o executor, mas o catalisador de reflexões. [...] Nós reformulamos o treinamento em mediação como um exercício na criação participada que promove essa descoberta e denominação. Isso sugere a possibilidade de uma tecnologia apropriada para contribuir nos conflitos, radicada no contexto e na cultura daqueles que criaram o conflito. [tradução livre[591]]

---

[589] SHONHOLTZ, Raymond. Justice from Another Perspective: The Ideology and Developmental History od the Community Boards Program. In.: MERRY, Sally Engle; MILNER, Neal. (Ed.). **The possibility of popular justice:** a case study of Community Mediation in the United States. Michigan: The University of Michigan Press, 1993, p. 233.

[590] LEDERACH, John Paul; KRAYBILL, Ron. The Paradox os Popular Justice: A Practitioner's View. In.: MERRY, Sally Engle; MILNER, Neal. (Ed.). **The possibility of popular justice:** a case study of Community Mediation in the United States. Michigan: The University of Michigan Press, 1993, p. 373-374.

[591] No original: "We have found that the simple transfer of the mainstream North American model of mediation to other settings can exacerbate conflict rather than help to transform it constructively. Although not the intention, the transfer of this model with its unspoken values can easily represent a form of cultural imperialism. It tends to assume the trainers know what the target population needs. It assumes the model need only be translated and adapted to local cultural nuances. It assumes the target population will be empowered if they learn the model and necessary skills to implement it. It assumes that the expertise about conflict and its management lies with the trainer.
[...] Elicitive training assumes that the participants' natural, everyday knowledge about conflict, how it works and how it is handled, is the single most resource for creating appropriate models responsive to their context. From this perspective the trainer is not the expert or prescriber, but rather a catalyst for reflection. [...] we reframe training in mediation as an exercise in participatory creation that fosters such discovery and naming. This suggests the possibility of an appropriate technology of help in conflict, rooted in the context and culture of those who create the conflict".

Outra observação que merece ser considerada é que a implementação do *Neighborhood Justice System* abrangeu diferentes áreas de São Francisco sendo duas delas predominantemente negras, uma majoritariamente hispânica e uma mista, onde os brancos constituíam 40% da população, os hispânicos 27%, os asiáticos 22% e os negros 11%. Os quatro territórios e suas populações tinha grandes distinções entre si. Mesmo as violências estavam presentes em intensidade e formas distintas em cada área. Um fato, contudo, unia todas elas: em maior ou menor medida, eram todas periféricas.

Embora compreenda a urgência em atuar com métodos não-violentos em comunidades mais fortemente constituídas por violências[592], supor que apenas periferias são palco, produtoras e vítimas de violência é de uma arrogância cega. No Brasil, por exemplo, é muito comum o discurso de intolerância com o *funk* sob acusação de ser misógino, homofóbico, classista ou de estimular pedofilia e atividade criminosa. Essas mesmas questões estão presentes em diversas músicas do "sertanejo universitário" ou à Bossa Nova, por exemplo, mas nesses casos encontram mais transigência do grande público. Diversas letras do *funk* refletem esses aspectos e isso parece relativamente óbvio, já que a sociedade brasileira, em muitos casos, sustenta e dá azo à concretização de cada um desses rótulos.

Identificar aspectos de desigualdade e procurar transformá-los é fundamental. Contudo, a seletividade do olhar é um problema que, silenciosamente, carrega consigo outras tantas desigualdades estruturais e estigmas. Se todo grupamento humano convive com violências, qualquer deles é adequado para a instauração desse tipo de projeto. É importante perguntar-se, então, por que só comunidades ou questões marginalizadas têm recebido seu interesse. Aqui, vale o cuidado de não relegar práticas marginais a áreas e questões já marginalizadas para dispor mais eficientemente dos recursos destinados a uma atuação seletiva e seleta a grupos historicamente privilegiados.

Nos diários de Carolina de Jesus, publicados sob o título "Quarto de Despejo", a escritora analisava os conflitos da favela paulista em que morava comparando-os às desavenças dos políticos brasileiros. A maneira como ela se apropriava do cenário macropolítico no cotidiano é um alerta para uma das maneiras possíveis para descolonizar nosso olhar. Confira:

---

[592] Cf. ZARU, Jean. **Occupied with Nonviolence:** a Palestinian Woman Speaks. Minneapolis: Fortress Press, 2008.

> O dia de hoje foi benéfico. As rascoas da favela estão vendo eu escrever e sabe que é contra elas. Resolveram me deixar em paz. [...] As intrigas delas é igual a de Carlos Lacerda que irrita os nervos. E não há nervos que suporta! Mas eu sou forte! Não deixo nada impressionar-me profundamente[593].

A despeito da consideração, a diversidade da atuação das SFCBs já foi potencialmente maior do que a da maioria dos programas instalados no Brasil, ao menos dos que se tem notícia. No critério econômico, eram áreas em que viviam trabalhadores de classe baixa ou média. As especificidades étnicas e culturais dessas áreas eram bastante demarcadas, tanto que o treinamento dos voluntários contemplava expressamente as diversidades presentes no espaço.

Um outro aspecto relevante é que 81% dos casos conduzidos pelas SFCBs chegou até elas por procura direta e voluntária dos interessados. O fato de trabalhar com ampla rede de publicidade, contato direto com os moradores e formação de porção considerável dos habitantes fez com que o conhecimento sobre o programa rapidamente se alastrasse nos bairros de São Francisco[594].

Essa é outra questão sensível nas iniciativas brasileiras e também o foi na prática do *Segurança com Cidadania*. Na prática do Núcleo de Justiça Comunitária (NJC) do Nacional, eram os agentes comunitários previamente formados que identificavam pessoas e situações que seriam público-alvo potencial para os trabalhos do NJC. Esse convite costumava acontecer por meio de carta, com uma formalidade pouco característica da cultura da região.

Durante a execução do Programa Conjunto, os participantes das formações do programa de mediação escolar eram também indicados, dessa vez pela Diretoria ou por professores. Mais recentemente, os participantes do Programa NÓS de Justiça Restaurativa nas Escolas foram, em grande parte, designados pela Direção das escolas aderentes. No caso das escolas estaduais, esse fator teve um agravante: as escolas não tiveram sequer autonomia para, conhecendo o programa, optarem por aderir ou não. O rol de escolas conveniadas foi apontado pela própria Secretaria de Educação segundo conveniência e oportunidade.

Em todas essas experiências, a voluntariedade foi fortemente afetada. Embora seja possível – e o histórico do Nacional tem mostrado que é – que pessoas inicialmente desinteressadas, ao conhecer a proposta, passem a voluntariamente procurarem

---

[593] JESUS, Carolina Maria de. **Quarto de despejo:** diário de uma favelada. São Paulo: Ática, 2014, p. 60.
[594] DUBOW, Fredric L.; MCEWEN, Craig. Community Boards: An Analytic Profile. In.: MERRY, Sally Engle; MILNER, Neal. (Ed.). **The possibility of popular justice:** a case study of Community Mediation in the United States. Michigan: The University of Michigan Press, 1993, p. 134.

implementá-la, os princípios da justiça restaurativa e também da justiça comunitária propõe que a voluntariedade deve ser o ponto de partida, não o de chegada. Tanto é assim que ela deve ser aferida passo a passo: sob o menor indicativo de que talvez não haja voluntariedade de algum dos participantes, o facilitador deve abordar a questão diretamente e, conforme o caso, prosseguir, suspender ou interromper o procedimento.

O pagamento dos coordenadores e a instauração das câmaras do *Neighborhood Justice System* foi possível por intermédio do financiamento de fundações privadas que, entre 1976 e 1984, contribuíram com um total de 3,1 milhão de dólares. O programa também contou com subsídio público no seu período inicial. Dividindo esse valor pelos casos atendidos no período, teríamos uma média de investimento de 750 dólares em cada caso. Já o trabalho central de administração e treinamento custou cerca de 241 mil dólares[595].

Talvez também pelo alto custo de cada caso, o programa não tenha conseguido ampliar seus resultados. Chegou-se a defender que as SFCBs não foram experiências nem de apropriação indevida pelo Estado, nem de emancipação, sendo exclusivamente um modelo não profissionalizado de trabalhar iniciativas cívicas para tratamento de conflitos[596]. Menos, portanto, do que pretendia seu idealizador ao sustentar que

> Em vários aspectos, as SFCBs podem ser vistas como analogia cultural para a coesão social, continuidade histórica e compartilhamento de valores interpessoais mais presentes num momento anterior da história estadunidense. A analogia aparece no fato de que mesmo sem vários dos elementos de coesão social, um novo sistema de justiça de vizinhança pode ser alcançado.
> [...]
> Esses esforços relembram os cidadãos dos poderes que eles já possuem e do direito que eles têm de exercitá-los socialmente[597]. [tradução livre[598]]

---

[595] DUBOW, Fredric L.; MCEWEN, Craig. Community Boards: An Analytic Profile. In.: MERRY, Sally Engle; MILNER, Neal. (Ed.). **The possibility of popular justice:** a case study of Community Mediation in the United States. Michigan: The University of Michigan Press, 1993, p. 132.

[596] THOMSON, Douglas R.; DUBOW, Fredric L.. Organizing for Community Mediation: The Legacy of Community Boards of San Francisco as a Social-Movement Organization. In.: MERRY, Sally Engle; MILNER, Neal. (Ed.). **The possibility of popular justice:** a case study of Community Mediation in the United States. Michigan: The University of Michigan Press, 1993, p. 196.

[597] SHONHOLTZ, Raymond. Justice from Another Perspective: The Ideology and Developmental History od the Community Boards Program. In.: MERRY, Sally Engle; MILNER, Neal. (Ed.). **The possibility of popular justice:** a case study of Community Mediation in the United States. Michigan: The University of Michigan Press, 1993, p. 205.

[598] No original: "In many respects, SFCB can be seen as a cultural analog to the social cohesion, historical continuity, and shared interpersonal values more prevalent at an earlier point in American history. The analog shows up in the fact that even without many of the elements of community cohesion [...] a new system of neighborhood justice could be achieved.
[...]
Such efforts remind citizens of the powers they already possess and of their right in society to effectuate them".

A representatividade dos valores apresentados advém em grande parte da quantidade de tempo e de pessoas dedicadas a cada caso. A média era de que um caso se estendesse por sete a 33 horas, sendo a média geral de 22 horas para cada conflito. Casos que não contavam com audiências costumavam ter duração de 15 minutos a 11 horas, com média de três horas dedicadas a cada um[599]. A extensão dos treinamentos iniciais, por sua vez, compreendia 26 horas[600].

Relacione esses dados ao envolvimento esperado do corpo de voluntários e das suas condições. A grande questão é como prestar uma atuação humanizada e cuidadosa, com tamanho envolvimento, sem uma contrapartida de remuneração? Isso se agrava em comunidades marginalizadas, onde a carência econômica costuma ser característica. Não sem razão, esse foi um dos principais aspectos apontados pelos entrevistados para a descontinuidade de parte das práticas do Programa Conjunto.

Assim como no *Segurança com Cidadania*, as SFCBs investiram em treinamento na polícia, nas escolas e em centros beneficentes com a intenção não só de somar esforços e de fortalecer o programa, como também de garantir sua permanência a despeito do desafio econômico apontado.

A maioria dos casos recebidos pelas SFCB tinham mais de um indivíduo em um ou em cada um dos polos da situação conflituosa. Também foi observada uma diversidade de casos que chegavam, razão pela qual deixou-se de falar em "casos de violência" para considera-los como "casos com questões violentas[601]". Na quase totalidade deles, os voluntários identificaram que desafios na comunicação eram as principais questões que levavam aos comportamentos violentos. Por essa razão, o sucesso dos casos era medido não pela produção de acordo, mas pelo decréscimo na espiral de violência presente na comunicação[602].

---

[599] DUBOW, Fredric L.; MCEWEN, Craig. Community Boards: An Analytic Profile. In.: MERRY, Sally Engle; MILNER, Neal. (Ed.). **The possibility of popular justice:** a case study of Community Mediation in the United States. Michigan: The University of Michigan Press, 1993, p. 132-133.

[600] DUBOW, Fredric L.; MCEWEN, Craig. Community Boards: An Analytic Profile. In.: MERRY, Sally Engle; MILNER, Neal. (Ed.). **The possibility of popular justice:** a case study of Community Mediation in the United States. Michigan: The University of Michigan Press, 1993, p. 158.

[601] No inglês: assault cases e cases with assault issues. Cf. DUBOW, Fredric L.; MCEWEN, Craig. Community Boards: An Analytic Profile. In.: MERRY, Sally Engle; MILNER, Neal. (Ed.). **The possibility of popular justice:** a case study of Community Mediation in the United States. Michigan: The University of Michigan Press, 1993, p. 138-139.

[602] ROTHSCHILD, Judy H.. Dispute Transformation, the influence of a Communication Paradigm of Disputing, and the San Francisco Community Boards Program. In.: MERRY, Sally Engle; MILNER, Neal. (Ed.). **The possibility of popular justice:** a case study of Community Mediation in the United States. Michigan: The University of Michigan Press, 1993, p. 319.

Outra questão relevante dizia respeito ao local em que aconteciam as audiências. Embora houvesse uma estrutura física à disposição, o espaço poderia variar à critério dos participantes. Com a intenção de garantir pertencimento, era incentivado o estabelecimento consensual de espaços comunitários representativos para os envolvidos, a exemplo de centros comunitários, escolas e igrejas.

Mais do que incentivar a condução por uma só pessoa ou por uma dupla de voluntários, cada caso costumava envolver de três a cinco voluntários. O tamanho e a composição dos painéis eram um esforço consciente para refletir a comunidade e a preocupação de todos nos processos de tratamento de conflitos. Somada à abrangência da comunidade formada, esse foi um dos aspectos que elevou o custo econômico dos casos.

Todo o contato, seja entre os *painel members*[603], seja entre eles e as partes dava-se face a face, sem oportunidade para interrupção destinada a conversas sigilosas entre os voluntários[604].

O procedimento era pautado em quatro fases: apresentação das percepções e sentimentos de cada uma das partes; compreensão dos impactos do problema e das ações de cada um na vida dos outros; construção de compreensões mais completas e complexas sobre as narrativas envolvendo o conflito; e estabelecimento do que cada um acreditava ser uma solução justa para o caso e como poderiam contribuir para ela. Esse último momento poderia vir acompanhado de um acordo[605].

A opção por abordar as SFCBs também adveio da relativa similaridade entre os passos percorridos pela experiência californiana e os defendidos pela justiça comunitária e também pelas práticas restaurativas.

Um ponto que merece relevo é que Shonholz, o idealizador e executor das SFCBs, identificou que embora o envolvimento popular fosse marca característica e importantíssima para o programa, a transformação dramática nas áreas tinha sido levada a cabo quando as instituições também se envolveram na causa. Ele aponta

---

[603] No original, falava-se em "Panel member" e "case developer", que poderiam indicar membros de juris e promotores, numa tradução literal. Como a experiência da Califórnia não teve correlata brasileira, não é possível precisar a tradução exata que essas expressões teriam em eventual execução do modelo no Brasil. Por esse motivo, preferi manter o termo original.
[604] DUBOW, Fredric L.; MCEWEN, Craig. Community Boards: An Analytic Profile. In.: MERRY, Sally Engle; MILNER, Neal. (Ed.). **The possibility of popular justice:** a case study of Community Mediation in the United States. Michigan: The University of Michigan Press, 1993, p. 149.
[605] DUBOW, Fredric L.; MCEWEN, Craig. Community Boards: An Analytic Profile. In.: MERRY, Sally Engle; MILNER, Neal. (Ed.). **The possibility of popular justice:** a case study of Community Mediation in the United States. Michigan: The University of Michigan Press, 1993, p. 150-151.

nominalmente o papel do engajamento das escolas, centros religiosos, organizações não-governamentais, agências públicas e grupos de voluntariado[606].

Esse é talvez o aspecto mais sensível sobre a sustentabilidade dos resultados e práticas do *Segurança com Cidadania* no Nacional, tanto por não ter havido acompanhamento pelas Agências da ONU, quanto pela desarticulação institucional e o desinteresse do Estado. Nesse último aspecto, considere, por exemplo, a transferência de profissionais mais engajados do CRAS Casa Amarela para unidades de assistência social localizadas em outras regiões. Como, então, projetar políticas públicas que estimulem essas iniciativas e protejam-nas de cooptação e apropriação indevida pela justiça formal do Estado?

Outro diferencial da experiência da Califórnia que contrasta bastante com o *Segurança com Cidadania* é a produção e publicidade dos dados e a prestação de contas responsável, permitindo controle, análise e replicação da experiência. Chega a ser estarrecedor que tenha conseguido acesso a mais informações sobre um programa que aconteceu há décadas numa cidade dos Estados Unidos da América do que do *Segurança com Cidadania*, desenvolvido na cidade vizinha, a menos de uma hora de distância de carro da minha casa, onde fui tantas vezes pela pesquisa de campo.

Uma crítica comum tanto às SFCBs, quanto ao *Segurança com Cidadania* consiste em falarem ora em justiça popular, ora em justiça comunitária, partindo de origem externa ao povo e à comunidade. A concepção de ambos partiu, cada uma a seu modo, de centros de poder e de figuras de autoridade.

Diferente do *Segurança com Cidadania*, as San Francisco Community Boards tinham o agravante de não se voltarem propriamente ao mapeamento das condições estruturais que possibilitaram os conflitos violentos.

Na crítica de Laura Nader[607],

> Deveria haver uma repercussão no movimento de métodos adequados para tratamento de conflitos pela mesma razão que deveria havê-la no sistema judicial: ADR não é relevante para as preocupações mais cruciais da maioria da população. O movimento de resolução de conflitos não está promovendo o tipo de sistema complementar de justiça que originariamente motivou a

---

[606] Cf. SHONHOLTZ, Raymond. Justice from Another Perspective: The Ideology and Developmental History od the Community Boards Program. In.: MERRY, Sally Engle; MILNER, Neal. (Ed.). **The possibility of popular justice:** a case study of Community Mediation in the United States. Michigan: The University of Michigan Press, 1993, p. 201-238.
[607] NADER, Laura. When is Popular Justice Popular? In.: MERRY, Sally Engle; MILNER, Neal. (Ed.). **The possibility of popular justice:** a case study of Community Mediation in the United States. Michigan: The University of Michigan Press, 1993, p. 448.

> crítica comunitária sobre o interesse público. De fato, ADR tem se tornado coercitiva e cada vez mais mandatória pelo Direito (Nader 1992).
> [...] Eu não estou falando sobre micro-prevenção, na qual tu pões dois vizinhos para conversar um com o outro e eles não se matam. Eu quero falar sobre macro-prevenção, na qual tu localizas onde várias e graves disputas ocorrem na sociedade com a finalidade de compreender que tipos de estruturas, organizações e práticas podem prevenir esses conflitos [tradução livre[608]]

Essa justiça de base comunitária pode servir à implementação e fomento de novas dinâmicas sociais, tendo potencial transformador daquela sociedade e de sua maneira de conceber os conflitos, de comunicar-se e de expressar sentimentos. Pode ser utilizada para reformular aspectos dessa sociedade e estimular sua população, assim como pode não o fazer. De todo modo, não corresponde à justiça comunitária, ainda que seja realizada na, para e pela comunidade.

As práticas de justiça popular atuam entre as violências e dinâmicas de poder da jurisdição estatal e aquelas presentes na assistência prestada por membros e organizações da própria comunidade. Sua característica mais proeminente consiste em ser profundamente enraizada na vida, nos valores e nos costumes do território, considerando o protagonismo popular.

> Analiticamente, a justiça popular está localizada na fronteira entre o a lei do Estado e a demanda local ou comunitária, distinta de ambas, mas conectada a cada uma delas. Situada nessa fronteira, a justiça popular constitui-se como uma forma semiautônoma de discurso e ordem (Moore 1973). Mas é contraditória. Seus defensores alegam que a justiça popular é antítese da jurisdição do Estado: natural, colaborativa e pessoal; em contraste com a artificialidade, combatividade e impessoalidade do sistema jurídico estatal. [...]
> Contudo, muitos dos procedimentos, símbolos, rituais e formas de linguagem utilizadas pela justiça popular derivam do Estado de Direito. [...] É possível que um tribunal imite os procedimentos e práticas da jurisdição estatal e ainda assim produza uma justiça menos violenta e mais consensual? É possível que tal tribunal conserve sua crítica ideológica ao sistema jurídico do Estado?
> **A justiça popular não só copia o Estado de Direito, como o Direito estatal tende a colonizar a justiça popular.** [...] Talvez a presença de alternativas informais redefina o sistema de justiça oficial (Henry 1985)[609].
> [tradução livre[610]] [grifos acrescidos]

---

[608] No original: "There should be a backlash on the alternative dispute-resolution movement, for the same reason that there was a backlash on the judicial system: ADR is not relevant to most people's substantive concerns. In addition, it promises what it cannot deliver. The dispute-resolution movement is not providing the kind of alternative justice systems that originally motivated the public-interest community's critique. In fact, ADR is becoming coercive and increasingly mandated by law (Nader 1992).
[...] I am not talking about microprevention, where you get two neighbors to talk to each other so they don't kill each other. I mean macroprevention, where you find out where the number and seriousness of disputes occur in society in order to look for some kind of structural, organizational, or productive means of preventing those disputes".
[609] MERRY, Sally Engle; MILNER, Neal. Introduction. In.: _____; _____. (Ed.). **The possibility of**

Em algumas ocasiões, é possível usar a justiça popular como ferramenta identitária ou de autonomia quando incorporada por grupos marginalizados[611], subalternizados[612] ou em qualquer outra situação de desvantagem no sistema jurídico. Sua temporalidade, amparo cultural e intrínseca adaptabilidade, contudo, pode ir cedendo a formalismos à medida em que seja incorporada ao aparato do Estado.

A justiça popular costuma estar vulnerável a julgamento de oportunidade do Estado, o que faz com que sua atuação seja deslegitimada e perseguida ou que sofra apropriação e colonização, conforme oportunidade e conveniência do Estado. Nas primeiras hipóteses, pode haver coincidência entre a ação estatal e práticas de intolerância ou *pilhagem*. No segundo caso, a justiça popular pode ser incorporada como estratégia para promover controle e ordem pública, estendendo a autoridade estatal a regiões ou domínios sociais que sua regulamentação não tinha efetivo alcance[613].

A partir desse raciocínio, Sally Merry e Neal Milner questionam-se sobre a possibilidade de existência de uma justiça popular ao alcance do Estado de Direito[614]. É importante destacar que não necessariamente o relacionamento do Estado com essas práticas será de desvirtuamento ou de apropriação. Todavia, em sociedades que costumam desconfiar do Estado, como é o caso da estadunidense e da brasileira, a expectativa construída historicamente sinaliza que essa será a ação mais provável[615].

---

popular justice: a case study of Community Mediation in the United States. Michigan: The University of Michigan Press, 1993, p. 4-5.

[610] No original: "Analytically, popular justice is located on the boundary between state law and local or community ordering, distinct from both but linked to each. Situated on this boundary, popular justice constructs its own, semiautonomous forms of discourse and order (Moore 1973). But it contains contradictions. Advocates of popular justice claim that it is the antithesis of state law: natural, collaborative, and personal in contrast to the artificial, combative, and impersonal world of state law. [...] Yet, many of the procedures, symbols, rituals, and forms of language used in popular justice derive from state law. [...] Can a tribunal mimic the procedures and practices of state law and still produce less violent and more consensual justice? Can such a tribunal retain its ideological critique of state law? Not only does popular justice mimic state law, but state law tends to colonize popular justice. [...] The presence of informal alternatives may reshape the formal itself (Henry 1985)".

[611] Cf. DAS, Veena; POOLE, Deborah. State and its Margins: Comparative Ethnographies. In.: _____. (Ed.). **Anthropology in the Margins of the State.** Santa Fe: School of American Research Press, 1991. p. 3-34.

[612] Cf. SPIVAK, Gayatri Chakravorty. **Pode o subalterno falar?** Belo Horizonte: Editora UFMG, 2014.

[613] Cf. MERRY, Sally Engle. Sorting out Popular Justice. In.: MERRY, Sally Engle; MILNER, Neal. (Ed.). **The possibility of popular justice:** a case study of Community Mediation in the United States. Michigan: The University of Michigan Press, 1993, p. 31-66.

[614] MERRY, Sally Engle; MILNER, Neal. Introduction. In.: _____; _____. (Ed.). **The possibility of popular justice:** a case study of Community Mediation in the United States. Michigan: The University of Michigan Press, 1993, p. 4.

[615] ABEL, Richard L.. Introduction. In.: _____. (Ed.). **The Politics of Informal Justice.** New York: Academic Press, 1982, vol. 1, p. 1-16.

Mesmo quando não é essa a situação, muitas vezes a concepção teórica da justiça popular é romantizada, não condizendo propriamente com seus nuances práticos. Seus procedimentos e a hierarquia presente nas relações podem estar bastante próximos aos tradicionais do modelo monista. Nesses casos, talvez esses dois modelos justiça sejam homólogos, e não propriamente opostos[616]. Com agravante de que no modelo popular pode não haver qualquer garantia de controle ou reexame.

No caso específico das San Francisco Community Boards (SFCBs), suas metas eram fomentar participação nas câmaras e fóruns locais para construir relações saudáveis de vizinhança; reforçar a governança popular no território; e fortalecer a autonomia da população local. Seus nuances aproximaram-se mais da justiça restaurativa do que da jurisdição tradicional do Estado[617]. Sua proposta inicial, inclusive, era de aproximar-se às práticas historicamente desenvolvidas por populações nativas no território que hoje pertence aos EUA. O ponto central era a responsabilização ativa dos membros da comunidade pelos seus próprios conflitos[618].

Todavia, conforme destacado por Sally Engle Marry,

> Sob alguns aspectos, os procedimentos autocompositivos do SFCB replicam os modos dos tribunais: o caso, a neutralidade do terceiro interveniente, o regimento (nesse caso, um bloco de folhas soltas com a descrição do processo das Câmaras Comunitárias), as reivindicações de objetividade e a abilidade daqueles que conduzem a audiência para discernir certos tipos de verdade sobre o problema encarando-os frente a frente. Noutras coisas, os processos, a linguagem do tratamento dos casos e os resultados da sessão de mediação são substancialmente diferentes daqueles dos tribunais. Os processos enfatizam análise dos sentimentos em detrimento da dos fatos e encorajam, até forçam, as partes a olharem uma para a outra e a conversarem entre si. "Panel members" e "case developers" são referidos como "membros da comunidade". Os mediadores abrem as audiências descrevendo-se como vizinhos das partes. Os envolvidos no conflito são denominados de primeira parte e segunda parte como uma forma de descriminalizar o processo e enfatizar a reciprocidade do conflito. As sessões são públicas, então qualquer outro vizinho interessado pode assistir, embora eles raramente o façam.

---

[616] Cf. FITZPATRICK, Peter. The Impossibility of Popular Justice. In.: MERRY, Sally Engle; MILNER, Neal. (Ed.). **The possibility of popular justice:** a case study of Community Mediation in the United States. Michigan: The University of Michigan Press, 1993, p. 453-474.
[617] MERRY, Sally Engle. Sorting out Popular Justice. In.: MERRY, Sally Engle; MILNER, Neal. (Ed.). **The possibility of popular justice:** a case study of Community Mediation in the United States. Michigan: The University of Michigan Press, 1993, p. 57.
[618] Cf. SHONHOLTZ, Raymond. Neighborhood Justice Systems: Work, Structure and Guiding Principles. **Mediation Quaterly 5.** San Francisco. n. 5 p. 3-30, 1984.; SHONHOLTZ, Raymond. Justice from Another Perspective: The Ideology and Developmental History od the Community Boards Program. In.: MERRY, Sally Engle; MILNER, Neal. (Ed.). **The possibility of popular justice:** a case study of Community Mediation in the United States. Michigan: The University of Michigan Press, 1993, p. 201-238.; SHONHOLTZ, Raymond. The Citizen's Role in Justice: Building a Primary Justice and Prevention System at the Neighborhood Level. **Annals of the American Academy of Political and Social Science,** Philadelphia, 494, p. 42-52, 1987.

> Simbolicamente, a sessão é definida como uma audiência de vizinhança, não um processo judicial. [...]
> Apesar das SFCB tentarem criar e promover áreas autogovernadas e estabelecer sistemas de ordenamento legal amparados nos das populações originárias dos EUA, as zonas urbanas de São Francisco não parecem bem adaptadas a essas metas[619] [tradução livre[620]]

Outra questão a ser observada é que os *"painel members"* costumavam ser mais influentes, mais ricos ou ter cursado mais níveis da educação formal do que a média da comunidade[621]. Esse é um ponto a ser considerado na experiência de justiça comunitária do Nacional. Se o *Segurança com Cidadania* enfatizou as formações a lideranças capazes de multiplicar o conhecimento, nem por isso parece ter-se voltado a um grupo de pessoas distintas pelo acesso à educação ou ao capital econômico, ao menos a considerar pelos agentes comunitários com que tive contato.

Há, todavia, um ponto sensível a ser considerado: mesmo tendo havido a proposta de paridade de gênero na composição do Comitê Local, as pessoas entrevistadas são majoritariamente do sexo masculino. Como fui entrevistando pessoas conforme apareciam no discurso dos primeiros acessados, com contatos indicados diretamente por eles, é possível desconfiar sobre certa desigualdade de gênero na representatividade.

Entre os homens entrevistados, todos eram cisgênero. Não parece coincidência que as figuras de liderança na comunidade sejam prioritariamente homens. E não por

---

[619] MERRY, Sally Engle. Sorting out Popular Justice. In.: MERRY, Sally Engle; MILNER, Neal. (Ed.). **The possibility of popular justice:** a case study of Community Mediation in the United States. Michigan: The University of Michigan Press, 1993, p. 57-58.

[620] No original: "Sob alguns aspectos, [tradução livre[620]]
In some ways, the procedures of SFCB mediation replicate the forms of the court: the case, the neutral third parties, the table, the book of rules (in this case a loose-leaf notebook with a description of the Community Boards process), the claims to objectivity and the ability of those running the hearing to discern some kind of truth about the problems of the people facing them across the table. In other ways, the processes, the language of case handling, and the outcomes of mediation sessions are quite different from those of the court. The processes emphasizes a discussion of feelings rather than facts and encourages, even forces, the parties to look at one another and talk to each other. Panel members and case developers are referred to as
'community members'. Mediators open hearings by describing themselves as neighbors of the parties. Those with problems are labeled first party and second party as a way of decriminalizing the process and emphasizing the mutuality of the problem. The sessions are public, so that other concerned neighbors can attend, although they rarely do. Symbolically, the session is defined as a neighborhood hearing, not a judicial process. [...]
Although SFCB endeavours to create and foster self-governing neighborhoods and to develop their indigenous system of legal ordering, San Francisco urban neighborhoods do not seem well suited to these goals".

[621] MERRY, Sally Engle. Sorting out Popular Justice. In.: MERRY, Sally Engle; MILNER, Neal. (Ed.). **The possibility of popular justice:** a case study of Community Mediation in the United States. Michigan: The University of Michigan Press, 1993, p. 59.

que seres humanos do sexo masculino sejam líderes naturais, mas pela dominação estrutural de gênero[622] que compõe a sociedade brasileira.

Esse elemento é reforçado na reiterada narrativa de violência doméstica na comunidade, assim como no homicídio de uma das representantes da comunidade por seu então companheiro em frente ao CRAS Casa Amarela. Pergunta-se: um programa como o *Segurança com Cidadania*, ao recrutar lideranças já estabelecidas, não acaba por legitimar ou até ampliar desníveis de poder intracomunitários?

Em paralelo à identificação e envolvimento das lideranças previamente constituídas, não seria o caso de estimular novas pessoas e espaços de representação no território? Ou, ao menos, ao utilizar metodologias como os processos circulares, não seria oportuno fomentar reflexões sobre quais figuras, atributos e comportamentos a comunidade tem exigido ou esperado de seus representantes?

No documentário "Miss Representation[623]", ao questionar crianças sobre o interesse em serem presidentes dos EUA, mais ou menos a mesma quantidade de meninos e meninas na primeira infância indicavam desejá-lo. Quando as crianças cresciam, o desnível entre meninos e meninas com esse interesse mudava: exponenciava a vontade dos meninos, diminuía drasticamente a das meninas. O documentário aponta a socialização e a ideologia veiculada na grande mídia como dois grandes fatores que contribuíram para isso.

A baixa representatividade feminina em posições de liderança é um dos fatores que contribui para que outras mulheres também não se enxerguem no lugar de agentes, sendo quando muito agenciadas. Se o *Segurança com Cidadania* não foi suficiente para questionar o predomínio masculino nas lideranças, os projetos atuais de desenvolvimento de justiça comunitária no Nacional têm essa missão pela frente.

---

[622] Cf. WOOLF, Virginia. **Profissões para mulheres e outros artigos feministas.** Porto Alegre: L&PM Editores, 2012.; ADICHIE, Chimamanda Ngozi. **We should be all feminists.** New York: Vintage Books, 2012.; BOSTEELS, Bruno. This people which is not one. In.: BADIOU, Alain. et. al. (Ed.). **What is People?** New York: Columbia University Press, 2013.; BADIOU, Alain. Twenty-four notes on the uses of the world "people". In.: BADIOU, Alain. et. al. (Ed.). **What is People?** New York: Columbia University Press, 2013.; BOURDIEU, Pierre. You said "popular"?. In.: BADIOU, Alain. et. al. (Ed.). **What is People?** New York: Columbia University Press, 2013.; DIDI-HUBERMAN, Georges. To render sensible. In.: BADIOU, Alain. et. al. (Ed.). **What is People?** New York: Columbia University Press, 2013.; HARRIS, Kay. **Moving into New Millenium:** Toward a Feminist Vision of Justice. Disponível em: <https://journals.sagepub.com/doi/abs/10.1177/003288558706700207?journalCode=tpjd>. Acesso em 12 out. 2017.; FRASER, Nancy; HONNETH, Axel. **Redistribution or recognition?** A Political-Philosophical Exchange. Londo: Verso, 2013.; BUTLER, Judith. **Problemas de gênero:** feminismo e subversão da identidade. Rio de Janeiro: Civilização brasileira, 2003.

[623] NEWSOM, Jennifer Siebel. **Miss Representation.** 85 min, United States of America, 2011.

O mapeamento de conflitos, a identificação de violências estruturais e inter-relacionais não deve estar desacompanhada daquelas presentes nas lideranças, como se fossem dois elementos que não se comunicam ou que não são profundamente influenciados pelas dinâmicas de poder presentes em dado contexto na comunidade. Nesse sentido, o desnível identificado nas SFCBs traz uma reflexão importante para a prática brasileira.

A despeito das fragilidades, o simples fato de veicular uma ideologia diferenciada sobre o tratamento de conflitos, pautada em não-violência e em oposição à compreensão de violência legítima típica do Estado monista, faz do *neighborhood justice system* de São Francisco uma ideologia potente para a gestão de conflitos.

5 TRANSFORMAÇÃO COMUNITÁRIA

> " Na verdade, somos uma só alma, tu e eu.
> Nos mostramos e nos escondemos
> tu em mim, eu em ti.
> Eis aqui o sentido profundo
> de minha relação contigo,
> Porque não existe, entre tu e eu,
> nem eu, nem tu".
> Jalāl ad-Dīn Muhammad Rūmī

A despeito de sua relação próxima com os movimentos de acesso e democratização da jurisdição, a justiça comunitária desponta do resgate a ancestralidades, do retorno intencional à comunidade, compreendida enquanto opção política e ética mancipatória.

A comunidade é definida no presente, constituída processualmente como produto de inter-subjetividades, de ser-com outros[624]. Considera, portanto, heterogeneidade e abertura ao outro como elementos para a constituição de paz participada.

Por essa razão, comunidade não é, nem poderia ser estática. Os consensos comunitários são dinâmicos e provisórios. O foco da permanência é antes o pertencimento do que a fixação de aspectos culturais, estéticos ou simbólicos constitutivos. Sendo assim, transformação é elemento intrínseco à definição de comunidade.

Somada a isso, o conhecimento do contexto, da linguagem e da matriz cultural faz do espaço comunitário potencial via de acesso, participação e pertencimento significativos. Se acontece dessa forma, há grandes chances de participação e cooperação serem um modo de convivência, uma maneira de estar com o outro para estar mais consigo.

Tal qual o Direito monista, a justiça comunitária é um modo de enxergar e compreender o mundo amparado em saber local[625]. A distinção paradigmática de ambos diz respeito à maneira de fazê-lo. Ela reflete os pressupostos em que estão amparados e repercute não só nas formas como se entende os problemas, mas na habilidade de distingui-los e na capacidade de transformá-los.

---

[624] CARRILLO, Alfonso Torres. **El retorno a la comunidad**: problemas, debates y desafíos de vivir juntos. Bogotá: Fundación Centro Internacional de Edicación y Desarrollo Humano, 2017. p. 213-214.
[625] GEERTZ, Clifford. **O saber local**: novos ensaios em antropologia interpretativa. Petrópolis: Vozes, 2014.

Mesmo quando seus rituais levam a resultado idêntico, continuam sendo substancialmente diferentes. É o caminhar que constitui o caminhante. O percurso fala mais do que o desfecho. Da mesma forma, uma decisão construída democraticamente e outra estabelecida de modo autoritário são intrinsecamente diferentes, ainda que cheguem a produtos similares[626].

Se comunidade é processo, a justiça comunitária não pode ser inflexível. Ao contrário, conta com tantas variantes quantas forem as possibilidades de existência do ser-com outro. É por essa razão que falo de justiça comunitária enquanto gênero e espécies.

Tanto a política pública federal oriunda da prática do TJDFT, quanto o *Segurança com Cidadania* foram maneiras de realizar o gênero justiça comunitária. As estratégias para fazê-lo devem ser pertinentes às condições e necessidades do coletivo, não sendo aprioristicamente mais ou menos acertadas. Contudo, podem variar quanto ao grau de adequação aos princípios e valores do gênero justiça comunitária.

No caso do *Segurança com Cidadania*, a governança democrática foi o principal elemento para pautar e aferir o desenvolvimento humano. Participação, compreensão política dos atos em sociedade e capacidade de entender e influir em decisões que os afetam foram três vertentes marcantes do projeto.

A metodologia do PNUD, adotada no Programa Conjunto da ONU, pressupõe que o planejamento, a implementação e o acompanhamento de projetos, programas, serviços e políticas públicas serão construídos através de interação dialógica entre Estado, atores locais, setor privado, grupos e lideranças comunitárias.

Os sujeitos comunitários tiveram a oportunidade de deliberar sobre as características e valores que reputam indispensáveis para seus representantes. Em seguida, envolveram-se na definição daqueles que seriam membros do Comitê Gestor Local. A decisão foi feita por consenso, mediante diálogo, sem necessidade de eleição.

Os moradores do Nacional estabeleceram que seus representantes deveriam refletir a diversidade religiosa local; contemplar os diferentes bairros e vilas do território; expressar paridade de gênero; contar com representantes da juventude, público alvo do Programa; e apresentar reconhecida liderança.

De 2010 a 2013, o *Segurança com Cidadania* realizou atividades e formações no Nacional buscando promover convivência; fortalecer as capacidades de atores locais;

---

[626] GONÇALVES, Aroldo Plínio. **Técnica processual e teoria do processo.** Belo Horizonte: Del Rey, 2012, p. 152.

reduzir fatores de risco relacionados à violência; aprimorar as condições de governança; promover a resolução pacífica de conflitos; garantir condições de sustentabilidade; e acesso à justiça[627]. Diante das violências e vulnerabilidades existentes no território, propôs-se a trabalhar e fortalecer condições de transformação comunitária que pudessem se sustentar após a finalização das atividades da ONU no Nacional.

Como as práticas e conhecimentos apreendidos eram compartilhados entre as Agências da ONU, a Administração municipal e os três municípios brasileiros selecionados, houve a construção coletiva de ações, a articulação de saberes e a multiplicação de experiências. Nesse aspecto, a transformação também foi característica da autocompreensão de cada um dos envolvidos e da maneira como consideravam as possibilidades de atuação diante dos conflitos violentos.

Para promover transformação, cuidou da violência enquanto fenômeno multicausal. O Programa Conjunto considerou a vulnerabilidade dos sujeitos de 10 a 24 anos como produto e produtora de violências em diferentes escalas e contextos.

Suas ações partiram de um eixo transversal ancorado em: a) Fortalecimento da coesão social; b) Revitalização dos espaços públicos; c) Fortalecimento da Justiça e da Polícia na relação comunitária; d) Prevenção e controle de delitos; e) Prevenção de fatores de risco/violência juvenil; f) Prevenção da violência contra a mulher, a criança e o adolescente[628].

O Programa Conjunto também teve preocupação em identificar e conhecer os aspectos situacionais e institucionais presentes no território, assim como as pessoas naturais e jurídicas que transitavam ou habitavam no espaço. Esses dados foram dispostos no Diagnóstico Integral e Participativo de Convivência e Segurança Cidadã (DIP)[629]. O DIP foi elemento central para compreender as violências presentes no território, entender como elas eram percebidas pelos atores locais e organizar o desenho da atuação da ONU.

---

[627] ORGANIZAÇÃO DAS NAÇÕES UNIDAS. PROGRAMA DAS NAÇÕES UNIDAS PARA O DESENVOLVIMENTO et al. **Caderno Municipal do Programa Conjunto da ONU "Segurança com Cidadania" em Contagem, Minas Gerais-MG.** Brasília: PNUD, UNESCO, UNICEF, OIT, UNODC, ONU Habitat, Ministério da Justiça, 2013. p. 10.
[628] ORGANIZAÇÃO DAS NAÇÕES UNIDAS. PROGRAMA DAS NAÇÕES UNIDAS PARA O DESENVOLVIMENTO et al. **Caderno Municipal do Programa Conjunto da ONU "Segurança com Cidadania" em Contagem, Minas Gerais-MG.** Brasília: PNUD, UNESCO, UNICEF, OIT, UNODC, ONU Habitat, Ministério da Justiça, 2013.
[629] ORGANIZAÇÃO DAS NAÇÕES UNIDAS. PROGRAMA DAS NAÇÕES UNIDAS PARA O DESENVOLVIMENTO. **Guia de Intercâmbio de Experiências em Convivência e Segurança Cidadã.** Brasília: PNUD, 2013e, p. 10.

Outra contribuição potencial do DIP é o rompimento com eventual silenciamento de violências ou narrativas. Ao identificar causas, resultados e encobrimentos de violências, confere possibilidade de mudança quanto a esses aspectos.

A consciência que surge ao nomear o que estava invisível pode vir acompanhada de espaços de escuta ativa para as vozes que até então eram ignoradas. Pode derivar, ainda, em tratamento corresponsável da questão ou em compreensão de sentimentos de auto-ódio e desvalorização de parcela da comunidade.

Em razão deste último aspecto, é importante comparar os dados levantados pelo Diagnóstico Integral e Participativo (DIP) com as características elencadas pelos atores locais para definição de seus representantes. Desse modo, evita-se que minorias qualitativas internas não tenham representatividade garantida.

Embora a metodologia do PNUD tenha um rito, é importante revisar alguns atos passados quando houver indicativo de que ele refletia a capacidade da comunidade naquele momento, mas já não é adequado para o seu atual estado de consciência. Essa é uma derivação lógica da compreensão processual de comunidade.

O DIP é um ponto importante para transformação social. Considerando o Diagnóstico Integral e Participativo, é importante delinear e especificar as estratégias para tratamento dos desafios de violência e criminalidade no território. Para tanto, o PNUD estabelece a necessidade de criar um Plano Integral e Participativo em Convivência e Segurança Cidadã (PIP), que também deve ser constituído por meio de governança democrática.

No PIP, os atores têm a possibilidade de definir ações, metas e diretrizes para combater e prevenir violências no território. Ainda mais importante: a metodologia do PNUD convida os sujeitos a engajarem-se diretamente, assumindo suas corresponsabilidades na situação e como podem contribuir para transformar o problema. O Plano Integral e Participativo também deve considerar as potencialidades e recursos presentes na comunidade, garantindo a sustentabilidade das práticas.

O trajeto metodológico implementado no *Segurança com Cidadania* é pautado integralmente em policentrismo decisório. Por essa razão, a transformação é a bússola que guia o movimento.

Apesar do envolvimento dos agentes do território ser o foco do Programa, a pesquisa de campo apontou a relevância da vontade política do Executivo local na realização do PIP. Afinal, integração e intersetorialidade são elementos nodais desse projeto de governança democrática.

Quando o Estado não é parte dessa rede de diálogo, nem contribui com as práticas de cuidado das comunidades que o compõem – sejam elas marginais ou não –, a transformação comunitária torna-se menos provável.

Relembre a fala de Claudia Ocelli, Ponto Focal do Município no *Segurança com Cidadania*

> [...] experiência de fazer política territorial. A disputa política de poder e visibilidade entre secretários e prefeitos se distancia completamente de como a comunidade gerencia a dinâmica das próprias relações de poder. As conexões entre esses dois âmbitos de poder foram o mais impactante, mostra que é possível fazer política pública de uma outra maneira. O [histórico] deslocamento dos formuladores [das políticas públicas] da realidade territorial, o desenho [tradicional] das políticas comunitárias não conhece as estratégias comunitárias de desenho. Esse deslocamento inviabiliza a execução, os editais são higienizados em relação a esses sujeitos.

Ao contrário, quando o Estado procura compreender e influir respeitosamente na maneira como a comunidade gerencia as dinâmicas de suas relações de poder, é provável que a formulação de políticas públicas considere a realidade territorial e as estratégias comunitárias de desenho político. Essa parceria tende a garantir eficiência aos atos da Administração Pública.

A construção e o fortalecimento da atuação em rede necessitam de contato de qualidade. Para isso, o *Segurança com Cidadania* investiu em práticas restaurativas como as rodas de diálogo sobre convivência e segurança cidadã[630] e o jogo de tabuleiro Mandala.

Sobre a experiência comunitária de justiça no Nacional, Claudia Ocelli comentou que

> a comunidade não nega o problema, apenas assume que se trata de 'problema meu'. [...] Enquanto isso, a nossa justiça é uma 'justiça do outro longe de mim, do outro que não me pertence', por isso posso empilhar num poste e chicotear. [...] A justiça da comunidade não é uma proteção de passar a mão na cabeça, é uma proteção de pertencimento, que os enxerga como iguais e, por isso, os respeita e protege, que se vê como equipe... é uma outra justiça. Veja você mesmo, escute as pessoas de lá, fale com Zé Gordo, Café e [Paulo] Terrinha. A ONU não trouxe dinheiro, mas levou formação a gente que não sabia como agir. Por isso, a justiça comunitária se deu nas relações interpessoais... mas essa dimensão da política pública não se materializa em documentos, as pessoas e a ciência só lidam conceitualmente. E, neutralizando de que justiça essas pessoas estão falando, neutralizam a própria experiência de justiça.

---

[630] ORGANIZAÇÃO DAS NAÇÕES UNIDAS. PROGRAMA DAS NAÇÕES UNIDAS PARA O DESENVOLVIMENTO. **Comunicação e Mobilização Social em Convivência e Segurança Cidadã.** Brasília: PNUD, 2013b, p. 28.

A garantia da sustentabilidade das contínuas transformações comunitárias demanda constituição de rede ativa, mas também certa independência. Quanto a esta última, a desobrigação financeira pareceu ser um grande foco do Programa Conjunto da ONU, que preferiu não remunerar a atuação dos agentes encarregados da representação ou execução de suas práticas.

A pesquisa de campo indicou que esse não foi um ponto pacífico no Nacional: diversos discursos elencavam insatisfação com a atuação eminentemente voluntária durante e após o *Segurança com Cidadania*. Muitos deles, inclusive, apontavam essa característica como definidora para o comprometimento na manutenção e aprofundamento das ações e resultados do Programa.

Esse dado está alinhado ao que foi observado nas *San Francisco Community Boards*, nos Estados Unidos da América. Em territórios periféricos em que as pessoas costumam despender parte considerável de seu dia na garantia da subsistência de sua família, vincular a sustentabilidade de atuação transformadora que demande alto nível de envolvimento e dedicação a sua não-remuneração é, na verdade, uma forma de fazê-la insustentável.

Volte à fala de Ilton Café, liderança comunitária ligada à juventude,

> Quando eu não sabia, eu não sabia. E depois que eu fiquei sabendo de um monte de coisa? Que é que eu fiz com meu saber depois disso? Isso me entristeceu, você acredita? **O que me deixou mais triste foi porque me ensinaram tanta coisa, mas não me deram nada além de conhecimento, ferramenta nenhuma.** Por que você pode ter o conhecimento, mas se não tiver ferramenta pra replicar aquilo... **se não tiver um espaço, não tiver condições de fazer aquilo, aquilo fica morto, mas ao mesmo tempo fica te remoendo, 'e aí? E agora?', tá entendendo? E a política partidária, por que é que ela atrapalha tanto?** A ONU não deixava envolver a política partidária, mas por que é que é só a política partidária que fortalece as coisas até hoje? [...]
> Eles afiaram, afiaram, afiaram a ferramenta, e deixaram lá... **mas e depois, e aí, o que acontece com a ferramenta? Encostaram ali, aí vem a chuva, vem o sol, vai enferrujar tudo de novo, entendeu? Então valeu de quê? Eu acho que valeu pra mim, mas eu não sou sozinho no mundo. Eu sou indivíduo, mas eu vivo em comunidade. E o que eu aprendi, como eu faço pra passar aquilo pra frente? Que espaço eles me deram?** Eles me deram condições de criar aquilo? Me deram sabedoria? Me deram entendimento, isso ai eu não nego! São pessoas capacitadíssimas, e até por isso que eu fico triste de pensar que pessoas que pensam tanto, [...] que são tão capazes... e não enxergaram que isso não pode apagar. E não são pessoas incapacitadas, são pessoas que têm... se eu, que sou eu, estou vendo isso. [...]
> Eu penso, com todo o respeito que eu tenho a ONU e ao que eles fizeram, que eles tinham ferramentas pra continuar. [...] **eles deveriam dizer assim: se a gente investiu tanto naquilo ali, nós também não podemos deixar**

> aquilo morrer. Como é que nós vamos fazer? Por que eles são mais capacitados que eu. **Como é que nós vamos fazer pra que o Café não se sinta perdido? Que o Tenente, que a Albaniza, que o Fulano não sinta que aquilo ali... que a luz apagou no fim do túnel? Uma vez por ano nós vamos lá fazer essa reunião no território? De seis em seis meses? Como que nós vamos fomentar isso?** Como é que nós vamos fazer que isso não fique só na memória? [...] Eles estiveram aqui só uma vez depois do lançamento e depois não vieram mais, não. Não vieram mais, não. Eu acho que isso podia partir também de dentro da própria ONU. [...] **Eles continuam aí, a ONU não morreu. Então por que é que lá dentro eles não arrumaram um recurso pequeno pra que duas pessoas – daquelas que vieram aqui [em] centenas – não pudessem acompanhar, mesmo que seja de longe, 'ou, fulano, e aí, como é que tá?', sabe?** Deixar sob uma representação partindo deles também. [...] **Tem aquela sementinha lá ainda. Eu acho que ela não vai morrer dentro de ninguém. Cada um tá regando ela de uma forma. Eu, tem horas que dá vontade de pegar a minha e matar ela, mas ela não morre, eu... não tem jeito, eu morro junto com ela... a semente tá em mim**. Mas seu eu pudesse, tem horas, eu me livrava dos meus pensamentos, de tão doido que é. [ênfase acrescida]

Assim como a vulnerabilidade é causa e produto da violência, a questão econômica é condição e consequência da permanência de violações a direitos humanos. Por essa razão, teorias de justiça tratam tanto de questões distributivas, quanto de reconhecimento[631].

O Nacional não estava ileso à influência recíproca de aspectos como classe, gênero, raça e identidade. A Consultora do PNUD Cintia Yoshihara comentou em entrevista que, antes do Programa Conjunto, os moradores do Nacional não se sentiam pertencidos à comunidade, assim como não sentiam que o Nacional fazia parte delas.

Moacir Fagundes, Professor de História da Escola Municipal Anne Frank, localizada no bairro do Confisco, relatou que

> [...] eu percebi que eram muito recorrentes em sala de aula aqueles pequenos conflitos entre estudantes e a origem desses conflitos era que a maioria dos meninos e meninas tinham vergonha de dizer que pertenciam ao Confisco. Quando aconteciam aquelas briguinhas de sala de aula, falavam assim 'ah, mas eu não moro aqui, você que é do Confisco, né? Você é "confisqueiro", eu não sou'. Ninguém nunca morava no Confisco, todos falavam que moravam nos bairros próximos. [...] ninguém assumia. A maioria tinha vergonha de dizer que morava no Confisco. Era até motivo de zoação chamar o outro de "confisqueiro". Eu percebi isso e vi que não dava para só ensinar a história da Europa com essa questão batendo na minha cara ali.

Tal qual a violência, o não-pertencimento provavelmente é multicausal. Em território marginal do Estado, onde normalmente os cidadãos não se enxergam como

---

[631] FRASER, Nancy; HONNETH, Axel. **Redistribution or recognition?** A Political-Philosophical Exchange. Londo: Verso, 2013.

parte, nem são considerados positivamente no discurso público hegemômico, há grandes chances desse não-pertencimento estar atrelado a traumas.

Ao criar espaço para o contato dos estudantes da Escola Municipal Anne Frank com narrativas distintas sobre a origem do bairro, o Professor Moacir fez das aulas de História um lugar para escapar do perigo da história única. Essa mudança de perspectiva caminha no sentido do reconhecimento de potencialidades, diversidade e recursos locais. É, por isso, via de mudança social.

Pertencimento com significado e influência forma o tripé de sustentação de qualquer comunidade. Para isso, contudo, é importante certa consciência de si como parte significativa da totalidade. Autoempatia, autoconhecimento *Comunicação Não-Violenta* são elementos importantes nesse estabelecimento de narrativas alternativas que se aproximem mais daquelas desejadas. Volte às considerações de Cláudia Ocelli sobre a ocasião em que uma representante da ONU se referiu a "maçã podre":

> certa vez, ao se ouvir falar em 'maçã podre' no discurso de uma das pessoas encaminhadas pela ONU, uma liderança do território disse que não reconhecia aquilo que estava sendo chamado de `maçã podre', que aquelas pessoas que ela chamava de 'maçã podre' eram seus vizinhos, seus filhos ou netos e que era assim que ele os reconhecia. [...] Na lógica da comunidade, o alegado 'outro' não é outro, é 'meu par', eu o vi nascer. Há uma lógica protetiva, ele não é um marginal. São os externos que enxergam com margens. Para a comunidade, 'ele não é margem, é meu, precisa ser cuidado, protegido'.

Zé Gordo, líder comunitário com atuação em esporte e lazer para crianças e adolescentes, comentou o ocorrido:

> Você está num conflito e está pelejando pra trazer a paz, aí vem uma pessoa que não é da sua comunidade e não sabe onde é que a água empoça. Porque no seu terreno você sabe onde é que a água empoça, mas no meu terreno você não sabe. Você tem que saber chegar, olhar o território e conversar.

O *Segurança com Cidadania* procurou construir conhecimento e diálogo para que a comunidade soubesse como se unir e se articular para proteger suas crianças e adolescentes. Esse fato foi determinante no desenvolvimento de pertencimento.

Paulo Terrinha, representante comunitário que atua com arte de rua, ressaltou que "o Programa veio pra somar nessa questão de ver a beleza [da comunidade]. Eu sempre gostei, mas gostava só por gostar, por que vivia. Mas depois você começa a olhar e diz 'olha, aqui tem isso, tem aquilo'".

Em entrevista, Paulo mencionou também outros elementos essenciais ao pertencimento comunitário fortalecidos pela atuação do *Segurança com Cidadania*: a identificação e valorização das potencialidades e do que havia de positivo no espaço físico do território; e a vinculação identitária com elementos positivos. Esses dois aspectos também oferecem grande potencial para transformação comunitária. Na fala do *graffiteiro*:

> Eu assisti um filme uma vez, não sei se você já viu... Eu não lembro direito o que é que era, se era um grão... mas era só um grão voando. Aí o filme começa só assim, um grão voando. Aí mostra que dentro daquele grão era tipo um mundo, um mundo com um monte de coisas. E dentro daquele grão com um mundo, tinha mais um mundo com um monte de coisas. Então, eu vejo que a comunidade é isso, é um mundo dentro do mundo, com milhares de pessoas, de vivências e de saberes... e muitos desconhecidos, as pessoas passam umas pelas outras sem se relacionarem, então não sabem o que é que o outro faz. [...] É isso que falta, muitas vezes, a gente se preocupar com o outro e saber de fato, né? "ah, eu estou precisando fazer uma filmagem, precisando ir em tal lugar... não, aqui no bairro tem um menino que mexe com isso. Os meninos estão estampando aqui agora, tem fulano, tem ciclano". Esse mundo dentro de outro mundo, de saberes, de vivências, de dor, de luta, de alegria... é tudo aqui dentro.

A consideração do saber coletivo produzido à nível comunitário e a constituição estatal que considere suas margens são ferramentas para transformação comunitária. Ao enxergar o outro diferente de mim como alguém que também merece proteção e respeito, ao invés de tentar me proteger dele, mudo o foco da segurança que sou capaz de desejar e para a qual posso contribuir.

Nesse sentido, admitir e considerar compreensões não-hegemônicas de justiça garantem a flexibilidade, diversidade e satisfação da própria experiência de justiça. A ética de alteridade me fortalece à medida que me expande.

Ao mesmo tempo, se a comunidade se sente pertencente e considerada nas ideias de justiça e segurança do Estado, provavelmente será capaz de se enxergar enquanto corresponsável nessas causas e procurará garantir sua efetividade. Nesse tema, merece destaque a fala do Major Davidson sobre a situação das instalações físicas do CRAS Casa Amarela:

> nossa primeira reunião foi na Casa Amarela e ela era, assim, toda quebrada, toda destruída mesmo. Lá era ponto de usuário de drogas, [cheia de] fezes... assim, a Casa Amarela era uma coisa de louco, sabe? Foi sugerido que a Prefeitura ajudasse a mudar a Casa Amarela [e que] o Paulo [Terrinha] fizesse um trabalho lá, chamado *Trilhas da Paz*, no passeio, que eles iam desenhando umas mensagens bacanas. E quando a gente saiu de lá [a Casa Amarela] estava uma coisa tão bacana... que as luminárias, os postes de 20

> metros, [anteriores ao Programa Conjunto estavam todos] quebrados, e as luminárias que foram colocadas depois, há 2 metros de altura, permaneciam lá, ninguém mexia, respeitava. O índice de ocorrência caiu bastante.

A qualidade do vínculo do Major com a comunidade é outro dado que reforça a transformação da consideração da narrativa do outro: quando Davidson expôs a vulnerabilidade das condições da atuação da Polícia durante o toque de recolher do território, os representantes comunitários desenvolveram empatia por ele e o acolheram como membro importante naquele espaço.

Ao mesmo tempo, esse envolvimento levou à mudança de perspectiva do Major, que passou a ver os então "meliantes" como "filhos dos meus amigos", como alguém que merece cuidado. Com isso, a segurança deixou de ser pautada contra esses meninos e passou a contemplá-los.

Com essa parceria, passou-se mais de um ano sem que qualquer pessoa de 10 a 24 anos fosse vítima de homicídio no Nacional. A mudança no destino certo de morte e vida severina tem ligação direta com "Mineirinho", conto de Clarice Lispector reproduzido nas considerações inicias. Ao apostar no terreno e romper com a apatia que sustenta o sono, o *Segurança com Cidadania* experimentou satisfação através da justiça comunitária.

O cuidado, todavia, não se perpetuou no tempo: quase todos os entrevistados apontaram que nem a Organização das Nações Unidas, nem a Prefeitura de Contagem contribuiu para o acompanhamento dos resultados e práticas desde o encerramento do Programa Conjunto.

Ilton Café me falou que não entendia como profissionais tão capacitados não perceberam que dificilmente os resultados do Programa seriam sustentáveis sem acompanhamento.

Assim como na justiça restaurativa, o acompanhamento é fundamental para evitar desperdício de experiência na justiça comunitária. Ele é fase e pressuposto de uma compreensão humanizada de justiça pautada na satisfação dos usuários e que, portanto, não se contenta com mera tutela ou resultado inexequível.

O presente do Nacional continua com desafios: desde o encerramento do Programa, houve acirramento da violência no local. Esse fato, contudo, não parece fruto de simples ineficiência do *Segurança com Cidadania*. Os entrevistados foram enfáticos a respeito: é significativo o impacto de nova variável vinculada à atuação do Estado, a *pilhagem*[632].

A naturalização de narrativas dominantes na atuação do Estado não reflete a alegada naturalidade de seus referenciais homogeneizadores[633]. Ao contemplar a dignidade das experiências de justiça comunitária, o Estado caminharia no sentido da *hermenêutica diatópica*[634].

Esse agir responsável estatal não é satisfeito no binarismo inclusão-exclusão, que continua pressupondo superioridade moral de quem diz quem entra e quem sai e que, não raro, relaciona autoritarismo e seletividade[635].

Mesmo a opção por um ou outro método para tratamento de conflitos não é neutra. A escolha de ritos e rituais influe e legitima práticas que se desenvolvem no interior da cultura, inclusive aquelas pautadas em desigualdade[636]. Nessa perspectiva, a visão ampliada de jurisdição e a consideração da justiça comunitária são estratégias importantes para a transformação da justiça a que se acessa e também da cultura que a envolve.

A dispersão e o compartilhamento do poder de decidir sobre questões elementares à vida dos agentes são fundamentais para transformação social. O protagonismo dos sujeitos e a abertura à diversidade de narrativas completam e complexificam a própria imagem do Estado e de seus cidadãos.

O contato qualificado entre Estado e cidadãos vem como oportunidade de aprendizado e transformação. Ao observar as ferramentas que as comunidades têm utilizado para tratar seus conflitos, o Estado tem a chance de ampliar sua compreensão de justiça e das estratégias para satisfazê-la.

A um só tempo, é potente para o desenvolvimento de pertencimento e a superação de condição de subalternidade[637], como para a ampliação da autocompreensão do Estado, que passa a se definir também pelas suas margens. Governança, pertencimento e autoimagem estão conectados por demandarem despertar de consciência, que, nesse caso, está intrinsecamente ligado ao policentrismo decisório.

---

[632] Ugo Matei e Laura Nader (2013) usam o termo *pilhagem* para referir-se à atuação ilegal do Estado de Direito. A expressão remete originariamente ao esbulho possessório feito por grileiros.
[633] ANDERSON, Benedict. **Comunidades imaginadas**: reflexiones sobre el origen y la difusión del nacionalismo. Ciudad de Mexico: Cultura Libre, 1993.
[634] SANTOS, Boaventura de Sousa. Por uma concepção multicultural dos direitos humanos. In.: BALDI, César Augusto. (Org.) **Direitos humanos na sociedade cosmopolita**. Rio de Janeiro: Renovar, 2004. p. 272.
[635] Cf. QUEIRÓS, Adirley. **Branco sai, preto fica.** 1h33min, Brasil, 2015.
[636] CHASE, Oscar. **Direito, cultura e ritual:** sistemas de resolução de conflitos no contexto da cultura comparada. São Paulo: Marcial Pons, 2014, p. 13.
[637] SPIVAK, Gayatri Chakravorty. **Pode o subalterno falar?** Belo Horizonte: Editora UFMG, 2014.

Nas justiças restaurativa e comunitária, o envolvimento dos sujeitos nos processos decisórios, deliberativos ou dialógicos vem acompanhado de responsabilização ativa pelas causas, resultados e execução das ações planejadas. Distanciando-se da inútil aferição de culpa, essas metodologias se preocupam com a responsabilização pragmática. Por isso, algumas perguntas centrais desses processos envolvem reflexões sobre "como tenho colaborado para que a situação tenha ganhado esse contorno?", "agir assim tem sido útil em que pra mim?", "o que tenho perdido com isso?", "como me sinto a respeito?", "nesse cenário, de que preciso e o que eu considero um resultado justo?", "como posso agir para transformar essa situação em algo desejado?".

Para que a justiça seja satisfatória sob o paradigma restaurativo e comunitário, deve ser centrada nos sujeitos. Esse elemento de humanização dos rituais aproxima-se tanto das racionalidades, quanto das *sensibilidades jurídicas*[638]. Rompe, portanto, com a pretensa supremacia da razoabilidade abstrata em detrimento dos modos de vida concretos.

O gerenciamento consensual da diferença compõe a dinâmica desses métodos, que não se satisfazem com o binômio inclusão-exclusão. Superam a compreensão de acesso que se tinha em movimentos como o *Projeto de Florença de Acesso à Justiça*, mais voltados ao Estado Social, e atingem nova dimensão de acesso capaz de transformar a própria imagem de justiça. O fazer justiça na, para e pela comunidade não é centrado na figura do Estado, embora o considere um apoiador relevante. A justiça pensada segundo a *estadania*[639] não satisfaz as condições de cidadania.

Em determinadas situações, o Estado é um ator fundamental para o processo. Pense, por exemplo, em questões atinentes ao planejamento e execução de serviços ou políticas públicas. É preciso, contudo, ter cuidado quanto a incorporação dessas práticas no aparato estatal. No movimento das *Alternative Dispute Resolution* (ADR) estadunidenses, por exemplo, o envolvimento dos Tribunais veio com sinais consistentes de "privatização" da justiça, superioridade moral do Estado frente aos jurisdicionados e controle sobre a emancipação social[640].

---

[638] GEERTZ, Clifford. **O saber local:** novos ensaios em antropologia interpretativa. Petrópolis: Vozes, 2014.; LIMA, Antonio Carlos Souza. O exercício da tutela sobre os povos indígenas: considerações para o entendimento das políticas indigenistas no Brasil contemporâneo. "Dossiê Fazendo Estado", **Revista de Antropologia**, USP, São Paulo, v. 55(2), jul./dez. 2012.
[639] CARVALHO, José Murilo de. **Cidadania no Brasil:** o longo caminho. Rio de Janeiro: Civilização Brasileira, 2002.
[640] NADER, Laura. **Harmonia coercitiva:** a economia política dos modelos jurídicos. Disponível em: <http://www.anpocs.org.br/portal/publicacoes/rbcs_00_26/rbcs26_02.htm>. Acesso em: 10 fev. 2016.

No caso brasileiro, em que há apreço histórico e construção de identidade pela *cordialidade*[641], o conflito costuma ser visto como algo a ser "evitado". Diante do medo, há recuo ou ataque. Todavia, conflito pode ser risco, mas também oportunidade[642]. Compreender os aspectos construtivos[643] do conflito pode ser um elemento transformador do próprio imaginário identitário brasileiro.

Com o mapa ampliado do conflito, considera-se sua topografia para responder às questões urgentes, mas também para trabalhar as causas e forças presentes; os padrões de relacionamentos; o contexto em que encontra expressão; e a estrutura conceitual que sustenta essas perspectivas[644].

Nesse entendimento, o conflito é uma via para condução de grandes discussões públicas no cerne de assuntos e relações que costumam estar circunscritos à esfera privada[645]. O mapeamento do conflito pode contribuir bastante para debates públicos e transformação social já que considera as características, interesses e necessidades dos sujeitos envolvidos; as estruturas de poder e os padrões das relações intersubjetivas; as estruturas conceituais que sustentam cada uma dessas perspectivas; as compreensões de mundo dos indivíduos e grupos em questão; as emoções despertadas pela situação conflitiva[646]. A paz insere-se aqui como *estrutura-processo*[647], necessariamente dinâmica, relacional, adaptativa e dotada de propósito.

A tutela jurisdicional de um Estado-provedor já não é suficiente para garantir direitos de cidadania. É útil e relevante, mas não é a única, nem deve ser a principal via para assegurar as condições de cidadania. Mais do que tutela, o acesso à ordem jurídica justa demanda cooperação entre o Estado e os sujeitos.

Nesse sentido, algumas possibilidades para esse contato diferenciado entre cidadãos e Estado são a inclusão de técnicas e jogos de *Teatro do Oprimido*[648]; a

---

[641] NETO, Lira. **Getúlio:** do governo provisório à ditadura do Estado Novo. São Paulo: Companhia das Letras, 2013.
[642] SANTOS, Bárbara. **Teatro do oprimido: Raízes e asas:** uma teoria da práxis. Rio de Janeiro: Ibis Libris, 2016.
[643] Cf. KRIESBERG, Louis; DAYTON, Bruce. **Constructive conflicts:** from escalation to resolution. Lanham: Rowman & Littlefield, 2017.; DEUTSCH, Morton. A resolução do conflito. In.: AZEVEDO, Andre Gomma de. (Org.). **Estudos em arbitragem, negociação e mediação.** Brasília: UNB, 2004. p. 29-44.
[644] LEDERACH, John Paul. **Transformação de conflitos.** São Paulo: Palas Athena, 2012.
[645] BRAITHWAITE, John. Doing Justice Intelligently in Civil Society. **Journal of Social Issues,** vol. 62, n. 2, 2006, pp. 393-409.
[646] CALVO SOLER, Raúl. **Mapeo de conflictos:** técnica para la exploración de los conflictos. Barcelona: Gedisa, 2014.
[647] LEDERACH, John Paul. **Transformação de conflitos.** São Paulo: Palas Athena, 2012.
[648] BOAL, Augusto. **A estética do oprimido.** Rio de Janeiro: Garamond, 2009.; BOAL, Augusto. **Teatro do oprimido e outras poéticas políticas.** São Paulo: Cosac Naify, 2013.

elaboração de projetos de lei por meio de *Teatro-Legislativo*[649]; a integração da narratividade dos cidadãos em planejamentos, definições e avaliações do agir estatal; a consideração da sabedoria coletiva, por meio de práticas restaurativas, na gestão de políticas, programas, projetos e serviços públicos; a adequação do devido processo administrativo, conforme conversações constitucionais não-violentas[650]; e a adoção de uma variedade de métodos adequados no tratamento de conflitos que envolvem o Estado.

No tocante ao *Teatro do Oprimido*, há o convite para que o "não ator[651]" aja em ato, rompa com eventual passividade e se engaje sensorialmente na descoberta ou aprofundamento das percepções de opressão.

Como considera que, em alguma medida, todos somos opressores e oprimidos, é uma ferramenta útil para rever a maneira como nos vinculamos ao outro. Por isso, é relevante nesse reposicionamento da relação cidadão-Estado.

O *Teatro do Oprimido* rompe com a estática divisão de papeis entre ator e expectador. Nele, o *expect-ator* é dinâmico, é protagonista por que observa atentamente as nuances e as personagens da situação. Como qualquer técnica, contudo, exige cuidados na sua condução, principalmente no tocante à não-violência e aos riscos que podem acompanhar a participação[652].

A opção pela pesquisa em justiça comunitária é parte de uma aposta mais abrangente: a de que conflito e comunidade sejam realocados no agir estatal e na compreensão de acesso à justiça e que, por esse contato, a própria justiça a que se tem acesso possa ser também transformada.

O *Segurança com Cidadania* ofereceu ferramentas para que a comunidade se identificasse como protagonista na concepção, gestão e planejamento de bens e serviços de que precisam. Ao mesmo tempo, trouxe uma perspectiva diferenciada para o agir estatal, que deveria estar pautado em presença consciente e aberto a conhecer-se sobre outros ângulos.

---

[649] SANTOS, Bárbara. **Teatro do oprimido: Raízes e asas:** uma teoria da práxis. Rio de Janeiro: Ibis Libris, 2016.
[650] CARVALHO, Mayara de; CRUZ, Gabriel Soares. Constituição processual: ética de alteridade, democracia e diversidade nas conversações constitucionais. **Revista da AGU**, Brasília-DF, v. 16, n. 01, p. 261-302, jan./abr. 2017.
[651] Para o *Teatro do Oprimido*, todo ser humano é ator, seja ele ator profissional, ou não. Boal defende a que a coincidência entre a condição humana e o teatro decorre da capacidade reflexiva que têm sobre a realidade. Ao se falar em "não ator", remete-se aos seres humanos que não são artistas profissionais.
[652] Cf. LEAL, Dodi. **Pedagogia e Estética do Teatro do Oprimido:** marcas da arte teatral na gestão pública. São Paulo: HUCITEC, 2015.

A reflexão que veio com o Programa não foi sobre fazer-se presente em território marginal, mas no *como* fazê-lo. Nesse ponto, inclusive, a experiência do Nacional traz um segundo desafio: como garantir que a autocomposição de conflitos não seja outro movimento que mobilize engajamento dos agentes comunitários para posterior abandono ou descomprometimento da Administração Pública?

Essa é uma questão relativamente constante quando considerado o agir do Estado, principalmente no Sul global. No caso da justiça comunitária, tem particular relevância: a construção do pertencimento comunitário ampara-se em lealdade[653]. Como confiar no Estado quando há hierarquia, decisão não dialogada sobre sua permanência nos vínculos e não se tem o cuidado de explicitar a coerência ou as justificativas para mudanças no modo como trata e considera os cidadãos?

Sem o cuidado de uma garantia de comprometimento mínimo estatal, amparada na Constituição, a adoção de métodos pretensamente adequados pode ser mais uma forma de produzir danos, frustrar expectativas legítimas e marginalizar cidadãos. Para isso, é importante que o contato cidadão-Estado seja acompanhado de diálogos frequentes sobre o que cada um está disposto a oferecer e receber naquela conexão.

Conflitos no contato Estado-cidadão continuarão existindo, a distinção será o tratamento respeitoso e não-violento oferecido. Quando acontecerem, é importante que haja a participação dos direta e indiretamente interessados e de suas microcomunidades de afeto e referência. Assim como o método KiVa finlandês ou a *Friends School* de Rammallah, os conflitos envolvendo a Administração Pública devem ser tratados de maneira mais humanizada.

Outro cuidado importante diz respeito à marginalidade no direcionamento dos temas e sujeitos foco dos métodos autocompositivos. Até que ponto a autocomposição não se tem destinado a temas já marginalizados como forma de devolver para os cidadãos exclusivamente a decisão quanto a questões periféricas, mas agora de forma barata, controlada e institucional[654]?

Seja ele periférica ou não, todo grupamento humano é palco, vítima e produtor de violências[655]. Transcender esses ciclos de violência demanda a capacidade de criar,

---

[653] BAUMAN, Zygmunt. **Comunidade:** a busca por segurança no mundo atual. Rio de Janeiro: Zahar, 2003.
[654] SANTOS, Boaventura de Sousa. **O direito dos oprimidos.** São Paulo: Cortez, 2014.
[655] MELO, Bendita Portugal e. **(Re)pensar a violência escolar à luz das estratégias de intervenção em territórios educativos de intervenção prioritária.** Disponível em: <http://repositorio.ul.pt/bitstream/10451/11003/1/repensar%20a%20violencia%20escolar.pdf>. Acesso

mobilizar e construir *imaginação moral*, de nos imaginarmos numa rede relacional que inclua as figuras que projetamos como nossos inimigos; a habilidade de sustentarmos a curiosidade que acolhe a complexidade da vida, sem recairmos em polarização; a crença e a busca do ato criativo; e a aceitação do risco inerente de se caminhar no desconhecido que reside além do cenário familiar de violência[656].

A capacidade de criar algo original é vetor de mudança da maneira como organizamos, agimos e enxergamos as situações. A meu ver, a metodologia do PNUD trabalhou imaginação moral nos territórios do Nacional. A própria maneira como o Diagnóstico e o Plano Integral Participativo foram executados refletia movimentos complexos, dialógicos e criativos que, ainda que muito simples, realizavam de forma eficiente, adaptada e reorientada as potencialidades e recursos disponíveis na comunidade.

O Programa Conjunto não se propôs a oferecer resposta imediata a algo ruim, mas a transformar as condições para que se pudesse não só agir diante de situações urgentes, como também criar uma realidade desejada. Falhou, todavia, ao não oferecer o mesmo empenho no acompanhamento de suas ações e resultados.

As falas dos sujeitos entrevistados apontaram a necessidade de criação e manutenção de canais capazes de proporcionar engajamento construtivo dos atores da comunidade na dinâmica das situações e desafios cotidianos. Estariam conectados pelo propósito compartilhado de construir uma comunidade mais unida, na qual o pertencimento e significado caminham em paralelo ao respeito à diversidade.

As práticas restaurativas podem ser importantes coadjuvantes nesse processo de construção e manutenção de redes. A experiência do *Segurança com Cidadania* aponta que a comunidade do Nacional aceitou e viu utilidade no uso da justiça restaurativa. Desse modo, projetos futuros que busquem transformação social no território deveriam considerá-la como potencialmente adequada.

Nesse caso, contudo, alerto para a necessidade de acompanhamento da satisfação, das ações e do impacto da ação no território. A condição humana é antes uma solução do que um problema, mas exige cuidado para não causar ou ampliar traumas pessoais ou coletivos.

---

em: 01 jul. 2018.
[656] LEDERACH, John Paul. **The moral imagination:** the art and soul of building peace. Oxford: Oxford University Press, 2005.

A materialização da justiça comunitária por meio de práticas restaurativas foi aspecto definidor dessa atuação da ONU em Contagem. Ela reforçou a aposta na supremacia da sabedoria coletiva, quando construída de modo dialógico, participado e democrático.

Ao mesmo tempo, a atuação do coletivo pode produzir grandes danos. Por isso, é fundamental atentar-se ao procedimento. O *modus operandi* deve indicar abertura para o desconhecido, criatividade, curiosidade e alteridade. Se não considera as necessidades de todos os interessados, não há nem justiça restaurativa, nem justiça comunitária. Por isso, uma prática retributiva não será experiência de justiça comunitária.

Para que uma prática restaurativa seja comunitária, é indispensável que aconteça na, para e pela comunidade. Toda prática totalmente restaurativa tende a ser comunitária, mas não o será quando pessoas externas conduzirem o processo.

Também não coincidirá com a justiça comunitária quando a prática restaurativa for a) realizada com distanciamento do ambiente comunitário; ou b) apenas parcialmente restaurativa justamente por não contemplar a participação da microcomunidade de apoio e referência, ainda que ocorra no espaço da comunidade e seja realizada por seus membros.

A prática comunitária não será restaurativa, por sua vez, quando não estimular os envolvidos a assumirem responsabilidades ativas; não se propuser a trabalhar as causas da situação problemática; ou não se pautar em escuta ativa.

De todo modo, tanto a justiça restaurativa, quanto a comunitária consideram que o conhecimento só está completo quando passa a compor os atos cotidianos, tornando-se parte consistente da prática individual e coletiva. Como não enxergam segurança em decisão inexequível, são processos essencialmente pautados em mudança social.

Quanto ao contato com o ensino formal, pode ser muito útil para sistematizar práticas e ideias; coletar, organizar e analisar dados; apresentar ferramentas e técnicas para auxiliar as práticas já existentes; e divulgar as experiências comunitárias de justiça. Contudo, condicionar o exercício da justiça restaurativa comunitária a dada formação ligada ao ensino formal pode ser não só contrassenso, como violência.

Qualquer atuação acadêmica na comunidade deve ser também restaurativa, ou seja, deve partir de perguntas, apostar na autonomia dos sujeitos e abrir-se a aprender com o contato com as narrativas individuais e coletivas. O contato com a comunidade deve ser para benefício mútuo: o intelectual aprende com a sofisticação na simplicidade do comum; o coletivo acessa novos dados e saberes com o acadêmico.

O olhar externo, o oferecimento de perguntas e a sistematização de dados da academia também podem ser estratégicos para nomear violências encobertas e compreender melhor certos padrões de comportamento pautados em distinção de *status* de seus membros.

Outra utilidade da aproximação entre comunidade e ensino formal é a potencial divulgação interna de resultados e recursos existentes no território, mas que não são conhecidos pela totalidade de seus membros. No *Neighborhood Justice System* da Califórnia, por exemplo, 81% dos casos surgiram por demanda direta e voluntária de seus interessados justamente em decorrência dessa publicidade[657].

A experiência estadunidense traz outra consideração útil: o envolvimento das instituições na causa da justiça popular foi fundamental para que houvesse transformação substancial nas áreas afetadas[658]. O trabalho de rede não pode desconsiderar esses atores, devendo buscar atrai-los ao máximo. É importante observar a linha tênue entre a cooptação ou apropriação indevida pela burocracia institucional e a atuação cooperativa e participada que engaje as instituições com a comunidade.

5.1 Conferências para Transformação Comunitária

> "Acho que invento a felicidade para compor todas as coisas e não haver preocupações desnecessárias.
> E inventar algo bom é melhor do que aceitarmos como definitiva uma realidade má qualquer. A felicidade também é estarmos preocupados só com aquilo que é importante. O importante é desenvolvermos coisas boas, das de pensar, sentir ou fazer".
> Valter Hugo Mãe[659], O paraíso são os outros

---

[657] DUBOW, Fredric L.; MCEWEN, Craig. Community Boards: An Analytic Profile. In.: MERRY, Sally Engle; MILNER, Neal. (Ed.). **The possibility of popular justice:** a case study of Community Mediation in the United States. Michigan: The University of Michigan Press, 1993, p. 134.

[658] Cf. SHONHOLTZ, Raymond. Justice from Another Perspective: The Ideology and Developmental History od the Community Boards Program. In.: MERRY, Sally Engle; MILNER, Neal. (Ed.). **The possibility of popular justice:** a case study of Community Mediation in the United States. Michigan: The University of Michigan Press, 1993, p. 201-238.

[659] MÃE, Valter Hugo. **O paraíso são os outros.** São Paulo: Cosac Naify, 2014.

A inserção das narrativas individuais e coletivas na composição e conformação da trajetória comunitária é pressuposto de efetividade da própria compreensão de justiça enquanto experiência satisfativa das necessidades e pedidos dos envolvidos.

Considerar as microcomunidades de referência e apoio nos processos de tomada de decisão em situações difíceis ou conflitos é uma de suas formas de materialização. Outra via é o exercício de gestão compartilhada e a escuta ativa dos sentimentos e necessidades do público alvo de projetos, programas, políticas e serviços públicos. Essa segunda modalidade, preferencialmente, deve estender-se aos afetados pela ação pública.

Segundo informação de agentes socioeducativos de Minas Gerais[660], há alguns anos foi construída a mais completa unidade socioeducativa do estado, no município de Vespasiano, na região metropolitana de Belo Horizonte. Finalizada a obra e feito o concurso para seleção dos novos agentes, contudo, o projeto foi interrompido: o centro foi incendiado antes de sua inauguração.

Embora o processo judicial ainda esteja em curso, há suspeita de que o incêndio tenha sido intencional. O fato alertou os recém-empossados sobre a rejeição dos moradores à instalação da unidade socioeducativa na cidade, como se coubesse a Vespasiano "limpar a sujeira" da capital.

Durante o processo de construção do novo centro, dessa vez em região administrativa de Belo Horizonte, os agentes socioeducativos optaram por, voluntariamente, envolver-se com a vizinhança para conversar sobre a proposta, o propósito e a atuação prevista para a unidade. Debateram não só sobre os objetivos do centro, mas conversaram sobre educação e compartilhamento de responsabilidade e cuidado dos adolescentes em cumprimento de medida socioeducativa.

Conforme relatado, a aceitação e envolvimento da vizinhança nas atividades socioeducativas têm sido saudáveis a ponto de estabelecerem parcerias para acompanhamento e monitoramento da medida. Nem o adolescente é isolado do entorno, nem a vizinhança enxerga a instalação da unidade como produto e reforço de aspectos marginais. Vizinhança e adolescentes podem, quem sabe, identificar-se por um aspecto que os assemelha: o fato de constituírem periferia ao padrão hegemônico e que isso não é fato para se repelirem, mas, quem sabe, para se unirem e oferecerem apoio mútuo.

---

[660] Na ocasião, a pesquisadora e o orientador eram professores de uma turma de 60 servidores do Estado de Minas Gerais, todos trabalhavam no sistema socioeducativo, embora tivessem cargos e funções distintos. A experiência foi relatada por uma servidora e endossada por um grupo de servidores.

O compartilhamento de narrativas oferece oportunidade de conexão de experiências individuais, assim como destas às estruturais ou a causas sistêmicas e a discursos sociais. Por essa razão, é ferramenta de estabelecimento e reforço de significado na convivência. As narrativas também guiam comportamentos em coletivos e organizações, de maneira a conferir significado às estruturas e aos relacionamentos. Conforme frase célebre de René Descartes, não descrevemos o mundo que vemos, antes enxergamos o mundo que descrevemos. Por isso, modificar narrativas tem impacto direto na autoimagem pessoal e comunitária. Além disso, a maneira como se enxerga o problema influi nas respostas que se é capaz de conceber e praticar.

A maioria das organizações pauta-se em narrativas que, ao serem incorporadas e sedimentadas, tornaram-se imperceptíveis para as pessoas inseridas na sua burocracia. Desse modo, entender as histórias que guiam os comportamentos institucionais é um passo importante na promoção de transformações estruturais. Também por isso, a percepção de cada um sobre os modos de vida possíveis para autodeterminação e materialização da própria narrativa costumam reforçar problemas que essas pessoas estão tentando resolver[661]. Ferramentas que se proponham a contribuir para mudança social devem considerar essa influência.

A interação entre as partes de um coletivo evidencia nuances da complexidade daquele sistema. A imagem que se tem de uma organização ou comunidade tem relação direta não só com a soma de seus membros, mas também com as maneiras com as quais eles se relacionam. Compreender como o sistema se conecta, como o coletivo lida com cada um de seus membros, é fundamental para qualquer processo que se proponha a operar com transformação social e superação de desigualdades.

Para tanto, é importante mapear o movimento, os atos independentes e coletivos dos agentes e suas consequências. Entender as normas básicas que guiam as interações entre os sujeitos e observar como as pessoas se reorganizam quando essas normas são modificadas pode trazer informações fundamentais para compreender o coletivo e investir em ações de emergência ou de auto-organização. Para criar organização, padrões de relacionamento ou novos recursos e estruturas num sistema complexo, é significativo o potencial de metodologias dialógicas orientadas procedimentalmente.

---

[661] HOOKER, David Anderson. **Transformative Community Conferencing:** a Hopeful, Practical Approach to Dialogue. New York: Good Books, 2016, p. 5.

Nesse sentido, as *Conferências para Transformação Comunitária* (CTC) exsurgem enquanto processos que convidam as pessoas a descobrir e explorar padrões narrativos que não estavam considerando, mas que podem compor o agir institucional ou coletivo. Isso é feito levando em conta o potencial desses padrões narrativos na reprodução e ênfase de condicionalidades problemáticas. A intenção é de explorar, investigar e descobrir, nas histórias narradas, elementos de empatia analítica e de criação de narrativas alternativas que sejam capazes de integrar os sujeitos e de oferecer novos padrões de relacionamento mais próximos aos desejados.

Para as CTCs, enquanto performatividades[662] de significado, as narrativas constituem e condicionam a experiência democrática, posto que as histórias de vida são instâncias narrativas[663]. "Se as pessoas vivem suas vidas por meio de narrativas e se as organizações e comunidades são formadas mediante narrativas, elas podem ser *transformadas* com o desenvolvimento intencional de narrativas que sustentem experiências desejadas[664] [665]". Nesse processo, é possível construir conexão entre as histórias individuais no contexto da narrativa ampliada.

Essa consideração caminha ao encontro da reflexividade entre as culturas e os meios oficiais de tratamento de conflitos[666]. Se é verdade que não é possível resolver os problemas utilizando o mesmo plano de pensamento que nos colocou na situação problemática[667], as dinâmicas de mudança social demandam novas estruturas de pensamento sobre dinâmicas de relacionamento e processos decisórios. Questões essenciais perpassam a pesquisa sobre como respeitar competências e papéis coletivos agindo de modo diferente e como promover transformações alinhado com algumas normas básicas.

Para as dinâmicas de mudança, contar com pessoas externas à comunidade pode ser muito positivo. Os "estrangeiros" costumam contar com permissões em relação as quais membros do grupo não se sentem confortáveis para exercer, a exemplo da

---

[662] Segundo David Hooker (2016, p. 18), a característica fundamental das performatividades narrativas diz respeito ao fato de estabelecerem condições que não existiam previamente, de constituírem um novo estado.
[663] HOOKER, David Anderson. **Transformative Community Conferencing:** a Hopeful, Practical Approach to Dialogue. New York: Good Books, 2016, p. 14.
[664] HOOKER, David Anderson. **Transformative Community Conferencing:** a Hopeful, Practical Approach to Dialogue. New York: Good Books, 2016, p. 6.
[665] No original: "If people live their lives by narratives, and if organizations and communities are formed through narrative, then it is my belief that they can be *transformed* with the intentional development of narratives that support a preferred experience".
[666] CHASE, Oscar. **Direito, cultura e ritual:** sistemas de resolução de conflitos no contexto da cultura comparada. São Paulo: Marcial Pons, 2014.
[667] Referência a frase célebre de Albert Einstein.

autorização tácita para levantar alguns questionamentos, na tentativa de compreender o movimento do sistema segundo diferentes perspectivas. Em vários casos, propor a pergunta é suficiente para impulsionar movimentos mais reflexivos e potencialmente diferentes. Essa interação com pessoas externas pode ser boa fonte de permeabilidade. Relembre os resultados observados no Nacional e as menções ao impacto construtivo dessas relações com pessoas externas durante a pesquisa de campo.

Quando as pessoas se reúnem, também criam novas formas de interação para o todo. Quando o protagonismo é marca característica do agir comunitário de cada um de seus membros, teremos a possibilidade de construir modos mais saudáveis para as interações internas. Alguns processos serão mais auto-facilitadores do que outros. Quando se tem a figura de um docente que ensina os demais, por exemplo, não se está facilitando. A centralidade dos conflitos deve ser alcançada por meio de processos facilitadores para que as pessoas sejam mais estimuladas a criar novas respostas conjuntamente. Processos mais voltados à facilitação, como as práticas restaurativas ou as CTCs, costumam oferecer resultados mais sustentáveis, capazes de continuar no tempo e no espaço, já que partem de práticas descentralizadas nas quais os participantes se sentem hábeis para agir por conta própria.

Esses processos operam com a intenção de criar microcosmos do sistema, a partir do envolvimento da comunidade de afeto e referência. Os microcosmos podem influenciar a totalidade do sistema, já que seus participantes estão conectados a partes essenciais do coletivo. Devem ser, por isso, capazes de representar a diversidade existente no todo, capazes de trazer visibilidade para as interações e estruturas de pensamento do sistema. Por essa razão, a questão sobre quem deve fazer parte do processo para a criação desse microcosmo é fundamental e deve ser periodicamente refeita, à medida que se tem contato com novas histórias ou com mais detalhes sobre narrativas já acessadas.

Processos facilitadores auxiliam os grupos e indivíduos a aprofundar a compreensão sobre pressupostos fundamentais intrincados aos discursos atuais. Trazem a consciência sobre elas ao mesmo tempo que contribuem para testar essas crenças com questões reflexivas sobre propósito, necessidades e ações que precisam ser tomadas. Também ajudam na geração de novas premissas que podem ser mais úteis para o futuro desejado. Com isso, procuram romper com apatia sobre o significado do comportamento individual na transformação do sistema. Ao movimentar o espaço e inserir metodologias dialógicas no cotidiano, proporcionam a possibilidade de sensibilização com empatia.

Algumas práticas podem auxiliar nesse processo, a exemplo da *speed network* cumulada com *chalk talk*, a *go-round*[668] ou mesmo o uso de metodologias como *World Café*[669] [670]. Como estágios em processo decisório, *speed network* e *go-round* colaboram para pensar a situação e organizar ideias. Na primeira, formam-se duplas aleatórias que passam a ser trocadas em breves intervalos de tempo. Os integrantes das duplas dispõem de poucos minutos para apresentar as condições e ideias que têm sobre a situação problemática.

Quando cumulada com o *chalk talk*, também é garantida a oportunidade de criar um mapa mental com as condições e elementos que cada um pensou, seja inicialmente, seja pelo contato alternado com os outros. Cada integrante dispõe de instrumento de escrita e vai escrevendo a um só tempo no quadro, seja expondo as próprias compreensões, seja anexando informações e densificando pensamentos apresentados pelos outros naquela oportunidade. A proposta é formar um grande quadro de ideias que se comunicam e que podem estar dispostas verbalmente ou por meio de desenhos, formas geométricas, linhas.

Na *go-round*, senta-se em círculo, usualmente sem uso de objeto de fala, preferencialmente em espaços abertos, sem uso de mesas entre os participantes. Há o encorajamento inicial para que os sujeitos tomem notas sobre palavras-chave, ideias e questões que gostariam de considerar em uma discussão posterior sobre o tema. Num segundo momento, o facilitador propõe uma questão no tema e indica quanto tempo cada pessoa poderá falar em resposta. É oferecido um instante de silêncio para reflexão e, em seguida, repete a questão. Após esse momento, qualquer um pode iniciar a fala espontaneamente, sendo seguido pelo próximo falante. Não necessariamente a ordem do círculo será seguida, embora cada um só possa falar uma vez, dentro do tempo estabelecido, e todos tenham a chance de manifestar-se. É uma prática mais diretiva do

---

[668] Cf. KANER, Sam. **Facilitator's guide to participatory decision-making.** New York: Jossey-Bass, 2014.; SWEENEY, Linda Booth; MEADOWS, Dennis. **The systems Thinking Playbook:** Exercises to Stretch and Build Learning and Systems Thinking. Vermont: Chelsea Green Publishing Company, 2010.; DANSKIN, Karl; LIND, Lenny. **Virtuous Meetings:** Technology + Design for High Engagement in Large Groups. New York: Jossey-Bass, 2014.
[669] BROWN, Juanita; ISAACS, David; WORLD CAFÉ COMMUNITY. **The World Café:** Shaping our Futures Through Conversations That Matters. San Francisco: Berrett-Koehler Publishers, 2005.
[670] Gostaria de agradecer nominalmente à Professora Catherine Barnes, com quem estudei "Designing Facilitated Processes that Work" no Center for Justice and Peacebuilding. O aprendizado e a prática acompanhada por Catherine foram fundamentais para as discussões de que trato neste capítulo.

que os processos circulares da justiça restaurativa, ainda que também se utilize do formato circular.

Para a atuação com *World Café*, uma pergunta disparadora é feita para nortear a comunicação de um mesmo rol de pessoas que se estabelece em rodadas por diferentes grupos. A questão específica destinada a cada grupo pode ser a mesma ou uma especificação distinta que remeta diretamente a mesma pergunta central feita a princípio. A cada rodada, há um conjunto específico de pessoas conversando sobre aquela questão naquela situação, de modo a revelar camadas distintas e construir ideias relacionalmente. Há também intencionalidade quanto a disposição gráfica, com papeis grandes e instrumentos de escrita coloridos.

A cada ciclo, é modificado aleatoriamente o grupo que vai se debruçar sobre dada questão, sendo possível que permaneça um anfitrião do grupo anterior encarregado de sumarizar as discussões para as pessoas que estão lidando pela primeira vez com aquela mesa de debate. Ao final das séries, os papeis são postos num mural e há a discussão conjunta do que se tem.

No caso específico das *Conferências para Transformação Comunitária*, o aspecto dialógico é visto como indispensável, mas insuficiente para promover transformações substanciais[671]. As CTCs baseiam-se na identificação das dinâmicas de poder presentes em estruturas e histórias que constituem experiências individuais em comunidades e organizações[672]. Voltam-se também à identificação das *histórias problemáticas*, isto é, aquelas nas quais as pessoas não conseguem identificar as ações desejadas em função da narrativa corrente não as considerar.

Quando ninguém fala sobre poder é provavelmente um sinal de que naquele espaço o poder permanece seguro, firme e inquestionável. Quando o poder passa a ser tematizado em discussões, é justamente onde relações hierárquicas começam a colapsar[673]. Por essa razão, as CTCs precisam identificar *histórias problemáticas* e, ao estimular narratividades alternativas, criar senso partilhado de propósito capaz de conectar as pessoas.

No padrão narrativo de *histórias problemáticas*, a perspectiva dos conflitos e o delineamento dos enredos não oferecem percepções de protagonismos capazes de

---

[671] HOOKER, David Anderson. **Transformative Community Conferencing:** a Hopeful, Practical Approach to Dialogue. New York: Good Books, 2016, p. 7.
[672] HOOKER, David Anderson. **Transformative Community Conferencing:** a Hopeful, Practical Approach to Dialogue. New York: Good Books, 2016, p. 8.
[673] Cf. BECK, Ulrich. **World at Risk**. Cambridge: Polity Press, 2008.

transformar a situação, que costuma ser experimentada como problema[674]. Diante da sedimentação desse padrão narrativo, o particularismo do ponto de vista ganha contornos de universalidade[675], parecendo inquestionável.

Em virtude de a constituição cultural ser eminentemente etnocentrada[676] e, por isso, desconsiderar o caráter particular dos saberes locais, ao buscar transformar contextos, é fundamental localizar as *histórias problemáticas* presentes nas narrativas construídas culturalmente. A visão ampliada das narrativas contribui para a conexão de histórias individuais às culturalmente construídas de modo a facilitar a separação entre problemas e sujeitos.

As CTCs operam na identificação dos pontos de contato e particularidades dos discursos dominantes e dos desejados. Quando as *narrativas dominantes* coincidem com *histórias problemáticas*, a transformação é desejada. Contudo, em sociedades desiguais, essa identificação pode acontecer só para alguns de seus membros[677]. Nessas condições, *narrativas dominantes* podem ser traumáticas quando suas circunstâncias forem percebidas como ameaça ou opressão diante de capacidades de resposta a nível individual ou coletivo[678].

O fato em si não é igualmente traumático para todos: o trauma é constituído conforme as possibilidades de resposta e a percepção de esgotamento ou de impotência. Esse aspecto torna-se sobressaltado diante da possível incorporação da narrativa dominante na cultura a ponto de normalizar reações e sintomas de grupos vulneráveis. Nesses casos, a não identificação de si enquanto protagonista ou a vinculação da dignidade pessoal[679] a relações de dependência, sejam elas assistenciais ou de tutela, é parte da compreensão das marginalidades focada em carências.

Em sociedades desiguais, a identificação de narrativas que produzem e são produto de traumas demanda constituição de vínculos pautada em ética de alteridade, de

---

[674] HOOKER, David Anderson. **Transformative Community Conferencing:** a Hopeful, Practical Approach to Dialogue. New York: Good Books, 2016, p. 15 ss..
[675] Cf. JULLIEN, François. **De lo univeral, de lo uniforme, de lo común y del diálogo entre las culturas.** Madrid: Siruela, 2010.
[676] Cf. SAHLINS, Marshall. Cultura de resistência e resistência da cultura. In: _____ **Esperando Foucault, ainda.** São Paulo: Cosac Naif, 2013. p. 83-85.
[677] HOOKER, David Anderson. **Transformative Community Conferencing:** a Hopeful, Practical Approach to Dialogue. New York: Good Books, 2016, p. 16.
[678] Cf. CENTER FOR JUSTICE AND PEACEBUILDING. **Strategies for Trauma Awareness and Resilience:** Level I Participant Manual. Harrisonburg: Eastern Mennonite University, 2017.
[679] Cf. SARMENTO, Daniel. **A dignidade da pessoa humana:** conteúdo, trajetórias e metodologia. Belo Horizonte: Fórum, 2016.

forma a perceber que não existe violação parcial da humanidade compartilhada: ou há garantia de condição humana para todos, ou não há humanidade[680].

As *narrativas desejadas* devem partir de relacionamentos, estruturas e distribuição de recursos isonômicos e do apoio a todos os participantes do coletivo. Isso não significa que serão as versões preferidas de todos ao mesmo tempo, mas que contemplarão um futuro compartilhado no qual diversas *narrativas desejadas* podem coexistir. As performatividades dessas narrativas afastam-se, por isso, de totalitarismos, polarizações, intolerâncias ou discursos de ódio e constituem condição de igual dignidade para modos de vida diversos.

As *Conferências para Transformação Comunitária* objetivam identificar as narrativas que conformam e compõem os discursos dominantes; a existência de histórias alternativas que se aproximem mais das narrativas desejadas; e os padrões de relacionamento, modos de distribuição de recursos e estruturas que sustentam narrativas desejadas pela comunidade. Com isso, pretendem usar essas informações como fundação para planos de transformação comunitária[681].

Caminham em direção semelhante à justiça restaurativa, inclusive no ponto que criticam a ideia de "restauração" de condições passadas como se fossem pautadas em vínculos necessariamente saudáveis[682]. A atuação de ambas é centrada na humanização do procedimento para que reflita e acolha os seres humanos envolvidos. As duas partem do diálogo, com centralidade na escuta ativa, mas oferecem possibilidades diversas. Suas maiores distinções dizem respeito ao produto que se propõem a oferecer e a forma de alcançá-lo. A opção por uma ou outra deve ser definida pela adequação às necessidades, possibilidades e interesses do caso concreto.

O produto das CTCs é a declaração explícita das narrativas desejadas que devem orientar a transformação comunitária. Em alguns casos, pode chegar a oferecer planejamento quanto a trajetórias possíveis. Não se trata propriamente de estabelecer condições respeitosas de diálogo, mas de contribuir para uma agenda de ações para mudança social diante de condições desiguais. As CTCs são processos que mesmo

---

[680] Cf. FANON, Frantz. **Pele negra máscaras brancas.** Salvador: EDUFBA, 2008.; SEGATO, Rita Laura. La argamassa jerarquica: violencia moral, reproducción del mundo y la eficácia simbólica del Derecho. In.: _____. **Las estructuras elementales de la violencia:** ensayos sobre género entre la antropologia, el psicoanálisis y los derechos humanos. Bernal: Universidad Nacional de Quilmes, 2003.
[681] HOOKER, David Anderson. **Transformative Community Conferencing:** a Hopeful, Practical Approach to Dialogue. New York: Good Books, 2016, p. 25.
[682] HOOKER, David Anderson. **Transformative Community Conferencing:** a Hopeful, Practical Approach to Dialogue. New York: Good Books, 2016, p. 27 ss.

partindo do diálogo, centram-se na mobilização dos sujeitos em ações coordenadas e colaborativas.

Por essa razão, o representante convocador[683] das *Conferências para Transformação Comunitária* deve reunir os dados do contexto; criar espaços de debate qualificado; iniciar intervenções nas circunstâncias que dificultam ou tornam incompreensíveis as possibilidades de transformação; especificar intenções; e administrar as questões logísticas inerentes à concentração de informações. Ao facilitador, por sua vez, cabe cuidar e gerir as conferências em questão. Ainda que tenham atribuições distintas, as duas funções podem ser desempenhadas por uma mesma pessoa ou grupo.

De todo modo, a atuação das CTCs deve ambicionar a reconciliação, isto é, "um conjunto interconectado de processos que tem, como objetivo comum, o estabelecimento de identidades que sejam construídas de modo relacional; autênticas; dignas; conectadas por interdependência; legitimadas; e que gozem de *performatividade isonômica*[684] [685]". Nesse caso, *performatividade isonômica* significa que cada indivíduo ou grupo dispõe fundamentalmente de acesso total e igualitário aos recursos essenciais para sua sobrevivência, prosperidade e para que sejam capazes de criar contribuições significativas na sociedade[686].

Em contextos desiguais, algumas narrativas despontam como hegemônicas, enquanto outras restam marginalizadas ou limitadas. Isso tem repercussão direta no status de certos cidadãos enquanto pertencentes a grupos sociais. Há ainda uma vinculação estética dos ideais imaginados de justo e bom que conforma, condiciona e reforça algumas performatividades frente a determinadas identidades.

> Identidade, ou o modo como nos enxergamos, é influenciado pelas histórias que contamos sobre nós mesmos em relação às narrativas dominante e desejada. Identidades pessoais e coletivas costumam ser formadas pela combinação de diversas narrativas. A associação de narrativas é chamada de *fluxo narrativo*. No fluxo narrativo, há um conjunto básico de histórias que influencia o entendimento pessoal sobre sua própria identidade, sua posição e

---

[683] No original, fala-se em "convener", que pode ou não coincidir com o "facilitator". Cf. HOOKER, David Anderson. **Transformative Community Conferencing:** a Hopeful, Practical Approach to Dialogue. New York: Good Books, 2016.
[684] HOOKER, David Anderson. **Transformative Community Conferencing:** a Hopeful, Practical Approach to Dialogue. New York: Good Books, 2016, p. 22.
[685] No original: "Reconciliation is an interconnected set of processes that have, as shared end goals, the establishment of identities that are: relationally constructed; authentic; dignified; interdependently connected; legitimated; and performatively co-equal".
[686] Cf. HOOKER, David Anderson. **Transformative Community Conferencing:** a Hopeful, Practical Approach to Dialogue. New York: Good Books, 2016, p. 23.

> seu papel numa organização ou comunidade, que podem ser fundados em sua idade, raça, gênero, religião, habilidades físicas, tamanho, inteligência, herança familiar, qualificações acadêmicas e profissionais ou certificações, além de outras variáveis. Normalmente, o fluxo narrativo não produz uma identidade específica e pré-determinada. Não obstante, se a maioria das narrativas no fluxo são similares, oferecendo uma forma limitada de ser homem ou mulher, jovem ou velho, preto ou branco e assim por diante, dirá respeito a uma *narrativa comprimida*.
> Repressão e desigualdade social resultam de narrativas comprimidas por reforçarem histórias dominantes opressivas. **Uma narrativa comprimida é um fluxo restrito que formata identidades ao limitá-las quanto aos modos aceitáveis ou previamente estabelecidos sobre como uma pessoa ou grupo pode agir, pensar ou relacionar-se. Ela molda tanto os sujeitos, quanto aqueles que os observam.** Narrativas comprimidas são altamente resistentes a mudança em virtude de a opressão normalmente ser invisível, uma parte pérfida de várias instituições sociais[687]. [grifos no original] [tradução livre[688]]

A maneira como a narratividade compõe as histórias pessoais e coletivas em dada comunidade pode influenciar diretamente em aspectos distributivos, no exercício de liberdades básicas e também no poder simbólico que condiciona status e lutas por reconhecimento. Assim, é aspecto a ser considerado tanto no mapeamento de conflitos, quanto em movimentos de mudança social.

Para as CTCs, as narrativas comunitárias são multidimensionais, isto é, têm suas próprias histórias de fundo. Ao mesmo tempo, são "bastante perceptíveis mesmo quando ocultas[689]". Mesmo que certos eventos e experiências definam a maneira como uma organização ou comunidade se reconheça ou aja, de forma a alterar relacionamentos internos e com o exterior; passado algum tempo, esses eventos ou experiências deixam de ser discutidos, enquanto as mudanças no sistema restam consolidadas permanentemente. Diante disso, as práticas narrativas das CTCs têm como

---

[687] HOOKER, David Anderson. **Transformative Community Conferencing:** a Hopeful, Practical Approach to Dialogue. New York: Good Books, 2016, p. 33-34.

[688] No original: "Identity, or the way we see ourselves, is influenced by the stories we tell about ourselves in relationship to dominant and preferred narratives. Personal and group identities are usually formed as a combination of several narratives. A combination of narratives is called a ***narrative stream***. In a narrative stream, there are a basic set of stories that influence a person's understanding of their identity, their place and role in an organization or community, which can be based on their age, race, gender, religion, physical abilities, size, intelligence, family heritage, academic and professional qualifications or certifications, and many other variables. Narrative streams do not usually produce one specific, predetermined identity. However, if most of the narratives in the stream are similar, offering a narrow way of being a man or a woman, young or old, black or white, and so on, it is said to be a ***compressed narrative***.
Repression and social inequity result from compressed narratives by reinforcing dominant and oppressive stories. **A compressed narrative is a stream, but a very narrow one, that shapes identities by limiting, for both the actor and those who are observing them, the acceptable or anticipated ways that a person or group can be expected to act, think, and relate.** Compressed narratives are highly resistant to change because oppression is usually invisible, an insidious part of many social institutions".

[689] HOOKER, David Anderson. **Transformative Community Conferencing:** a Hopeful, Practical Approach to Dialogue. New York: Good Books, 2016, p. 31 ss.

proposta criar um ritmo dialógico que seja lento o suficiente para desvelar e nomear essas narrativas, de modo a possibilitar sua investigação sistemática[690].

As *Conferências para Transformação Comunitária* são construídas em três passos: mapeamento das narrativas da comunidade ou organização; definição das narrativas desejadas dos participantes; e construção de estratégias para transformação, com foco no que é necessário para que as escolhas cotidianas sustentem as narrativas desejadas pelos envolvidos.

Antes, contudo, é preciso identificar caso a caso quando e sobre quais questões a comunidade está disponível para trabalhar em processo de transformação e como está sua agenda de trabalho nesse aspecto. Outro elemento preparatório é a identificação das situações para as quais o grupo é seguro e em que há confiança suficiente para discutir determinadas questões.

Para o mapeamento das narrativas, é importante nomear os problemas primários e externalizar os diálogos; identificar seus impactos em todas as esferas da vida; organizar uma síntese dos impactos da narrativa dominante; alterar o mapeamento definindo práticas específicas que estão na base de histórias alternativas; e comparar as narrativas dominante e alternativa, considerando o que se tem, onde se quer chegar e como fazê-lo.

Após várias conferências, um grupo representativo dos participantes podem ser encorajados a sistematizar os resultados das práticas de forma compreensiva, com especificação das narrativas desejadas. Esse produto será base para a projeção do plano de ação para transformação comunitária ou organizacional. Na última etapa, é importante considerar novas maneiras de relacionamentos, modificações na alocação de recursos e reconfigurações estruturais.

As CTCs atuam de modo espiral: normalmente há mais de uma rodada de análise com a finalidade de que os participantes tenham oportunidades de reflexão mais profunda. A primeira etapa costuma ser uma prática comunicativa mais lúdica como encenação, jogo ou filme. A atuação espontânea, livre de texto lido, e o envolvimento do corpo são elementos importantes nessa fase. Aqui, não há necessidade de construir planos de ação, nem de basear-se em discursos racionais profundos. A observâncias dos passos e ritmos das CTCs, contudo, é fundamental desde esse momento.

---

[690] HOOKER, David Anderson. **Transformative Community Conferencing:** a Hopeful, Practical Approach to Dialogue. New York: Good Books, 2016, p. 36-37.

Embora já trabalhe com contação de histórias, essa rodada prática adentra menos nas questões estruturais e relacionais das narrativas do que as seguintes. A diversidade da prática deve ser assegurada pela participação das pessoas impactadas direta ou indiretamente pela situação a respeito da qual as CTCs pretendem agir. David Hooker considera que devem participar das CTCs: a) aqueles que experienciam os impactos mais intensa e diretamente (marginalizados e oprimidos); b) as pessoas que não sofrem impacto negativo com a situação e que, em alguns casos, até têm benefícios decorrentes dela e que, por isso, podem ter baixo interesse em mudança; c) quem está perto o bastante da questão para ter conhecimento e distante o suficiente para cultivar perspectivas próprias a respeito (aliados, apoiadores e acadêmicos); d) aqueles que estão na periferia da questão, com impacto reduzido sobre ela; e também e) algumas pessoas que possam descrever a si mesmas como completamente distantes da questão enfrentada pela comunidade[691].

Ainda que a presença dos dois primeiros grupos seja fundamental, costuma ser desafiadora. Muitas vezes pessoas marginalizadas precisam dedicar-se muito intensamente a garantir seu sustento e sobrevivência, o que pode afastá-los de enxergar utilidade ou benefício na prática. Os mais privilegiados, por sua vez, podem ter dificuldade de conceber uma solução que não perpasse por confundi-los com o problema.

Garantir a máxima diversidade de perspectivas é crucial tanto para a satisfatividade das CTCs, quanto para a criação de um público de interessados que se engajem na questão. Caso essa variedade impacte em muitas pessoas para lidar numa só prática, é possível que sejam conduzidas reuniões separadas. Nesse caso, cada uma delas deve ser tão diversa quanto possível[692].

A fase prática costuma ser implementada com recurso a um elemento externo ou pela colocação de problemas substanciais. Com essas duas ferramentas, as CTC baseiam-se em *pedagogia do oprimido*[693] para auxiliar as pessoas a direcionar os problemas no seu próprio contexto por intermédio de metáforas externas à situação imediata.

---

[691] HOOKER, David Anderson. **Transformative Community Conferencing:** a Hopeful, Practical Approach to Dialogue. New York: Good Books, 2016, p. 42-43.
[692] HOOKER, David Anderson. **Transformative Community Conferencing:** a Hopeful, Practical Approach to Dialogue. New York: Good Books, 2016, p. 44.
[693] FREIRE, Paulo. **Pedagogia do oprimido.** São Paulo: Paz e Terra: 2011.

O elemento externo costuma ser conduzido a partir de jogos ou encenações que se propõem a apresentar uma situação na qual há múltiplos desafios e possibilidades de escolha, mas que preferencialmente não contém uma resolução evidente. Na tentativa de criar sentido para a circunstância proposta, os participantes devem ser estimulados a inventar histórias de fundo que compõem a situação. Esse princípio com certo distanciamento e objetividade contribui para uma compreensão mais profunda e panorâmica da situação[694].

Para o mapeamento das narrativas, é imprescindível que os problemas e desafios sejam estabelecidos como constituintes da história problemática e que permaneçam distantes de eventual identificação pessoal ou com determinados grupos. É preciso criar um espaço seguro para expressão de angústias e receios no qual as pessoas possam agir diferente frente ao medo. Embora esse temor esteja presente no grupo, ele deve ser externalizado como personagem própria, com papeis específicos nos jogos e peças. Ao estabelecer o medo como personagem autônoma, outras personagens podem agir diferentemente em relação a ele, já que o medo deixa de compor parte constitutiva daquela pessoa.

Ao escutar ativamente as maneiras como as histórias são contadas, é possível identificar indícios sobre as formas segundo as quais as pessoas têm organizado suas vidas. A maneira de contar a história revela relações de poder, visões de mundo, limitações e esperanças eventualmente presentes[695].

Após as práticas, o facilitador propõe questão reflexiva que aborde, simultaneamente, a distinção entre pessoa e problema e a identificação da situação desafiadora. A questão deve ser relacionada à atividade desenvolvida. Posta a questão, cabe ao facilitador tomar notas e organizar o que tem sido identificado e nomeado pelos participantes. Nesse momento, deve distinguir quando os apontamentos são sintomas e quando constituem questões problemáticas nucleares.

A indicação é para construir um mapa mental que permita visualizar de modo panorâmico a questão. Num círculo interno, devem estar relatados os problemas fundamentais, enquanto seus sintomas, resultados e produtos ficarão fora do círculo. Com essa diferenciação, as CTC objetivam chegar o mais próximo possível de compreender o epicentro e episódios do conflito. É possível ainda estressar hipóteses e

---

[694] HOOKER, David Anderson. **Transformative Community Conferencing:** a Hopeful, Practical Approach to Dialogue. New York: Good Books, 2016, p. 47 ss.
[695] HOOKER, David Anderson. **Transformative Community Conferencing:** a Hopeful, Practical Approach to Dialogue. New York: Good Books, 2016, p. 50 ss.

experiências com sentimentos elencados no círculo interno ao questionar, por exemplo, o que acontece quando se está num relacionamento e que o medo está presente ou o que o medo o convida a fazer e a deixar de fazer[696].

Essa imagem ampliada da situação também pode levar a questionamentos e reflexões sobre as maneiras de exercer poder e quando ele tem sido desempenhado sobre ou com alguém, para o grupo ou internamente.

Com a criação do mapa em processo colaborativo, estimula-se uma compreensão aprofundada dos componentes, relações, causas e efeitos da situação. Por contemplar uma diversidade de vozes nomeando as questões problemáticas, há espaço para emergir possibilidades de atuação diferente. A todo o momento, os participantes devem ser encorajados a materializar suas falas por meio de exemplos concretos. Isso facilita o estabelecimento de vínculos empáticos e o desenvolvimento de corresponsabilidades. Ao mesmo tempo, cria conexão entre os participantes, que passam a ter suas narrativas contempladas na perspectiva ampliada.

> É importante contar com participantes oferecendo textura pessoal às próprias experiências, buscando construir conexões.
> A proposição das questões é **uma oportunidade para que os participantes enxerguem através de janelas e espelhos**, ou mesmo para que olhem para fora das próprias experiências, assim como para contemplar a si mesmos com certa distância. A compilação das questões nucleares com os sintomas pode ser descrita de forma narrativa. Como uma narrativa que está sendo desenvolvida, é conveniente que o facilitador a compartilhe aos poucos para continuar induzindo contribuições.
> O processo de conseguir manifestações pode prosseguir por algum tempo. Como as pessoas passam por novas reflexões sobre suas experiências vividas, o tempo deve permitir que as contribuições se tornem cada vez mais profundas. Durante o processo de mapeamento, é importante que o facilitador repita as questões problemáticas e os correspondentes resultados. Lentamente, a narrativa da comunidade será desenvolvida. Cada participante pode nomear uma ou mais questão problemática. Eles também podem abordar as questões nomeadas pelos outros, descrevendo os impactos que têm em sua vida. O processo de mapeamento localiza cada história pessoal no interior da narrativa comunitária ampliada. As experiências pessoais, matizadas pela diversidade, cruzando identidades, informa os contornos da narrativa ampliada[697]. [grifos no original] [tradução livre[698]]

---

[696] HOOKER, David Anderson. **Transformative Community Conferencing:** a Hopeful, Practical Approach to Dialogue. New York: Good Books, 2016, p. 50 ss.
[697] HOOKER, David Anderson. **Transformative Community Conferencing:** a Hopeful, Practical Approach to Dialogue. New York: Good Books, 2016, p. 64-65.
[698] No original: "It is important to have participants give personal texture to their experiences by seeking to draw the connections.
The question framing presented above is **an opportunity for participants to look into both windows and mirrors**, or to look outside their own experiences, as well as to see their own with some distance. The collection of core problematics together with symptoms can soon be described in narrative form (see step 1.3). As a narrative is being developed, it is helpful for the facilitator to share the narrative in its partial form to keep eliciting contributions.

O mapeamento deve ser capaz de elucidar impactos da situação problemática tanto na convivência coletiva e no trajeto organizacional, quanto na vida dos indivíduos. A construção de narrativas alternativas é fundamental ao processo das CTCs por facilitar a identificação de desfechos diferentes e de novas maneiras de agir coletivamente.

Contudo, não basta ser capaz de pensar narrativas alternativas, sendo importante que haja compreensão dos impactos e valores que lhe são inerentes. A facilitadora deve ajudar os participantes a identificar os eventuais impactos da alternativa propondo questões que a tornem mais realista, o que também ajudará na elaboração do plano de ação. São exemplos de questões possíveis: "se essa narrativa se tornar dominante, o que será possível que hoje não o é?" e "quais são as escolhas específicas que você faria se esta fosse a narrativa dominante e não aquela?[699]".

Também cabe à facilitadora trazer à superfície que cada ação, escolha, modo de interação e uso de recursos feito pelos participantes pode ser um meio para expressar a narrativa desejada. Com isso, traz à consciência o impacto de cada silenciamento, mal-entendido ou escolhas em comunidade. Evidencia o conteúdo político de toda ação coletiva.

Assim como na justiça restaurativa, a facilitadora deve estimular respostas concretas elaboradas na primeira pessoa do singular, evitando discursos vagos sem assunção de responsabilidade ou protagonismo. O questionamento sobre ações e resultados específicos é uma via para contornar esse obstáculo.

Por buscar transformação social e mudanças culturais que gerem maior isonomia, as *Conferências para Transformação Comunitária* propõem um novo modo de operacionalizar e conceber a vida comunitária pautado na construção coletiva e colaborativa de narrativas alternativas. A partir da comunicação, procura alcançar ações transformativas.

The eliciting process should be allowed to go on for some time. As people being a new way of reflecting on their lived experiences, time will allow contributions to become increasingly insightful. During the mapping process it is important for the facilitator to repeat back the problematics and corresponding results. Slowly, a community narrative will be developed. Each participant might have personally named one or more problematics. They have also affirmed those named by others, by describing the impacts that these other problematics have on their lives. The mapping process is placing each person's story inside the larger community narrative. The personal experiences, nuanced by multiple, intersecting identities, inform the contours of the larger narrative".
[699] HOOKER, David Anderson. **Transformative Community Conferencing:** a Hopeful, Practical Approach to Dialogue. New York: Good Books, 2016, p. 74.

A materialização dos diálogos em plano de ação deve contemplar as escolhas dos participantes para a narrativa alternativa desejada. Tanto quanto possível, deve tratar de mudanças em padrões de relacionamento, redistribuição de recursos e reformulação das estruturas de modo a responder diretamente às questões problemáticas nucleares apontadas na narrativa dominante e considerar os valores centrais estabelecidos na narrativa alternativa.

Embora não tenha feito uso especificamente das CTCs, a metodologia do PNUD no *Segurança com Cidadania* caminhou de maneira muito próxima as suas intenções e forma de agir. Independente da colaboração direta da Administração Pública na transformação social da comunidade, é possível usar as CTCs como ferramenta para construir um mapa ampliado das narrativas dominantes e desejadas que permeiam o agir comunitário no Nacional.

Para que a transformação social ocorra, é importante estar consciente e ser intencional quanto a teorias de mudança e teorias sobre a prática. As primeiras demandam unir as pessoas em espaços de diálogo para que reflitam sobre seus propósitos, crenças, necessidades e o que pode ser útil para ajudá-los nessa trajetória. As teorias sobre a prática devem partir da consideração de que a cultura importa e que há detalhes sobre os quais se precisa pensar para impulsionar a mudança. Nelas, também é importante que se esteja ciente sobre os impactos e a viabilidade na escolha de um processo frente a outro.

Assim como a comunidade é mais do que a soma de seus membros, o processo é diferente da simples junção de seus atos. Compreender de onde se parte e o que se deseja alcançar é fundamental para a escolha adequada do processo. Entender em quais casos a comunidade demanda diálogo e em quais precisa deliberar ou tomar decisões, por exemplo, é fundamental na escolha das estratégias pela facilitadora.

A proposta das *Conferências para Transformação Comunitária*, longe de ser uma resposta universal, parece viável diante da experiência prévia do Nacional com o *Segurança com Cidadania* e dos distanciamentos recentes entre a comunidade e o Estado. Pela semelhança com a metodologia do PNUD e o impacto positivo que o protagonismo comunitário teve no Nacional, acredito que seja um processo adequado para dar continuidade e aprimorar o trabalho iniciado.

Além disso, as CTCs contemplam uma multiplicidade de vozes que excede as lideranças, sendo possível alertar para vozes de "minorias dentro das minorias" e construir narrativas alternativas desejadas que reflitam mais adequadamente a complexidade e a diversidade do Nacional.

5.2 Protagonismo e transformação comunitária nos quadrinhos da Escola Municipal Anne Frank

> "Compreendera que sua vida, um grão de areia lá no fundo do rio, só tomaria corpo, só engrandeceria, se se tornasse matéria argamassa de outras vidas. Descobria também que não bastava saber ler e assinar o nome. Da leitura era preciso tirar outra sabedora. Era preciso autorizar o texto da própria vida, assim como era preciso ajudar a construir a história para os seus".
> [Conceição Evaristo[700], Ponciá Vicêncio]

Uma das formas de violência consiste em começar uma história pelo que aconteceu em segundo lugar[701].

Imagine se principio a narrativa do Confisco da seguinte maneira: O Confisco é um bairro periférico, na intersecção dos municípios de Belo Horizonte e Contagem. É bastante afetado por violência, sendo recorrentes relatos que envolvem tráfico de drogas, homicídio, agressão, violência doméstica e abuso sexual. Suas ruas costumam estar sujas e os imóveis, malcuidados. É comum encontrar crianças desacompanhadas na rua.

Agora imagine uma situação diferente. Nunca ouviste falar diretamente sobre o bairro, nem sequer estiveste lá. Não tens amigos que nasceram ou frequentam o Confisco. Talvez tu sequer saibas localizá-lo no mapa da cidade. Mas, volta e meia, ele te aparece como elemento em notícias de impacto.

Pense em manchetes como: "jovem é brutalmente assassinada em rua do bairro Confisco", "traficante é encontrado morto no Confisco", "homicídio no bairro Confisco", "adolescente suspeito de matar estrangeiro é apreendido no Confisco", "mulher é assassinada por companheiro em frente a CRAS no Confisco".

---

[700] EVARISTO, Conceição. **Ponciá Vicêncio.** Belo Horizonte: Mazza Edições, 2003, p. 127.
[701] ADICHIE, Chimamanda Ngozi. **O perigo da história única.** Disponível em: <https://www.youtube.com/watch?v=EC-bh1YARsc>. Acesso em: 12 jul. 2016.

Todas essas histórias, ainda que verdadeiras, são recortes parciais. Era uma vez e não era uma vez[702]. Tudo isso aconteceu "em segundo lugar". Comecemos um pouco antes, voltemos cerca de 30 anos na história do bairro.

Dessa vez, imagine que te conto o que relatei no item 3.1.2 desta tese: o Confisco foi construído ao improviso, surgiu da necessidade de moradia de cerca de 160 famílias que ocuparam a região, onde havia um latifúndio. À exceção da fazenda, as primeiras residências eram feitas de lona e não contavam com abastecimento de água, luz, esgotamento sanitário, coleta de lixo, transporte público ou pavimentação. Os dejetos eram descartados numa área mais baixa, conhecida como "buracão", o que levou à presença constante de ratos, baratas, cobras, escorpiões e insetos no território[703].

O Confisco começou, literalmente, aos trancos e barrancos. Mas os moradores articularam-se em redes de solidariedade que buscavam fornecer apoio a famílias desabrigadas, noticiar sobre oportunidades e eventos e prevenir violências. Atualmente, há uma rede comunitária bastante ativa chamada "Confisco pela Paz". Além disso, as ruas do bairro já são pavimentadas e é possível chegar de ônibus no local. As residências têm ligação de água e energia elétrica.

Agora imagine que te conto um pouco mais. Digo-te que uma das 18 escolas transformadoras[704] do Brasil está localizada no bairro do Confisco. Acrescendo o dado de que se trata de instituição pública municipal e que, em 2010, suas atividades foram interrompidas por toque de recolher na região. Falo-te também que poucos anos antes a escola enfrentava grandes desafios com tráfico de drogas, crianças portando armas e adultos em cumprimento de pena invadindo o espaço para abusar sexualmente das estudantes. Imagine se te conto que a conexão da escola com a comunidade construiu pertencimento entre ambos; se te falo que, aos sábados, moradores do bairro – sejam eles estudantes ou não – jogam futebol na quadra da instituição, que as festividades da escola acontecem na rua, com convite para que toda a comunidade participe.

---

[702] Cf. ESTÉS, Clarissa Pinkola. **Women who run with the Wolves:** myths and stories of the wild woman archetype. London: River Wolf Press, 2017.
[703] Dados oriundos de relatos dos moradores e do Centro de Referência Popular do Bairro do Confisco. Quanto a este último, é possível acessar relatos semelhantes na página do Centro no Facebook. Cf.: CENTRO DE REFERÊNCIA POPULAR DO BAIRRO DO CONFISCO. **Histórico do Conjunto Confisco.** Disponível em: <https://www.facebook.com/confiscobh/posts/hist%C3%B3rico-do-conjunto-confiscoo-conjunto-confisco-nasceu-em-1988-e-est%C3%A1-localiza/440726819404942/>. Acesso em 12 set. 2018.
[704] ASHOKA BRASIL; ALANA. **Escolas transformadoras: Sobre.** Disponível em: <http://escolastransformadoras.com.br/o-programa/sobre/>. Acesso em: 10 set. 2017.

Pensa se te conto ainda mais: se te falo que estudantes e professores dessa instituição pública de ensino ganharam um financiamento internacional e foram para Amsterdã conhecer mais sobre a história de Anne Frank. Pensa na tua surpresa ao descobrir que criações desses meninos e meninas do Confisco foram expostas na Holanda.

Acreditarias se te contasse que projetos recentes da Escola Municipal Anne Frank (EMAF) ganharam diversas premiações nacionais e internacionais de direitos humanos? E se te apresentasse a profissionais extremamente competentes dessa escola que, além de realizar suas funções básicas, ainda se desdobram para materializar sonhos? E se tu conhecesses o Professor de História, Moacir Fagundes, a ex-Diretora, Sandra Mara, a Professora de Artes, Luciana, as antigas Estagiárias de História, Luiza e Gislaine?

Se te contasse que, em 2016, os estudantes do sétimo ano, juntos ao Professor Moacir e a três estagiárias investigaram a história do bairro e produziram uma história em quadrinhos (HQ) contando fatos pelo ponto em que começaram. Se te dissesse que essa HQ foi idealizada por Maria das Graças Silva Ferreira, uma das fundadoras do bairro, e fortemente apoiada pela então Diretora, Sandra Mara, como veículo para divulgação de narrativas alternativas sobre o Confisco – todas elas verdadeiras, mas menos conhecidas do que as manchetes sensacionalistas sobre violência. Isso mudaria tua imagem do Confisco?

Uma história é determinada pelo ponto que se conta[705]. A imagem do bairro e de seus moradores muda significativamente quando a história é iniciada pelo que aconteceu em primeiro lugar. A parcialidade do recorte pode ser ainda mais danosa quando é apresentado como a história definitiva, como se fosse história única. Se isso é feito por intermédio do Estado, essa violência epistêmica ganha conotação de oficialidade e pode produzir danos e traumas de grande impacto.

Se focamos a narrativa na violência, na impotência ou na carência de um dado grupo de pessoas, por exemplo, firmaremos uma perspectiva da história que tende a ensinar pela produção de trauma. Ao contrário, o foco da história do "Confisco pelo Confisco" é protagonismo e transformação social. Vou te contar o que ouvi da comunidade.

---

[705] ADICHIE, Chimamanda Ngozi. **O perigo da história única.** Disponível em: <https://www.youtube.com/watch?v=EC-bh1YARsc>. Acesso em: 12 jul. 2016.

Era uma vez, há pouco tempo atrás, num bairro muito distante, Moacir Fagundes, um Professor de História de uma escola municipal chamada Anne Frank. Moacir gostava de história: da oral e da escrita, da contada e da não-dita.

Certo dia, enquanto dava aula para os estudantes do sétimo ano, foi interrompido pelo barulho na sala. Foi quando ouviu um estudante xingando outro de "confisqueiro". E desde quando lugar de nascença é razão de ofensa? Desde muito, ele bem sabia; afinal, era professor de História.

Poderia ter dado um suspiro e continuado a aula, mas aquilo inquietou Moacir. Como Paulo Freire, ele acreditava que "não há palavra verdadeira que não seja práxis. Daí que dizer a palavra verdadeira seja transformar o mundo[706]".

Onde poderia ter visto um ato qualquer de indisciplina, o Professor enxergou a vergonha dos estudantes de se identificarem como moradores do Confisco. Notou também que eles preferiam dizer que moram "depois do zoológico" a nomear o bairro de suas casas.

Como podia ensinar história da Europa e ignorar a aquela tão próxima de si, que já batia a sua porta antes mesmo de ser convidada? Mas os livros didáticos não ensinavam aquilo. Nenhum deles parecia conhecer o Confisco, tampouco respondiam à inquietação de Moacir. O Ministério da Educação parecia ignorar que, entre Belo Horizonte e Contagem, num território fronteiriço, há o bairro do Confisco, cheio de história para contar.

Mas Moacir não se deu por satisfeito. Foi então que começou a lançar questões para a turma: "e aí, gente, por que vocês acham que é tão ruim morar aqui?", "Alguém sabe a história do bairro?", "Alguém sabe por que é que tem esse nome?".

Nem os livros, nem os estudantes tinham respostas satisfatórias. Mas enquanto o material didático ignorava essas perguntas, agora os estudantes tinham curiosidade e queriam encontrar as respostas.

Moacir convidou os meninos e meninas da classe a pesquisarem com ele a história do bairro e eles toparam. Um dia, encontraram-se todos na arquibancada da escola. O Professor levou uma maquete do Confisco. Ela era bonita e os estudantes gostaram de olhar aquele mini-bairro diante deles. Em poucos instantes, passaram a reconhecer localidades reais na miniatura. Alguns apontavam surpresos ao encontrar suas casas.

---

[706] FREIRE, Paulo. **Pedagogia do oprimido**. Rio de Janeiro: Paz e Terra, 2011, p. 89.

Moacir fez uma surpresa: anunciou que, naquele momento, duas fundadoras do bairro estavam na escola. Uma delas era funcionária da EMAF, a outra, liderança comunitária. Como caça ao tesouro, agora as meninas e meninos deveriam buscar as respostas para as informações que não tinham. A diferença é que, ao final, todas levariam algo a mais consigo, não se tratava de jogo que só faz um único rico.

Agora, estudantes e professor queriam saber cada vez mais. Moacir e as estagiárias foram ao Arquivo Público Mineiro e ao Arquivo Público de Belo Horizonte pesquisar sobre a história do bairro. Eles coletaram fotos antigas do Confisco e encontraram manchetes de jornais, todas negativas. Levaram o resultado da pesquisa para a turma. Foi quando aconteceu a "aula da indignação": "os estudantes ficaram indignados com as manchetes, foi um tumulto[707]".

Moacir optou por transformar a fúria da turma em aprendizado. Luiza, uma das estagiárias, sugeriu que a classe comunicasse a história que queria contar por meio de fotos. Foi quando ela e outras duas estagiárias deram uma oficina ensinando técnicas de fotografia para estudantes do sétimo ano. O ensino alcançou a rua.

Com crachás de "pesquisador@s" e "historiador@s", os meninos e meninas foram às ruas do bairro acompanhados dos adultos envolvidos no projeto. Além de fotografar, entrevistavam moradores para saber mais sobre suas impressões sobre o Confisco, as condições de moradia no território e se já havia omitido, por alguma razão, que vivia no bairro.

As respostas foram tabuladas no dia seguinte à coleta dos dados. Tanto as perguntas, quanto a tabulação foi construída com os estudantes. Às questões propostas pelos adolescentes, o professor acrescentou uma: se os entrevistados poderiam indicar fontes para contar a história da comunidade desde sua criação. Ao final, coletaram 30 indicações; destas, 10 foram entrevistadas na escola e uma na casa da própria entrevistada.

Para as novas entrevistas, foram feitas também novas questões. As pesquisadoras queriam abordar todos os temas que não sabiam sobre a história do bairro e que gostariam de conhecer. Entre as perguntas levantadas, as principais foram: "por que o nome Confisco?"; "de onde as pessoas vieram?"; "por que foram para o bairro?"; e "como era o território quando chegaram lá?".

---

[707] Fragmento da fala do Professor Moacir Fagundes em entrevista da pesquisa de campo.

Também foram propostas questões sobre o orçamento participativo, que já haviam descoberto que tinha transformado a área conhecida como "buracão". Queriam ter acesso à história do bairro contada diretamente pelas suas protagonistas.

Nesse processo, perceberam que a história do Confisco era narrada por mulheres, descobriram também que elas eram maioria quantitativa nas ocupações que deram origem ao bairro. A maior parte dessas mulheres era "mãe solteira" ou separada. Em outros casos, seus companheiros trabalhavam distante, sendo muito comum que estivessem na construção civil, no estado de São Paulo. Foi assim que descobriram que, das 38 casas próximas à escola, apenas três têm registro em nome de homens em suas escrituras.

Impressionados com a riqueza do conhecimento que não estava presente nos livros, estudantes e professor passaram a chamar as moradoras originárias do bairro de *pessoas-livro*: já que não havia livro didático que informasse a gênese da comunidade, eram elas as fontes históricas primárias da narrativa.

Mas perceberam que podiam fazer ainda mais, poderiam criar os próprios livros, nos quais escreveriam a história que ouviram das fundadoras do Confisco. Foi assim que a turma do sétimo ano realizou o sonho de Graça e criou a HQ com a história do Confisco!

A revistinha ganhou as ruas e saiu da periferia: chegou até o centro de Belo Horizonte e foi projetada na Praça da Liberdade, um importante espaço público da cidade. Foi assim que os estudantes realizaram o que queriam quando vivenciavam a "aula da indignação". Criaram o próprio material didático, escreveram a história do bairro e viveram felizes no instante!

Agora que já sabes as linhas gerais dessa história, te contarei mais alguns detalhes. Dessa vez, usando a voz direta dos entrevistados. Antes, te apresento uma fala do Moacir[708] no inicio dos quadrinhos:

> Anne dizia: "Tenho vontade de escrever, e tenho uma necessidade ainda maior de tirar todo tipo de coisas de dentro do meu peito", dirão nossos estudantes: "... temos necessidade ainda maior de tirar todo tipo de coisas de dentro do nosso bairro"... para então, chegarmos dentro dos nossos peitos". [grifos acrescidos]

Em entrevista à pesquisa de campo, o Professor relembra:

---

[708] ESCOLA MUNICIPAL ANNE FRANK. **História do Confisco em Quadrinhos.** Belo Horizonte: s. e., 2016.

> Ao final de cada entrevista, a gente presenteava elas [as fundadoras do bairro] com um vaso de flores. Era como se a gente estendesse o tapete pra elas. Elas chegavam na escola super felizes, super empoderadas. **Era visível a satisfação delas estarem narrando a história delas. E os meninos ali, atentos, gravando, registrando. Nesse processo, surgiu a questão da *pessoa-livro*.** No início, os meninos começaram a perceber o seguinte: 'onde é que a gente vai pesquisar sobre o bairro?'. Eu sabia que tinha uma coleção do Arquivo Público que falava sobre os bairros e que tinha alguma coisa também de informação em jornal, internet, mas era pouca informação. **Eu mostrei pra eles que não tinha nada na biblioteca e no livro de história sobre o bairro. 'É história, né? E por que não tem história do bairro?'** - questionei isso também. [...] **'Se não tem nada no livro didático, como a gente vai aprender isso?' 'Ah, vamos entrevistar as pessoas mais velhas do bairro!' Eu fui jogando pistas de que elas eram fonte de conhecimento e uma menina, a Rayane, falou assim: 'ah, professor, entendi, então elas são pessoas, mas são livros, por que quando a gente quer conhecer alguma coisa a gente procura os livros'.** Aí a gente passou a usar esse conceito, que eu sinto muito orgulho de ter sido criado por nós. [...] Eu transcrevi essas entrevistas nas madrugadas, aí já foi trabalho do professor. **Passei várias madrugadas transcrevendo pra depois fazer uma seleção de temas pro enredo que queríamos pra história em quadrinhos a partir dos temas principais que surgiram nas entrevistas, não só os que propomos, mas os que fugiram deles. [...] Em cada tema, separamos a fala de cada *pessoa-livro*. Demos uma cor pra fala de cada uma delas e fizemos um painel com as falas no pátio da escola.** [ênfase acrescida]

Ao final desse processo, procurou trabalhar com os estudantes a relação entre a história da comunidade e a do diário de Anne Frank, vítima do Holocausto, que dá nome à escola. Segundo Moacir, assim como a garota judia, as crianças e adolescentes do Confisco estão à margem do Estado e também vivem em situação de opressão em razão dessa marginalidade, de serem sujeitos periféricos, majoritariamente negros e pobres.

A escola contou com o apoio de voluntários ligados à Universidade Federal de Minas Gerais (UFMG), ao seu corpo docente e mesmo de pessoas com algum vínculo direto ou indireto com o bairro para oferecer oficinas de quadrinhos, ilustração e roteiro para os estudantes. Nesse período, também foram feitas atividades de campo para fotografar o cotidiano do bairro e de seus moradores. Os estudantes tiraram cerca de 600 a 700 fotos, que foram reveladas e analisadas pelo grupo, sendo selecionadas 50 delas. As fotos que separam os capítulos desta tese são fruto desse projeto.

Moacir relata que:

> Eu queria muito que todo mundo participasse, mas quando é em outro horário, faço por adesão, não escolho [os estudantes participantes], não. A minha ideia era que todo mundo desenhasse tudo. Eu não queria selecionar, como se só os melhores pudessem fazer os quadrinhos. Não ia

> por essa lógica. [...] A própria situação apresentou a solução. Todos eles desenharam, de uma forma ou de outra, em determinado momento. Desenharam as entrevistas, os cenários.. **todo mundo desenhou. Mas quando fomos partir, junto com a professora de arte, a Luciana, pro desenho mesmo, pra transformar o enredo em desenho, vários meninos e meninas que participaram desde o início foram deixando pros outros. 'Professor, esse negócio de fazer personagem eu não consigo, não. Tentei aqui, mas o João sabe fazer isso, a Kemily sabe'**. Foram fazendo isso até finalizar e no final ficaram três: o Ryan [Lucas], o João Vítor [Souza] e a Kemily [Pereira], que fizeram os desenhos finais da revistinha. Os diálogos, o tema e o enredo criamos juntos também. [...] A Anne Frank entrou como convidada especial. Qual que era o lance, ela chegava no bairro, que não conhecia, e as pessoas viriam apresentar o território pra ela. [...] Um deles deu a ideia de a gente fazer uma máquina do tempo. A máquina do tempo deu um tilte e jogou a Anne Frank em 2016 no Confisco. [ênfase acrescida]

Na versão em quadrinhos, a história do bairro é contada pela Anne Frank, que, na narrativa, vai visitar o Confisco para conhecer a história da comunidade. A história foi dividida em sete partes: "Anne Frank em: a história do Confisco"; "Por que Confisco?"; "Ocupação"; "Duas cidades"; "Buracão... o. p. ... praça!!!"; "A escola Anne Frank"; e "História de mulheres".

No lançamento da revistinha, os estudantes envolvidos deram autógrafos no auditório da escola para membros da comunidade escolar e familiares. Além disso, foi produzida uma exposição fotográfica, a "Confisco pelo Confisco", com fotos tiradas pelos próprios estudantes, a partir dos seus olhares, usando equipamentos emprestados pela UFMG. Com isso, pretendiam-se contrapor à ideia pejorativa que a grande mídia constrói e difunde sobre o bairro.

A exposição foi selecionada para uma mostra no Espaço do Conhecimento da UFMG e passou cerca de um mês veiculada no ponto central de Belo Horizonte: o Circuito Cultural da Praça da Liberdade. As 50 fotos selecionadas eram projetadas no muro de um dos espaços culturais que cerca a Praça.

Na noite de lançamento, os estudantes foram levados para a Praça da Liberdade. Moacir relembra:

> Você precisava ver a alegria deles! A satisfação de quando viram o nome deles projetado na faxada digital, as fotos que eles tiraram. 'Olha ali a minha casa, a casa da Carla'. [...] Teve aplauso, teve coro. Eles começaram a gritar: 'ah, Anne Frank!'. [...] Eles fizeram o maior sucesso. A exposição já andou pra alguns lugares: foi exposta na praça do bairro, no CRAS, na escola, na UFMG, na Regional Pampulha, sabe? [...] Foi tudo muito coletivo, tudo compartilhado. Numa outra forma de comunicar. Uma imagem mais legal do bairro. [...] Já apresentamos em congressos, em faculdades, museus [...] e já temos dado oficinas sobre essa metodologia para professores sobre história oral e história local, sobre patrimônio [...] o projeto desencadeou um monte

de ações e abriu um monte de possibilidades. E até hoje não parou. [...] Ganhamos prêmio nacional de direitos humanos do MEC e, por isso, eu fui representando o país lá em Cartagena, na Colômbia, num seminário de educação. Então o projeto tem cumprido o objetivo de espalhar uma imagem e narrativa positiva do bairro, em contraposição à negativa que a mídia contrói.

A "Confisco pelo Confisco" pretendeu criar seus próprios valores, divulgar seus olhares. Foi, por isso, meio de difusão do que Augusto Boal chamou de *Estética do Oprimido*.

> Não basta consumir cultura: é necessário produzi-la. Não basta gozar arte: necessário é ser artista! Não basta produzir ideias: necessário é transformá-las em atos sociais, concretos e continuados.
> [...] *ser humano é ser artista!*
> *Arte e Estética são instrumentos de libertação*[709]. [grifos no original]

Ainda nas palavras do autor:

> Arte é o objeto, material ou imaterial. Estética é a forma de produzi-lo e percebê-lo. Arte está na coisa; Estética, no sujeito e em seu olhar.
> Existem saberes que só o Pensamento Simbólico pode nos dar; outros, só o Sensível é capaz de iluminar. Não podemos prescindir de nenhum dos dois.
> No confronto com o pensamento único, temos que ter claro que a política não é a "arte de fazer o que é possível fazer", como é costume dizer, mas sim *a arte de tornar possível o que é necessário fazer.*
> *Cidadão não é aquele que vive em sociedade – é aquele que a transforma!*
> *Arte não é adorno, palavra não é absoluta, som não é ruído, e as imagens falam, convencem e dominam. A esses três Poderes – Palavra, Som e Imagem – não podemos renunciar, sob pena de renunciarmos à nossa condição humana*[710]. [grifos no original]

Ao compreenderem-se criadores das imagens e das narrativas do território, estudantes e professor mobilizaram dois dos três poderes que o Augusto Boal reconhece presentes na condição humana.

Sandra Mara aponta que esse trabalho levou ao empoderamento das lideranças comunitárias, que passaram a ver o valor, reconhecimento e divulgação de suas narrativas pela comunidade escolar e, em um segundo momento, pela mídia. Moacir conta que

> Quando fomos a Brasília receber o prêmio de direitos humanos em educação, pagaram minha passagem e a da Sandra, que era Diretora. Mas nós fizemos uma vaquinha e levamos a Graça, que é uma das pessoas mais atuantes. [...] Você precisa ver como a Graça foi tratada lá, de forma maravilhosa. Ela foi a

---

[709] BOAL, Augusto. **A estética do oprimido.** Rio de Janeiro: Garamond, 2009, p. 19.
[710] BOAL, Augusto. **A estética do oprimido.** Rio de Janeiro: Garamond, 2009, p. 22.

> protagonista e nós fomos os coadjuvantes. Era como se eles estendessem o tapete vermelho pra ela. Afinal, ela era personagem viva de uma história que estava sendo contada. Ela era narradora e personagem. A fala dela tinha uma legitimidade fora do comum. A fala dela tem um valor e um peso muito maior do que a minha narrativa ou do que a narrativa da Diretora. [...] Ela foi reverenciada. Isso, pra mim, foi de um valor imenso!

Além disso, a ex-Diretora disse que o trabalho transformou os adolescentes envolvidos. Segundo narra,

> as meninas e meninos puderam ver que o bairro que eles moravam tinha uma história e que aquelas pessoas que estavam contando aquela história para eles sentiam orgulho da luta, da conquista, de tudo o que eles construíram ali. E esse orgulho dessa comunidade, dessas lideranças, de certa forma, reverberou nos meninos e meninas. Tanto que eu pude acompanhar algumas entrevistas dos meninos para revistas e alguns programas que as pessoas perguntavam pra eles o que eles achavam do projeto, e eles falavam que eles aprenderam a gostar da comunidade através do relato dessas lideranças, dessas primeiras pessoas que foram ali construir a sua moradia, construir a sua vida. E aí a mídia, que tinha até então uma visão negativa da comunidade, passou a ter uma visão positiva através do trabalho daqueles estudantes.

Com a revista em quadrinhos, a história do Confisco é narrada com foco na força e resiliência da comunidade. As mulheres que lideraram o movimento por moradia digna no território tiveram suas histórias e vozes legitimadas, os estudantes pesquisaram e foram autores da própria história. Mais do que se reconhecer no bairro, os quadrinhos mostram que é possível que eles sejam autores e personagens dos livros, mostra que sua história é também legítima e que, por isso, tem valor. A HQ conta não só narrativas alternativas, como é ela própria a materialização de uma narrativa desejada.

O professor pontua:

> Tive vários indícios de que o projeto estava cumprindo sua função. A primeira foi: se antes diziam que não gostavam do bairro, como no meio do processo ficam indignados com a fala da manchete do jornal? [...] a segunda foi quando **a Ana Clara, que era uma das que mais negava o território, falou pra uma *pessoa-livro*: 'como vocês sofreram tanto pra construir as casas e as pessoas falam tão mal até hoje do bairro? Noh, igual eu, né? Que eu falava... mas agora eu não falo mais, só falava quando não conhecia'.** [...] **e muita gente procura a gente querendo acrescentar algo na história.** [...] **tem surgido uma batalha de narrativas.** Isso, pro historiador, é muito interessante. **Tem muita gente querendo contar sua versão. Aquela não é uma versão única. Tem mais espaço pra outras versões e pra mais pequisa.** [...] Eu sinto muito orgulho desse projeto. [...] tem uma série de vertentes que se abre pro projeto: gênero, história local x mundial, história oral, participação maravilhosa de dois dos nossos meninos que têm deficiência. [ênfase acrescida]

O sucesso do projeto não aquietou Moacir. Ao contrário, continua motivado e cheio de novos sonhos a realizar na comunidade. O professor já me convidou para que fizesse parte de um deles: sabendo do tempo em que vivi na Palestina prestando ajuda humanitária e dando aulas de inglês a crianças e jovens beduínas, propôs que eu o ajudasse na troca de cartas entre estudantes da EMAF e da Palestina.

A ideia de Moacir é que as crianças possam contar com apoio de tradução, mas também que se sintam estimuladas a aprender novos idiomas – inglês e árabe – para compreender melhor sobre como é a vida, a escola, a educação e a guerra na sua própria comunidade e nesse país do Oriente Médio. Com isso, o Professor também espera que sejam rompidas com outras histórias únicas sobre infância, educação, guerra e paz nos dois países. Como lembra Moacir, "a aprendizagem é incessante".

CONSIDERAÇÕES FINAIS

> "Não sou prisioneiro da História. Não devo procurar nela o sentido do meu destino. **Devo me lembrar, a todo instante, que o verdadeiro salto consiste em introduzir a invenção na existência.**
> **No mundo em que me encaminho, eu me recrio continuamente.**
> **Sou solidário do Ser na medida em que o ultrapasso**[711]".
> Frantz Fanon

Esta não foi a pesquisa que esperava realizar. Tampouco encontrei a justiça comunitária imaginada. Ao pesquisar, conectei-me à comunidade, enquanto ideia, mas principalmente como prática. Em verdade, acessei comunidades, no plural – as do Nacional e também as minhas.

Refiro-me ao plural apresentando desde já uma indagação que me acompanhou durante toda a trajetória da pesquisa: o Nacional, enquanto região administrativa municipal, pode ser considerado *uma* comunidade, como pressupôs o *Segurança com Cidadania*?

Não desconsidero que haja comunidade no Nacional. O envolvimento no território mostrou-me que há *diversas* delas. A questão proposta é diferente: é possível olhar o Nacional como unidade nesse aspecto? Isto é, há sentimentos de pertencimento e significado que sejam coincidentes com os limites espaciais da região administrativa?

A história mundial mostra que confundir identidade e fronteiras pode levar a violências e que esse tipo de classificação costuma servir mais à organização da atuação externa do que à autocompreensão e ao sentido interno.

Comecei e encerrei a pesquisa de campo com essa dúvida em mente. Provavelmente só os moradores do Nacional poderiam respondê-la com propriedade. Suspeito, contudo, que região administrativa e comunidade não sejam coincidentes. Ao menos, não o serão se considerarmos que, sob a perspectiva política e ética emancipatória, só há comunidade quando existe imaginário instituinte compartilhado e compreensão subjetiva de um "nós" que, diferenciando-se dos "outros", não deixa de respeitar a particularidade de cada um de seus sujeitos.

Rememore a fala de Ilton Café quando disse que, antes do Programa, não havia comunicação ente bairros do Nacional, o que indica uma imagem de "nós" e "eles".

---

[711] FANON, Frantz. **Pele negra máscaras brancas.** Salvador: EDUFBA, 2008.

> [...] o que é que acontece, quando você organiza alguma coisa [...] Eu, por exemplo, não falava com liderança lá do São Mateus, eu comecei a falar. [...] [Com o Programa,] eu sabia tudo o que estava acontecendo lá por que a gente estava naquela discussão. Ao mesmo tempo, o crime também tomou proveito disso. Ele também se organizou, entendeu?

A opção da Organização das Nações Unidas (ONU) em articular a execução do Programa segundo categoria espacial administrativa não me parece a maneira mais eficiente de trabalhar segurança com cidadania. Soa contraditória: a ONU afirma que os sujeitos não precisam de agenciamento do Estado para dar continuidade às ações do Programa, mas parte de direcionamento prévio estatal para definir o destinatário do *Segurança com Cidadania*.

Outro aspecto sensível é que a escolha das regiões contempladas pelo Programa Conjunto pareceu refletir critérios e interesses exclusivos das Agências da ONU e da Administração Pública dos municípios.

Embora não tenha perguntado especificamente, até para evitar direcionar a resposta, parece-me que a escolha do Nacional não foi reflexo da autonomia da população local. Tanto que Claudia Ocelli comentou, em entrevista, que houve desconfiança inicial à presença da ONU e que foi preciso explicar aos moradores que o Programa não se propunha a fomentar repressão, nem a aumentar a presença da Polícia no território.

Outro indício disso é que todos os entrevistados que vivem no Nacional relataram ter-se envolvido no Programa após a chegada da ONU na região. Os documentos a que tive acesso detalham o engajamento desses agentes, mas em todas as descrições isso acontece em momento posterior à escolha do território.

Mais uma vez, pergunto-me sobre o respeito à autonomia e à intencionalidade intrínsecas à compreensão de comunidade nesse passo inaugural do Programa. Tal qual na *estadania*[712], talvez estejamos falando de mais uma situação em que a população local é surpreendida com uma decisão que pode interferir fundamentalmente em suas vidas, sobre a qual não lhe foi oferecida oportunidade adequada de prévio entendimento e participação. É como se a proposta dialógica tivesse um termo inicial, *ex nunc*, "e não se fala mais nisso"[713]. Continuamos assistindo *bestializados* à República[714]?

---

[712] Cf. CARVALHO, José Murilo de. **Cidadania no Brasil:** o longo caminho. Rio de Janeiro: Civilização Brasileira, 2002.
[713] Referência ao poema de Paulo Leminski que diz que no fundo, queríamos que nossos problemas fossem resolvidos por decreto e que, a partir desse marco, aquela mágoa fosse dada por inexistente e "não

Há outra questão que me inquieta quanto ao começo do Programa: se essa decisão desconsiderou o interesse dos destinatários, ainda que bem-intencionada, não partiu de superioridade moral incompatível com os valores e princípios restaurativos que a própria ONU se propôs a desenvolver no *Segurança com Cidadania*?

De todo modo, é verdade que, se antes da instalação do Programa Conjunto não havia autorreconhecimento do Nacional como comunidade, sua execução criou vínculos entre essas regiões que talvez sejam indicativos atual ou futuro desse tipo de conexão pautada em pertencimento e significado.

É possível que certo distanciamento moral também esteja presente na opção de não acompanhar as ações e resultados do Programa Conjunto após seu encerramento. Se me vejo exclusivamente como fornecedora – e não como parte –, não me preocupo propriamente com o que será feito com aquilo que entrego, já que minha ação se completa na oferta. Essa questão também costuma ser um desafio à cidadania na maneira com que o Direito monista tradicionalmente compreende a prestação jurisdicional do Estado.

Esse foi um elemento sensível nas falas dos entrevistados. Suas narrativas espontaneamente falavam do sentimento de "abandono" ou do "descomprometimento" da ONU e do Município quanto à continuidade das atividades e resultados alcançados com o Programa. Nesse ponto, a insatisfação dos usuários foi unânime. Percebi um misto de incompreensão, indignação e tristeza nos sujeitos ao falar sobre o tópico. Ao me propor a fazer análise de efetividade da experiência de justiça comunitária do *Segurança com Cidadania*, não poderia deixar de evidenciar essa constatação.

De maneira exemplificativa, voltarei a reproduzir alguns trechos das entrevistas ao falar no tema. As falas são, respectivamente, de Ilton Café, Major Davidson e Marcos Ramalho.

> Eu penso, com todo o respeito que eu tenho à ONU e ao que eles fizeram, que eles tinham ferramentas pra continuar. [...] eles deveriam dizer assim: se a gente investiu tanto naquilo ali, nós também não podemos deixar aquilo morrer. Como é que nós vamos fazer? Por que eles são mais capacitados que eu. Como é que nós vamos fazer pra que o Café não se sinta perdido? Que o Tenente, que a Albaniza, que o Fulano não sinta que aquilo ali... que a luz apagou no fim do túnel? Uma vez por ano nós vamos lá fazer essa reunião no território? De seis em seis meses? Como que nós vamos fomentar isso? Como é que nós vamos fazer que isso não fique só na memória? [...] Eles

---

se fala mais nisso". Cf. LEMINSKI, Paulo. **Toda Poesia**. São Paulo: Companhia das Letras, 2013.
[714] Referência ao título de outra obra de José Murilo de Carvalho, "Os bestializados: Rio de Janeiro e a República que não foi".

> estiveram aqui só uma vez depois do lançamento e depois não vieram mais, não. Não vieram mais, não. Eu acho que isso podia partir também de dentro da própria ONU
>
> eu acho, a comunidade mesmo já tendo sido capacitada, sozinha, ainda não estava madura o suficiente para dar sequência. O governo tinha que continuar, a presença do governo lá, através da Prefeitura de Contagem, com Ponto Focal, inclusive; com reuniões de Comitê Local; e a Polícia Militar. Quem fosse sucedendo... a gente se mantivesse lá como membro sucessor.
>
> Aí às vezes a gente não entende, sinceramente, o poder público, por que não abraçar uma causa como essa. [...] mas tudo aquilo que nós construímos com muito sofrimento, que nós construímos com muita força de vontade, foi deixado pelo caminho. Não por que nós queríamos isso, a gente queria que a Prefeitura estivesse atuando com a gente e que a gente pudesse levantar essa bandeira e que, hoje, como o mundo conheceu a gente no ano de 2011, que o mundo pudesse falar que, hoje, existe na região do Nacional um grupo de pessoas que luta pela paz. Só de falar a gente começa a chorar, dá revolta...

Especificamente sobre o desacompanhamento por parte do Estado, parece-me que a metodologia do PNUD trabalhou com estratégias pensadas na sensibilização e conscientização dos sujeitos, individuais ou coletivos, mas desconsiderou que, no Executivo, a composição dos órgãos e repartições é variável e, em vários aspectos, provisória. É importante, por isso, desenvolver estratégias de desenho dos processos de mudança social que considerem as particularidades da Administração Pública, sendo institucionalmente adequadas.

Outro elemento frequentemente apontado como comprometedor da efetividade do *Segurança com Cidadania* foi o fato de ter articulado práticas que demandam muito engajamento sem que haja qualquer contrapartida financeira.

A assunção e o compartilhamento de responsabilidade pode ser bastante útil à implementação dos direitos de cidadania e sua materialização pressupõe um *dar natural*[715], desinteressado. Todavia, pretender que indivíduos que precisam empregar parte consistente das horas diárias a garantir a subsistência familiar dediquem tempo considerável a atividades voluntárias é utópico.

Resta o paradoxo: será que vincular esses atos ao altruísmo de indivíduos com baixo capital econômico é mais sustentável? Ou será que é mais irreal do que esperar que o façam apenas quando surgir alguma possibilidade de retorno financeiro?

Ao considerar essa questão somada ao dado sobre o não acompanhamento do Programa após sua finalização, parece-me que a situação da ONU goza de alguma

---

[715] Cf. ROSENBERG, Marshall. **Nonviolent Comunication:** A Language of Life. 3. ed. Encinitas: Puddle Dancer Press, 2015.

comodidade. Posta dessa maneira, a alegada sustentabilidade pressupõe responsabilidade exclusiva da comunidade.

Embora seja compreensível a defesa de que cabe prioritariamente aos agentes locais o desenvolvimento da justiça comunitária, não devemos ignorar que, tratando-se de território marginal, sua manutenção vincula-se às atribuições e às competências que justificam e legitimam a existência do Estado, mais diretamente, como também da ONU, de forma mais distante.

O diálogo pressupõe o encontro. Ao finalizar o Programa sem acompanhamento, o desencontro impossibilita a continuidade da comunicação e do compartilhamento de experiências. O fato de a condução das ações de justiça comunitária serem competência dos sujeitos do território só reforça o fato de sua comunidade de referência e apoio – que, nesse caso, envolveria a ONU e a Prefeitura de Contagem – estar presente no acompanhamento.

Será que agir de modo contrário não seria esperar que as pessoas da comunidade fossem super-heroínas e que dessem conta, a um só tempo, de sobreviver em condições vulneráveis, prestar trabalho voluntário que demanda alto engajamento e apresentar disponibilidade existencial para mudança?

Não presumo que essas condições não possam ser concomitantes. A pesquisa de campo demonstra que o são. Todavia, não seria uma violência epistêmica condicionar a sustentabilidade do Programa à observância delas?

É preciso ter cuidado para não recair num discurso meritocrático que pode confundir consequências e causas da opressão e atribuir um fardo muito pesado aos sujeitos. Participação também oferece riscos[716] e é importante que sejam considerados, principalmente em condições que podem levar a aprofundamento ou existência de traumas.

Às vezes me parece que há uma presunção de que indivíduos ou coletivos em situação de vulnerabilidade nunca são *bons o bastante*, que precisam fazer sempre mais para escapar de sua condição de vulnerável. Será que sobreviver em condições tão violentas não seria desafiador *o bastante*? E se o convite a esse tipo de atribuição extra levar a sobrecarregamento e for um fator gerador de traumas?

Seria possível falar em participação sem, antes, envolver-se de modo corresponsável nas condições fundamentais para que, ao ser estabelecida, não cause ou

---

[716] Cf. LEAL, Dodi. **Pedagogia e Estética do Teatro do Oprimido:** marcas da arte teatral na gestão pública. São Paulo: HUCITEC, 2015.

aprofunde danos? A lealdade inerente à noção de comunidade parece se materializar na ação corresponsável.

Como, então, atuar em comunidade com decisão apriorística que não a envolve e definição de termo final que também não a considera? Trabalhando com recurso findo, não seria o caso de distribuí-lo segundo decisões policêntricas que considerassem e respeitassem as necessidades da comunidade? Como propor um termo final genérico antes mesmo de adentrar e conhecer a especificidade coletiva? Se a prática é centrada no ser humano, é preciso considerar o tempo da comunidade.

A construção de resiliência, fundamental para a manutenção das ações do Programa, demanda comprometimento, persistência e paciência. Sem o cuidado de compreender quando, como e sobre quais temas os sujeitos desejam e conseguem sustentar transformação, é possível que a propositura das perguntas seja, por si só, fator que acentue a sensação de sobrecarregamento.

A identificação dos problemas com suas causas e consequências não necessariamente coincide com a prontidão para tratá-los. O respeito à autonomia do outro implica em aceitar aquilo que ele consegue oferecer, mas também aquilo que não está disponível a ofertar naquele momento.

Pressupor que alguém não tem sido *bom o bastante* costuma ser uma das falácias que sustentam a marginalidade. Novamente, essa opção parece se afastar do cuidado responsável que as práticas restaurativas pressupõem.

Se o propósito era garantir a sustentabilidade do Programa, não seria mais fácil construir um calendário de acompanhamento em que comunidade de referência e apoio estariam presentes? Também seria útil ter apostado em práticas que aproximassem os sujeitos das diferentes comunidades brasileiras que contaram com o *Segurança com Cidadania*. Imagine, por exemplo, que as comunidades mantivessem algum tipo de contato direto para compartilhamento de experiências e oferecimento de suporte e contribuição.

Outra possibilidade seria o estabelecimento de "anjos", assim como nas práticas de *Comunicação Não-Violenta*, isto é, nos contatos entre esses agentes, o *Segurança com Cidadania* poderia ter estimulado o compartilhamento voluntário e randômico de contatos entre pessoas de diferentes comunidades com o intuito de que, quando uma delas estivesse numa situação de tensão, em que não sabe como agir na comunidade, pudesse ligar para a outra e, rapidamente, sentir-se mais confortável.

A ideia não é que uma das pessoas opine, ofereça conselhos ou decida pela outra. Também não há qualquer interesse em que, nesse vínculo, a pessoa que recebe o telefonema procure saber sobre os fatos da situação. Inclusive, é estimulado que o "anjo" conheça pouco ou nada da situação da outra pessoa. Pode ser mesmo que ele não fale uma única palavra durante a ligação.

A relação entre ambas serve exclusivamente para que cada uma delas saiba que não está sozinha em situações desafiadoras. O "anjo" pode tanto ajudar a identificar as necessidades, sentimentos e pedidos presentes na situação, quanto manter-se escutando. O importante é que a presença do "anjo" contribua para que o sujeito que telefonou perceba-se mais presente para si mesmo.

Uma possibilidade diferente, mas também útil à sustentabilidade das ações e resultados do *Segurança com Cidadania* seria compartilhar informações sobre comunidades próximas que têm mantido práticas de justiça comunitária. Ou ainda de aproximar essas pessoas para que uma comunidade pudesse ser sustentáculo para as outras.

Assim como aconteceu com o contato com as *Casas de Justicia* de Bogotá, saber que existem práticas positivas acontecendo próximas ao Nacional reforça o sentimento de que aquilo é possível de ser alcançado no território. Em Minas Gerais, por exemplo, há experiências em distritos em Lavras Novas, distrito de Ouro Preto, e no município de Manga.

A posição histórica do estado na política e economia brasileiras e o trabalho escravo nas minerações contribuíram para que houvesse grande opressão e marginalização da população negra do Estado. Por isso, vários centros de resistência foram sendo estabelecidos em silêncio.

É o caso de Lavras Novas, formada por ex-escravos fugidos principalmente da região de Ouro Preto. Segundo informações orais, aqueles que não conseguiam se adaptar à hierarquia dos quilombos das proximidades formaram uma sociedade autônoma no local. Até hoje, existe um órgão deliberativo do qual fazem parte os moradores nascidos em Lavras Novas. Juntos, decidem sobre o bem-estar local, o que inclui a presença de "estrangeiros", os limites das propriedades e a possibilidade de compra e venda de imóveis por pessoas que não nasceram no local. A Prefeitura de Ouro Preto limita-se a homologar os atos do conselho de moradores, que se reúne no centro paroquial para as deliberações.

Este é um ponto que gostaria de ter sido capaz de desenvolver com a pesquisa. Compreender melhor outras práticas mineiras de justiça de base comunitária era um dos meus objetivos quando decidi pesquisar o tema. O tempo do doutorado, contudo, foi suficiente apenas para a pesquisa da experiência do *Segurança com Cidadania* no Nacional. Fica, contudo, a sugestão para futuras pesquisas.

Lembra do conto de Clarice Lispector que sugeri no início da tese, o "Mineirinho[717]"? A poetisa terminava falando em terreno. Mais precisamente, a ela disse que queria

> Uma justiça que não se esqueça de que nós todos somos perigosos, e que na hora em que o justiceiro mata, ele não está mais nos protegendo nem querendo eliminar um criminoso, ele está cometendo o seu crime particular, um longamente guardado. Na hora de matar um criminoso – nesse instante está sendo morto um inocente. Não, não é que eu queira o sublime, nem as coisas que foram se tornando as palavras que me fazem dormir tranquila, mistura de perdão, de caridade vaga, nós que nos refugiamos no abstrato.
> O que eu quero é muito mais áspero e mais difícil: quero o terreno[718].

Clarice já havia relacionado terreno e justiça antes.

> Essa justiça que vela meu sono, eu a repudio, humilhada por precisar dela. Enquanto isso durmo e falsamente me salvo. Nós, os sonsos essenciais.
> **Para que minha casa funcione, exijo de mim como primeiro dever que eu seja sonsa, que eu não exerça a minha revolta e o meu amor, guardados. Se eu não for sonsa, minha casa estremece. Eu devo ter esquecido que embaixo da casa está o terreno, o chão onde nova casa poderia ser erguida.** Enquanto isso dormimos e falsamente nos salvamos[719]. [grifos acrescidos]

Para os guaranis, *Tekoa* indica mais do que aldeia, contemplando também a genealogia da apropriação do espaço segundo rituais e construção cultural. *Tekoa* é o lugar do modo de ser guarani, conforme seus preceitos e cosmologias. O fato de haver guaranis num local, portanto, não faz dele *Tekoa*. Isso porque não basta o vivente, para haver *Tekoa* é preciso considerar o modo como se vive.

O conceito guarani aproxima-se da reflexão sobre a justiça de Clarice Lispector: para os dois, o terreno sustenta modos de vida distintos, mas só alguns deles são hábeis a construir comunidade, isto é, pertencimento com significado.

---

[717] LISPECTOR, Clarice. Mineirinho. In.: _____. **Todos os contos**. Rio de Janeiro: Rocco, 2016. p. 386-390.
[718] LISPECTOR, Clarice. Mineirinho. In.: _____. **Todos os contos**. Rio de Janeiro: Rocco, 2016. p. 390.
[719] LISPECTOR, Clarice. Mineirinho. In.: _____. **Todos os contos**. Rio de Janeiro: Rocco, 2016. p. 387.

Se a segurança não está na casa, mas no terreno que a sustenta, podemos edificar uma residência nova que seja mais adequada as nossas necessidades. É também possível construir uma nova justiça; dessa vez, centrada no humano. Se a ótica que gerou o problema não se presta a resolvê-lo[720], talvez devêssemos pensar a segurança jurídica pela ótica da transformação[721], e não necessariamente pela da estabilidade.

Considerando o percurso do *Segurança com Cidadania* no Nacional, imagino que as *Conferências para Transformação Comunitária*[722] (CTC) e as *Estratégias para Conscientização de Trauma e Construção de Resiliência*[723] (STAR) podem ser bem recebidas pela comunidade. Acredito que elas têm grande chance para retomar, dar continuidade e aprofundar ações e resultados conduzidos pelo Programa Conjunto.

Apresento-as pensando na proximidade de ambas aos propósitos da metodologia do PNUD implementada no território. Também as considero importantes por manusearem ao mesmo tempo racionalidades e *sensibilidades jurídicas*[724], além de partirem da consideração de si como *saber local*[725].

Sim, todas essas afirmações são interpretações minhas. CTC e STAR não falam diretamente em Direito, mas nem por isso ele deixa de estar presente. Talvez não o Direito monista, é verdade, mas este não tem estado inteiramente presente nem no seu espaço constitutivo. Antes de alcançar CTC e STAR, provavelmente encontraria as suas margens.

Tanto as *Conferências para Transformação Comunitária* (CTC), quanto as *Estratégias para Conscientização de Trauma e Construção de Resiliência* (STAR) procuram explorar padrões narrativos que não estavam sendo considerados, mas que podem transformar situações desafiadoras.

Identificar em que pontos as *narrativas dominantes* têm contribuído para estagnação diante de situações problemáticas e aproximá-las das *narrativas alternativas desejadas* é uma maneira de realizar protagonismo[726]. Contudo, dificilmente um

---

[720] Referência a frase célebre de Albert Einstein.
[721] LEDERACH, John Paul. **Transformação de conflitos.** São Paulo: Palas Athena, 2012.
[722] HOOKER, David Anderson. **Transformative Community Conferencing:** a Hopeful, Practical Approach to Dialogue. New York: Good Books, 2016.
[723] CENTER FOR JUSTICE AND PEACEBUILDING. **Strategies for Trauma Awareness and Resilience:** Level I Participant Manual. Harrisonburg: Eastern Mennonite University, 2017.
[724] GEERTZ, Clifford. **O saber local:** novos ensaios em antropologia interpretativa. Petrópolis: Vozes, 2014
[725] GEERTZ, Clifford. **O saber local:** novos ensaios em antropologia interpretativa. Petrópolis: Vozes, 2014
[726] HOOKER, David Anderson. **Transformative Community Conferencing:** a Hopeful, Practical Approach to Dialogue. New York: Good Books, 2016.

processo tão complexo seria possível apostando em uma só habilidade humana, ou pretendendo fazer tudo racionalmente.

Pense na história em quadrinhos (HQ) produzida pelos estudantes da Escola Municipal Anne Frank (EMAF). O contato com a maquete do Confisco e a produção das fotografias mostraram que é mais fácil enxergar a realidade por outro ângulo quando se articula vários sentidos.

A consistência da prática da escola está profundamente conectada ao procedimento das CTCs, ainda que não o tenha feito de modo intencional. O Professor Moacir Fagundes partiu de uma conflito concreto – o uso depreciativo do adjetivo "confisqueiro" – em que a *narrativa dominante* era confundida com a situação problemática – fazer parte da comunidade do Confisco é algo intrinsecamente ruim –, o que afastava protagonismo dos agentes – o Confisco é carente e violento, ou saio daqui ou serei como ele – e invisibilizava *narrativas alternativas desejadas* – a HQ, o "Confisco pelo Confisco".

Esse processo respeitou os três passos sustentados pelas *Conferências para Transformação Comunitária*: mapeou as narrativas da comunidade; definiu as *narrativas desejadas* a partir da "aula da indignação"; e construiu estratégias para transformação, como a exposição fotográfica e a HQ.

A aparência de uniformidade[727] das narrativas hegemônicas pode ser reflexo de *narrativas comprimidas* e da obstrução no *fluxo narrativo*[728]. Ao se contar, o "Confisco pelo Confisco" mostrou que a comunidade não se identificava com a história única[729] da narrativa dominante. O que seriam as *"pessoas-livro"* se não *expect-atrizes*[730]?

Conferências para Transformação Comunitária (CTC) e *Estratégias para Conscientização de Trauma e Construção de Resiliência* (STAR) procuram mobilizar múltiplos sentidos. É frequente que se incorpore uma ideia antes mesmo de se dar conta mentalmente da presença dela. Teatro e Estética do Oprimido[731] são referências que podem auxiliar as duas nesse objetivo.

---

[727] JULLIEN, François. **De lo univeral, de lo uniforme, de lo común y del diálogo entre las culturas.** Madrid: Siruela, 2010.
[728] HOOKER, David Anderson. **Transformative Community Conferencing:** a Hopeful, Practical Approach to Dialogue. New York: Good Books, 2016.
[729] ADICHIE, Chimamanda Ngozi. **O perigo da história única.** Disponível em: <https://www.youtube.com/watch?v=EC-bh1YARsc>. Acesso em: 12 jul. 2016.
[730] Cf. BOAL, Augusto. **Teatro do oprimido e outras poéticas políticas.** São Paulo: Cosac Naify, 2013.
[731] BOAL, Augusto. **A estética do oprimido.** Rio de Janeiro: Garamond, 2009.; BOAL, Augusto. **Teatro do oprimido e outras poéticas políticas.** São Paulo: Cosac Naify, 2013.

O *Expect-ator* de que falava Boal tem muitas semelhanças ao exercício que Lederach descreve – mais abstratamente, é verdade – na *imaginação moral*[732]. Essas teorias são performativas porque se propõem a constituir um novo estado de coisas. Podem ser, portanto, ferramentas adequadas a materializar um paradigma de justiça voltado à satisfação do cidadão, em processo humanizado, restaurativo e comunitário. São possibilidades interessantes para consolidar pertencimento e significado no Nacional pós-*Segurança com Cidadania*.

A viabilidade da permanência dessas ações está diretamente relacionada a sua pertinência ao habitat. Se não se comunicam com processos naturais daquela comunidade, aumentam as chances de serem interrompidas.

No caso específico das opções priorizadas durante o Programa, desconfio que o foco no saber racional foi um dos pontos que podem ter levado à descontinuidade de várias práticas. Embora tenha havido a mobilização de estratégias que envolviam diferentes sensibilidades e habilidades, mas parte considerável delas ainda esteve diretamente vinculada ao saber racional ensinado por acadêmicos e outros profissionais contratados.

Parece-me ainda mais sensível que, quanto ao ensino, o *Segurança com Cidadania* não tenha dado prioridade às ações que a própria comunidade poderia ensinar à ONU e aos seus membros.

O Programa investiu em ações voltadas à sinalização de espaços e recursos internos positivos, mas não desenvolveu integração num nível mais profundo. Embora o diálogo exija alguma forma de encontro, não se satisfaz só com ele. Seria útil o estímulo ao intercâmbio de saberes, não só de informações.

Quanto a este último aspecto, traz algum desconforto perceber como os dados sobre o Programa que estão disponíveis são limitados. Senti falta de prestação de contas voltada ao público alvo do *Segurança com Cidadania* após seu encerramento. Embora tenha havido um encontro com essa finalidade, muitas transfomações são estabelidas com o tempo e exigem revisões periódicas.

Algumas perguntas que subsistem comigo são: Quais transformações o contato com o Nacional trouxe para o ONU? O que mudou na metodologia proposta pelo PNUD desde o encerramento da prática? O que tem permanecido no Nacional?

---

[732] LEDERACH, John Paul. **The moral imagination**: the art and soul of building peace. Oxford: Oxford University Press, 2005.

Transformação social exige intencionalidade e consciência sobre teorias de mudança e teorias sobre prática. É preciso diálogo continuado sobre propósitos, crenças e necessidades; mapeamento de comportamentos e narrativas culturais; e relacionar cada um desses elementos.

É importante ter em mente, todavia, que nem sempre uma comunidade estará aberta a qualquer momento para toda transformação de *narrativas dominantes* que se afastam das desejadas. Nem sempre é momento de transformar conflitos[733], é preciso paciência.

Há um elemento facilitador, todavia. Espaços liminares[734], que estão na fronteira entre dois mundos distintos, tendem a ser mais permeáveis à mudança. Podemos pensar numa varanda, que é agradável justamente por não ser tão dentro, nem tão fora da casa. Também é possível citar o corredor, que não é um cômodo, nem outro, mas que por permitir acesso, facilita o encontro.

Ou falamos de um bairro com parte em Contagem, outra em Belo Horizonte. E dizemos que, nesse bairro, há uma escola que faz suas festividades na rua e oferece seu espaço para o lazer do público externo.

O espaço liminar também é relevante porque, para dinâmicas de mudança, pode ser muito útil contar com pessoas externas à comunidade. Os "estrangeiros" costumam estar autorizados a olhar de modo mais curioso, questionar para compreender. Em muitos casos, propor a pergunta é suficiente para impulsionar reflexão.

De certa forma, sinto que a pesquisa de campo teve esse efeito. Durante as entrevistas, era frequente a insatisfação dos sujeitos com a paralisação de ações que ganharam forma e força durante o *Segurança com Cidadania*.

Os entrevistados costumavam assumir parte da responsabilidade por essa situação e, em vários casos, cogitavam como seria se agissem diferentemente. Quem sabe não aproveitamos mais essa "indignação" para construção de aprendizagem e transformação de narrativas? Quem sabe experiências como a do Confisco não se multiplicam por todo o Nacional?

Voltemos mais uma vez à fala do Ilton Café

---

[733] LEDERACH, John Paul. **Transformação de conflitos.** São Paulo: Palas Athena, 2012.
[734] LEDERACH, John Paul. **Transformação de conflitos.** São Paulo: Palas Athena, 2012.

> Tem aquela sementinha lá ainda. Eu acho que ela não vai morrer dentro de ninguém. Cada um tá regando ela de uma forma. Eu, tem horas que dá vontade de pegar a minha e matar ela, mas ela não morre, eu... não tem jeito, eu morro junto com ela... a semente tá em mim.

A pesquisa de campo indicou a efetividade do Programa quanto ao estabelecimento e reforço de vínculos de pertencimento e significado. Esse é um resultado importante na prevenção de violência e garantia de direitos. Como seres gregários, tendemos a buscar o sentimento de fazer parte de um coletivo. Se não conseguimos isso num espaço em que podemos manifestar nosso melhor-eu, provavelmente procuraremos vínculos alternativos, dentre os quais aqueles que reforçam a marginalidade desses sujeitos.

Ao decidir pesquisar um tema com pouca bibliografia disponível e que, quando existente, era majoritariamente teórica, precisei fazer um esforço para estabelecer os contornos de certas definições, compreender seu conteúdo e alcance e ser capaz de precisá-los racionalmente para definir a prática e transpô-los para a escrita.

Ao optar por analisar a efetividade de um Programa que não teve grande produção de dados e a entrevistar seus participantes, esse processo de construção teórica foi intermediado pelo contato com o coletivo. À medida que ia compreendendo o que aconteceu no Nacional, pensava nas lacunas, indefinições e fragilidades que minha própria noção de justiça comunitária tinha. Minhas estruturas de pensamento iam se conformando ao que a prática do Nacional prescindia.

A prática foi me ajudando a a ampliar o repertório e a criar a teoria. Esta, contudo, não está acabada, nem poderia pretendê-lo: há tantas sofisticações e especificidades teóricas a desenvolver, quanto as práticas de justiça de base comunitária exigirem. Por isso, esse trabalho se completa no outro, nos que eventualmente já estejam acontecendo e naqueles que virão.

Como qualquer pesquisa que trabalha sobre tema pouco explorado e que cria e relaciona novos conceitos e práticas, imagino que virão muitas críticas e sugestões e espero que, num futuro próximo, eu mesma seja capaz de criticá-lo e perceber incompletudes e contradições que hoje não enxergo. Quem sabe, portanto, esta tese não seja apenas meu ponto inicial em um percurso em justiça comunitária?

Como finalizar o que parece ser o início de algo novo? Ou seria o meio? "No princípio era o meio/ e o meio era bom[735]". Mas essa tese tem um fim. O *Segurança*

---

[735] Alusão à música "O meio", de Luiz Tatit, que consta na epígrafe das considerações iniciais.

com Cidadania foi finalizado, nem por isso a justiça comunitária no Nacional também precisa o ser.

Segundo sugerido por Paulo Terrinha, pretendo reunir com os atores do território para apresentar os dados desta pesquisa, mas também para ouví-los e pensarmos como fortalecer justiça comunitária e restaurativa no Nacional. Suspeito que mais do que nos dados da tese, o potencial transformador está no encontro, no estar humano *outramente*[736].

Então, este fim pode mesmo ser um começo ou um meio, como queira, assim como todo processo de vida-morte-vida. Mas, dessa vez, de um que não seja morte e vida severina.

---

[736] LEVINAS, Emmanuel. **Violência do rosto.** São Paulo: Loyola, 2014.; LEVINAS, Emmanuel. **Ética e infinito.** Madrid: La balsa de la Medusa, 1991.

REFERÊNCIAS

A METODOLOGIA DO Mérito Juvenil/Prêmio Internacional para a Juventude. Disponível em: <http://www.contagem.mg.gov.br/arquivos/comunicacao/informacoes_merito_juvenil(2).pdf>. Acesso em: 27 nov. 2018.

ABEL, Richard L.. Introduction. In.: _____. (Ed.). **The Politics of Informal Justice.** New York: Academic Press, 1982, vol. 1, p. 1-16.

ABREU, Haroldo. **Para além dos direitos:** cidadania e hegemonia no mundo moderno. Rio de Janeiro: Editora UFRJ, 2008. (Pensamento Crítico, v. 10).

ADICHIE, Chimamanda Ngozi. **O perigo da história única.** Disponível em: <https://www.youtube.com/watch?v=EC-bh1YARsc>. Acesso em: 12 jul. 2016.

_____. **We should be all feminists.** New York: Vintage Books, 2012.

ADLER, Peter S. The Future of Alternative Dispute Resolution: Reflections on ADR as a Social Movement. In.: MERRY, Sally Engle; MILNER, Neal. (Ed.). **The possibility of popular justice:** a case study of Community Mediation in the United States. Michigan: The University of Michigan Press, 1993, p. 67-88.

AGUIRRE, Eliana. El rol del tribunal constitucional plurinacional en el pluralismo jurídico y la nueva condición de estatalidad. In.: TUDELA, Farit L. Rojas. (Coord.). **Pluralismos**: 11 tesis. La Paz: Creative Commons, [20--]. p. 115-136.

ALFONSIN, Jacques Távora. Dos nós de uma lei e de um mercado que prendem e excluem aos nós de uma justiça que liberta. In.: _____. (Org.). **Cadernos RENAP:** Advocacia Popular Caderno Especial – 1995-2005/10 anos. 6 ed. S. l.: Gráfica e Editora Peres, 2005, p. 83-103.

ALMEIDA, Sandra Regina Goulart. Prefácio: apresentando Spivak. In.: SPIVAK, Gayatri Chakravorty. **Pode o Subalterno falar?** Belo Horizonte: Editora UFMG, 2014. p. 7-22.

ALVES, Zélia Mana Mendes Biasoli; SILVA, Maria Helena G. F. Dias da. Análise qualitativa de dados de entrevista: uma proposta. **Paidéia (Ribeirão Preto)**, n. 2, Ribeirão Preto, Feb./Jul. 1992. Disponível em: <

http://www.scielo.br/scielo.php?script=sci_arttext&pid=S0103-863X1992000200007>. Acesso em: 10 mar 2016.

AMARAL FILHO, Nemézio C. As perigosas fronteiras da "comunidade": um desafio à comunicação comunitária. In.: PAIVA, Raquel; SANTOS, Cristiano Henrique Ribeiro dos. (Org.). **Comunidade e contra-hegemonia:** rotas de comunicação alternativa. Rio de Janeiro: Mauad X: FAPERJ, 2008. p. 75-87.

ANDERSON, Benedict. **Comunidades imaginadas:** reflexiones sobre el origen y la difusión del nacionalismo. Ciudad de Mexico: Cultura Libre, 1993.

ANDRADE, Mário. O poeta come amendoim. In.: _____. **Poesias completas.** São Paulo: Martins Editora, 1955. p. 157-158.

ANDRESEN, Sophia de Mello Breyener. E depois de uma tarde. In.: BETHÂNIA, Maria. **Caderno de Poesias.** Belo Horizonte: Editora da UFMG, 2015. p. 124.

ANNONI, Danielle. **Responsabilidade do Estado pela não duração razoável do processo.** Curitiba: Juruá, 2009.

ARENDT, Hannah. **A condição humana.** 10 ed. Rio de Janeiro: Forense Universitária, 2007.

_____. **Eichmann em Jerusalém:** um relato sobre a banalidade do mal. São Paulo: Cia das Letras, 1999. Tradução de José Rubens Siqueira.

_____. **On violence.** Orlando: Mariner Books, 1970.

ASAD, Talal. Where are the Margins of the State? In.: DAS, Veena; POOLE, Deborah. (Ed.). **Anthropoloy in the Margins of the State.** Santa Fe: School of American Research Press, 1991. p. 279-288.

ASHOKA BRASIL; ALANA. **Escolas transformadoras: Sobre.** Disponível em: <http://escolastransformadoras.com.br/o-programa/sobre/>. Acesso em: 10 set. 2017.

ASSARÉ, Patativa do. **Aos poetas clássicos.** Disponível em: <http://contobrasileiro.com.br/aos-poetas-classicos-poema-de-patativa-do-assare/>. Acesso em: 29 out. 2018.

ASSESSORIA DE COMUNICAÇÃO DA SECRETARIA DE SEGURANÇA DO ESTADO DO RIO DE JANEIRO. **UPPS do Rio participam de convivência e segurança cidadã das Nações Unidas:** metodologia das aulas defende atuação integrada de policiais, comunidade e gestores públicos focados na prevenção e no controle. Disponível em: <http://www.rj.gov.br/web/imprensa/exibeconteudo;jsessionid=4ADF0ED6AB4F6F6D96F727FB5F0F6DC9.lportal2?p_p_id=exibeconteudo_INSTANCE_2wXQ&p_p_lifecycle=0&p_p_state=pop_up&p_p_mode=view&p_p_col_id=column-4&p_p_col_count=1&_exibeconteudo_INSTANCE_2wXQ_struts_action=%2Fext%2Fexibeconteudo%2Fview&_exibeconteudo_INSTANCE_2wXQ_groupId=103138&_exibeconteudo_INSTANCE_2wXQ_articleId=2279374&_exibeconteudo_INSTANCE_2wXQ_viewMode=print>. Acesso em: 17 nov. 2017.

ASSIS, Machado de. **O Alienista.** São Paulo: Companhia das Letras, 2014.

Axel Alberigi Rapbox. **Herança Verde Escuro,** 00:05:24. Disponível em: <https://open.spotify.com/track/0p2mgA6EDQG1Q3gBnXvAE6?si=DuH0-XVhT2ibmAFE0z6-jw>. Acesso em: 9 ago. 2018.

BADIOU, Alain. Twenty-four notes on the uses of the world "people". In.: BADIOU, Alain. et. al. (Ed.). **What is People?** New York: Columbia University Press, 2013.

BALZAC, Honoré de. **O Coronel Chabert.** São Paulo: Companhia das Letras, 2013.

BANCO MUNDIAL. **Documento Técnico Número 319:** O Setor Judiciário na América Latina e no Caribe: elementos para reforma. Nova York: s. e., 1996. Produzido por Maria Dakolias. Tradução de Sandro Eduardo Sardá.

BAUMAN, Zygmunt. **Comunidade:** a busca por segurança no mundo atual. Rio de Janeiro: Zahar, 2003.

BECK, Ulrich. **World at Risk.** Cambridge: Polity Press, 2008.

BHABHA, Homi K. **O local da cultura.** Belo Horizonte: Editora UFMG, 2003.

BISINOTO, Cynthia. et al. Socioeducação: origem, significado e implicações para o atendimento socioeducativo. **Psicologia em Estudo,** Maringá, v. 20, n. 4, p. 575-585, out./dez. 2015.

BOAL, Augusto. **A estética do oprimido.** Rio de Janeiro: Garamond, 2009.

_____. **Teatro do oprimido e outras poéticas políticas.** São Paulo: Cosac Naify, 2013.

BOSTEELS, Bruno. This people which is not one. In.: BADIOU, Alain. et. al. (Ed.). **What is People?** New York: Columbia University Press, 2013.

BOURDIEU, Pierre. Espíritos de Estado: geneses e estrutura do campo burocrático. In.: _____. **Razões Práticas.** Sobre a teoria da ação. Campinas: Papirus, 2003. pp. 91-124.

_____. **O poder simbólico.** Rio de Janeiro: Bertrand Brasil, 2012. 16. ed. Tradução de Fernando Tomaz.

_____. You said "popular"?. In.: BADIOU, Alain. et. al. (Ed.). **What is People?** New York: Columbia University Press, 2013.

BOYES-WATSON, Carolyn; PRANIS, Kay. **No coração da esperança:** guia de práticas circulares. Porto Alegre: Escola Superior da Magistratura da AJURIS, 2011.

BRAITHWAITE, John. Does restorative justice work? In.: _____. **Restorative justice and responsive regulation.** Oxford: Oxford University Press, 2002. pp. 45-72.

_____. Doing Justice Intelligently in Civil Society, **Journal of Social Issues,** vol. 62, n. 2, 2006, pp. 393-409.

BRAGON, Rayder. Apesar de forte presença policial, toque de recolher completa 5 dias em Contagem (MG). **Uol Notícias**. Contagem, 08 abr. 2010. Disponível em: < https://noticias.uol.com.br/cotidiano/ultimas-noticias/2010/04/08/apesar-de-forte-presenca-policial-toque-de-recolher-completa-5-dias-em-contagem-mg.htm>. Acesso em: 10 set. 2017.

BRANDÃO, Rodrigo. **Supremacia judicial versus Diálogos Constitucionais:** a quem cabe a última palavra sobre o sentido da Constituição. Rio de Janeiro: Lumen juris, 2012.

BRASIL. MINISTÉRIO DA JUSTIÇA E CIDADANIA. Despacho nº 118/2016, 2016/CGAJUD/DPJUS/SNJ. Interessado: Mayara de Carvalho Araujo. **Processo: 08850001352201659.** Brasília, 07 jun. 2016.

_____. **Justiça Comunitária:** uma experiência. Brasília: Secretaria de Reforma do Judiciário, 2010.

BRASIL. MINISTÉRIO DA JUSTIÇA E SEGURANÇA PÚBLICA. **Ministério da Justiça apresenta o programa justiça comunitária.** Disponível em: < http://www.justica.gov.br/noticias/ministerio-da-justica-apresenta-o-programa-justica-comunitaria>. Acesso em 11 mar. 2015.

BRECHT, Bertolt. **Antologia poética de Bertolt Brecht.** Rio de Janeiro: Elo, 1982.

BROWN, Juanita; ISAACS, David; WORLD CAFÉ COMMUNITY. **The World Café:** Shaping our Futures Through Conversations That Matters. San Francisco: Berrett-Koehler Publishers, 2005.

BUBER, Martin. **Sobre comunidade.** São Paulo: Perspectiva, 2012.

BUKOWSKI, Charles. **Textos autobiográficos.** Porto Alegre: L&PM Editores, 2009.

BUTLER, Judith. **Problemas de gênero:** feminismo e subversão da identidade. Rio de Janeiro: Civilização brasileira, 2003.

CALAMANDREI, Piero. Il processo come giuoco. **Rivista di Diritto Processuale,** anno V, n. 1, Padova, 1950, p. 3-31.

CALDERÓN, Marcos García-Tornel. Deconsitucionalizacíon y deslinde jurisdicional. In.: TUDELA, Farit L. Rojas. (Coord.). **Pluralismos**: 11 tesis. La Paz: Creative Commons, [20--]. p. 137-154.

CALVO SOLER, Raúl. **Mapeo de conflictos:** técnica para la exploración de los conflictos. Barcelona: Gedisa, 2014.

CAMPOS, Álvaro. Tabacaria. In.: BERARDINELLI, Cleonice. **Fernando Pessoa:** Antologia poética. Rio de Janeiro: Bazar Tempo, 2016.

CANCLINI, Néstor García. **Consumidores e cidadãos.** Rio de Janeiro: Editora UFRJ, 2010. 8. ed. Tradução de Maurício Santana Dias.

CAPELLA, Juan Ramón. **Los ciudadanos siervos.** Madrid: Editorial Trotta, 2005. 3. ed. Colección Estructuras y procesos. Serie Derecho.

CAPPELLETTI, Mauro. GARTH, Bryant. **Acesso à justiça.** Porto Alegre: Safe, 1988.

CARRILLO, Alfonso Torres. **El retorno a la comunidad**: problemas, debates y desafios de vivir juntos. Bogotá: Fundación Centro Internacional de Edicación y Desarrollo Humano, 2017.

CARROLL, Lewis. **Alice:** aventuras de Alice no País das Maravilhas e Através do Espelho. São Paulo: Zahar, 2010.

CARVALHO, José Murilo de. **Cidadania no Brasil:** o longo caminho. Rio de Janeiro: Civilização Brasileira, 2002.

CARVALHO, Mayara de; CRUZ, Gabriel Soares. Constituição processual: ética de alteridade, democracia e diversidade nas conversações constitucionais. **Revista da AGU**, Brasília-DF, v. 16, n. 01, p. 261-302, jan./abr. 2017.

CARVALHO, Mayara de; SILVA, Juliana Coelho Tavares da. Autocomposição judicial: o meio mais rápido e barato para a *MacDonaldização* das decisões? Análise segundo o CPC *que ama muito tudo isso*. In.: FARIA, Juliana Cordeiro de; REZENDE, Ester Camila Gomes Norato; NETO, Edgard Audomar Marx. (Orgs.). **Novas tendências:** diálogos entre direito material e processo: estudos em homenagem ao professor Humberto Theodoro Júnior. Belo Horizonte: D'Plácido, 2018.

CARVALHO, Mayara de; SILVA, Lucas Jerônimo Ribeiro da. Noção de outro e a subalternidade na Justiça Juvenil Restaurativa: pode o subalterno falar? In: ORSINI, Adriana Goulart de Sena; MAILLART, Adriana Silva; SANTOS, Nivaldo do. (Coord.). **Formas consensuais de solução de conflitos.**1 ed. Florianópolis : CONPEDI, 2015, p. 339--356.

CASTILHO, Eka Wiecko Volkmer de. **Diversidade cultura esquecida da justiça.** 2014. Disponível em : <http://arquivo.geledes.org.br/em-debate/ colunistas/23771-diversidade-cultural-esquecida-da-justica-por-ela-wiecko-v- de-castilho>. Acesso em: 11 jun. 2014.

CASTRO, Juliana; FAGUNDES, Ezequiel; ADAILTON, Franco. 'Adotados pela ONU, bairros veem violência cair: regiões de Lauro de Freitas, Contagem e Vitória foram escolhidas em 2010 para receber programa das Nações Unidas. **O Globo.** 11 maio 2013. Disponível em: <https://oglobo.globo.com/brasil/adotados-pela-onu-bairros-veem-violencia-cair-8364307>. Acesso em: 12 jan. 2018.

CENTER FOR JUSTICE AND PEACEBUILDING. **Strategies for Trauma Awareness and Resilience:** Level I Participant Manual. Harrisonburg: Eastern Mennonite University, 2017.

CENTRO DE REFERÊNCIA POPULAR DO BAIRRO DO CONFISCO. **Histórico do Conjunto Confisco.** Disponível em: <https://www.facebook.com/confiscobh/posts/hist%C3%B3rico-do-conjunto-confiscoo-conjunto-confisco-nasceu-em-1988-e-est%C3%A1-localiza/440726819404942/>. Acesso em 12 set. 2018.

CÉSAIRE, AIMÉ. **Discours sur le colonialisme.** Paris: Présence Africaine, 1955.

CHASE, Oscar. **Direito, cultura e ritual:** sistemas de resolução de conflitos no contexto da cultura comparada. São Paulo: Marcial Pons, 2014.

COUTINHO, Eduardo. **Santa Marta:** duas semanas no morro. Brasil, 1987, 50 min.

DANSKIN, Karl; LIND, Lenny. **Virtuous Meetings:** Technology + Design for High Engagement in Large Groups. New York: Jossey-Bass, 2014.

DAS, Veena. The Signature of the State: the Paradox of Illegibility. In.: DAS, Veena; POOLE, Deborah. (Ed.). **Anthropoloy in the Margins of the State.** Santa Fe: School of American Research Press, 1991. p. 225-252.

DAS, Veena; POOLE, Deborah. State and its Margins: Comparative Ethnographies. In.: _____. (Ed.). **Anthropology in the Margins of the State.** Santa Fe: School of American Research Press, 1991. p. 3-34.

_____. El estado y sus márgenes. Etnografías comparadas. **Revista Académica de Relaciones Internacionales**, n. 8, jun. 2008, GERI-UAM, p. 1-39.

DELGADO, José Augusto. **A demora na entrega da prestação jurisdicional:** responsabilidade do Estado: indenização. Informativo Jurídico da Biblioteca Ministro Oscar Saraiva, v.10, n. 2, p. 99-126, jul./dez. 1998.

DEUTSCH, Morton. A resolução do conflito. In.: AZEVEDO, Andre Gomma de. (Org.). **Estudos em arbitragem, negociação e mediação.** Brasília: UNB, 2004. p. 29-44.

_____. Cooperation, Conflict, and Justice. In.: BIERHOFF, Hans Wermer; COHEN, Ronald; GREENBERG, Jerald. (Ed.). **Justice in Social Relations.** Ontario: Melvin J. Lerner, 1986. pp. 3-18.

_____. Cooperation, competition, and conflict. In.: COLEMAN, Peter; DEUTSCH, Morton; MARCUS, Eric. (Ed.). **The handbook of conflict resolution:** theory and practice. San Francisco: Jossey-Bass, 2014. p. 3-28.

DIDI-HUBERMAN, Georges. To render sensible. In.: BADIOU, Alain. et. al. (Ed.). **What is People?** New York: Columbia University Press, 2013.

DONNE, John. Meditation XVII. In.: _____. **The complete John Donne.** S.l.: Bybliotech, 2015.

DOSTOIÉVSKI, Fiódor. **Notas do subsolo.** Porto Alegre: L&PM, 2013.

DRUMMOND DE ANDRADE, Carlos. Mundo grande. In.: _____. **Sentimento do mundo.** São Paulo: Companhia das Letras, 2012. p. 69-70.

DUBOW, Fredric L.; MCEWEN, Craig. Community Boards: An Analytic Profile. In.: MERRY, Sally Engle; MILNER, Neal. (Ed.). **The possibility of popular justice:** a case study of Community Mediation in the United States. Michigan: The University of Michigan Press, 1993, p. 125-168.

DUSSEL, Enrique. **1492: El encubrimiento del Otro:** Hacia el origen del "Mito de la modernidad". La Paz: Biblioteca Indígena, 2008.

DUSSEL, Enrique. Europa, modernidad y eurocentrismo. In.: LANDER, Edgardo. (Comp). **La colonialidad del saber:** Eurocentrismo y ciencias sociales. Perspectivas Latinoamericanas. Buenos Aires: Consejo Latinoamericano de Ciencias Sociales, 2000. Disponível em: <enriquedussel.com/txt/1993-236a.pdf>. Acesso em: 16 de jun. 2015.

ÉFESO, Heráclito de. **Heráclito:** los fragmentos. Montreal: Laodamia Press, 2013.

EL PAÍS. "A solução mais fácil era botar o Michel". Os principais trechos do áudio de Romero Jucá: Diálogo entre Jucá e Machado faz ilações sobre STF e sugere acordo para "delimitar" a Lava Jato. Diálogo entre Jucá e Machado faz ilações sobre STF e sugere acordo para "delimitar" a Lava Jato. **El País.** São Paulo, 24 maio 2016. Disponível em: <https://brasil.elpais.com/brasil/2016/05/24/politica/1464058275_603687.html>. Acesso em: 31 out. 2018.

ESTATÍSTICAS SOCIAIS. Um quarto da população vive com menos de R$ 387 por mês. **Agência IBGE Notícias.** Brasília, 15 dez. 2017. Disponível em: <https://agenciadenoticias.ibge.gov.br/agencia-noticias/2012-agencia-de-noticias/noticias/18825-um-quarto-da-populacao-vive-com-menos-de-r-387-por-mes>. Acesso em: 31 out. 2018.

ESTÉS, Clarissa Pinkola. **Women who run with the Wolves:** myths and stories of the wild woman archetype. London: River Wolf Press, 2017.

ESTEVA, Gustavo. Desenvolvimento. In. SACHS, W. (org.) **O Dicionário do Desenvolvimento.** São Paulo: Editora Vozes, 2000.

ESCOBAR, Arturo. **Encountering Development.** The making and unmakig of the Third World. Princeton: Princeton University Press, 1995.

ESCOLA MUNICIPAL ANNE FRANK. **História do Confisco em Quadrinhos.** Belo Horizonte: s. e., 2016.

ESPANCA, Florbela. Vaidade. In.: _____. **Sonetos.** Lisboa: Bertrand, 1978.

EVARISTO, Conceição. **Olhos D'Água.** Rio de Janeiro: Pallas, 2016.

_____. **Ponciá Vicêncio.** Belo Horizonte: Mazza Edições, 2003.

FAGUNDES, Lucas Machado. **Pluralismo jurídico e justiça comunitária na América Latina:** perspectivas de emancipação social. 2011. 218 f. Dissertação (Mestrado) - Universidade Federal de Santa Catarina, Florianópolis, 2011. Disponível em: . Acesso em: 01 mar. 2013.

FANON, Frantz. **Los condenados de la tierra.** Ciudad de México: Fondo de Cultura Económica, 2001.

_____. **Pele negra máscaras brancas.** Salvador: EDUFBA, 2008.

FARIA, José Eduardo. Introdução: O Judiciário e o desenvolvimento sócio-econômico. In. _____. **Direitos humanos, direitos sociais e Justiça.** São Paulo: Malheiros, 2005. pp. 11-29.

_____. Pluralismo jurídico e regulação econômica (oito tendências do direito contemporâneo). In.: COSTA, Alexandre Bernadino. *et al.* **O direito achado na rua:** introdução crítica ao direito à saúde. Brasília: CEAD, UnB, 2009.

FATTORELLI, Maria Lucia. Sistema da dívida no Brasil. In.: _____. **Auditoria cidadã da dívida dos Estados.** Brasília: Inove, 2013. pp. 43-56.

FITZPATRICK, Peter. The Impossibility of Popular Justice. In.: MERRY, Sally Engle; MILNER, Neal. (Ed.). **The possibility of popular justice:** a case study of Community Mediation in the United States. Michigan: The University of Michigan Press, 1993, p. 453-474.

FLICK, Uwe. **El diseño de investigación cualitativa.** Madrid: Ediciones Morata, 2015.

FOUCAULT, Michel. **Historia de la sexualidad. Vol. 2**. El uso de los placeres. México: Siglo XXI Editores, 2013.

FRASER, Nancy; HONNETH, Axel. **Redistribution or recognition?** A Political-Philosophical Exchange. Londo: Verso, 2013.

FREIRE, Paulo. **Pedagogia do oprimido.** Rio de Janeiro: Paz e Terra, 2011.

FUNDAÇÃO JOÃO PINHEIRO. **Anuário de Informações Criminais de Minas Gerais 2010.** Belo Horizonte: Fundação João Pinheiro, 201-.

FUNDAÇÃO OÁSIS. **Sobre a Fundação.** Disponível em: <http://www.fundacaooasis.org/#fundacao>. Acesso em: 24 out. 2018.

G1. Bolsonaro diz no Conselho de Ética que coronel Ustra é 'herói brasileiro'. **G1.** Brasília, 08 nov. 2016. Disponível em: <http://g1.globo.com/politica/noticia/2016/11/bolsonaro-diz-no-conselho-de-etica-que-coronel-ustra-e-heroi-brasileiro.html>. Acesso em: 31 out. 2018.

G1. Bolsonaro vira réu por falar que Maria do Rosário não merece ser estuprada. **G1**. Brasília, 21 jun. 2016. Disponível em: <http://g1.globo.com/politica/noticia/2016/06/bolsonaro-vira-reu-por-falar-que-maria-do-rosario-nao-merece-ser-estuprada.html>. Acesso em 12 nov. 2018.

GALVÃO, Afonso et. al. Violências escolares: implicações para a gestão e o currículo. **Ensaio: aval. pol. públ. Educ.**, Rio de Janeiro, v. 18, n. 68, p. 425-442, jul./set. 2010, pp. 425-442.

GAVRIELIDES, Theo. Some Metatheoretical Questions for Restorative Justice, **Ratio Juris,** 18(1), 2005, p. 84-106.

_____. **The McDonaldisation of a community born and community led ethos.** Disponível em: < https://www.iars.org.uk/content/mcdonaldisation-rj>. Acesso em 14 jan. 2017.

GAVRIELIDES, Theo; ARTINOPOULOU, Vasso. Reconstructing restorative justice philosophy. In.: _____; _____. (Ed.). **Reconstructing restorative justice philosophy.** Surrey: Ashgate Publishing Company, 2013.

GEERTZ, Clifford. **O saber local:** novos ensaios em antropologia interpretativa. Petrópolis: Vozes, 2014.

GILBERT, Elizabeth. **Grande magia:** vida criativa sem medo. Rio de Janeiro: Objetiva, 2015.

GOLDSCHMIDT, James. **Teoría general del proceso.** Barcelona: Editorial Labor, 1936. Colección Labor, Sección VIII, Ciencias jurídicas, n. 386.

GONÇALVES, Aroldo Plínio. **Técnica processual e teoria do processo.** Belo Horizonte: Del Rey, 2012.

GONÇALVES, Nívio Geraldo. Prólogo. In.: BRASIL. MINISTÉRIO DA JUSTIÇA E CIDADANIA. **Justiça Comunitária:** uma experiência. Brasília: Secretaria de Reforma do Judiciário, 2010. p. 15-16.

GONZALEZ, Lélia. Racismo e sexismo na cultura brasileira. **Revista Ciências Sociais Hoje,** Anpocs, 1984, p. 223-244.

GLOBO MINAS. Caminhada pela paz reúne 2 mil em bairro que sofreu toque de recolher em Contagem. **O Globo.** Belo Horizonte, 19 abr. 2010. Disponível em: < https://oglobo.globo.com/brasil/caminhada-pela-paz-reune-2-mil-em-bairro-que-sofreu-toque-de-recolher-em-contagem-3022121>. Acesso em: 10 set. 2017.

GODARD, Jean-Luc. **Je vous salue, Sarajevo.** 2 min. França. 1993.

GUSTIN, Miracy B. S.; DIAS, Maria Tereza Fonseca. **(Re)Pensando a pesquisa jurídica.** Belo Horizonte: Del Rey, 2014.

HABERMAS, Jürgen. **Direito e democracia:** entre faticidade e validade. Rio de Janeiro: Tempo brasileiro, 2012. v. 1. 2. ed. Tradução de Flávio Beno Siebeneichler.

HALABY, Mona Hajja. **Belonging:** creating community in the classroom. Cambridge: Brookline Books, 2000.

HARRIS, Kay. **Moving into New Millenium:** Toward a Feminist Vision of Justice. Disponível em: <https://journals.sagepub.com/doi/abs/10.1177/003288558706700207?journalCode=tpjd>. Acesso em 12 out. 2017.

HOLANDA, Sérgio Buarque de. **Raízes do Brasil.** São Paulo: Companhia das Letras, 1995. 26. ed.

HOLMAN, Peggy. **Engaging emergence:** turning upheaval into opportunity. San Francisco: Berret Koehler, 2010.

HOOKER, David Anderson. **Transformative Community Conferencing:** a Hopeful, Practical Approach to Dialogue. New York: Good Books, 2016.

HOPKINS, Belinda. **Práticas restaurativas em sala de aula.** Disponível em: < http://www.europeancircleofrestorativeeducators.com/sites/default/files/pdf/Portuguese%20version%20PR%C3%81TICAS%20RESTAURATIVAS%20EM%20SALA%20DE%20AULA.pdf>. Acesso em: 03 fev 2017.

_____. (Ed.). Ten different ways to approach a restorative encounter. In.: _____. **Restorative theory in practice:** Insights into what works and why. London: Jessica Kingsley Publishers, 2016.

HOWSE, Robert. The Concept of Odious Debt in Public International Law. In.: UNITED NATIONS. **United Nations Conference on Trade and Development: Discussion Papers.** n. 185, July 2007, p. 1-27.

HUGHES, Langston. Democracy. In.: _____. **Selected poems of Langston Hughes.** New York: Vintage Classics Edition, 1990.

INSTITUTO BRASILEIRO DE GEOGRAFIA E ESTATÍSTICA. **Brasil em Síntese: Contagem – Minas Gerais.** Disponível em: <https://cidades.ibge.gov.br/brasil/mg/contagem/panorama>. Acesso em: 01 set. 2017.

JAHALIN SOLIDARITY. **Nowhere left to go.** Disponível em: <http://www.jahalin.org/nowhere-left-to-go/>. Acesso em 17 mar 2016.

JAYME, Fernando Gonzaga. CARVALHO, Mayara de. (Org.). **Justiça Restaurativa na prática:** no compasso do Ciranda. 1. ed. Belo Horizonte: Del Rey, 2018.

JAYME, Fernando Gonzaga; LIPIENSKI, Marcos Vinicius; MAIA, Renata Vieira. A resiliência jurisprudencial na observância do dever de fundamentação das decisões. In.: NUNES, Dierle; MENDES, Aluisio; JAYME, Fernando Gonzaga. **A nova aplicação da jurisprudência e precedentes no CPC/2015.** São Paulo: Revista dos Tribunais, 2017.

JESUS, Carolina Maria de. **Quarto de despejo:** diário de uma favelada. São Paulo: Ática, 2014.

JULLIEN, François. **De lo univeral, de lo uniforme, de lo común y del diálogo entre las culturas.** Madrid: Siruela, 2010.

JUPIARA, Aloy; OTAVIO, Chico. **Os porões da contravenção:** jogo do bicho e ditadura militar: a história da aliança que profissionalizou o crime organizado. Rio de Janeiro: Record, 2015.

KANER, Sam. **Facilitator's guide to participatory decision-making.** New York: Jossey-Bass, 2014.

KRAEMER, Eduardo. **A responsabilidade do Estado e do Magistrado em decorrência da deficiente prestação jurisdicional.** Porto Alegre: Livraria do Advogado, 2004.

KATTAH, Eduardo. Bairro de Contagem-MG vive 5º dia de toque de recolher. **Estadão.** São Paulo, 08 abr. 2010. Disponível em: <http://www.estadao.com.br/noticias/geral,bairro-de-contagem-mg-vive-5-dia-de-toque-de-recolher,535743>. Acesso em: 10 set. 2017.

KIAHIU, Wanuri. **Fun, fierce and fantastical African Art.** Disponível em: <https://www.youtube.com/watch?v=a_avBsX60-s>. Acesso em: 11 jun. 2018.

KISIL, Marcos. **Comunidade:** foco de filantropia e investimento social privado. São Paulo: Global, 2005.

KIVA INTERNATIONAL. **Evidence of effectiveness in Finland and elsewhere.** Disponível em: < http://www.kivaprogram.net/is-kiva-effective>. Acesso em: 11 nov. 2018.

KRIESBERG, Louis; DAYTON, Bruce. **Constructive conflicts:** from escalation to resolution. Lanham: Rowman & Littlefield, 2017.

LAMBERT, Renaud. Le Brésil est-il fasciste? **Le Monde Diplomatique.** Nov. 2018. Disponível em: <https://www.monde-diplomatique.fr/2018/11/LAMBERT/59236>. Acesso em: 31 out. 2018.

LEAL, Dodi. **Pedagogia e Estética do Teatro do Oprimido:** marcas da arte teatral na gestão pública. São Paulo: HUCITEC, 2015.

LEAL, Jackson da Silva; FAGUNDES, Lucas Machado. Pluralismo jurídico e justiça comunitária: contribuindo para a juridicidade alternativa. **Espaço Jurídico Journal of Law.** Joaçaba, v. 12, n. 1, p. 113-136. jan./jun. 2011.

LEDERACH, John Paul. **The moral imagination:** the art and soul of building peace. Oxford: Oxford University Press, 2005.

_____. **Transformação de conflitos.** São Paulo: Palas Athena, 2012.

_____. **El pequeño libro de Transformación de conflitos.** Bogotá: Goodbooks, 2009.

LEDERACH, John Paul; KRAYBILL, Ron. The Paradox os Popular Justice: A Practitioner's View. In.: MERRY, Sally Engle; MILNER, Neal. (Ed.). **The possibility of popular justice:** a case study of Community Mediation in the United States. Michigan: The University of Michigan Press, 1993, p. 357-378.

LEFEBVRE, Henri. **O direito à cidade.** São Paulo: Centauro. 2001.

LEMINSKI, Paulo. **Toda poesia.** São Paulo: Companhia das Letras, 2013.

LEVINAS, Emmanuel. **Violência do rosto.** São Paulo: Loyola, 2014.

_____. **Ética e infinito.** Madrid: La balsa de la Medusa, 1991.

LIMA, Antonio Carlos Souza. O exercício da tutela sobre os povos indígenas: considerações para o entendimento das políticas indigenistas no Brasil contemporâneo. "Dossiê Fazendo Estado", **Revista de Antropologia**, USP, São Paulo, v. 55(2), jul./dez. 2012.

LIMA, Roberto Kant de. Sensibilidades jurídicas, saber e poder: bases culturais de alguns aspectos do direito brasileiro em uma perspectiva comparada. **Anuário Antropológico,** 2009-2, 2010, p. 25-51.

LISPECTOR, Clarice. Mineirinho. In.: _____. **Todos os contos.** Rio de Janeiro: Rocco, 2016. p. 386-390.

LOWRY, Kem. Evaluation of Community-Justice Programs. In.: MERRY, Sally Engle; MILNER, Neal. (Ed.). **The possibility of popular justice:** a case study of Community Mediation in the United States. Michigan: The University of Michigan Press, 1993, p. 89-124.

MACHADO, Regina. **A arte da palavra e da escuta.** São Paulo: Reviravolta, 2015.

MACKAY, Robert E. The nexus between rights and restorative justice: using a case example of an organization 'C' – the right – or moral and spiritual claim – to recognition. In.: GRAVIELIDES, Theo; ARTINOPOULOU, Vasso. **Reconstructing restorative justice philosophy.** Surrey: Ashgate Publishing Limited, 2013.

MÃE, Valter Hugo. **O paraíso são os outros.** São Paulo: Cosac Naify, 2014.

MAGALHÃES, José Luiz Quadros de. **Estado plurinacional e direito internacional.** Curitiba: Juruá, 2012.

_____. O novo constitucionalismo latino-americano 2: rupturas – diversidade. **Revista Eletrônica de Direito do Centro Universitário Newton Paiva**, Belo Horizonte, n. 28, p. 10-19, jan./abr. 2016.

MARSHALL, Thomas Humphrey. **Cidadania, classe social e status.** Rio de Janeiro: Zahar, 1963.

MATEI, Ugo. NADER, Laura. **Pilhagem**: quando o Estado de Direito é ilegal. São Paulo: Martins Fontes, 2013.

MATIAS, Daniela de Oliveira Lima. **O Relatório Periódico Universal como novo mecanismo de monitoramento internacional:** inovações, funcionamentos e o desempenho brasileiro nos dois primeiros ciclos. 2014. Dissertação (Mestrado) - Curso de Direito, Centro de Ciências Jurídicas, Universidade Federal da Paraíba, Joao Pessoa, 2014.

MATURANA, Humberto R.; VERDEN-ZOLLER, Gerda. **Amar e brincar:** fundamentos esquecidos do humano: do patriarcado à democracia. São Paulo: Palas Athena, 2004.

MELLO NETO, João Cabral. **Morte e Vida Severina.** Recife: Fundação Joaquim Nabuco, 2010.

MERRY, Sally Engle. Sorting out Popular Justice. In.: MERRY, Sally Engle; MILNER, Neal. (Ed.). **The possibility of popular justice:** a case study of Community Mediation in the United States. Michigan: The University of Michigan Press, 1993, p. 31-66.

MERRY, Sally Engle; MILNER, Neal. Introduction. In.: _____; _____. (Ed.). **The possibility of popular justice:** a case study of Community Mediation in the United States. Michigan: The University of Michigan Press, 1993, p. 3-30.

MIGNOLO, Walter. **Local Histories/Global Designs:** Coloniality, Subaltern Knowledges, and Border Thinking. Oxfordshire: Princenton University Press: 2000.

_____. Os esplendores e as misérias da 'ciência': Colonialidade, geopolítica do conhecimento e pluri-versalidade epistémica. In SANTOS, Boaventura de Sousa (org.). **Conhecimento prudente para uma vida decente:** Um discurso sobre as ciências' revisitado. Porto: Edições Afrontamento, 2003.

MIRANDA, Bernardo. Projeto transforma o Nacional. **O Tempo.** Belo Horizonte, 13 maio 2013. Disponível em: < http://www.otempo.com.br/cidades/projeto-transforma-o-nacional-1.643876>. Acesso em: 10 set. 2017.

MELO, Bendita Portugal e. **(Re)pensar a violência escolar à luz das estratégias de intervenção em territórios educativos de intervenção prioritária.** Disponível em: < http://repositorio.ul.pt/bitstream/10451/11003/1/repensar%20a%20violencia%20escolar.pdf>. Acesso em: 01 jul. 2018.

MENDES, Conrado Hübner. **Direitos fundamentais, separação de poderes e deliberação.** São Paulo: Saraiva, 2011.

MORAES, Denise Espíndola; CANÔAS, Sílvia Swain. O conceito de "território" e seu significado no campo da atenção primária a saúde. **Revista Desenvolvimento Social**, n. 9, v. 1, 2013, pp. 49-57.

NADER, Laura. **Harmonia coercitiva:** a economia política dos modelos jurídicos. Disponível em: <http://www.anpocs.org.br/portal/publicacoes/rbcs_00_26/rbcs26_02.htm>. Acesso em: 10 fev. 2016.

_____. The ADR Explosion: the implications of rhetoric in legal reform, **Windsor Yearbook of Access to Justice**, Ontario, v. 8, 1988, p. 269-291.

_____. When is Popular Justice Popular? In.: MERRY, Sally Engle; MILNER, Neal. (Ed.). **The possibility of popular justice:** a case study of Community Mediation in the United States. Michigan: The University of Michigan Press, 1993, p. 435-452.

NA TORA CREW. **Mais cores mais vida de Páscoa.** Disponível em: < https://www.facebook.com/natoracrew/?ref=br_rs>. Acesso em: 12 jun. 2017.

NERUDA, Pablo. **Cien sonetos de amor.** Barcelona: Editorial Seix Barral, 1977.

NETO, Lira. **Getúlio:** do governo provisório à ditadura do Estado Novo. São Paulo: Companhia das Letras, 2013.

NEUMANN, Lycia Tramujas Vasconcellos; NEUMANN, Rogerio Arns. **Desenvolvimento comunitário baseado em talentos e recursos locais – ABCD.** São Paulo: Global; Instituto para o Desenvolvimento de Investimento Social, 2004a.

_____. **Repensando o investimento social:** a importância do protagonismo comunitário. São Paulo: Global; Instituto para o Desenvolvimento de Investimento Social, 2004b.

NEWSOM, Jennifer Siebel. **Miss Representation.** 85 min, United States of America, 2011.

NOWERGIAN REFUGEE COUNCIL. **About us.** Disponível em: <https://www.nrc.no/who-we-are/about-us/>. Acesso em: 12 out. 2018.

NUNES, Dierle. **Processo jurisdicional democrático:** uma análise crítica das reformas processuais. Curitiba: Juruá, 2012.

NUNES, Dierle José Coelho; TEIXEIRA, Ludmila. **Acesso à justiça democrático.** Brasília: Gazeta Jurídica, 2013.

OBSERVATÓRIO DAS FAVELAS. PROGRAMA DE REDUÇÃO DA VIOLÊNCIA LETAL. **Homicídios na Adolescência no Brasil: IHA 2012.** Rio de Janeiro: Observatório de Favelas, 2014. Organizadores Doriam Luis Borges de Melo e Ignácio Cano.

OBSERVATÓRIO DAS FAVELAS. PROGRAMA DE REDUÇÃO DA VIOLÊNCIA LETAL. **Homicídios na Adolescência no Brasil: IHA 2014.** Rio de Janeiro: Observatório de Favelas, 2017. Organizadores Doriam Borges e Ignácio Cano.

O'CONNELL, Terry; WACHTEL, Ben; WACHTEL, Ted. **Reuniones de Justicia Restaurativa:** Volumen 2: Manual de Reuniones Restaurativas. Bethlehem: The Piper's Press, 2010.

OLB, Jon; PARRY, Madeleine. **Hannah Gadsby:** Nanette. 69 min. Austrália. 2018.

OLSSON, Göran. **Concerning Violence.** 78 min. Suécia. 2014.

ORGANIZAÇÃO DAS NAÇÕES UNIDAS. PROGRAMA DAS NAÇÕES UNIDAS PARA O DESENVOLVIMENTO. **Apresentação.** Brasília: PNUD, 2013a.

_____. **Comunicação e Mobilização Social em Convivência e Segurança Cidadã.** Brasília: PNUD, 2013b.

_____. **Curso de Convivência e Segurança Cidadã.** Brasília: PNUD, 2013c.

_____. **Diagnóstico Integral e Participativo em Convivência e Segurança Cidadã.** Brasília: PNUD, 2013d.

_____. **Guia de Intercâmbio de Experiências em Convivência e Segurança Cidadã.** Brasília: PNUD, 2013e.

_____. **Monitoramento e Avaliação do Plano Integral em Convivência e Segurança Cidadã.** Brasília: PNUD, 2013f.

_____. **Plano Integral e Participativo em Convivência e Segurança Cidadã.** Brasília: PNUD, 2013g.

_____. **Preparação em Convivência e Segurança Cidadã.** Brasília: PNUD, 2013h.

ORGANIZAÇÃO DAS NAÇÕES UNIDAS. PROGRAMA DAS NAÇÕES UNIDAS PARA O DESENVOLVIMENTO et al. **Caderno Municipal do Programa Conjunto da ONU "Segurança com Cidadania" em Contagem, Minas Gerais-MG.** Brasília: PNUD, UNESCO, UNICEF, OIT, UNODC, ONU Habitat, Ministério da Justiça, 2013.

PACHAGUAYA, Pedro; MARCANI, Juan Carlos. **Etnografía de un litigio interlegal:** la defensa jurídica desde la jurisdicción indígena en Bolivia. Disponível em: <http://www.scielo.org.bo/pdf/rbcst/v19n39/v19n39_a09.pdf>. Acesso em: 20 out. 2016.

PANIKKAR, Raimundo. Seria a noção de direitos humanos uma concepção ocidental? In.: BALDI, César Augusto. (Org.) **Direitos humanos na sociedade cosmopolita.** Rio de Janeiro: Renovar, 2004. p. 205-238.

PARKER, Christine. Public Rights in Private Government: Corporate Compliance with Sexual Harassment Legislation, **Australian Journal of Human Rights**, 6, 5(1), 1999, p. 159-193. Disponível em:

<http://classic.austlii.edu.au/au/journals/AUJlHRights/1999/6.html>. Acesso em 12 fev. 2017.

PARTEUM, **O círculo**, Raciocínio Quebrado, 2004, 00:03:54. Disponível em: <https://open.spotify.com/track/2fxUz9J49lxzhq7TtdXby6?si=rBmM0yK2TlCOb-9efMjooQ>. Acesso em: 12 maio 2018.

PECK, Raoul. **I am not your Negro.** Estados Unidos da América, 93 min., 2016.

PESSOA, Fernando. **Livro do desassossego.** São Paulo: Companhia das Letras, 2011.

PEDRAS, Guilherme Binato Villela. História da dívida pública no Brasil: de 1964 até os dias atuais. In.: SILVA, Anderson Caputo; CARVALHO, Lena Oliveira de; MEDEIROS, Otavio Ladeira. (Org). **Dívida pública:** a experiência brasileira. Brasília: Secretaria do Tesouro Nacional. Banco Mundial, 2009. pp. 57-80.

PRAGMATISMO POLÍTICO. O retorno do Brasil ao Mapa da Fome. **Pragmatismo Político.** 14 mar. 2018. Disponível em: <https://www.pragmatismopolitico.com.br/2018/03/retorno-do-brasil-ao-mapa-da-fome.html>. Acesso em: 31 out. 2018.

PREFEITURA DE CONTAGEM. **Administração Regional Nacional:** apresentação. Disponível em: < http://www.contagem.mg.gov.br/?og=007133&op=apresentacao >. Acesso em 18 set. 2017.

_____. Núcleos de Justiça Comunitária atendem regiões do Nacional e da Ressaca. **Diário Oficial Eletrônico de Contagem.** Ano 24, Ed. 3606, Contagem, 17 abr. 2015. Disponível em: <http://www.contagem.mg.gov.br/arquivos/doc/3606doc-e.pdf>. Acesso em: 12 maio 2016.

PRANIS, Kay. **Guia do facilitador:** círculos de justiça restaurativa e de construção de paz. Porto Alegre: Escola Superior da Magistratura da AJURIS, 2010.

_____. **Processos circulares.** São Paulo: Pala Athenas, 2010.

PRANIS, Kay; STUART, Barry; WEDGE, Mark. Circles: a paradigm shift in how we respond to crime. In.: _____. **Peacemaking circles:** from conflict to community. St. Paul: Living Justice Press, 2003.

PROGRAMA DAS NAÇÕES UNIDAS PARA O DESENVOLVIMENTO; FUNDAÇÃO JOÃO PINHEIRO; INSTITUTO DE PESQUISA ECONÔMICA APLICADA. **Atlas do Desenvolvimento Humano no Brasil:** Contagem – MG. Disponível em: <http://www.atlasbrasil.org.br/2013/pt/perfil_m/5164>. Acesso em: 12 out. 2017.

QUEIRÓS, Adirley. **Branco sai, preto fica.** 1h33min, Brasil, 2015.

QUIJANO, Aníbal. **Colonialidade do poder, eurocentrismo e América Latina.** Disponível em: <http://biblioteca.clacso.edu.ar/clacso/sur-sur/20100624103322/12_Quijano.pdf>. Acesso em: 12 mar. 2015.

REDE MINAS. Jornal Minas. **Série Confisco:** História Revista – Episódio 1. Disponível em: <https://www.youtube.com/watch?v=wM86YIgFe-A>. Acesso em: 01 out. 2018.

_____. **Série Confisco:** História Revista – Episódio 2. Disponível em: <https://www.youtube.com/watch?v=75z_K7DtFAI&feature=youtu.be>. Acesso em: 01 out. 2018.

_____. **Série Confisco:** História Revista – Episódio 3. Disponível em: <https://www.youtube.com/watch?v=73fTyKoB5Xc>. Acesso em: 01 out. 2018.

RENAULT, Sérgio; BOTTINI, Pierpaolo Cruz; SADEK, Maria Tereza. **Fim da Secretaria de Reforma do Judiciário é uma perda importante.** Disponível em: <http://www.conjur.com.br/2016-mar-30/fim-secretaria-reforma-judiciario-perda-importante>. Acesso em: 12 abril 2016.

RESTREPO, Ricardo Sanín. HINCAPÍE, Gabriel Méndez. La constitución encriptada: nuevas formas de emancipación del poder global. **Revista de Derechos Humanos y Estudios Sociales**, San Luis Potosí, México, ano IV, n. 8, jul./dez. 2012.

RHODEN, Cacau. **Nunca me sonharam.** Brasil, 90 min, 2017.

RICOEUR, Paul. **Outramente**: leitura do livro Autrement qu'être ou au- delà de l'essence de Emmanuel Lévinas. Petrópolis: Vozes, 2008.

RIPANTI, Graziano. **Introdução:** Emmanuel Levinas e o infinito diálogo. In.: LEVINAS, Emmanuel. Violência do rosto. São Paulo: Loyola, 2014. p. 7-26.

ROSA, João Guimarães. **Grande Sertão:** Veredas. Rio de Janeiro: Nova Fronteira, 2015.

_____. **Magma**. 1ª ed. Rio de Janeiro: Nova Fronteira, 1997.

ROSENBAUM, Yudith. A ética na literatura: leitura de "Mineirinho", de Clarice Lispector. **Estudos Avançados,** vol. 24, n. 69, São Paulo, 2010. Disponível em: <http://www.scielo.br/scielo.php?script=sci_arttext&pid=S0103-40142010000200011>. Acesso em 10 maio 2018.

ROSENBERG, Marshall. **Nonviolent Comunication:** A Language of Life. 3. ed. Encinitas: Puddle Dancer Press, 2015.

ROSS, Alexander Reid. Hitler in Brasilia: The U.S. Evangelicals and Nazi Political Theory behind Brazil's President-in-waiting. **Haaretz.** 28 oct. 2018. Disponível em: <https://www.haaretz.com/opinion/.premium-hitler-in-brasilia-the-u-s-evangelicals-and-nazi-political-theory-behind-bolsonaro-1.6581924>. Acesso em: 31 out. 2018.

ROTHSCHILD, Judy H.. Dispute Transformation, the influence of a Communication Paradigm of Disputing, and the San Francisco Community Boards Program. In.: MERRY, Sally Engle; MILNER, Neal. (Ed.). **The possibility of popular justice:** a case study of Community Mediation in the United States. Michigan: The University of Michigan Press, 1993, p. 265-328.

SABETTI, Stèphano. **The path of no way:** a spiritual primer: introduction to essential inquiry and process mediation. Boston: Life energy media, 2015.

SAHLINS, Marshall. A invenção da tradição. In: _____ **Esperando Foucault, ainda.** São Paulo: Cosac Naif, 2013. p. 10-13

_____. Cultura de resistência e resistência da cultura. In: _____ **Esperando Foucault, ainda.** São Paulo: Cosac Naif, 2013. p. 83-85.

_____. Heráclito x Heródoto. In: _____ **Esperando Foucault, ainda.** São Paulo: Cosac Naif, 2013. p. 15-16.

SAID, Edward. **Orientalismo:** o Oriente como invenção do Ocidente. São Paulo: Companhia das Letras, 1990.

SANTOS, Bárbara. **Teatro do oprimido: Raízes e asas:** uma teoria da práxis. Rio de Janeiro: Ibis Libris, 2016.

SANTOS, Boaventura de Sousa. **A crítica da razão indolente:** contra o desperdício da experiência. Para um novo senso comum: a ciência, o direito e a política na transição paradgmática. 8. ed. São Paulo: Cortez, 2011a. vol. 1.

_____. **A gramática do tempo:** para uma nova cultura política: para um novo senso comum: a ciência, o direito e a política na transição paradigmática. São Paulo: Cortez, 2006.

_____. **O direito dos oprimidos.** São Paulo: Cortez, 2014.

_____. **Para uma revolução democrática da Justiça.** São Paulo: Cortez, 2011b.

_____. Por uma concepção multicultural dos direitos humanos. In.: BALDI, César Augusto. (Org.) **Direitos humanos na sociedade cosmopolita.** Rio de Janeiro: Renovar, 2004. p. 239-278.

SANTOS, Milton. **Por uma outra globalização:** do pensamento único à consciência universal. Rio de Janeiro. Record, 2003.

SANTOS, Nelson Pereira dos. **Azyllo muito louco.** Brasil, 1970, 1h40min.

_____. **Rio, 40 Graus.** Brasil, 1955, 1h40min.

_____. **Vidas Secas.** Brasil, 1963, 1h43min.

SARMENTO, Daniel. **A dignidade da pessoa humana:** conteúdo, trajetórias e metodologia. Belo Horizonte: Fórum, 2016.

SARTRE, Jean-Paul. **Réflexions sur la question juive.** Paris Gallimard, 1985.

SAVATER, Fernando. **Ética como amor-próprio.** São Paulo: Martins Fontes, 2000.

SCHAVELZON, Salvador. **El nacimiento del Estado Plurinacional de Bolivia:** etnografia de una Asamblea Constituyente. La Paz: Consejo Latinoamericano de Ciencias Sociales, 2012.

SCHIFF, Mara. Institutionalizing restorative justice: paradoxes of power, restoration and rights. In.: GRAVIELIDES, Theo; ARTINOPOULOU, Vasso. **Reconstructing restorative justice philosophy.** Surrey: Ashgate Publishing Limited, 2013.

SCHWARCZ, Lilia Moritz; STARLING, Heloisa Murgel. **Brasil**: uma biografia. São Paulo: Companhia das Letras, 2015.

SCOTT, James C. **Seeing Like a State:** how certain schemes to improve human condition have failed. Yale University Press, 1998.

SEGATO, Rita Laura. Antropologia e direitos humanos: alteridade e ética no movimento de expansão dos direitos universais. **MANA**, 12(1): 207- 236, 2006.

_____. La argamassa jerarquica: violencia moral, reproducción del mundo y la eficácia simbólica del Derecho. In.: _____. **Las estructuras elementales de la violencia:** ensayos sobre género entre la antropologia, el psicoanálisis y los derechos humanos. Bernal: Universidad Nacional de Quilmes, 2003.

SEN, Amartya. **Desenvolvimento como liberdade.** São Paulo: Companhia das Letras, 2000.

SENGE, Peter. Et al. **Presence**: exploring profound change in people, organizations and society. London: Nicholas Brealey Publishing, 2005.

SHERMAN, Lawrence; STRANG, Heather. **Restorative Justice:** the evidence. London: The Smith Institute, 2007.

SHONHOLTZ, Raymond. Justice from Another Perspective: The Ideology and Developmental History od the Community Boards Program. In.: MERRY, Sally Engle; MILNER, Neal. (Ed.). **The possibility of popular justice:** a case study of Community Mediation in the United States. Michigan: The University of Michigan Press, 1993, p. 201-238.

_____. Neighborhood Justice Systems: Work, Structure and Guiding Principles. **Mediation Quaterly 5,** San Francisco. n. 5 p. 3-30, 1984.

_____. The Citizen's Role in Justice: Building a Primary Justice and Prevention System at the Neighborhood Level. **Annals of the American Academy of Political and Social Science,** Philadelphia, 494, p. 42-52, 1987.

SIMMEL, Georg. A natureza sociológica do conflito. In.: MORAES FILHO, Evaristo. (Org.). **Simmel.** São Paulo: Ática, 1983.

SOARES, Kenia. Traficantes impõem "toque de recolher" em Contagem. **O Tempo.** Belo Horizonte, 05 abr. 2010. Disponível em: <http://www.otempo.com.br/cidades/traficantes-impõem-toque-de-recolher-em-contagem-1.243287>. Acesso em: 10 set. 2017.

SOARES, Luiz Eduardo. **Justiça:** pensando alto sobre violência, crime e castigo. Rio de Janeiro: Nova Fronteira, 2011.

_____. Juventude e violência no Brasil contemporâneo. In.: NOVAES, Regina; VANNUCHI, Paulo. (Org.). **Juventude e sociedade:** trabalho, educação, cultura e participação. São Paulo: Fundação Perseu Abramo, 2004.

SODRÉ, Muniz. Apresentação. In.: PAIVA, Raquel; SANTOS, Cristiano Henrique Ribeiro dos. (Org.). **Comunidade e contra-hegemonia:** rotas de comunicação alternativa. Rio de Janeiro: Mauad X: FAPERJ, 2008. p. 7-8.

SOUZA, Jessé. **A construção da subcidadania no Brasil:** para uma sociologia política da modernidade periférica. Belo Horizonte: Editora UFMG, 2012.

_____. **A modernização seletiva:** uma reinterpretação do dilema brasileiro. Brasília: Editora UnB, 2000.

_____. **A ralé brasileira:** quem é e como vive. Belo Horizonte: Editora UFMG, 2009.

SPIVAK, Gayatri Chakravorty. **Pode o subalterno falar?** Belo Horizonte: Editora UFMG, 2014.

STATISTICS HOW TO. **Snowball Sampling: Definition, Advantages and Disdvantages.** Disponível em: <https://www.statisticshowto.datasciencecentral.com/snowball-sampling/>. Acesso em: 12 out. 2016.

STRATHERN, Ann Marilyn. Os limites da autoantropologia. In.: _____. **O efeito etnográfico e outros ensaios.** São Paulo: Cosac Naify, 2014.

SWEENEY, Linda Booth; MEADOWS, Dennis. **The systems Thinking Playbook:** Exercises to Stretch and Build Learning and Systems Thinking. Vermont: Chelsea Green Publishing Company, 2010.

TAGORE, Rabindranath. **Where the mind is without fear.** Disponível em: <https://allpoetry.com/Where-The-Mind-Is-Without-Fear>. Acesso em: 27 nov. 2018.

TARKÓVSKI, Andrei; GUERRA, Tonino. **Tempo di viaggio.** 1982. Itália. 63 min.

THE EDITORIAL BOARD. Brazil's Sad Choice. **The New York Times.** 21 oct. 2018. Disponível em: <https://www.nytimes.com/2018/10/21/opinion/brazil-election-jair-bolsonaro.html>. Acesso em: 31 out. 2018.

THE GUARDIAN. The Guardian view on Brasil's new president: a global danger. **The Guardian.** 31 oct. 2018. Disponível em: <https://www.theguardian.com/commentisfree/2018/oct/31/the-guardian-view-on-brazils-new-president-a-global-danger>. Acesso em 31 out. 2018.

THEODORO JUNIOR, Humberto *et al.* **Novo CPC:** fundamentos e sistematização. Rio de Janeiro: Forense, 2016.

THOMSON, Douglas R.; DUBOW, Fredric L.. Organizing for Community Mediation: The Legacy of Community Boards of San Francisco as a Social-Movement Organization. In.: MERRY, Sally Engle; MILNER, Neal. (Ed.). **The possibility of popular justice:** a case study of Community Mediation in the United States. Michigan: The University of Michigan Press, 1993, p. 169-200.

THOREAU, Henry David. **Walden.** United States of America: A Public Domain Book, 1854.

TOLLE, Eckhart. **O poder do agora.** Rio de Janeiro: Sextante, 2010.

TRAVISAN, Maria Carolina. O Brasil é o país que mais mata por arma de fogo no mundo. Disponível em: <http://flacso.org.br/?publication=o-brasil-e-o-pais-que-mais-mata-por-arma-de-fogo-no-mundo>. Acesso em: 31 out. 2018.

TRUMAN, Harry. **Truman's Inaugural Adress.** 20 jan. 1949. Disponível em: <https://www.trumanlibrary.org/whistlestop/50yr_archive/inagural20jan1949.htm >. Acesso em: 17 nov. 2016.

UNITED NATIONS DEVELOPMENT PROGRAMME. **Democratic Dialogue:** a handbook for parctitioners. Stromsborg: International Idea, 2007.

VASCONCELOS, Antônio Gomes de. **Pressupostos Filosóficos e Político-Constitucionais do Sistema Núcleo Intersindical de Conciliação Trabalhista:** teoria e prática da razão dialógica e do pensamento complexo na organização e na administração da justiça: democracia e ética de responsabilidade social. São Paulo: Livraria dos Tribunais, 2014.

VÉRAS NETO, Francisco Quintanilha. Pluralismo jurídico-comunitário participativo, emancipatório, libertador como projeto de combate ao monismo jurídico neoliberal na América Latina. **Espaço Jurídico Journal of Law.** Joaçaba, v. 11, n. 1, p. 149-186. jan./jun. 2010.

VIÁFORA, Celso; BARRETO, Serrinha. **Cara do Brasil.** Disponível em: <https://www.youtube.com/watch?v=tQCJfC-eiJI>. Acesso em: 01 dez. 2018.

VIGOTSKI, Lev Semenovich; LURIA, Alexander Romanovich; LEONTIEV, Alexis. **Linguagem, desenvolvimento e aprendizagem.** São Paulo: Ícone, 2006.

WACHTEL, Ted. **Defining restorative**. Bethlehem: International Institute for restorative practices: 2013.

_____. **Reuniões de Justiça Restaurativa:** Vol. 1: Real Justice. Bethlehem: International Institute for Restorative Practices, 2010.

WARAT, Luis alberto. **A rua grita Dionísio!** Direitos humanos da alteridade, surrealismo e cartografia. Rio de Janeiro: Lumen Juris, 2010.

WACQUANT, Loïc. **Marginalidade, etnicidade e penalidade na cidade neoliberal:** uma cartografia analítica, Tempo Social, v. 26, n. 2, p. 139-164.

WERMUTH, Maiquel Ângelo Dezordi. A teoria da tradução como condição de possibilidade para a construção de um novo modelo de processo civil: uma análise a partir da trajetória de Kaspar Hauser. **Revista da Seção Judiciária do Rio de Janeiro.** Rio de Janeiro, v. 18, n. 31, p. 37-58, ago. 2011.

WERNECK, Jurema. Introdução. In.: EVARISTO, Conceição. **Olhos D'Água.** Rio de Janeiro: Pallas, 2016.

WOLKMER, Antônio Carlos. **Pluralismo jurídico:** fundamentos de uma nova cultura no Direito. São Paulo: Editora Alfa Ômega, 2001. 3. ed.

WOOLF, Virginia. **Profissões para mulheres e outros artigos feministas.** Porto Alegre: L&PM Editores, 2012.

YODER, Carolyn E.; BARGE, Elaine Zook. **Strategies for Trauma Awareness and Resilience**: The Unfolding Story. Harrisonburg: Center for Justice and Peacebuilding, 2012.

ZARU, Jean. **Occupied with Nonviolence:** a Palestinian Woman Speaks. Minneapolis: Fortress Press, 2008.

ZEHR, Howard. **Changing lenses:** restorative justice for our times. Harrisonburg: Herald Press, 2015. Twenty-fifth anniversary edition.

_____. **Justiça restaurativa.** São Paulo: Palas Athena, 2012. Tradução de Tônia Van Acker.

ZELLERER, Evelyn. Realizing the potential of restorative justice. In.: GRAVIELIDES, Theo; ARTINOPOULOU, Vasso. **Reconstructing restorative justice philosophy.** Surrey: Ashgate Publishing Limited, 2013.

www.ingramcontent.com/pod-product-compliance
Lightning Source LLC
Chambersburg PA
CBHW021810170526
45157CB00007B/2522